韓國獨立黨研究

1930~1945

韓國獨立黨研究 1930~1945

초판 1쇄 발행   2011년 1월 20일

저 자 ㅣ 조범래
발행인 ㅣ 윤관백
발행처 ㅣ 선인

편 집 ㅣ 이경남 · 김민희 · 하초롱 · 소성순 · 주명규
표 지 ㅣ 김현진
영 업 ㅣ 이주하
제 작 ㅣ 김지학

인 쇄 ㅣ 한성인쇄
제 본 ㅣ 광신제책

등록 ㅣ 제5-77호(1998.11.4)
주소 ㅣ 서울시 마포구 마포동 324-1 곳마루 B/D 1층
전화 ㅣ 02)718-6252 / 6257   팩스 ㅣ 02)718-6253
E-mail ㅣ sunin72@chol.com
Homepage ㅣ www.suninbook.com

정가   25,000원
ISBN   978-89-5933-417-9   93900

韓國獨立黨硏究

1930~1945

조 범 래

선인

책을 내면서

2010년 올해는 독립운동사에서 볼 때 역사적으로 계기가 많은 해이다. 일제에게 나라를 빼앗긴 지 100년이 되는 해이며, 만주의 독립군이 봉오동과 청산리에서 일제에게 대승을 거둔 '봉오동·청산리대첩' 90주년이 되는 해이기도 하다. 또한 한국광복군 창설 70주년의 해이다. 그리고 본 저서의 주제인 한국독립당이 상해에서 결성된 지 80주년이 되는 뜻 깊은 해이다. 이런 뜻 깊은 해를 맞이하여 여러 학술기관과 유관단체 등에서 다양한 행사를 진행하고 있다. 비록 단편적이고 일회성인 행사이기는 해도 우리의 역사를 되돌아 볼 수 있는 좋은 기회가 될 수 있기 때문이다.

얼마 전 고등학교의 한국근·현대사 교과서에 대한 편향성 논란과 국사 과목의 폐지가 세간의 관심의 대상이 된 적이 있다. 또한 친일인 명사전 발간을 둘러싸고 야기된 논란도 있었다. 우리의 오늘을 있게 한 독립운동사가 푸대접도 아닌 버림을 받고 있다는 생각이 필자만의 과민한 생각일까?

100여 년 전 일제에게 강탈된 조국의 주권과 국토를 되찾겠다는 생각만으로 중국 대륙과 연해주의 오지 등 해외로 망명하여 그곳에서 터를 잡고 질긴 생명을 이어 가며 독립운동을 펼쳤던 많은 우리의 선조들이 생각났기 때문이다. 경술국치 100년을 맞이하는 올해 필자는 이 책자를 수정·보완하면서 '그분들'에게 조국은 과연 어떤 의미였을까를 다시 한 번 생각해 보게 되었다. 또한 '그 분들'이 목숨 바쳐 되찾고 지켜내고자 했던 조국과 독립이 오늘을 사는 우리에게는 어떤 의미로 다가올 수 있을까 하는 생각에 고민도 해보았다.

우리 겨레에게 지난 100년은 고난과 시련의 시간이었다. 그러나 그 과정에서 전개된 항일독립운동은 우리에게 그 무엇과도 바꿀 수 없는 귀중한 자산이었다고 생각한다. 또한 오늘의 우리를 있게 한 중요한 원동력이었다고 해도 결코 과언이 아닐 것이다. 항일독립운동의 과정에서 생성되고 발전된 매우 귀중한 역사적 자산이 우리에게 남아있는 것이다. 우리 역사상 최초의 민주공화제정부였던 대한민국임시정부, 그리고 본 저서의 주제인 한국독립당이 그 역사적 자산 중의 하나이다.

본 저서의 주제인 한국독립당이 활동한 공간은 중국대륙이다. 중국대륙은 지금도 여전히 우리에게 매력적인 땅이다. 만주 벌판은 우리 겨레의 역사 무대이었다. 고구려와 발해의 장수들이 말 달리며 호령하였던 우리의 옛 영토였다. 독립운동기간에는 독립군들이 이름도 모르는 오지에서 일본군과 전투를 벌이며 독립을 위해 희생을 감내해야 했던 장소였다. 그리고 그 후손들의 일부는 지금도 '조선족'이라는 이름으로 삶을 영위하고 있는 곳이다. 관내지역은 20세기 초 독립운동을 위하여 망명한 독립운동가와 그 가족들의 한숨과 땀과 피, 그리고 자취가 아직도 남아있는 곳이다.

필자에게도 중국은 낯설지 않은 땅이다. 필자는 독립기념관에서 근무하며 1990년대 초부터 담당업무 등으로 중국에 자주 출장을 가게 되었고, 그 과정에서 많은 자료를 접할 수 있는 기회를 갖게 되었다. 또한 중국은 가족사의 한부분이기도 하다. 필자의 할아버지이신 趙鏞漢이 독립운동을 펼친 곳이며, 둘째 할아버지이신 趙素昻과 당숙 등 십수 명이 다양한 활동을 펼친 곳이다. 몇 분은 그곳에서 생을 달리하시기도

하였다.

　필자는 할아버지와 집안 어른들이 활동하셨던 중국대륙에 많은 관심을 갖게 되었고 대학원 석사 과정에서 공부의 범위를 좀 더 폭넓게 고민하게 되었다. 그 결과 필자는 '한국독립당' 연구에 천착하게 되었다.

　본 저서는 필자의 박사학위논문인 「한국독립당연구(1930~1945)」를 일부 수정, 보완한 것이다. 필자는 한국독립당이 결성되는 과정과 배경, 한국독립당의 변천과정, 한국독립당의 다양한 활동, 그중에서도 특히 대한민국임시정부 임시의정원 내에서의 활동에 초점을 두고 한국독립당을 살펴보고자 하였다.

　한국독립당은 1930년 1월 25일 중국 상하이에서 대한민국임시정부를 중심으로 하는 민족주의자 28명이 결성한 대표적인 독립운동정당이었다. 1920년대 중반 중국 관내에서 전개된 민족유일당운동이 좌익진영의 일방적인 해체로 결렬되자 민족주의 진영의 단결과 쇄신, 해외독립운동의 통일을 위한 목적에서 결성된 것이다. 이것이 상해 한국독립당이다. 상해 한국독립당은 이후 몇 차례의 변천과정을 거치게 된다. 그 과정에서 재건 한국독립당과 한국국민당으로 세력이 나뉘기도 하였다. 그러나 1930년대 후반 전개된 연합전선운동의 결과로 마침내 1940년 5월 우익진영세력이 통합하여 한국독립당을 결성하게 되었다. 이것이 중경 한국독립당이다.

　한국독립당의 기본이념은 三均主義였다. 삼균주의는 이후 한국국민당과 조선혁명당은 물론이고 우익진영의 정당과 반대의 입장이었던 민족혁명당에서도 채택되었다. 삼균주의는 한국독립당 창당에 참여한 조소앙에 의해 창안되었다. 독립운동 과정에서 수용된 민주주의, 사회주의, 아나키즘 등 다양한 이념과는 달리 우리나라 고유의 문화와 역사 속에 그 연원을 두고 있다. 특히 1941년 11월 광복 후 수립할 민족국가의 청사진으로 제시한 대한민국건국강령의 기본이념으로도 채택되어 삼균주의는 건국의 기본이념으로도 수용되었다.

한국독립당이 결성된 이후 변천 과정과 활동 내용 등을 살펴본 결과, 한국독립당은 대한민국임시정부와 '表裏一體'의 관계임을 확인할 수 있었다. 특히 1940년 5월 중경 한국독립당이 결성된 이후 대한민국임시정부에 '不關主義'로 일관하던 민족혁명당 등 좌익세력들이 임시의정원에 참여하면서 한국독립당은 대한민국임시정부의 여당으로 민족혁명당 등 야당세력과 격렬하게 논쟁하기도 하였으며, 또 때로는 여야를 불문하고 한 목소리로 독립운동을 전개하기도 하였다.

한국독립당의 다양한 활동을 검토한 결과, 한국근현대사에서 정당의 기원은 광복 이후에 결성된 한국민주당이 아니라 항일독립운동기에 결성되어 활동을 전개한 한국독립당에서 찾아야 할 것임을 다시 한 번 확인할 수 있다.

필자는 한국독립운동사를 공부하면서 참으로 많은 선생님의 學恩과 주위 여러 분들의 도움을 받았다. 필자는 독립기념관 한국독립운동사연구소에서 20여 년 동안 근무하면서 여러 분의 연구소장님을 모실 수 있었다. 신용하·조동걸·이만열·김호일·김희곤·한시준 소장님 등은 독립운동사에 대한 전반적인 이해와 학문에 정진할 수 있는 계기를 부여해주신 분들이다. 직장 생활 속에서도 학문의 길을 계속할 수 있도록 배려해주신 김주현 관장님과 이병윤 사무처장님, 독립기념관 식구들에게 감사의 말씀을 드린다.

박사학위논문을 심사하는 과정에서 세심한 조언을 아끼지 않으신 선생님들의 고마움도 빼놓을 수 없다. 김호일 선생님은 지도 교수로서 박사학위를 무사히 마칠 수 있도록 여러 면에서 도움을 주셨다. 한시준 선생님은 학위논문의 전반적인 흐름과 잘못된 부분, 논리전개의 허점 등을 세심하게 지적해 주고 바로잡아 주셨다. 이연복·진성규·박경하 선생님은 논문 전체를 읽고 오류를 바로 잡아 주셨다.

한국독립운동사연구소의 상사이자 동료였던 박걸순 선생은 직장생활에서 어렵고 힘든 일에 고민할 때면 격려와 때론 마음 좋은 웃음으

로 필자에게 용기를 주곤 하였다. 김희곤·장석흥·최기영·김상기·
한상도·박환 선생님 등은 때론 따끔한 질책과 격려, 조언을 해주었다.
학위논문을 집필하는 과정에서 함께 고민하고 토론하였던 이재호(국가
보훈처 연구원) 동학에게도 고마움을 전한다.

　가족에게도 고마운 마음을 전한다. 할아버지의 독립운동 활동을 밝
혀 보려고 공부를 계속하고 싶어 대학원에 진학하겠다고 말씀을 드렸
을 때, 넉넉지 못한 집안 형편에도 반대하지 않으시고 지금의 필자를
있게 해주신 부모님께 머리 숙여 감사의 말씀을 드린다. 이 작은 결실
이 부모님께 자그마한 기쁨이 될 수 있다면 필자에게도 큰 기쁨이고
보람이다. 또한 필자를 언제나 따뜻한 격려와 사랑으로 감싸주시는 장
인·장모님께도 깊이 감사드린다. 그리고 묵묵히 곁을 지켜준 아내 권
수연과 두 아들 현석과 현재에게도 고마움을 전한다. 이 책이 작은 자
랑이라도 되었으면 좋겠다.

　끝으로 상업성이 거의 없는 이 책의 간행을 기꺼이 허락해주신 (주)
선인출판사의 윤관백 사장님과 편집과 교정에 애쓴 편집부원들께 감사
의 마음을 전한다.

2010년 12월
한국독립당 결성 80주년을 맞이하는 뜻 깊은 해
흑성산 자락에서 趙凡來

차례 ....

.

책을 내면서 ·· 5

서론 ·· 13

Ⅰ. 韓國獨立黨의 結成 ······························· 23

1. 獨立運動과 政黨 ································· 23

2. 民族唯一黨運動 ································· 35

　　1) 民族唯一黨運動의 背景 ｜ 35

　　2) 民族唯一黨運動의 展開 ｜ 42

　　3) 民族唯一黨運動의 決裂과 政黨의 出現 ｜ 71

　　4) 上海 韓國獨立黨 結成 ｜ 89

Ⅱ. 韓國獨立黨의 變遷 ······························ 111

1. 上海 韓國獨立黨의 解體 ························ 111

　　1) '韓國對日戰線統一同盟'의 結成 ｜ 111

　　2) 上海 韓國獨立黨의 解體 ｜ 117

2. 韓國獨立黨의 再建과 韓國國民黨의 結成 ········ 127

　　1) 韓國獨立黨의 再建 ｜ 127

　　2) 韓國國民黨의 結成 ｜ 151

3. 重慶 韓國獨立黨의 結成 ························ 162

　　1) '韓國光復運動團體聯合會'의 結成 ｜ 162

　　2) '全國聯合陣線協會'의 結成과 7黨統一會議 ｜ 175

　　3) 重慶 韓國獨立黨의 結成 ｜ 183

.... Contents

Ⅲ. 韓國獨立黨의 理念과 路線 ·· 201
   1. 黨義와 黨綱 ·· 201
      1) 上海·再建 韓國獨立黨의 黨義와 黨綱 ︱ 201
      2) 韓國國民黨의 黨義와 黨綱 ︱ 207
      3) 重慶 韓國獨立黨의 黨義와 黨綱 ︱ 212
   2. 新民主國家建設論 ·· 218
      1) 新民主國 建設論 ︱ 218
      2) 均等社會 建設 ︱ 222
   3. 行動綱領과 武裝獨立論 ·· 235

Ⅳ. 韓國獨立黨의 活動 ··· 249
   1. 臨時政府의 基礎勢力 ·· 249
   2. 政黨政治의 確立發展 ·· 265
      1) 臨時約憲 修改 問題 ︱ 265
      2) 臨時政府 改造 問題 ︱ 278
      3) 大韓民國建國綱領 守護 問題 ︱ 282
   3. 特務活動 ··· 291
   4. 宣傳活動 ··· 302

결론 ··· 325
참고문헌 ·· 333
찾아보기 ·· 345

표 목차

표 1) 1920~1930년 사이에 조직된 정당 명칭 사용 독립운동단체 ············ 32
표 2) 『독립신문』에 게재된 대독립당 결성을 촉구하는 글 ······················ 51
표 3) 한국독립당관내촉성회연합회 참석 대표 및 각지 촉성회 현황표 ···· 62
표 4) 상해 한국독립당의 조직체제 및 간부 명단 ······························· 97
표 5) 개편된 상해 한국독립당의 조직체제 및 간부 명단 ··················· 98
표 6) 상해 한국독립당의 조직기구표(1933년 1월 현재) ····················· 100
표 7) 항주시기 한국독립당의 조직체제와 간부 명단 ······················· 103
표 8) 상해 한국독립당의 지부현황표(1934년 6월 현재) ···················· 104
표 9) 한국독립당 제7차 당대표대회 참가 구당부 및 지부현황표 ··········· 106
표 10) 상해 한국독립당의 조직체제(1935년 2월 말 현재) ··················· 108
표 11) 상해 한국독립당과 민족혁명당의 당의·당강 비교표 ··············· 135
표 12) 한국국민당의 조직체제와 간부 명단 ································· 159
표 13) 한국국민당의 조직기구표(1937년 말 현재) ···························· 160
표 14) 단일신당의 결성에 관한 양진영의 의견 ····························· 181
표 15) 중경 한국독립당의 조직체제(1940년 5월 현재) ······················ 192
표 16) 중경 한국독립당 집행부 명단 ·· 196
표 17) 개편된 중경 한국독립당 간부진 명단 ································ 197
표 18) 중경 한국독립당 조직기구표(1946년 3월 31일 현재) ···················· 199
표 19) 중경 한국독립당의 결성 과정도표 ···································· 200
표 20) 한국국민당의 간부 명단과 임시정부 국무위원 명단 ················· 251
표 21) 중경 한국독립당과 임시정부 국무위원 명단비교표 ················· 253
표 22) 신규 당선의원 명단과 소속 정당·단체 ······························ 261
표 23) 임시의정원 의원 명단과 소속 정당·단체표 ·························· 263
표 24) 『진광』지의 내용 구성표 ·· 310

서론

　20세기 전반기에 전개된 항일독립운동 과정에서 생성되고 발전된 역사적 자산이 적지 않다. 3·1운동 직후인 1919년 4월 독립운동가들이 중국 상해에 모여 대한민국임시정부(이하 임시정부라 약칭함)를 수립할 때, 민주공화제를 채택함으로써 한민족의 역사가 전제군주제에서 민주공화제로 발전되는 대변화를 가져왔다. 이와 더불어 독립운동 과정에서 생성·발전된 역사적 변화가 또 하나있다. 그것은 근대적 정당이 결성되어 정당정치가 시작되고 정착되었다는 것이다. 한국근현대사에서 정당정치의 기원으로 볼 수 있는 것이 바로 韓國獨立黨이다.

　한국독립당은 1930년 1월 25일 중국 상해에서 임시정부를 중심으로 하는 민족주의 세력이 결성한 독립운동정당이었다. 결성 이후 몇 차례의 변천과정을 거치지만, 임시정부의 기초정당으로서 임시정부와는 표리일체, 불가분의 관계를 유지하고 있었다. 三均主義를 기본이념으로 하는 黨義와 黨綱을 채택하였으며 대일투쟁노선으로 '民族的 反抗과 武力的 破壞'를[1] 통해서 독립을 쟁취한다는 특무활동노선을 채택하고

---

1) 「上海及南京方面に於ける朝鮮人の思想狀況」, 高等法院檢事局思想部, 『朝鮮重大思想事件經過表』, 1936.6, 24쪽 ; 「韓國獨立黨的創立經過」, 國史編纂委員會 編, 『韓國獨立運動史』 資料 3, 1983, 396쪽.

활동한 대표적인 민족주의 정당으로서 항일독립운동시기에 민족혁명
당과 더불어 중국 관내 독립운동진영의 양대 세력을 형성하고 있었다.
또한 臨時議政院 내에서 1930년대에는 유일 여당으로서 역할하였으며,
1940년대에는 야당인 민족혁명당 등과 임시정부의 각종 정책을 결정하
고 협의하는 과정에서 여당의 역할을 수행한 정당이었다.

　한국독립당의 結成背景과 過程, 活動, 理念, 變遷過程 등 한국독립당
을 주제로 한 연구는 1980년대 후반 이후 본격화되었다.[2] 그 결과 盧景
彩, 韓詩俊, 趙凡來, 李炫熙, 韓相禱, 金喜坤 등의 연구업적이 발표되었
다. 노경채는 「日帝下 獨立運動 政黨의 性格－民族革命黨과 韓國國民
黨을 中心으로－」[3]를 시작으로 한국독립당과 관련된 일련의 연구논문
을 발표하여[4] 한국독립당의 결성과 변천과정, 독립운동노선과 이념 등
을 구명하였다. 노경채는 이를 통하여 한국독립당의 조직변천은 당의

---

2) 독립운동사와 대한민국임시정부 연구에 대한 성과와 현황, 향후 과제 등에
　대하여 정리한 연구사로는 趙東杰,「獨立運動史 硏究의 回顧와 課題」,『정신
　문화연구』85, 1985 ; 강만길,「한국민족해방투쟁사 연구현황과 과제」,『한국
　근현대사연구입문』, 역사비평사, 1988 ; 역사문제연구소 민족해방운동사 연
　구반 지음,『쟁점과 과제 민족해방운동사』, 역사비평사, 1990 ; 이연복,「대
　한민국임시정부 연구의 현황과 과제」,『한민족독립운동사』12(한민족독립운
　동사연구의 회고와 전망), 국사편찬위원회, 1993 ; 박영석,「해외 한인 독립
　운동사 연구에 대한 회고와 전망(1990~1992)」,『한민족독립운동사』12, 국사
　편찬위원회, 1993 ; 金喜坤,「대한민국임시정부 연구의 성과와 과제」,『한국근
　현대사연구』제3집, 1995 ; 金喜坤,「대한민국임시정부에 대한 연구성과」,『대
　한민국임시정부 수립 80주년기념논문집』, 국가보훈처, 1999 등이 있다.
3) 盧景彩,「日帝下 獨立運動 政黨의 性格－民族革命黨과 韓國國民黨을 中心으
　로－」,『韓國史硏究』47, 1984. 이 논문은 1930년대 중반 이후 독립운동전선
　에서 중요한 위치를 점하고 있던 민족혁명당과 한국국민당의 당의와 당강,
　당책을 분석하여 두 정당이 채택한 독립운동방법론이 어떤 과정을 거쳐 무
　장독립론으로 합일되는지, 또한 두 정당이 공통적으로 추구한 정책과 이상
　은 무엇이었는지를 살펴본 논문이다.
4) 노경채,「한국독립당의 결성과 그 변천(1930~1945)」,『역사와 현실』창간호,
　한국역사연구회, 1989 ; 盧景彩,「韓國獨立黨硏究」, 고려대 박사학위논문,
　1991.

주도세력을 중심으로 살펴볼 경우에 "구한국독립당(상해), 한국국민당, 통합 한국독립당으로 맥락이 이어져 왔다"고[5] 주장하고 있으며, '독립운동단체가 독립운동만을 목표로 하는데 비해 독립운동정당은 독립운동 외에 앞으로 수립될 국가에 대한 정강을 마련하고 있다'고[6] 정의하여 독립운동단체와 독립운동정당에 대한 개념을 규정하고 있다. 또한 한국독립당의 광복 이후까지의 활동을 統一民族國家 수립이라는 역사적 맥락에서 파악하고 활동의 한계점까지 지적하면서도 한국독립당이 민족해방운동공간에서의 활동을 "해방공간의 좌우합작운동, 남북협상과 더불어 통일민족국가 수립운동의 한 체계를 이루었다"고[7] 한국독립당의 통일전선운동에 대한 의미를 부여하고 있다. 노경채의 이와 같은 연구 논문은 한국독립당의 활동공간을 광복 이후까지 확대하였다는 점에서 새로운 시도로 볼 수 있으나, 상대적으로 한국독립당의 조직체제 변천과 활동, 임시정부와의 관계 등을 상세하게 구명하지 못한 점은 아쉬움으로 남는다.

한시준 역시 한국독립당에 대한 일련의 연구를 진행하여[8] 각 시기별 한국독립당의 결성과 활동, 성격 등을 고찰하였다. 이러한 연구를 통하여 한시준은 "한국독립당은 상해 한국독립당, 한국국민당·재건 한국독립당, 중경 한국독립당으로 이어지는 맥락을 총칭하는 개념이며, 임시정부를 독립운동 최고기구로 옹호 유지하려는 세력들에 의해 조직되고 운영되었으며 임시정부와는 표리일체의 관계를 이루면서 존립위기에 직면했던 임시정부를 1940년대 한민족 독립운동의 최고기구

---

5) 노경채, 「한국독립당의 결성과 그 변천(1930~1945)」, 207쪽.

6) 盧景彩, 「韓國獨立黨研究」, 25쪽.

7) 위의 글, 224~225쪽.

8) 韓詩俊, 「上海韓國獨立黨硏究」, 『龍巖車文燮博士華甲紀念 史學論叢』, 신서원, 1989 ; 韓詩俊, 「重慶 韓國獨立黨'의 성립배경 및 과정」, 『尹炳奭敎授華甲紀念 韓國近代史論叢』, 지식산업사, 1990 ; 韓詩俊, 「韓國獨立黨의 變遷과 性格」, 『中齋張忠植博士華甲紀念論叢』(역사학편), 1992.

로 위상을 회복케 하는데 결정적인 역할을 수행한 독립운동정당이었다"
고[9] 정의하고 있다.

趙凡來는 「韓國獨立黨研究(1929~1945)」 등의 연구논문을[10] 통하여 한
국독립당의 결성과 조직체제, 변천과정, 활동 등을 규명하였다. 조범래
는 한국독립당의 변천과정에 대하여 당의 명칭과 정치이념이 담긴 당
의와 당강에 중점을 두고 살필 경우 상해 한국독립당, 재건 한국독립
당, 통합 한국독립당으로 맥락이 이어진다고 주장하고 있다. 이들 논문
은 상해와 재건 한국독립당, 한국국민당의 결성 배경과 과정, 조직체
제, 이념, 활동, 산하단체 등을 구명한 연구업적이다. 그중에서도 「한국
국민당 연구」는 민족혁명당의 결성에 참여하지 않은 상해 한국독립당
의 김구·이동녕·조완구 등 또 하나의 주요세력들이 임시정부의 차리
석·송병조 등과 함께 김구의 주도하에 결성한 한국국민당을 연구주제
로 한 논문이다. 이 논문에서 조범래는 한국국민당의 결성 배경과 과
정, 이념, 독립운동노선, 활동, 산하단체, 민족연합전선결성에 대한 한
국국민당의 입장 등을 살펴보았다.[11]

---

9) 韓詩俊은 1930년대 중반 민족혁명당의 반대 세력으로서 민족주의진영을 형
   성하고 있던 3당인 한국국민당·재건 한국독립당·조선혁명당의 통합으로
   결성된 한국독립당이 이제까지 '통합 한국독립당'으로 불려져 왔으나, 한국
   독립당이 조직되고 활동한 지역적 기반에 의해 명칭을 부여하는 것이 한국
   독립당의 의미와 성격을 더욱 분명하게 할 수 있다는 의미에서 통합 한국독
   립당이라는 명칭 대신에 '重慶 韓國獨立黨'으로 불러야 한다고 주장하고 있
   다(韓詩俊, 「重慶 韓國獨立黨」의 성립배경 및 과정」, 965쪽).

10) 趙凡來, 「韓國獨立黨研究(1929~1945)」, 『한국민족운동사연구』 2, 지식산업사,
    1988 ; 趙凡來, 「上海韓國獨立黨의 組織變遷과 活動에 대하여」, 『한국독립운
    동사연구』 3, 독립기념관, 1989 ; 趙凡來, 「韓國國民黨研究」, 『한국독립운동
    사연구』 4, 1990 ; 趙凡來, 「再建 韓國獨立黨研究」, 『한국독립운동사연구』 5,
    1991 ; 趙凡來, 「韓國獨立黨의 變遷과 活動」, 『한국민족운동사연구』 16, 국학
    자료원, 1997.

11) 한국국민당은 민족유일당으로서 민족혁명당의 결성이 진행되는 과정에서
    임시정부의 해체 등에 대한 입장 차이로 민족혁명당에 참여하지 않은 상해
    한국독립당의 김구·이동녕 등이 중심이 되어 결성한 독립운동정당이다. 또

李炫熙도 한국독립당을 주제로 하는 논문을 발표하였다.[12] 한국독립당의 조직배경과 결성과정, 이념, 성격 등에 대하여 백범 김구를 중심으로 살펴본 것이다. 그러나 이현희는 만주지역에서 전개된 민족유일당운동의 결과로 1930년 결성된 '재만' 한국독립당(또는 만주 한국독립당)을 함께 언급하고 있어 자칫 한국독립당의 변천과정 중의 하나로 오해할 수 있는 빌미를 제공하고 있다.

韓相禱의 「한국국민당의 운동노선과 민족문제 인식」은[13] 한국국민당의 활동, 그중에서도 특히 1930년대 후반 左右協同戰線運動 과정에서 드러난 백범 김구의 역할과 면모, 활동노선의 성격 등을 살펴본 논문이다. 한상도는 "한국국민당은 창당 이후 1940년 5월 '통합' 한국독립당으로 발전적인 해소를 할 때까지 중국관내지역 우파 민족주의 세력의 중추적인 '독립운동정당'으로 역할하였다."고 정의하면서 김구는 한국국민당이라는 정치적 기반을 토대로 항일독립운동의 주요 지도자로 성장할 수 있었다고 결론짓고 있다.

金喜坤은 한국독립당의 결성 배경과 과정, 구성과 조직체제, 이념, 의열투쟁 중심의 활동을 다룬 「韓國獨立黨과 정당조직의 정착」을 발표하였다.[14] 김희곤은 이 논문에서 한국독립당의 창당에 참여한 인물들

한 결성 이후 1940년 재건 한국독립당, 조선혁명당과 통합하여 한국독립당을 결성할 때까지 민족혁명당과 함께 독립운동진영의 한 축을 형성하고 있었다는 점에서 한국독립당의 전모를 살피기 위해서는 규명되어야 할 대상이다.

12) 李炫熙, 「韓國獨立黨의 獨立運動과 白凡」, 『백범연구』 3, 백범김구선생기념사업협회, 1987. 이현희는 이 논문에서 만주 한국독립당에 대해서도 언급하면서 만주 한국독립당과 상해 한국독립당·재건 한국독립당과의 연관 관계, 만주 한국독립당과 김구와의 연관 관계 등에 대한 설명이 소략하며, 민족혁명당에 참여하였다가 1937년 탈당하여 1940년 통합 한국독립당에 참여한 조선혁명당을 만주 한국독립당의 후신이라고 언급하고 있다.

13) 한상도, 「한국국민당의 운동노선과 민족문제 인식」, 『한국독립운동과 국제환경』, 한울아카데미, 2000, 27~54쪽. 이 논문은 한상도, 「한국국민당과 김구」(『건대사학』 9, 1997)를 개고, 보완한 것이다.

의 분석을 통하여 한국독립당과 임시정부와의 관계를 구명하였고 이
과정에서 한국독립당이 가지고 있는 한계와 역사적 의의에 대해서도
지적하였다.15)

한국독립당을 단독 주제로 하는 연구 논문 이외에 한국독립당에 대
하여 부분적으로 언급한 논문도 다수 있다.16) 이들 논문 역시 한국독
립당을 단독 주제로 하는 앞서의 논문들과 내용상 별반 차이가 없다.17)

14) 金喜坤, 「韓國獨立黨과 정당조직의 정착」, 『中國關內 韓國獨立運動團體硏究』,
지식산업사, 1995.
15) 김희곤은 상해 한국독립당의 한계에 대하여, 첫째 민족협동전선이 붕괴된
상황에서 이루어진 민족주의 세력만의 조직체이며, 둘째 한인애국단의 의거
이후 임시정부와 한국독립당이 일제의 탄압을 피해 상해를 떠남에 따라
1910년대 이후 확보하였던 민족운동의 근거지인 상해지역을 상실한 점을 지
적하였다. 이런 한계에도 불구하고 한국독립당이 갖는 역사적 의의는 첫째
인적 구성면에서 신민회 계열의 계몽운동 경력자들로서 1910년대 국외로 망
명한 자들이며 임시정부 수립과 운영에 이바지한 민족주의 세력이며, 둘째
독립운동방략으로 의열투쟁방략을 채택하였다는 점, 셋째 "민족유일당이라
는 민족운동상의 요구를 구현하기 위해 시도된 중국관내에서 최초로 이루어
진 본격적인 정당활동"이라는 점, 넷째 사회주의 세력과의 이념적 괴리를 극
복하기 위하여 사회주의적인 요소를 가미한 강령을 채택하였고, 이것이
1940년대 임시정부를 중심으로 성립된 좌우합작의 이념적 기초가 되었다는
점, 다섯째 민족운동을 위한 정당의 결성에 영향을 주었다는 점이라고 언급
하였다.
16) 秋憲樹, 「日帝下 國內外 政黨活動」, 韓國史學會 編, 『韓國現代史의 諸問題』
Ⅱ, 乙酉文化社, 1987 ; 김희곤, 「제 정당의 활동」, 『한민족독립운동사』 7(대
한민국임시정부사), 국사편찬위원회, 1990 ; 김희곤, 「제 정당의 변천과 활동」,
『한민족독립운동사』 7(대한민국임시정부사), 국사편찬위원회, 1990 ; 유시현,
「상해시기 임시정부의 정당」, 『대한민국임시정부 수립 80주년기념논문집』,
국가보훈처, 1999 ; 한상도, 「이동시기 임시정부 독립운동정당의 활동과 변
천」, 『대한민국임시정부 수립 80주년기념논문집』; 김희곤, 「중국관내 독립
운동정당의 활동」, 『대한민국임시정부 연구』, 지식산업사, 2004.
17) 본 연구 저서의 주제인 韓國獨立黨과 동명이체의 정당이 滿洲에서도 결성되
었다. 일반적으로 '滿洲' 韓國獨立黨 또는 '在滿' 韓國獨立黨이라고 불리는 정
당이다. 이 한국독립당은 만주에서 1920년대 중반 전개된 三府統合運動, 즉
민족유일당운동의 전개 과정에서 1930년 7월 북만주의 葦河縣에서 韓族總聯

　이상과 같은 연구 결과로 한국독립당의 결성 배경과 결성 과정, 결성 이후의 변천과정, 당의·당강을 통해 표현되고 구체화된 이념과 활동, 산하단체 등 한국독립당에 대한 많은 부분이 밝혀졌다. 한국독립당은 1920년대 후반 중국 관내지역에서 전개된 民族唯一黨運動이 결렬된 이후 임시정부를 중심으로 하는 민족주의자들이 1930년 1월 25일 상해에서 결성한 獨立運動政黨이다. 임시정부를 옹호하고 좌익세력에 대항하기 위하여 결성한 것이다. 이것이 上海 韓國獨立黨이다. 상해 한국독립당은 1932년 중국 관내지역에서 또다시 시작된 民族唯一黨結成運動인 韓國對日戰線統一同盟의 결과로 결성된 民族革命黨에 참여하면서 1935년 7월 해체되었다. 이 과정에서 상해 한국독립당의 金九 등 일부 세력은 민족혁명당에 참여하지 않고 1935년 11월에 韓國國民黨을 결성하였고, 민족혁명당에 참여하였던 趙素昻 등 상해 한국독립당 세력은 민족혁명당과의 이념과 노선 차이 등을 이유로 탈당하여 1935년 9월 한국독립당을 재건하였다. 이것이 再建 韓國獨立黨이다. 그리고 1940년 5월 韓國國民黨·再建 韓國獨立黨과 民族革命黨을 탈당하여 재결성한 조선혁명당 등 민족주의진영 3당이 통합하여 韓國獨立黨을 새롭게 결성하였는데, 이것이 重慶 韓國獨立黨이다. 따라서 일반적으로 '한국독립당'이라고 부를 때는 상해 한국독립당·재건 한국독립당·한국국민당·중

合會와 生育社가 중심이 되어 결성되었다. 결성 이후 한중연합으로 雙城堡 戰鬪와 鏡泊湖戰鬪 등에서 많은 전과를 올렸으며, 1934년 2월 남경에서 신익희 등이 주도하는 韓國革命黨과 합당하여 新韓獨立黨을 결성하면서 자연 해체되었다. 본 연구 저서의 주제는 중국 상해에서 결성되고 재건 한국독립당·한국국민당을 거쳐 1940년 5월 重慶 韓國獨立黨으로 변천되는 한국독립당이다. 따라서 만주에서 결성되고 활동한 '만주' 한국독립당은 본 연구주제에서 제외하였음을 밝혀둔다. '만주' 한국독립당에 대한 연구로는 박환, 「在滿韓國獨立黨에 대한 一考察」, 『韓國史研究』 54, 1987이 있다. 이밖에도 조선민족혁명당 등 기타 독립운동정당에 대한 많은 연구업적이 있으나, 본고의 주제인 한국독립당과는 별개의 주제이므로 본고에서는 논외로 하였다. 이들 기타의 독립운동정당에 대한 연구사는 주 16)을 참조.

경 한국독립당을 모두 통칭하는 개념인 것이다. 한국독립당은 결성 이후 임시정부와 표리일체의 관계를 유지하며 그 기초세력으로서 또한 항일독립운동 기간 중 대표적인 민족주의정당으로서 역할하였다.

韓國獨立黨은 조소앙이 창안한 三均主義를 기본이념으로 수용하여, 정치·경제·교육의 균등을 기초로 하는 新民主國家의 건설과 均等社會의 실현을 목표로 제시한 당의를 채택하였다. 土地나 大生産機關의 國有化와 같은 社會主義的 요소도 일부 포함한 삼균주의는 1930년대 이후 좌우익 정당의 연합전선 결성 시에 이념적인 접근을 가능하게 한 이론으로 작용하였음도 밝혀졌다.

한국독립당에 대한 이러한 연구 결과에도 불구하고, 아직도 究明되어야 할 부분이 적지 않다고 생각한다. 臨時政府와 韓國獨立黨과의 關係 說明이 그중의 하나이다. 한국독립당은 임시정부와 표리일체의 관계를 이루며 그 기초세력으로서 역할하였다고 평가되지만, 이는 한국독립당의 구성 인물을 중심으로 분석한 결과이다. 즉 한국독립당의 주요인물이 임시정부의 국무위원이거나 임시정부에 관계하는 인물이었다는 점에서 이와 같은 결론이 도출되었다. 따라서 좀 더 분명하게 한국독립당과 임시정부와의 관계를 설명하기 위해서는 臨時議政院 회의록이나 한국독립당에서 발행한 각종 기관지 등의 분석을 통해 임시정부 정책에 대한 한국독립당의 지지와 후원 등 구체적인 사례의 제시 등으로 그 관계가 상세하게 밝혀져야 할 것이다.

다음은 한국독립당의 理念과 獨立運動 路線이 밝혀져야 한다. 이제까지의 연구 업적을 통하여 한국독립당의 정치이념은 삼균주의라는 결론에 이르렀지만, 좀 더 나아가 한국독립당이 추구한 광복 후 수립할 국가의 형태인 新民主國家의 형태와 본질은 어떠하였는지, 이를 어떻게 수립할 것인지에 대해서는 평면적인 언급에 그치고 있는 것도 사실이다.

본고에서는 한국독립당의 당의와 당강을 한국독립당이 변천하는 과정에서 어떻게 변화되는지 그 특징과 차이점은 무엇인지에 대하여 살펴보고, 이어서 한국독립당이 수립하고자 하였던 신민주국가의 형태는 어떠한 것이었으며 어떻게 수립하고자 하였는지 알아보고자 한다. 또한 한국독립당이 제시한 삼균주의를 어떤 과정과 방법을 통해 실현하려고 하였는지, 그 구체적인 방법으로 제시한 당책과 그 방안의 주요 골자인 武裝獨立論(特務活動)이라는 독립운동노선의 실체는 무엇인지를 究明하고자 한다.

끝으로 한국독립당의 활동을 임시정부와의 관계 속에서 새롭게 살펴보고자 한다. 과연 한국독립당이 임시정부와 어떤 관계로 수립되고 활동하였는지, 임시의정원 내에서 어떤 활동을 하며 임시정부의 기초정당이자 여당으로서 활동하였는지, 아울러 한국독립당의 선전활동과 특무활동의 실체는 무엇이며, 그 내용은 어떠하였는지를 살펴보고자 한다.

이러한 한국독립당의 활동을 살펴봄으로써 실제 한국독립당이 임시정부를 어떻게 지원하였는지 밝히고자 한다. 또한 한국독립당의 당책이 임시정부에서 각종 정책에 어떻게 구체화되었으며 또 이를 어떻게 실천하였는지 살펴보려는 것이다. 그럼으로써 한국독립당의 각종 활동이 항일독립운동사에 어떤 자리매김을 할 수 있는지 확인할 수 있을 것이다. 아울러 한국독립당이 임시정부와 표리일체의 관계를 형성하여 그 기초세력으로서 역할하였음을 밝혀보고자 하였다.

한국독립당은 1930년 1월 상해에서 민족주의세력의 결집체로써 결성된 이래 재건 한국독립당과 한국국민당으로 나뉘었다가 1940년 5월 임시정부를 중심으로 하는 우익진영의 결합체로서 '통합'되었다. 한국독립당은 대일투쟁방략으로 '革命的 手段으로써 寃讐日本의 모든 침탈세력을 撲滅'하기 위하여 '民衆的(民族的) 反抗과 武力的 破壞'라는 特務活動을 채택하고 이를 구체적으로 실행하였으며, 1930년대 후반 좌익진영과의 좌우연합전선 결성과정에서 임시정부 중심의 노선을 분명하고 단호하게 제시하는 우익진영의 입장을 대변하는 세력이었다. 정치·경제·교육의 균등이라는 철저한 均等主義 이론에 입각한 三均主義를 기본이념으로 한 당의와 당강을 채택하여, 新民主共和國建設이라는 광복 후 수립할 국가의 형태를 제시하는 등 한국독립운동선상에 등장한 최초의 정당으로서의 역할을 수행하였음을 밝히고자 하였다.

이를 통하여 한국독립당이 항일독립운동사와 한국의 정당사에서 과연 어떤 위치에 자리매김 되어야 하는지 또한 역사적 의의와 위상이 무엇인지를 밝히는데 도움이 되기를 기대한다.

Ⅰ. 韓國獨立黨의 結成

1. 獨立運動과 政黨

　1910년 8월 경술국치 이후 일제에게 강탈된 조국의 독립을 되찾기 위하여 독립운동을 수행한 수많은 독립운동가들은 개별적으로 또는 단체를 만들어 독립운동을 진행하였다. 이들 단체들 중에는 임시정부의 수립 이전에 정당이라는 명칭을 사용하고 있는 독립운동단체들이 있었다.
　임시정부가 수립되기 이전인 1915년 3월에 상해에서 朴殷植・申圭植・李相卨 등이 중심이 되어 결성한 新韓革命黨이[1] 그 시초이며, 1917년 8월에는 신규식 등의 발의로 상해에서 朝鮮社會黨이 결성되었다.[2] 1918년 11월에는 상해에서 呂運亨・張德秀・趙東祜 등을 중심으로 임시정부 수립에 결정적인 역할을 수행한 新韓靑年黨이 결성되었다.[3] 1918년 4월(러시아력)에는 연해주의 하바로프스크에서 李東輝・김알렉

---

1) 金喜坤, 「同濟社의 結成과 活動」, 『한국사연구』 48, 1985, 183쪽 ; 姜英心, 「新韓革命黨의 결성과 활동」, 『한국독립운동사연구』 2, 한국독립운동사연구소, 1988, 113~117쪽.
2) 坪江汕二, 『朝鮮民族獨立運動秘史』, 東京: 巖南堂書店, 1966, 116쪽.
3) 金喜坤, 「新韓靑年黨의 結成과 活動」, 『한국민족운동사연구』 1, 1986, 150~152쪽 ; 愼鏞廈, 「新韓靑年黨의 獨立運動」, 『韓國學報』 44, 1986, 95~97쪽.

산드라·朴愛·柳東說 등이 韓人社會黨을 결성하였다.[4]

1919년 3·1운동의 결과물로 국민적 염원을 담은 독립운동의 최고지도기관인 임시정부 수립방안을 모색할 때, 독립운동가들 사이에서는 두 가지 의견이 대두되었다. 중국 상해에 모인 독립운동가들은 3·1운동을 통해 표출된 한민족의 독립에 대한 열망과 의지를 결집시켜 獨立運動을 組織的이고 體系的으로 전개하기 위한 지도기관의 결성을 논의하였다. 이 과정에서 政府를 樹立하자는 意見과 黨을 組織하자는 意見이 대두된 것이다.

1918년 11월 상해에서 결성된
신한청년당의 기관지
「신한청년」창간호

新韓靑年黨의 결성에 참여하여 활동하면서 임시정부 수립에도 관여한 여운형의 공판조서를 살펴보자.

4) 반병률,『성재 이동휘일대기』, 범우사, 1998, 150쪽.

문) 정부 조직에 대해 다른 견해를 주장한 사람이 있었는가?

답) 현순, 윤현진, 신익희, 최창식은 '우리 동포는 남녀노소를 불문하고 한일합방 이래 오랫동안 정부의 출현을 일일천추로 바라고 있으니, 이때 정부를 조직하면 모두 쌍수를 들어 기뻐하며 이에 탄복할 것이 틀림없는지라 좇아서 독립운동을 일으키면 많은 편의를 얻게 될 것'이라고 주장하면서 정부조직을 고집했다. 그러나 나, 이광수, 최근우는 정부 조직에는 주권, 영토, 인민 3개 요소가 필요한데 우리의 입장에서는 하나도 구비되지 않았을 뿐 아니라 정부를 조직하는 것이 너무 과장되어 독립운동을 하는 데 오히려 장애가 되지 않을까 염려하여 당을 조직하자고 설득했다. 그러나 모두 첫 번째 주장에 기울어 우리의 말에는 귀를 기울이지 않았으므로 우리는 정부 조직을 막지 않았다.[5]

1919년 상해에 모인 독립운동가들이 독립운동의 최고기관 조직을 논의하는 과정에서 정부를 조직하자는 의견과 당을 조직하자는 의견의 대립이 있었음을 알 수 있는 내용이다. 玄楯·尹顯振 등은 경술국치 이후 국내의 동포들이 정부의 수립을 갈망하고 있어 정부를 조직하면 독립운동을 효율적으로 추진할 수 있을 것이라고 주장하였으며, 당을 조직하자는 의견을 낸 여운형과 李光洙, 崔謹愚 등은 主權·領土·人民 중 어느 하나도 갖추지 못한 상황에서 당을 조직하여 독립운동을 진행하는 것이 더욱 效果的이고 實質的이라고 주장한 것이다. 그러나 형식과 명분을 중시하는 정부조직으로 결정되었고[6] 그 결과 임시정부가 수

5) 「피고인신문조서(제3회)」(1930.2.28), 夢陽呂運亨先生全集發刊委員會 編, 『夢陽呂運亨全集』1, 한울, 1991, 572쪽.
6) "타인들은 政府로 조직하자는데 대하여 夢陽은 黨組織을 주장하였다. 夢陽의 이유는 정부라면 정부인 이상 체면을 유지하여야 할 터인데 당시 형편이 정부의 체면을 유지할 수 없는 일, 또는 정부라면 名義가 太重하여 운영이 곤란한 일 등 두 가지가 있었다. 정부를 주장하는 쪽의 이유는 민심을 강화시키는데 필요한 일, 일본에 대한 반항의 의미가 크다는 것이었다. 말하자면 몽양의 주장은 현실론이요, 다른 이의 주장은 추상론이었다. 결국 從多數하여 정부를 조직하기로 하였다."(李萬珪, 「呂運亨鬪爭史」, 『夢陽呂運亨先生全

립되었다는 것이다.

李會榮 역시 정부를 수립하자는 의견에 반대하였다. 이회영은 독립운동을 수행하기 위한 지도기관의 형태는 실제적인 활동이 가능해야 하기 때문에 정부의 행정조직과는 차이가 있어야 하며, 지도기관이 정부형태로 조직될 경우 능률적인 독립운동이 불가능하며 임시정부의 지위와 권력을 둘러싼 내분이 지속될 것이라고 언급하여[7] 정부를 조직하자는 견해에 반대하는 입장이었다. 정부조직보다는 실제적인 독립운동이 가능한 당조직의 필요성과 당위성을 언급한 것이다. 安昌浩 역시 독립을 달성하기 위해서는 정부형태보다는 정당의 조직이 바람직하다는 견해를 갖고 있었다.[8] 당을 조직하자는 의견을 가진 인사들이 주장한 당의 형태나 성격은 독립운동을 효율적으로 실천하기 위한 독립운동 본부 또는 독립운동의 지휘부로서의 성격을[9] 갖는 것이었다.

독립운동의 지도기관 조직을 놓고 정부를 조직하자는 의견과 당을 조직하자는 의견이 대립되었으나 결국 정부조직으로 귀결되었고, 마침내 1919년 4월 상해에서 임시정부가 수립되었다. 임시정부가 수립된 1919년 4월 이후에도 임시정부와 관계없이 국내외에는 정당의 명칭을 사용하는 단체들이 결성되어 활동하고 있었다.

1919년 4월 6일에는 上海에서 統一黨이 결성되었고,[10] 1920년 3월에는 블라디보스토크에서 張道政 등이 一世黨을 改稱하여 韓人社會黨을,[11] 1920년 10월에는 京城에서 興士團에 반대하는 勞動黨이,[12] 같은

集』 2, 한울, 1993, 261쪽)

7) 李丁奎, 『友堂 李會榮略傳』, 乙酉文化社, 1985, 61~63쪽.

8) 李庭植, 『韓國民族主義의 政治學』, 한밭출판사, 1982, 174쪽.

9) 盧景彩, 『韓國獨立黨研究』, 신서원, 1996, 22쪽.

10) 「上海 大韓民國臨時政府 組織에 關해 1920年 6月 朝鮮總督府 警務局長이 外務大臣에 通報한 要旨와 補輯」, 國會圖書館 編, 『韓國民族運動史料』(中國篇), 1976, 19~20쪽.

11) 蔡根植, 『武裝獨立運動秘史』, 民族文化社, 1983, 46쪽 ; 金俊燁·金昌順, 『韓

해 12월에는 미국 캘리포니아에서 勞動社會開進黨이,[13] 1924년 11월에는 길림성 반석현에서 韓族勞動黨이 金應燮 등을 중심으로 결성되었다.[14] 1926년 4월에는 길림시에서 高麗革命黨이,[15] 1926년 9월에는 寧安縣에서 歸一黨이 결성되었다.[16]

1920년대 중반에는 중국 관내와 만주지역에서 민족유일당결성운동(민족연합전선결성운동)이 전개되었고, 그 결과 추구하는 이념과 노선의 동일여부에 따라 독립운동정당의 결성이 구체화되기 시작하였다. 국민대표회의에 참가한 창조파들이 구상한 '韓國獨立黨組織案'은 그 과정의 하나라고 하겠다.

1923년 국민대표회의에 참가한 창조파는 임시정부에 대한 입장 차이로 개조파와 의견이 첨예하게 대립되었다. 이 과정에서 元世勳·尹海·申肅 등은 개조파와의 노선 차이를 이유로 자파만의 정당을 조직하기로 계획하였고[17] 4월 11일에는 여운형 등 4명이 "각 獨立運動團體

國共産主義運動史』1, 청계연구소, 1986, 113쪽.
一世黨은 1919년 7~8월경에 블라디보스토크에서 張道政이 중심이 되어 결성된 정당이며, 이를 개칭한 한인사회당은 사회주의에 의한 新國家建設을 목표로 하였으나, 신국가건설에 대한 구체적인 내용은 알 수가 없다.

12)「韓國人 組織의 團體類(大正9年 11月 24日 高警 제37234호)」, 國史編纂委員會,『韓國獨立運動史』資料 3(臨政篇 Ⅲ), 1983, 556쪽.

13) 金元容,「在美韓人五十年史」, 독립운동사편찬위원회 편,『독립운동사자료집』8, 1984, 721~722쪽.
노동사회개진당은 미국 캘리포니아지역 한국노동자들의 처우개선과 일제강점하 한국의 사회개혁이 그 결성의 표면적인 목적이었으나, 실질적인 결성목적은 스위스에서 개최된 萬國社會黨大會에 참가한 趙素昻의 외교활동을 후원하기 위한 것이었다.

14) 金容達,「韓族勞動黨의 組織과 活動」,『한국독립운동사연구』17, 2001, 301~325쪽 ; 金俊燁·金昌順,『韓國共産主義運動史』4, 236쪽.

15) 蔡根植, 앞의 책, 139쪽 ; 宋相燾,『騎驢隨筆』, 國史編纂委員會, 1971, 369쪽 ; 金昌洙,「高麗革命黨의 組織과 活動」,『汕耘史學』4, 汕耘學術文化財團, 1990, 161~176쪽.

16) 金俊燁·金昌順,『韓國共産主義運動史』4, 175쪽.

를 統合하여 一大獨立黨을 組織하기로 決議한다"는 제안과 그 이유서를 국민대표회의에 제출하기에 이르렀다.[18] 결국 국민대표회의는 임시정부에 대한 입장 차이로 창조파와 개조파로 나뉘게 되었고,[19] 1923년 6월에는 창조파 만으로 국호를 '韓', 年號를 '紀元'으로 하는 새로운 정부를 조직할 것과[20] 18개항의 위원제로 된 헌법을 제정한 비밀회의를

---

17) 「國民代表會의 狀況 및 附隨問題에 관해 1923年 5月 1日字로 朝鮮總督府 警務局長이 外務次官에 通報한 要旨」, 『韓國民族運動史料』(中國篇), 312쪽.

18) 「國民代表會 經過에 관해 1923年 4月 23日字로 朝鮮總督府 警務局長이 外務次官에 通報한 要旨」, 『韓國民族運動史料』(中國篇), 310~311쪽.
독립당조직안에 대한 이유서의 요지는 다음과 같다.
"3·1運動 以來 內外 各方面 同志의 노력이 그 극도에 달하였음에도 불구하고 금일에 이르기까지 아직도 이에 相當한 效果를 거두지 못하였음은 그 원인이 全的으로 각방면의 운동이 統一을 缺하였던데 기인한다. 고로 근래 獨立運動統一의 소리는 전국에서 일어나 선전되었을 뿐 아니라 代表者 諸君은 물론 우리들도 이의 實現을 渴望하여 마지않음은 말할 나위도 없는 바이다. 그리고 독립운동의 통일은 곧 각 독립운동단체를 통합하여 一機關을 만드는데 있다. 이 기관을 만들려면 驕傲한 名義와 複雜한 制度를 설정할 要는 없고 다만 현하의 시국 즉 實際的 運動에 適合하도록 해야 할 것이다"(같은 책, 311쪽).

19) 국민대표회의는 임시정부에 대한 처리문제를 놓고 창조파와 개조파로 분열되었는데, 입장을 달리한 주요 이유는 각 단체의 지역적 기반과 독립운동노선, 이념의 차이로 요약할 수 있다.
국민대표회의에 대한 연구로는 李炫熙, 「國民代表會議 召集問題─統一的 民族團合運動의 試圖─」, 『白山學報』 18, 1975 ; 朴永錫, 「大韓民國臨時政府와 國民代表會議」, 『韓國史論』 10, 국사편찬위원회, 1981 ; 朴永錫, 「國民代表會議와 大韓民國臨時政府」, 『韓民族獨立運動史硏究』, 일조각, 1982 ; 金喜坤, 「國民代表會議와 참가단체의 성격」, 『中國關內 韓國獨立運動團體硏究』, 지식산업사, 1995 ; 조철행, 「國民代表會(1921~1923) 연구」, 『사총』 44, 고려대, 1995 ; 박윤재, 「1920年代 初 民族統一戰線運動과 國民代表會議」, 『學林』 17, 연세대, 1996 ; 李明花, 「대한민국임시정부와 국민대표회의」, 『대한민국임시정부수립80주년기념논문집』 하, 1999 등이 있다.

20) 「代表會議破裂眞相」, 『독립신문』(『대한민국임시정부자료집』, 별책 1 재수록), 1923년 6월 13일자, 국사편찬위원회, 2005. 이하에서 인용하는 『독립신문』은 국사편찬위원회에서 발간한 자료집에 근거하고 있음을 밝혀둔다.

개최하고 폐회되었다.[21]

1923년 8월 블라디보스톡으로 이동한 창조파는 1924년 2월 19일 제1회 國民委員會를 개최하여 '韓國獨立黨組織案'을 의결하고 임시헌법을 제정하였다. 국민위원회는 "한국의 民族的 運動은 모름지기 통일된 革命的 戰線을 조직하지 않으면 안 되며 또 유력한 혁명적 中樞로 유일한 민족적 혁명당의 형체를 조성해야 할 것이다."[22]라는 취지의 '韓國獨立黨' 黨規와 사업방침을 발표한 것이다.[23] 국민위원회의 한국독립당이 채택한 강령은 "자립적 共和國의 건설", "정치·경제상의 완전한 獨立達成", "평화적 운동·타협적 수단·침략적 제국주의에 대한 外交路線의 배제", "세계피압박민족과의 聯合戰線 구축과 국제적 勞動運動과의 제휴" 등이었다.[24] 이것은 일제로부터의 정치·경제상의 완전한 독립, 외교지상주의 독립운동노선의 배제, 제국주의 열강의 지배를 받는 피압박민족과의 연합전선 구축 등을 강조한 것이다. 또한 임시정부 초대 대통령 이승만이 주도하는 외교독립우선주의의 노선에 반대하는 입장을 분명히 한 것이었다. 한국독립당조직안은 비록 '案'에 불과하였고 또 이를 구체화하지 못하였지만 이들이 추구한 이념이 강령에 분명히 명기되어 있다는 점과 '민족해방운동의 중추적 역할을 담당할' 조직체로서의 정당을 결성하고자 하였다는 점은[25] 항일독립운동의 전개과정 특히 정당의 결성과정에서 의미 있는 것이었다.

---

21)「創造派의 最終幕」,『독립신문』1923년 6월 13일자.
22)「國民委員會 公報 入手에 관해 1924년 9월 5日字로 在上海總領事가 外務大臣에 報告한 要旨」,『韓國民族運動史料』(中國篇), 513쪽.
23) 國民委員會는 1924년 2월에 의결된 韓國獨立黨組織案을 "국내외 施設의 大綱이 실마리가 풀릴 때까지 이를 일반 민중에게 공표하는 것은 불필요하다"는 이유로 발표하지 않다가 1924년 7월 10일 발행된 국민위원회의 기관지『國民委員會公報』제1호에 게재하였다.
24)「國民委員會 公報 入手에 관해 1924년 9월 5日字로 在上海總領事가 外務大臣에 報告한 要旨」,『韓國民族運動史料』(中國篇), 513~516쪽.
25) 노경채,『한국독립당연구』, 31쪽.

국민대표회의 개최에 대하여 일관된 입장을 제시하지 못하였던 임시
정부는 국민대표회의가 사실상 결렬된 1923년 6월 6일 내무부령 제1호
로 국민대표회의 해산을 명령하였다.[26] 이어서 국민대표회의 이후 독
립운동진영의 내분과 혼란을 수습하며 새로운 활로를 모색하기 시작하
였다. 韓國獨立黨組織案이 발표된 직후에 尹琦燮, 金尙德 등 임시의정
원 의원 등이 제12회 임시의정원 의회가[27] 진행되던 1924년 7월 17일에
'獨立運動의 民族的 基礎組織을 공고히 하고 독립운동의 方針을 쇄신
하여 독립운동을 촉성하기 위한' 목적으로 獨立黨代表會議召集案을 건
의한 것이다.[28] 1924년 9월 국무총리 李東寧은 국무원령 제1호로 "독립
운동의 民族的 基礎組織을 공고히 하고 독립운동의 方針을 刷新 勵行
하여 독립대업을 촉성할 목적"[29]으로 獨立黨代表會議召集簡章을 발표
하여 독립당대표회의를 계획하고 이를 위한 소집위원회도 구성하였
다.[30] 임시정부는 또한 국무원령으로 포고문을 발표하여 '독립당 대표
회의의 소집과 이의 진행을 위해서는 서로 용서하고 뉘우치며 민족 전
체나 적어도 독립운동에 종사하는 사람들 전부가 협심하여 노력하여야
된다'고[31] 거듭 강조하며 좌우를 망라한 독립운동진영의 용서와 協心努
力으로 독립당 대회를 진행할 것이라는 임시정부의 입장을 거듭 밝힌
것이다. 그리고 이를 구체적으로 추진하기 위한 목적에서 1924년 12월
3일자로 獨立黨代表會議召集을 발표하였다. 그러나 이 독립당대표회

---

26) 「韓人獨立運動者의 國民代表會 紛爭에 관해 1923年 6月 12日字로 在上海總
    領事가 外務大臣에 報告한 要旨」, 『韓國民族運動史料』(中國篇), 319~320쪽.
27) 제12회 임시의정원 의회는 1924년 2월 29일부터 1925년 1월까지 개회되었다.
28) 「獨立黨大會」, 『東亞日報』 1924년 7월 28·30일자.
29) 「韓人獨立運動團體의 代表會議의 召集에 관해 1924年 10月 2日字로 朝鮮總
    督府 警務局長이 外務次官에 通報한 要旨」, 『韓國民族運動史料』(中國篇),
    525~526쪽.
30) 「獨立團代表會議」, 『東亞日報』 1924년 9월 14일자.
31) 「獨立黨代表會議와 국무원의 댱문포고문」, 『東亞日報』 1924년 9월 28일자.

의소집은 무산되었다.[32] 독립당대표회의를 위해 몇 차례의 회의를 소
집하여 회의 소집과 진행에 필요한 소요예산 마련 방안과 소집통지서
의 형식, 회의에서 토론할 내용까지 협의하였던[33] 임시정부에서 국무
원령으로 독립당대표회의를 갑자기 취소한 이유에 대해서 분명한 사유
를 밝히고 있지는 않지만, 아마도 독립당대표회의의 소집과 운영에 따
른 소요예산의 마련이라는 경제적인 문제, 1923년의 국민대표회의에서
와 같은 임시정부의 존립여부에 대한 의구심, 임시정부 자체의 혼란 등
이 그 원인으로 지적될 수 있을 것이다.[34]

　한편, 1920년대 중반 이후에도 중국 관내와 만주지역에서는 임시정
부와 관계없이 정당의 명칭을 사용하는 단체들이 등장하였는데, 이를
표로 정리하면 〈표 1〉과 같다

---

32)「臨時政府公報」,『獨立新聞』1925년 3월 23일자.

33)「韓人獨立運動者의 獨立代表者 召集對策協議에 關해 1924年 11月 20日字로
在上海總領事가 外務大臣에 報告한 要旨」,『韓國民族運動史料』(中國篇), 528
쪽 ;「臨時議政院會議의 狀況에 關해 1924年 12月 8日字로 在上海總領事가
外務大臣에 報告한 要旨」, 같은 책, 528쪽.

34) 趙凡來,「上海 韓國獨立黨의 組織變遷과 活動에 대하여」,『한국독립운동사
연구』3, 1989, 377~378쪽.
임시정부 자체의 문제점이란 독립당대표회의 소집을 둘러싸고 발생한 임시
정부 내의 의견 불일치, 임시정부가 국민대표회의 결렬 이후 새로운 활로를
모색하는 과정에서 추진된 대통령 이승만 탄핵안 상정과 제2차 개헌의 단행
등이다. 임시정부는 국민대표회의의 결렬 이후 임시정부의 독자적인 활로를
모색하는 과정에서 이승만 대통령에 대한 불신임 결의와 대통령 면직안 결
의, 국무원에 대한 불신임안 결의 등으로 혼란을 겪고 있었고, 이를 해결하
기 위해 대국쇄신안과 임시정부 헌법의 개헌 등이 추진되었고 결국 이승만
대통령의 탄핵과 국무위원제(내각책임지도체제)라는 특징을 갖는 제2차 개
헌이 단행되었다.

〈표 1〉 1920~1930년 사이에 조직된 정당 명칭 사용 독립운동단체[35]

정당명칭	소재지	결성 목적	주요인물	결성년도
다물靑年黨	한중 국경 및 국내	純民族獨立主義	金履大 · 金鎭浩 · 玄正卿 · 玄黙興 · 李靑雨 · 李東林	미상
勞動黨	吉林省 樺甸縣	민족주의	金東三 · 李檜龍 · 李一心	미상
東學少年黨	간도	민족독립	李明植	미상
동학청년당	간도	민족독립	이명식	미상
歸一黨	길림성 寧安縣	大倧敎	尹世复 · 鄭一雨 · 崔晩秋 · 金佐鎭 등	미상
在滿 墾民農友黨	길림성 敦化縣城	- 민족의 해방 - 재만동포의 단결과 일본에 대한 경제적 선전포고	金山 · 馬晋(延斗翼)	미상
북만 유일독립당	길림성 영안현 寧古塔	- 한국의 독립 - 민족의 경제적 발전과 정치적 지위 획득	李相龍 · 朴贊翊 · 洪震 · 沈寧國 · 鄭一豊 · 呂甲 · 金啓道 등	미상
조선국민 재건혁명당	길림성 돈화현 삼도자	공산주의	金河錫	미상
한국 독립청년당	천진	한국독립	朴龍泰	미상
ㄱ당	국내	미상	미상	1928.5
조선국민당	만주	일제의 타도 · 조선의 독립 · 대생산기관의 공유 · 노농대중의 생활보장	金柱山 · 馬晋	1928.6
新韓農民黨	북만지역	항일독립운동의 올바른 노선 추구		1930.3

35) 趙凡來, 「韓國獨立黨研究(1929~1945)」, 1988, 168~171쪽.
〈표 1〉의 작성에 참고한 일제 측 정보문서「滿洲에서의 抗日運動과 國民府成立」이 1930년 말에 작성된 것으로 미루어 보아 〈표 1〉에 기재된 각종 정당 역시 1930년 말 이전에 조직된 것으로 추정된다. 1920년대 중반 만주지역에서 전개된 三府統合運動의 결과로 결성된 朝鮮革命黨과 韓國獨立黨(滿洲)은 독립운동정당으로서의 성격이 분명하기 때문에 〈표 1〉에서는 제외하였다.

1910년대 중반부터 新韓革命黨의 경우처럼 항일독립운동전선에서
독립운동단체들이 정당의 명칭을 사용하고는 있지만 그 성격이나 조
직 배경에서 근대적 의미의 정당이라고 규정하기는 곤란하다. 노이만
(Sigmund Neumann)의 서양 정당 기원에 대한 고전적 개념은 세 가지 이
론으로 규정될 수 있다. 첫째는 초기 의회와 정당 출현 간의 상호관계
에 초점을 맞춘 제도적 이론, 둘째 정당이 발달한 시대에 당면했던 역
사적 위기나 임무에 초점을 둔 역사상황적 이론, 셋째 정당을 근대화의
광범위한 과정과 관련지우는 이론 등이 그것이다.[36] 이 이론에 따르면
한국독립운동사에서 나타난 정당은 둘째의 역사상황적 이론에 해당된
다고 할 수 있다. 또한 정치이론가인 영국의 버어크(Edmund Burke)는
정당의 정의에 대해서 "어떤 특정한 주의에 동의하는 사람들이 그 주의
에 의거하여 공동의 노력으로 국민적 이익을 증진시키기 위한 목적으
로 결성된 단체"[37]라고 규정하였다.

항일독립운동시기의 정당이 앞서 인용한 서양 정치이론가들이 정의
한 정당에 대한 규정과 부분적으로 일치한다하여도, 항일독립운동시기
의 정당이 항일독립운동이라는 국민적 열망을 수행한다는 점에서는 일
반 독립운동단체와 다를 것이 없으나, 광복 이후 수립할 국가의 형태에
대한 기준 등을 마련하고 있었다는 점에서 분명한 차이를 가지고 있다.
항일독립운동선상에서의 정당은 19세기 유럽과 미국의 선거제나 의회
제도의 발달과 더불어 생겨나고 발전되는 것과 같은 정상적인 과정을
통해 생겨난 것이 아니었다. 독립운동정당은 일제에게 강탈된 조국의

조선혁명당과 '만주' 한국독립당에 대해서는 張世胤,「在滿 朝鮮革命黨의 民
族解放運動 研究」, 성균관대학교 박사학위논문, 1996 ; 장세윤,「재만 조선혁
명당의 조직과 활동」,『한국민족운동사연구』, 나남출판, 2003 ; 박환,「在滿
韓國獨立黨에 대한 一考察」,『韓國史研究』54, 1987을 참조.

36) 金喜坤,「獨立運動 政黨의 形成 過程」,『西巖趙恒來教授華甲紀念韓國史學論
叢』, 1992, 790~791쪽.
37) 楊茂木,『韓國政黨政治論』, 法文社, 1983, 18쪽.

주권과 자주, 국토를 되찾으려는 독립운동을 전개하는 과정에서 탄생되었다는 특징을 갖고 있고, 이후 독립운동단체들 중 일부가 독립운동 뿐 아니라 광복 후 수립할 국가의 기본이념을 담은 당의와 당강을 갖춘 정당으로 발전한 것이다.

또한 정당은 그 정당이 나아갈 방향과 이념, 정치적 입장을 밝히는 당의와 당강, 당책을 제시하여야 할뿐만 아니라, 의회 내에서 정부 활동이나 정책을 지지 혹은 견제·감독하는 기능과 입법기능을 함께 가지고 있어야 근대적 의미의 정당이라고 할 수 있을 것이다.

정당의 개념과 기능을 이와 같이 정의한다면, 임시정부의 수립 이전에 비록 정당의 명칭을 사용한 독립운동단체들이 등장하기 시작하여 1920년대 중후반까지 일부 단체들이 정당의 명칭을 사용하고 있지만 그 조직의 동기와 목적이 항일독립운동에 국한되어 있을 뿐 정치이념을 담은 당의나 당강, 정당으로서의 組織體制를 갖추고 있었다고는 볼 수 없다.[38] 따라서 이들 단체가 정당이라는 명칭을 사용하고는 있지만, 엄밀한 의미에서의 정당으로 특히 근대적 의미의 정당으로 분류하기는 곤란하다.

일부이기는 하지만 만주지역에서 결성된 독립운동단체들 중 朝鮮國民黨과 新韓農民黨처럼 일제 타도와 한국의 완전한 자주독립 도모, 독립운동진영의 단결과 올바른 독립운동노선 추구, 대생산기관의 공유 등 독립운동노선과 이념에서 1920년대 중반 이전에 결성된 단체들과는 일정한 차이를 갖는 단체들이 나타나고 있다는 점은 주목할 만하다.

1920년대 후반까지 중국 관내지역에서 정당의 명칭을 사용한 독립운동단체들이 독립운동정당으로 발전하는 것은 국민대표회의와 1920년대 중반 이후 중국 관내와 만주지역, 국내에서 전개된 민족유일당운동(민족연합전선운동)의 결과이었다.[39]

---

38) 趙凡來, 「韓國獨立黨研究(1929~1945)」, 167쪽.
39) 이런 점에서 국민대표회의 창조파에서 제시한 한국독립당조직안은 비록

2. 民族唯一黨運動

1) 民族唯一黨運動의 背景

1919년 3·1운동이 전개되는 과정에서 국내외에 수립된 각처의 임시정부는 통일정부의 수립을 위하여 수차례의 회의를 거쳐 마침내 1919년 9월 상해에 위치한 大韓民國臨時政府로 통합되었다. 임시정부는 한민족 최초의 民主共和制政府로써 민족의 대표기구이자 항일독립운동을 지도·통할해 나갈 독립운동의 最高機關으로서의 역할이 기대되었다.

그러나 임시정부는 1920년대 초에 들어 대내외로 많은 어려움에 직면하게 되었다. 聯通制·交通局의 파괴로 인한 재정 곤란, 제1차 세계대전 이후의 새로운 국제질서인 베르사유체제에 따른 외교우선주의 독립운동노선의 한계, 사회주의 유입으로 인한 이념적인 갈등과 분화, 이승만 초대 대통령의 위임통치 청원문제 등이 그 원인으로 지적될 수 있다. 이런 어려움을 극복하고 새로운 활로를 모색하기 위하여 1923년 1월 상해에서 國民代表會議가 개최되었다. 그러나 국민대표회의 역시 임시정부의 존재 여부를 놓고 창조파, 개조파, 유지파로 분열되어 별다른 성과를 거두지 못하고 결렬되었다. 임시정부는 국민대표회의의 결과를 수습하고 임시정부를 중심으로 독자적인 활로를 모색하기 위하여 임시정부의 체제 개편과 臨時憲法의 개정, 이승만 대통령의 탄핵 등을 추진하였다.

이와 같이 임시정부가 항일독립운동의 최고기구로서 수립되었으나 그 역할을 제대로 수행하지 못하는 상황이 1920년대 초부터 발생한 것이다. 이에 따라 독립운동을 주도할 새로운 기구의 필요성이 대두되었

'안'에 불과하였지만, 정치이념이 분명히 나타난 강령을 마련하였고 한민족의 통일된 혁명적 전선을 통한 독립당을 조직하여 독립운동의 중추적 역할을 수행하고자 하였다는 점에서 그 나름대로의 의의를 가지고 있다고 할 수 있다.

다. 그것은 다름 아닌 민족유일당의 필요성으로 대두되었는데, 이는 곧
전 민족이 대동단결한 한민족을 대표하는 하나의 정당을 결성하여 그
정당을 중심으로 항일독립운동을 전개하자는 의견으로 집약되었다.

1920년대 초에 들어와 독립운동의 총지도기관으로서의 역할가치를
상실하고[40] 독립운동의 나아갈 방향을 일시적으로 상실한 임시정부와
이를 중심으로 하는 민족주의 세력은 좌익진영과의 연합을 통한 보다
효율적인 독립운동의 전개를 심각하게 고민하지 않을 수 없게 되었다.
특히 국민대표회의 이후 더욱 추락한 임시정부의 위상과 지도력, 독립
운동노선의 혼선과 부재 등으로 상처를 입은 임시정부를 원상대로 회
복하고 그 본래의 역할가치를 수행하기 위해서 민족주의 세력은 임시
정부를 중심으로 사회주의 세력과의 연합전선을 결성하고 이를 기초로
하여 유일당을 결성하는 방안을 모색하게된 것이다.

1924년 2월에 임시정부의 金九, 趙素昻 등과 국민대표회의에 참가하
였던 呂運亨, 南亨祐 등은 국외 각지의 독립운동세력을 임시정부 중심
으로 통일하자는 내용의 「大同統一趣旨書」를 발표하였고,[41] 1924년 4월
에는 상해파 고려공산당원들과 흥사단 원동지부원, 임시정부, 한국노
병회와 의열단의 소속원들이 참여한 上海靑年同盟會[42] 역시 發起文과

---

40) 조동걸은 임시정부의 역사적 의의를 평가할 때, 발생가치와 역할가치로 나
   누어서 검토할 필요가 있다고 언급한 바가 있다. 역할가치는 두 가지로 나눌
   수 있는데, "하나는 준비정부로서 정부의 업적이고, 또 하나는 주권의지, 즉
   독립의지를 달성하기 위한 독립운동의 업적"이라고 지적하였다(趙東杰, 「대
   한민국임시정부의 역사적 의의와 평가」, 『대한민국임시정부수립80주년기념
   논문집』, 642~643쪽).

41) 「在上海 韓人獨立運動者가 組織한 靑年同盟會에 관해 1924年 5月 5日字로
   朝鮮總督府 警務局長이 外務次官에 通報한 要旨」, 『韓國民族運動史料』(中
   國篇), 504쪽.

42) 김영범, 『한국근대민족운동과 의열단』, 창작과비평사, 1997, 126~132쪽.
   上海靑年同盟會의 발기인은 총 18명으로 파악되는데, 이들 중 朴震 · 嚴恒燮
   은 임시정부 소속이었고, 崔天浩는 한국노병회, 金鈺 · 趙德津은 의열단, 申
   國權 · 朱耀翰 · 申彦俊은 흥사단, 金尚德 · 張德震 · 尹蘇野(윤자영)는 극동인

宣言, 綱領에서 獨立運動戰線의 통일을 주장하고 있다.

〈發起文〉
손에 손을 잡고 한덩어리가 되자.…칼날과 같은 마음으로서 돌과 같이 뭉쳐서 화살과 같이 前進하는 우리들 앞에는 조국 榮華의 광복이 있다.

〈宣言〉
요즘 5년간에 우리들 사회의 각계가 混沌狀態에 沈滯되어 獨立戰線의 內部分裂과 閑散을 자아내는 데에 있다. 이는 오로지 우리들에게 민족적 强固한 단결과 조직이 없는데 기인하는 것이다.
우리 민족이 그 혁명적 元氣와 犧牲的 熱血을 집중하여 容易하지 않은 분투와 노력으로서 목적지를 향해 도달하려고 한다면 우선 우리들은 모든 무기보다도 최선의 무기인 민족적 强固한 단합과 조직이 있으면 되는 것이고…우리 청년은 공통된 강령하에서 상호의 鼓勵와 훈련을 그르치지 않는 동시에 독립전선 내부의 단합과 조직을 굳게 하는데 있다.

〈綱領〉
一. 독립운동의 旗幟下에 민족적으로 일치단결하라.
一. 민족적 독립의 완성을 위해 犧牲的으로 奮鬪하라.[43]

이처럼 중국 관내의 좌우익을 대표하는 세력인 임시정부와 한국노병회, 상해파 고려공산당 소속원 등이 '일치단결'과 '희생적 분투'라는 기치하에 함께 발족한 上海靑年同盟會가 내부분열과 혼돈상태에 빠져 있는 독립운동진영을 바로 잡는 최상의 무기는 바로 '민족적 강고한 단합

민대표대회에 상해파 고려공산당 대표로 참석하였고, 崔忠信은 사회주의자로 분류된다.
[43] 「在上海 韓人獨立運動者가 組織한 靑年同盟會에 관해 1924年 5月 5日字로 朝鮮總督府 警務局長이 外務次官에 通報한 要旨」, 『韓國民族運動史料』(中國篇), 505~506쪽.

과 조직'이라고 강조하면서 중국 관내 독립운동진영의 단결과 민족유일당 결성의 필요성에 대해서 주장한 것이다.

이승만 탄핵 이후 제2대 대통령으로 취임한 朴殷植[44]은 유언에서 "독립운동을 하려면 全族的으로 통일이 되어야 한다"고 강조하며 민족협동전선의 필요성과 이에 대한 민족주의진영의 적극적인 자세를 당부하였다.

> 우리가 이 귀중한 독립운동을 期成시기려면 무엇보다도 첫재 전민족의 통일을 요구하여야 되겠소.
> 一. 全族統一이라 함은 말로 주장하기는 쉬우나 실행하기는 물론 極難한 일이오.…엇던 나라에나 각당파의 분별이 업쓸 수는 업스나 적어도 일을 보는 民族털은 士黨 혹은 붕당을 짓지 안음이 사실이니 何如턴 우리도 이 점에 크게 주의하야 장래 국가 대업에 악영향을 끼치지 말어야 되겠소.
> 三. 독립운동의 성패는 우리 민족전체의 사활문제이니 임이 말한 바와 갓치 이 일에 성공코져 하면 우리가 통일적 행동을 하여야 되겠으며 단결되야 일하려면 독립운동이라 하는 전민족을 살이려는 대사업에 목표랄 두고 이 일을 진행함에 私個人 사이에 교분 혹은 감정관계의 엇더함을 일체 도라보지 말어야 되겠소.[45]

박은식은 민족전체의 사활이 걸린 독립운동을 진행하려면 무엇보다도 먼저 독립운동진영의 통일이 가장 우선되어야 한다는 점을 강조한 것이다. 통일을 위해서는 어떠한 수단과 방략이라도 가능한 것이라고 언급함으로서 임시정부를 둘러싸고 좌우로 나뉜 독립운동진영의 통일을 위해 민족주의 세력이 좌익세력을 포용하여야 한다고 강조함으로써

---

44) 백암 박은식은 임시정부의 초대 대통령 이승만이 탄핵된 직후인 1925년 3월 23일 제2대 대통령으로 선출되어 7월까지 대통령을 지냈다. 박은식은 대통령에 취임 직후 국민대표회의 결렬 등으로 혼란한 임시정부의 사태를 수습하는 차원에서 헌법개정안을 제출하여 국무령제의 헌법으로 개정하였다.
45) 「白岩先生의 遺囑」, 『독립신문』 1925년 11월 11일.

독립운동의 향후 방향과 방법을 제시한 것이다.

『독립신문』에 실린 芸丁의「臨時政府로 모여라」라는 글 역시 독립운동가들이 임시정부를 중심으로 단결해야 한다고 강조하고 있다.

> 우리 임시정부난 이것이 곳 三一運動의 결정으로 許多仁人志士의 心血誠精을 모하써 8년의 역사를 至極한 艱難中에 보전하야 오난 것이라.…韓族은 韓族의 역사를 발버 韓族 自己의 필요를 위한 韓族 自己特色의 운동을 하야가는 것이라. 남의 皮相을 效響하기에 나의 본연을 잇지말고 우리 운동을 조속히 성공하기 위하야 우리 戰線을 조속히 통일하기 위하야 어서 우리 유일한 임시정부하로 모여 드러라. 이것이 곳 우리 알 바 외길이니라.[46]

1919년 3·1운동의 결정체로 수립된 임시정부는 많은 곤경 속에서도 8년의 역사를 간직한 絶對無上한 국가기관이니, 우리 민족의 독립운동을 조속히 달성하고 독립운동전선의 통일을 위해서 임시정부의 기치하에 단결하자는 내용이다.

임시정부 중심의 민족주의 세력이 이와 같이 독립운동전선통일을 주장한 것에 대하여 좌익진영의 중요 인물인 여운형이 중심이 되어 1926년 2월 상해에서 조직한 '主義者同盟' 역시 같은 해 2월 13일에 간담회를 개최하고 協同戰線의 결성을 촉구하는 다음과 같은 결의안을 채택하였다.

> 一. 우리 無産同盟과 독립운동과의 연합을 촉성하기에 노력할 일
> 一. 내외지를 통하여 진실한 '맑스'주의자를(의) 통일적 조직을 완성하기에 적극 노력할 것
> 一. 종래의 불순분자를 규합하여 파생적 惡癖을 조장하던 일파가 名實不合 ○○○○○ 僞名으로써 全朝鮮의 무산계급을 농단하여 운동선이 분열혼돈의 禍端을 作함으로써 우리는 如斯한 투기와 발호를 철저히 제지 匡正할 것[47]

---

46) 芸丁,「臨時政府로 모혀라」,『독립신문』1926년 9월 3일.

좌익진영은 우익진영과의 연합을 촉성하되 마르크스주의자들이 중심이 된 통일적 조직, 즉 정당의 조직을 촉구하는 한편으로 독립운동진영의 분열과 혼돈을 조장하는 세력의 철저한 제거를 주장한 것이다.

민족주의진영에서는 우선 獨立運動戰線의 통일을 위해서 임시정부를 중심으로 하는 통일을 주장한 반면에 좌익진영은 민족주의진영과의 연합전선결성을 찬동하고 그 필요성도 인정하지만, 그 중심체는 임시정부가 아닌 마르크스주의자가 중심이 된 통일적 조직이어야 한다고 강조함으로써 구체적인 방법상에서는 궤를 달리하고 있는 것이다.

민족유일당결성운동의 배경으로 지적할 수 있는 또 하나는 民族協同戰線論의 대두이다. 민족협동전선론은 1920년대 초에 사회주의의 유입으로 나타난 독립운동진영의 사상적인 분화와 갈등을 극복하려는 것에서 비롯되었다. 또한 식민지 독립운동에 대한 코민테른의 직·간접적인 영향으로 중국 관내의 독립운동진영에서 대두되기 시작하였다.[48] 코민테른은 1922년 1월에 개최된 극동인민대표대회에서 반제 민족해방운동에 대한 적극적인 지지 입장을 표명하는 한편으로 타협주의와 무저항주의를 배격할 광범위한 민족전선, 즉 민족부르주아지와의 민족연합전선의 결성이 현 단계의 유일하고도 정당한 독립운동노선이라고 역설하여 민족연합전선의 결성을 촉구한 것이다. 또한 「한국문제의 결의안」에서 한국의 사회발전의 현단계에서는 계급운동이 시기상조이기 때문에 계급운동자들은 먼저 독립운동에 노력하여야 한다고 결의하였다.[49]

---

47) 國史編纂委員會 編, 『日帝侵略下 韓國三十六年史』 8, 1973, 49쪽.
48) 金榮範, 「대한민국임시정부와 민족유일당운동」, 『대한민국임시정부수립80주년기념논문집』 하, 491쪽.
49) 金俊燁·金昌順, 『韓國共産主義運動史』 1, 371~373쪽.
   1922년 1월 극동인민대표대회에서 보고된 「한국문제의 결의안」의 요지는 '1) 한국에서는 아직 산업노동자가 계급적으로 성장하지 못하여, 계급의식이 형성되어 있지 않기 때문에 계급운동은 시기상조이다. 2) 한국은 주민의 압도적 다수가 저수준의 농민이므로 이들에게 공명을 야기할 수 있는 민족독립운동에 주력해야 하며, 계급운동자들 역시 현 단계에서는 일반 민중이 공명

이외에도 중국의 제1차 국공합작도 민족연합전선 결성의 배경으로 지적될 수 있다. 1924년 1월 20일 중국 廣州에서 개최된 중국국민당 제1회 전국대표대회에서 '連蘇 · 容共 · 勞農援助'의 3대 정책을 채택하고 제1차 국공합작이 성립되자[50] 중국 관내의 독립운동진영은 이에 영향을 받게 되었다. 중국 관내 독립운동진영에서 무시할 수 없는 세력으로 성장한 사회주의 세력 역시 중국국민당의 국공합작에 자신감을 가지게 되었기 때문이다. 1926년 10월 북경에서 한인독립운동진영의 민족유일당 결성을 위한 촉성회가 결성되어 좌우합작운동을 전개하게 되었다. 그러나 1927년에 제1차 국공합작이 분열되면서 한인독립운동진영의 좌우합작이라는 한국유일독립당촉성회운동 역시 타격을 받게 되었다.[51]

민족유일당운동 자체가 사회주의 세력의 성장을 전제로 하는 상황이기 때문에, 1920년대에 들어와 독립운동의 총지도기관으로서의 역할가치를 상실한 임시정부 중심의 민족주의 세력은 분열된 독립운동진영의 통일과 더욱 강력한 독립운동의 전개를 위하여 사회주의 세력과의 합작을 고심하지 않을 수 없었다.

중국 관내지역에서 대두된 獨立運動勢力의 연합전선결성, 즉 민족유일당운동은 임시정부가 독립운동의 중추기구로서의 역할을 제대로 수행하지 못하는 상황에서 항일독립운동을 주도할 새로운 형태의 조직 내지는 기관의 필요성 때문에 대두되었던 것이다. 좌우로 분열된 독립운동진영이 연합하여 유일당을 결성하고 이 유일당을 중심으로 독립운동을 전개하자는 의견이 1920년 중반 무렵부터 임시정부 주변에서 대두되기 시작한 것이다. 이밖에도 코민테른의 민족협동전선론, 중국의

하는 독립운동을 지도, 지원해야한다. 3) 상해 임시정부는 명칭만 과대하고 실력이 이에 따르지 못하여 유감이 허다하므로 개혁할 필요가 있다.'는 것으로 요약될 수 있다(같은 책, 374쪽).

50) 小島晋治 · 丸山松幸 著, 박원호 역, 『中國近現代史』, 지식산업사, 1997, 99쪽.

51) 金喜坤, 「1920년대 임시정부의 협동전선운동」, 『대한민국임시정부의 좌우합작운동』, 한울아카데미, 1995, 18쪽.

제1차 국공합작 등이 민족유일당운동의 배경으로 지적될 수 있다.

2) 民族唯一黨運動의 展開

(1) 中國 關內의 '大獨立黨' 組織論

임시정부 수립 초창기에 임시정부의 단합과 통합에 노력한 安昌浩는 1921년 5월 勞働局總辦을 사임한 이후에도 독립운동진영의 통합을 위하여 임시정부를 중심으로 하는 大獨立黨(大革命黨)의 조직을 제안하였다.[52] 안창호가 제안한 대독립당 조직의 목적과 방향은 1926년 7월 8일 개최된 三一堂에서의 연설회에서 분명하게 드러난다. 이날의 연설회는 宋秉祚·金鍾商·徐太宇·韓鎭敎·金甫淵 등의 주도로 洪震과 안창호를 초빙하여 臨時政府의 存立과 각 독립운동단체의 統一을 도모하기 위한 목적에서 개최된 것이었다. 홍진은 이날 임시정부의 국무령으로 취임한 관계로 불참하였다. 안창호는 「우리의 革命運動과 臨時政府 問題」라는 주제로 연설하였다.[53]

---

52) 안창호는 임시정부의 노동국총판으로 재직하던 1920년 10월에 간도참변의 참담함을 경험하면서 독립운동진영의 통합방도로서 임시정부를 중심으로 하는 대독립당의 조직을 제안하였고, 1923년 말에는 반임시정부세력이 결집해 있는 북경으로 가서 민족유일독립당 결성에 합의한 바 있다. 1924년에는 북만주의 대한통의부로 가서 북만주와 서·북간도 일대의 독립운동단체 대표들과 대동통일에 대해 합의하였다. 안창호의 민족연합전선운동(민족통일전선운동)에 대해서는 李明花, 『島山 安昌浩의 獨立運動과 統一路線』, 경인문화사, 2002 참조.

53) 안창호가 삼일당에서 행한 연설문의 대강이 「上海臨時政府 國務領의 選任과 同地 韓人獨立運動者의 策動에 관해 1926年 9月 21日字로 朝鮮總督府警務局長이 外務次官에 通報한 要旨」, 『韓國民族運動史料』(中國篇), 599~600쪽에 수록되어 있을 뿐 원문 전체를 확인할 수가 없었다. 2005년 국사편찬위원회에서 상해판 『독립신문』을 영인하여 발간하였는데(『대한민국임시정부 자료집 별책 1』), 여기에 도산의 연설문이 1926년 9월 3일(제192호), 10월 3일(제193호), 10월 13일(제194호)까지 3차례로 나뉘어 「오늘의 우리 革命」, 「우리 運動界의 現狀과 組織問題」, 「大革命黨의 胸度」라는 제목으로 연재되었다.

　　…우리는 누구의 주의도 뭇지말고 종교도 뭇지말고 다만 그 사람
이 우리 民族革命에 대하야 동일한 步調만 되거든 다가치 合하야 오
직 우리의 共同大敵을 물니치기에만 全力을 다합시다.…지금은 오직
민족혁명 一目標만 바라보고 全國民族이 다가치 합하야 한낫 대혁명
당을 이루어 가지고 다만 일본 하나에만 대하야 싸홈을 다합시다.…
다가치 합동단결하야 오직 한낫 일본을 적을 삼고 민족혁명을 하여야
만 쓰겠다. 대한의 백성이면 누구나 다가치 전체적으로 민족혁명에
합할 수 잇는 것이오.[54]

　안창호는 민족의 독립을 쟁취할 수 있는 유일한 길이 바로 민족혁명
이므로 각각의 주의와 종교 등에 따라 분열하지 말고 민족혁명이라는
공통분모하에 全民族이 합동단결하여 민족적 기치하에 하나의 '대혁명
당'을 조직할 것을 강조한 것이다.
　안창호는 이어서 대혁명당과 임시정부와의 관계에 대해서도 언급하
였다.

　　…지금에 잇서서 우리의 운동의 실제적 急務는 곳 자체조직을 완
전케 함이오. 이 조직체를 완성함은 곳 一大革命黨을 조직함이오 다
각각 제 主見 제 주장을 가지고 져대로 운동하든 各地各團의 各分子
를 다한테 모아 일정한 주의 宗旨下에서 일치한 계획 일치한 책략으
로 緩急進退를 有機 組織的으로 하랴함에난 오직 당적 조직의 嚴密緊
切한 조직이 아니면 될 수 업소.[55]

또한 미주에서 주간으로 발행된 『신한민보』에도 1926년 10월 4일(제995호)부
터 10월 28일(제998호)까지 4차례에 걸쳐 연재되었다. 이 두 신문의 연재 내
용을 비교해 보면 독립신문에는 없으나 신한민보에는 기록된 부분이 있다.
아마도 독립신문 제195호에 그 나머지 부분이 수록되었으리라고 추측되지만
현재로서는 제195호의 존재를 확인할 수가 없다. 신한민보에 수록된 원문은
『한국근현대사연구』 제8집, 1998, 218~232쪽에 재수록되어 있다.
54) 「오늘의 우리 革命」, 『독립신문』 1926년 9월 3일자.
55) 「우리 運動界의 現狀과 組織問題」, 『독립신문』 1926년 10월 3일자.

　　…우리가 우리의 혁명사업이 성공되도록 하는틱는 데 일은 대혁명
당을 조직하여야 하겟고 몌 이로는 대혁명당이 조직되기까지 림시정
부를 엇더케던지 붓들어 가야 할 것이웨다. 대혁명당이 조직되는 동
시에 림시정부보다 더 큰 엇던 조직톄가 싱기면 그 썩에는 그만 둔다
할지라도 그것이 실현되기 전에는 자톄의 틱부로서 들어틱놋코 림시
정부를 집어치운다하면 우리의 운동은 부흥식혀질 여디가 업시 되겟
습니다. 그런즉 림시정부를 붓드러가는 것은 오늘날 우리들의 맛당히
할 칙임으로 알고 일치협력하야 조직톄가 실현되긔까지 유지하여 가
도록 하기를 바랍니다.56)

　대혁명당이 조직될 때까지 일치협력하여 임시정부를 유지해야 한다
고 역설하여 임시정부 유지와 옹호에 대한 확고한 의지를 보인 것이다.
안창호는 민족혁명인 독립운동을 완수할 일종의 前衛的 組織體로서의
'혁명당'을 결성하여57) 중국이나 소련의 경우처럼 임시정부도 以黨治國
의 형태를 갖추고 유지할 것을 주장하고 있는 것이다.

　안창호의 이런 주장은 1920년대 중반 임시정부를 중심으로 하는 민
족주의 세력의 공통된 입장이었던 것으로 보인다. 1926년 9월 이후『독
립신문』에는 임시정부를 중심으로 일치단결하여 독립운동에 전력하자
는 내용의 글들이 자주 게재되어58) 안창호가 강조한 대혁명당의 결성
과 임시정부 유지에 대한 주장에 힘을 실어주고 있다.

　임시정부 주변에서 대혁명당 또는 대당결성의 필요성과 당위성에 대
한 여론이 높아지는 가운데 梁起鐸에 뒤이어 國務領으로 취임한 洪震
은 1926년 7월 8일 임시의정원에서 거행된 취임식에서 다음과 같이 역

---

56)「대혁명당을 조직하자 림시정부를 유지」,『한국근현대사연구』8, 227~232쪽.
57) 韓詩俊,『의회정치의 기틀을 마련한 홍진』, 탐구당, 2006, 142~143쪽.
58) 안창호가 삼일당에서 행한 연설 내용이 처음 실린『독립신문』1926년 9월 3
　　일자에는 芸丁의「臨時政府로 모혀라」, 雙弓生의「三皆主義의 提案」, 張建
　　相의「獨立運動의 進步」등의 글도 함께 게재되어 있다. 이 글들은 모두 주
　　의와 이념, 노선에 따라 분열하지 말고 대동단결하여 민족혁명인 독립운동
　　에 매진할 것을 촉구하는 내용이다.

설하였다.

> 우리난 맛당이 이러한 기회를 逸치 말고 우리 運動界에 불행한 공
> 기를 헛치며 不斷의 誠忠을 다하여 일치한 주의와 政綱下에서 우리
> 민족의 일대조직을 建立함이 위선 우리 府院同人들의 절대 책임임으
> 로 우리난 일면으로 이 危機에 잇난 정국을 穩固케하난 동시에 우리
> 운동의 推進機가 혁명적 원리에 根據된 正軌로 突進되기를 힘쓸 다름
> 이오.[59]

먼저 임시의정원과 임시정부 소속의 독립운동가들이 힘을 합쳐 '일
치한 주의와 정강'을 갖춘 일대 조직, 즉 대당을 결성하는 것이 우선이
고 이어서 우리의 독립운동을 '혁명적 원리에 근거한 올바른 궤도'로
나아갈 수 있도록 노력해야 한다고 역설한 것이다. 이어서 '一致한 主
義와 政綱下에서 建立할 一大組織', 즉 대당결성을 위한 임시정부 차원
의 3대 정강을 제시하였다.

> 一. 비타협적 자주독립의 신운동을 촉진할 일
> 二. 전민족을 網羅한 鞏固한 黨體를 조직할 일
> 三. 전세계 피압박 민족과 聯盟하야 協同戰線을 조직하는 동시에
>   또한 연락할만한 우방과 提携할 일[60]

홍진은 국내에서 전개되고 있는 타협주의 운동(자치론, 참정론)에 반
대하는 비타협적 자주독립운동의 전개, 전민족이 단합한 정당의 결성,
전세계 피압박 민족과의 협동전선 결성 등이 임시정부가 추진할 3대
시정방침이라고 밝힌 것이다.

홍진은 임시정부의 법무총장직을 사임하고 鎭江에 머물고 있던 기간

---

59) 「洪國務領就任辭」, 『독립신문』 1926년 9월 3일자.
60) 「國務領三條政綱」, 『독립신문』 1926년 9월 3일자.

에 집필한 「痛忿과 切望」이라는 글에서 이미 대당체의 결성을 주장한 바가 있다.

> 우리 동지들의 중대한 사명이 무엇이냐. 소수로부터 다수에 불완전으로부터 완전에까지 奮鬪, 堪忍, 鼓勵, 引導가 모다 희생의 天職이다. 아모리 각개인의 사상 정신이 철저하여도 一心一德에 복종체를 이룸이 업스면 원대한 사업을 期必할 수 업슬뿐 아니며 旣成한 局勢조차 유지할 수 업다. 陳腐한 사상과 虛僞의 욕망은 胸際로부터 一掃하여 버리고 光明牢確한 참 정성으로 일정한 주의 정강에 유일한 복종자가 되자. 권리는 복무에서 생기는 것이다.[61]

우리의 독립운동이라는 원대한 사업을 달성하기 위한 시급한 일은 '光明牢確한 참 정성으로 일정한 주의 정강에 유일한 복종체'를 결성하고 유일한 복종체인 대당체에 모이는 것이라고 역설하여 일정한 주의와 정강을 갖는 대당체의 결성과 이를 통한 독립운동진영의 통일을 강조한 것이다.

홍진은 또한 1926년 11월 18일자에 실린 「黨的結束이 惟一의 生道」라는 글을 통해서도 대당결성체의 필요성과 당위성에 대해서 주장하였다.

> 반드시 우리 民度, 國情, 環境의 모든 것을 근거로 한 우에 時代潮流에 절실한 요구를 범주로 한 標題에서 비타협 비조정의 大黨體를 건립함이 우리 공작의 新要求며 社會供獻의 要務이다.…독립당의 당적 운동은 일국가 일민족의 대립적 정신을 대표한 신국민의 집합체이며 또 주권행사의 단위가 됨으로 일정한 주의정강에서 통일적 조직이 아니면 족히 일치한 事權을 運轉기 末由하다.…하로밧비 大衆結合의 당적 기초 우에서 정부를 改建함이 실로 達權取義의 大經大原이다.… 우리의 정치기관은 맛당히 당의에 복종하는 집행기관이 되어야 할 것

이다. 따라서 국회는 黨會議로 國憲은 黨憲으로 대행함이 조금도 法
實에 어기움이 업는 것이다.[62]

정당의 결성과 이를 통한 독립운동은 한 국가, 한 민족의 주권행사의
단위가 되는 것이며 또한 일정한 주의와 정강에 기초한 통일적 조직을
갖추어야 올바른 권리를 행사할 수 있으니, 하루 빨리 黨的 기초 위에
서 임시정부를 다시 세우는 것이 '達權取義의 大經大原'이라는 것이다.
대당조직체의 결성 필요성과 당위성을 다시 한 번 역설한 것이다.
　홍진의 이와 같은 진강에서의 대당결성에 대한 구상이[63] 국무령 취
임사에서 임시정부의 3대 시정방침으로 구체화된 것이다.

<hr>

62)「黨的結束이 惟一의 生道」,『독립신문』1926년 11월 18일자.
63) 홍진은 1924년 4월 법무총장직을 사임한 이후 1926년 7월 국무령에 취임할
때까지 2년 3개월여를 진강에서 은둔하고 있었다. 이 기간에 홍진은 임시정
부 등 독립운동진영의 혼란과 분열을 목도하면서「痛忿과 切望」이라는 글을
집필하였다. 이 글이 완성되지 않아 본인은 발표를 주저하였지만 독립신문
은 "充實한 內容이 그 文章如何로 날을 무킬 바 아니라고" 하여 홍진을 설득
하여 「大衆아! 모혀라」(1926년 9월 3일), 「運動統一과 首領問題」(1926년 10월
3일자), 「運動統一과 感情問題」(1926년 10월 13일), 「黨的結束이 惟一의 生道」
(1926년 11월 18일) 등 4회에 걸쳐 연재하였다. 「통분과 절망」의 전체를 게재
한 것이 아니어서 글의 맥락에 약간의 문제점도 눈에 띄지만, 향후 임시정부
의 활동방향이나 독립운동진영의 활로를 제시하려는 홍진의 의도가 분명히
드러나 있다.
이 글의 요지는 임시정부가 수립되었으나 지역과 파벌의 대립으로 인하여
기대와 희망이 무너졌으며, 독립운동 지도자들의 독립운동에 대한 이념과
방략의 부재를 문제점으로 지적하고 있다. 또한 임시정부는 정신적으로 민
족을 대표할 수는 있지만, 민족 전체의 권한을 대행하는 데에는 많은 결함을
가지고 있다고 냉철하게 임시정부 등 독립운동진영의 현상황을 지적하고 임
시정부가 쇠퇴하는 상황을 안타깝게 생각하였다. 그리고 홍진은 독립운동진
영의 문제점을 해결하기 위한 방안으로 임시정부를 중심으로 하는 민족적
대결합을 구상하였다. 민족적 대결합의 실천을 위해서는 "一定한 主義와 政
綱"을 마련하고 민족적 대결합의 형태는 바로 "非妥協 非調停의 大黨體의 建
立"이라고 역설한 것이다.

(2) 韓國唯一獨立黨 各地促成會의 結成

안창호는 삼일당에서 역설한 ‘民族革命을 위한 大革命黨의 結成’을 구체화하기 위하여 1926년 8월 北京의 有力者이며 좌파세력의 실력자인 元世勳을 만났다. 民族聯合戰線의 결성과 유일당, 즉 대독립당의 조직을 논의하기 위해서였다. 안창호와 원세훈은 먼저 각지에 기초조직을 설치한 연후에 이를 통일하여 대독립당을 결성한다는 데에 의견의 일치를 보았다.[64] 마침내 1926년 10월 28일자로[65] ‘大獨立黨組織北京促成會’(이하 북경촉성회라 약칭함)의 창립을 알리는 선언서가 발표되었다.

북경촉성회의 성립을 보도한 『독립신문』(1926년 11월 18일)

[64] 朝鮮總督府 慶尙北道警察部 編, 『高等警察要史』, 1934, 109~110쪽.
[65] 북경촉성회의 창립을 알리는 선언서 발표일이 『高等警察要史』에는 1926년 10월 16일로 기록되어 있다. 그러나 『독립신문』 1926년 11월 18일자의 「北京에 大獨立黨促成運動이 이러낫다」라는 기사에는 1926년 10월 28일로 기록되어 있어 『독립신문』의 기사에 의거하였다.

북경촉성회는 선언서에서 러시아와 중국, 아일랜드의 혁명자들은 각기 자신들의 유일당인 공산당, 국민당, 신펜당을 결성하여 일정한 주의와 강령을 가지고 혁명을 전개하고 있는데, 우리 독립운동진영도 이들과 같은 以黨治國의 형태로 一致團結하여 大獨立黨을 결성할 것을 촉구하고 있다. 아울러 북경의 독립운동자들은 독립운동을 성공적으로 진행하기 위해서는 반드시 '革命史上의 途程과 原則'에 의하여야 하며, 단결은 결코 '일시적인 權謀術數가 아닌 正大한 主義와 光明磊落한 정신을 근거로 하는 黨的 結合'에 있는 것이기 때문에 대독립당의 결성을 위하여 북경촉성회를 결성하였다는 것이다.

> …우리의 民族革命은 오즉 黨的 結合이 잇슨 뒤에야 그 큰 使命을 다할 수 잇겟다는 覺悟가 생기어 그 聲浪이 날로 노파가나니 이것은 참으로 우리 運動을 쌜니 나어가게 할 쌜른 길이며 우리 革命을 成功의 길로 引導할 可慶可賀의 絶對好現象이 안니라 할 수 업도다.…團結의 途가 一時的 權謀術數에 잇지 아니하고 오직 正大한 主義와 光明磊落한 精神을 根據로 한 黨的 結合에 잇는 줄로 밋는 北京의 우리 同志들은…'同志들아 黨的으로 結合하자!' 하는 소리를 크게 부르짓는 同時에 이 結合이 하로라도 무速히 實現되도록 힘쓰기 爲하야 '大獨立黨組織北京促成會'를 만들고.[66]

그리고 "한국의 절대독립을 주장하자!", "한국혁명동지는 당적으로 결합하자!", "全世界被壓迫民衆은 단결하자!"[67] 등의 구호를 제시하여 대당결성을 통한 민족연합전선의 결성을 거듭 촉구하였다.

북경촉성회는 대당결성을 전개하기 위하여 집행위원과 일반위원을 구성하였는데, 구성원은 다음과 같다.

---

66) 「北京에 大獨立黨促成運動이 이러낫다」, 『독립신문』 1926년 11월 18일자.
67) 위와 같음.

집행위원[68]
曹成煥, 張建相, 元世勳, 金晨星, 朴建(健)秉, 裴天澤, 朴觀海.

일반회원[69]
姜扶弱(姜九禹), 金宏善(金廣善), 金雲坡, 金有成, 金人濟, 金一星
(金一成), 金贊, 金海山, 權敬止, 李光, 李贊, 裴雲英, 宋虎, 申翼熙, 尹
幗樵, 元興, 黃郁(黃一山).

북경촉성회는 선언서 이외에도 임시정부와 임시의정원, 각 단체 및
주요 인사들에게 「黨組織에 對한 協致를 求하는 件」이라는 제목의 공
함을 발송하였는데, 내용의 요지는 대독립당의 결성을 위한 고견을 바
란다는 것이었다.

　…오직 生死與共의 동지자 결합인 당조직에서 구하랴함은 一般同
志界의 절규하는 바 요구인가 하는 동시에 더욱히 우리 운동에 경험과
謀略이 贍富하신 貴 ㅇ는 반드시 이 일을 率先提倡하야 일반혁명동지
와 군중으로 하야곰 依從하게 하시리라고 본회가 深信하는 바외다.
　…아 대독립당이 如何한 시기와 여하한 장소에서 여하한 周旋에
의하야 완전히 조직될 것은 전혀 일반동지에게 달린 중에도 특히 貴
ㅇ諸位同志의 馬首를 是瞻할 뿐이오니…아운동의 전도를 위하시와
貴府의 고견을 種種下示하야 주시며 短速한 期間內에 당조직이 실현
되도록 노력하심을 額手停待합니다.[70]

북경촉성회는 민족연합전선의 결정체인 대독립당의 결성이 현재 독

68) 「大獨立黨組織北京促成會의 進行」, 『독립신문』 1926년 11월 30일자. 『高等
　　警察要史』에는 집행위원의 명단 중 金晨星 대신에 趙南升으로 기록되어 있
　　다(『高等警察要史』, 110쪽).
69) 「北京에 大獨立黨促成運動이 이러낫다」, 『독립신문』 1926년 11월 18일자 ;
　　朝鮮總督府 慶尙北道警察部 編, 『高等警察要史』, 110쪽.
70) 「大獨立黨組織北京促成會의 進行」, 『독립신문』 1926년 11월 30일자.

립운동진영의 공통된 요구이니 대독립당의 결성 시기와 장소 등에 관한 의견을 제출해 줄 것을 요청하는 내용이었다.

북경촉성회의 결성과 대독립당의 결성을 위한 움직임은 상해지역에도 영향을 미쳤다. 북경촉성회의 결성을 즈음하여 『독립신문』에는 북경촉성회의 대독립당 결성 움직임을 적극 지지하는 글들이 소개되고 있는데 그 주된 내용은 〈표 2〉와 같다.

〈표 2〉 『독립신문』에 게재된 대독립당 결성을 촉구하는 글

필명	기사제목	주요 내용	게재일자
男父	黨治隨論	獨立運動이 全民族의 一致共同으로야만 이루어갈 性質에 엇지 멧멧 同志만으로 도모히기를 슬혀할 것이랴.…大韓國의 獨立運動은 곳 三千萬民族의 全心血을 總合한 擧國一致의 鬪爭工作이다.	1926.11.3
可丁	獨立運動의 整理와 組織	이것을 發見하고 經驗한 우리는 急先히 戰線內部를 整頓하며 아울너 組織을 完全히 促進이여야할 것이다.…다만 正當한 獨立運動者들로만 統一的 獨立運動의 組織을 이룰 것이오 가장 時宜民度에 適合하도록 獨立運動의 統一體를 組織하되…純然히 革命的 黨的의 機關을 組織하여야 할 것이다.	〃
상놈	靑年과 革命	革命의 原理가 一般大衆을 爲함이며 社會를 爲함이니 革命을 이룰 靑年들이여 오즉 우리 民族革命이란 大事業으로 大同結黨으로 움즉일 것이다.…우리의 目的은 오즉 큰 民族革命이란 大目標에 잇슬 뿐이오.	〃
華亭	大同으로만 團結하자	우리에게는 相當한 根據와 聯絡도 잇고 軍事政治를 修練한 者도 적지안코 武器도 아조 업는 것은 아니오. 쏘한 大砲보다도 鐵艦보다도 나은 쓰거운 피가 잇다. 다만 全民族的 統一戰線만 이루어지면 能히 强敵을 破하고 곳 獨立할 수 잇는 것이다. 바라노니 彼此에 져근 差異를 버리고 大同으로만 團結하기를 힘쓰자.	〃
古我	統一機運이 圓熟된 째에	우리는 切切히 黨治의 必要를 늣겨 그것을 主張하는 사람이다. 이것은 革命運動을 運動함에 이 方式이 가장 善美함을 아름이다.…現下 狀態의 支離滅裂한 모든 運動을 一大統一戰線으로 統束	1926.11.30

		하는 일을 써난 黨體나 大黨의 組織이란 것은 다만 한낫 無用의 長物일 뿐 아모 功能을 보이지 못하는 것이다. 한번 더 말하면 時下의 急務라 하며 國是라 하는 바는 統一 그것이오 黨組織이 아니다. 다만 統一을 黨組織의 形式으로써 持支함이 現下에 잇서서 가장 便宜한 方法이 되어 잇슬 짜름이다.

『독립신문』에 기고한 필자들은 사소한 이념의 차이, 독립운동노선이나 대당결성 방법의 차이에 매달리지 말고 모든 독립운동자들이 합심 단결하여 통일전선을 통한 독립운동의 통일체, 즉 대당을 결성하는 것이 현 정국의 급선무라는 견해를 밝히고 있다. 특히 '古我'라는 필명을 가진 이는 '黨組織의 結成보다 더욱 시급한 것은 獨立運動陣營의 통일이며, 이는 당조직으로 결론지어져야 한다'고 주장하고 있다. 좌우 양진영이 추구하는 통일의 종착점은 大黨이라고 강조한 것이다.

북경지역에서 전개된 대독립당 결성 움직임에 영향을 받은 상해지역 독립운동가들 역시 聯合戰線을 통한 大黨結成運動을 전개하였다. 먼저 임시정부의 국무령으로 선임된 洪震이 취임사와 3대 시정방침에서 밝힌 대당결성에 대한 입장은 앞서 살펴본 바가 있다. 홍진은 기회가 있을 때마다 『독립신문』 등에 자신의 대당결성에 대한 신념을 밝혔다. 홍진은 국무령 취임 다음 날 『독립신문』 기자의 방문을 받고 민족대당의 필요성에 대해 다음과 같이 역설하였다.

우리 운동에 機軸이 상당한 진로를 일코 정치의 생명이 군중의 土臺를 써난 것이 우리 현상에 중요 원인이겟소. 세계혁명이 과학적으로 진보되난 금일에 우리 운동은 한갓 固滯된 입장에서 하등의 발전을 보지 못함이 사실인 즉 우리난 맛당히 운동전선을 一新改進할 절대필요에서 당적 조직이 민족적으로 건립됨이 우리 운동에 기초가 될 것이며 또 운동자들에 유일한 사명이겟소.[71]

71)「洪領訪問記」,『독립신문』 1926년 9월 3일자.

홍진은 독립운동이 나아갈 방향을 잃고, 독립운동의 절대적 기반인 일반 군중의 토대를 상실한 것이 독립운동의 현재 상황이라고 지적하고, 이런 현상을 타파할 수 있는 방법은 독립운동가들의 戰線統一을 통한 정당의 결성이며, 이것을 독립운동의 기초로 삼아야 한다고 역설한 것이다. 즉 현 시국을 타파할 수 있는 독립운동자들의 유일한 사명은 바로 대당결성이라는 점을 강조한 것이다.

홍진은 1926년 8월 29일 국치일을 기억하는 자리에서도 신임 국무령의 자격으로 민족연합전선과 대당결성을 거듭 강조하였다. 상해 교민단의 주최로 1926년 8월 29일 삼일당에서 개최되어 상해에 거류하는 한인들이 모인 자리였다.

> 우리의 往昔의 죄악이 허다하지만 분열이 죄악에 웃듬이오 장래의 功能이 無數하지만 결합이 공능의 머리가 되는 것임애…우리는 민족적 대결합이 독립운동의 기초가 될 것이며 이 기초를 위하야는 第一步로 集合運動이 개시되여야 할 것이오. 우리의 결합이 하로라도 성립됨을 보면 그 날에 죽드라도 餘恨이 업소나 난 다시 鄭重히 한 말을 더하고저함은 혁명방략의 원리나 세계의 조류나 우리의 環境과 勢形에서 대결합 대조직의 黨的 運動이 우리의 독립을 촉성식히난 運會에 잇슴을 절실히 覺知한 우리들은 오날노부터 이것을 결행하기로 盟誓한 우에 가장 의미깁흔 이날을 기념하시기를 비옵니다.[72]

우리 독립운동진영의 가장 큰 문제는 분열이니 이제 민족적 대결합으로 독립운동의 기초를 삼아 민족대당의 결성을 위해 統一運動을 시작하여야 한다는 점을 강조하고 있는 것이다. 통일운동의 전개를 위해 사소한 문제는 모두 희생하지 않으면 안 되며, 우리의 독립을 促成하는 데에 가장 중요한 일은 바로 大黨結成이라는 것이다. 민족유일당을 결성해야 할 당위성과 이를 실현하기 위한 대당결성운동을 국치일 제16

---

72) 「洪領의 國恥演說」, 『독립신문』 1926년 9월 3일자.

주년을 맞이한 오늘부터라도 당장 시작해야 한다는 것이다.

　홍진은 자신이 주장한 대당결성을 실천에 옮기기 위하여 1926년 12월 9일자로 국무령을 사임하였다.[73] 그리고 상해지역 좌익세력의 대표인 화요파의 洪南杓, ML파의 鄭柏과 만나 대당결성에 대해 협의하였다. 그 결과 1927년 3월 21일 삼일당에서 "韓國唯一獨立黨上海促成會"(이하 상해촉성회라 약칭함)의 창립총회가 거행되었다.[74] 이와 함께 집행위원 25명의 명의로 상해촉성회의 창립을 알리는 '선언'을 발표하였다.[75]

　　우리의 대동한 陣營은 임의섯나니 同異의 調劑와 長短의 補和가 何難이 有할가. 다만 조직의 愼密, 방략의 구체로 통계적 범주가 萬殊同歸하야 心手의 指使를 圖케함 샌이니 유일, 집중을 學的으로 절규하며 신앙으로 奮發함을 高潮하는 바이라. 이는 우리 오늘의 다갓치 가진 심리며 각오라. 後先으로 唱導함이 엇지 偶然이며 또 一時的일가.
　　起합시다. 개인은 단체로, 단체는 유일당으로 하로밧비 완성케합시다. 깁푼 冤恨과 싸인 屈辱을 풀어봄이 이에 잇을 짜름이오. 생존의 권리를 도로 차짐이 이에 잇을 짜름이오. 光榮한 장래의 행복이오.[76]

---

73) 韓詩俊, 『의회정치의 기틀을 마련한 洪震』, 146쪽.

74) 『高等警察要史』 105쪽에는 1927년 4월 11일에 삼일당에서 상해촉성회 창립총회가 거행되었다고 기록되어 있다. 그러나 김영범은 상해촉성회의 창립일자에 대해 일본의 정보문서와 留滬韓國獨立運動者同盟의 기관지 『앞으로』의 창간호에 실린 「獨立黨促成會의 解體와 獨立運動者同盟의 創立經過」 등의 자료를 비교 검토한 결과 상해촉성회의 창립일자를 3월 21일로 파악하였다. 필자는 김영범의 견해를 취하였다(金榮範, 「1920년대 후반기의 민족유일당운동에 대한 재검토」, 『한국근현대사연구』 1, 1994, 111쪽).

75) 『高等警察要史』, 105쪽에는 상해촉성회의 창립대회가 열리기 하루 전인 4월 10일에 홍진과 홍남표의 공동명의로 「全民族的 獨立黨 結成 宣言文」이 발표되었다고 기록되어 있다. 그러나 상해촉성회의 「宣言」은 25명의 집행위원 공동명의로 발표되었고(발표일자 미상) 아직까지 「전민족적 독립당 결성 선언문」이라는 제목의 문서를 확인할 수가 없어, 이들 문건이 동일한 것인지의 여부도 확인할 수가 없다. 필자는 25명 집행위원 공동명의로 발표된 발표일자 미상의 「선언」 문서를 기초로 하였다. 이 문건은 백범김구선생전집편찬위원회 편, 『백범김구전집』 4, 1999, 146~147쪽에 수록되어 있는데, 1927년 4월 11일에 발표된 것으로 표기되어 있다.

독립운동진영이 이미 대동단결하였으니 조직과 방략의 구체화를 도모하고 하루라도 빨리 유일당을 결성하도록 노력하여 일제하의 굴욕에서 벗어나 우리의 독립과 생존의 권리를 회복할 것을 주창한 것이다. 그리고 이를 구체적으로 실천하기 위하여 '본회는 한국의 유일한 大獨立黨 성립을 촉성함', '본회는 한국독립의 필요한 민족적 一切 革命力量의 總集中을 노력함'[77]이라는 두 가지의 강령을 채택하였다. 유일독립당을 결성하기 위한 민족적 혁명역량의 결집이 상해촉성회의 목표이었던 것이다.

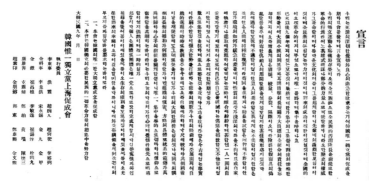

한국유일독립당상해촉성회의 결성사실과 목적을 발표한 「선언」

한편, 상해촉성회의 선언서 말미에 있는 25명의 집행위원 명단을 보면 상해촉성회의 좌우연합 성격이 분명히 드러난다.

李東寧, 洪震, 趙琬九, 趙尙燮, 李裕弼, 金枓奉, 李圭洪, 宋永錫, 金九, 金甲, 金澈, 崔昌植, 李敏達, 崔錫淳, 朴鐵丸, 康景善, 玄鼎健, 鄭柏, 黃塤, 陳德三, 趙素卬, 金朋濬, 郭憲, 鄭泰熙, 金文熙.[78]

76) 「韓國惟一獨立黨上海促成會宣言」, 백범김구선생전집편찬위원회, 『白凡金九全集』 4, 대한매일신보사, 1999, 146~147쪽.
77) 위와 같음.

이들 25명의 집행위원은 임시정부 중심의 민족주의 계열과 사회주의 계열인 고려공산당 이르크츠크파, 화요파 계열, 상해파, ML 계열로 분류할 수 있다.[79] 상해촉성회의 인적 구성이 임시정부 중심의 민족주의 세력과 사회주의 계열의 화요파나 상해파 세력의 연합으로 이루어져 있음을 알 수 있는 것이다.

상해촉성회의 결성 이후 1927년 5월 8일에는[80] 광동에서 '大獨立黨組織廣東促成會'(이하 광동촉성회라 약칭함)가[81] 결성되었다. 광동촉성회는 金星淑이 鄭學彬과 함께 한인독립운동자들의 결사인 '留粤韓國

---

78) 위와 같음.
　　『高等警察要史』, 105쪽에 있는 집행위원 명단과 「韓國惟一獨立黨上海促成會宣言」에 기록되어 있는 집행위원 명단과는 차이가 있다. 『高等警察要史』의 집행위원 명단 중 나창헌, 오영선, 안태근, 윤기섭, 김규식, 현정건 등이 상해촉성회의 「선언문」에 있는 명단과는 차이가 있다. 「선언문」에는 이들 6명 대신에 조소앙, 김붕준, 곽헌, 정태희, 김문희, 이유필로 기록되어 있다. 『高等警察要史』의 기록이 후에 일제의 정보에 따라 재작성된 문건인데 비하여, 「선언문」은 상해촉성회에서 발표한 문서이므로 이 선언문의 기록에 따랐다. 집행위원의 시기상의 선후문제일 수도 있을 것이나 『高等警察要史』의 기록을 보면 상해촉성회 결성 당시의 집행위원 명단으로 판단되기 때문에 속단할 수는 없지만, 상해촉성회에서 발표한 선언문에 기록된 집행위원의 명단을 취하는 것이 타당할 것으로 판단된다.

79) 집행위원 25명 중 이동녕, 홍진, 조완구, 조상섭, 이유필, 이규홍, 송영석(송병조), 김구, 김갑, 김철, 최창식, 최석순, 조소앙, 김붕준 등 14명이 임시정부 중심의 민족주의자들이며, 진덕삼(홍남표), 박철환(조봉암), 황훈, 강경선, 김두봉, 곽헌, 정태희, 정백, 이민달, 현정건 등 10명은 사회주의 계열의 인사들이다(金喜坤, 『中國 關內 韓國獨立運動團體研究』, 지식산업사, 1995, 249~250쪽). 김문희는 신원을 파악할 수가 없다.

80) 「朝鮮民族運動年鑑」, 金正明 編, 『朝鮮獨立運動』Ⅱ, 原書房, 1967, 329쪽.

81) 광동촉성회의 명칭은 일제의 각종 정보문서에 따라 다르게 표기되어 있다. 『高等警察要史』, 108쪽에는 "한국독립유일당광동촉성회"로, "朝鮮獨立運動" Ⅱ의 329쪽에는 "광동대독립당촉성회"로 기록되어 있다. 또한 『韓國民族運動史料』(中國篇), 620~621쪽에 실려 있는 "한국독립당관내촉성회연합회"의 선언문 말미에 동 선언의 주체인 각 지역 촉성회의 명칭이 나열되어 있는데, 필자는 이에 따라 『대독립당조직광동촉성회』로 표기하였다.

革命同志會'를 기반으로 하여 결성되었다.[82] '유월한국혁명동지회'는 黃
埔軍官學校 재학 중이던 김원봉 · 孫斗煥 · 吳成崙 · 金山(張志樂) · 李英
俊 등과 중산대학에 재학 중이던 金星淑 등이 중심이 되어 결성한 단
체로[83] 의열단이 운영의 주도권을 쥐고 있었다. 광동촉성회의 회원들
은 주로 유월한국혁명동지회원과 의열단원으로서 구성되었고, 회원 수
도 상해촉성회나 북경촉성회에 비하여 상대적으로 많은 170여 명에 달
하였다.

 광동촉성회 결성을 위한 움직임이 진행되는 과정에서 의열단은 촉성
회의 결성을 적극 지지하는 '獨立黨促成運動宣言'을 발표하였다. 의열
단의 '독립당촉성운동선언'의 주요 내용은 독립당 결성의 필요성과 당
위성을 언급하는 것이었다.

> 목하 각지에 起하는 독립운동의 統一及 統一的 黨組織運動 大獨立
> 黨促成運動은 其第一聲이다.…是等의 경험은 皆 我等이 말하는 바 통
> 일하지 않으면 안된다.…통일을 하느냐 마느냐가 문제되지 않고 여하
> 한 방법으로가 문제이다. 從하여 統一的黨을 조직할 것인가 하지 말
> 것인가가 문제가 아니고 조직방법이 문제이다. 과연 여하한 방법으로
> 독립운동을 통일하고 독립당을 조직할 것인가는 一般 戰員의 고심하
> 는 문제였다.[84]

 현 시국에서 모든 독립운동자들이 도모하는 새로운 진로는 "독립운
동의 통일 및 통일적 당조직운동, 대독립당촉성운동"이라고 언급하고
대독립당 촉성운동의 완성 형태인 독립당, 즉 통일당을 결성하는 당위
성과 공감대는 이미 형성되어 있다는 것이다. 다만, 대독립당을 여하한

---

82) 『高等警察要史』, 108쪽.
83) 한상도, 『韓國獨立運動과 中國軍官學校』, 문학과지성사, 1994, 152~154쪽.
84) 「獨立黨促成運動宣言」, 李鉉淙 編, 『近代民族意識의 脈絡』, 亞細亞文化社, 1979,
   245~246쪽.

방법으로 결성할 것인가가 최대의 고민이라는 점도 아울러 지적한 것
이다. 그리고 독립당촉성운동이 전개된 배경 내지는 상황에 대하여 세
가지를 들고 있다.

> 第一. 객관적 情形에 차의 운동을 조장하는 일본제국주의의 益甚한
> 정기적 학살과 조직적 壓搾을 전민족 총단결의 자각을 촉진
> 하려 함과 동시에 최근 일이년내에 세계피압박민족해방전
> 쟁…등은 아등에 深刻한 刺戟을 與하고 운동면 신도정을 계
> 시하였다. 그리하여 독립당촉성운동은 차의 객관적 조건 강
> 력하게 촉진시키는 것이라 인정된다.
> 第二. 주관적 경험이 차의 운동에 강하게 자신을 與하였다. 과거
> 수차의 통일적 會의 破裂은 捨置하고 특히 해외에서 가장 획
> 기적 대회합인 국민대표회의의 대파열은 아등의 운동의 進
> 行道程中 가장 위대한 실지경험이다.…차로부터 통일운동은
> 새로운 방향으로 진행할 자각과 再度危險한 前轍을 踏하지
> 않으려는데 있다.
> 第三. 현실적 신세력이 차운동을 지배하였다. 과거운동을 지배하고
> 왔던 人物言하 展封建的 門閥主義者等이 시대에 상반하여
> 점차 沒落하고 현대과학적 이론과 혁명의 방략에 대한 많은
> 연구가 있는 此新靑年이 출마하여 전운동을 지배하게 되었
> 다.…고로 독립당촉성운동은 此新를 力에 제일보적 발동이라
> 고 봐야할 것이다.[85]

의열단의 이 선언은 독립당촉성운동의 전개 배경에 대해서 객관적·
주관적·현실적 경험을 제시한 것이다. "일제의 학살과 조직적 착취,
세계 피압박 민족의 해방전쟁" 등을 의미하는 객관적 조건과 국민대표
회의의 결렬로 대표되는 과거 수차례의 통일회의 개최 경험이라는 주
관적 경험, 과거 독립운동을 지도해왔던 인물 대신에 현대과학적 이론
과 혁명방략으로 무장한 신청년 등이 독립당촉성운동을 주도하게 된

---

85) 「獨立黨促成運動宣言」, 『近代民族意識의 脈絡』, 247쪽.

점이 유일당 결성운동을 강력하게 추진하게 된 배경이라는 것이다.

의열단은 독립당 조직방법으로 "통일적 총조직 기관의 확립" 등 세 가지를 제시하였다.

> (1) 본단은 조선독립운동이 正軌에 就하려면 통일적 총지휘기관이 확립되지 않으면 안될 것을 확신한다.
> (2) 본단은 통일적 총지휘기관을 확립함에는 촉성회의 형식으로서 성공시키기를 주장한다.
> (3) 본단은 전단원으로 하여금 개인의 자격으로 該地 촉성회에 가 입시켜서 其運動에 진력할 것을 선언한다.[86]

각지 촉성회를 기반으로 대독립당을 결성하되, 의열단원은 각자 개 인자격으로 촉성회에 가입하도록 권유하고 있는 것이다. 의열단의 '독 립당촉성운동선언'은 광동촉성회의 결성을 적극적으로 추진하고 이에 대한 광범위한 지지와 참여를 권유하기 위한 것이었음을 알 수 있다.[87]

韓國唯一獨立黨武漢促成會(이하 무한촉성회라고 약칭함)는 의열단 원 朴建雄의 주도로 1927년 7월 10일 이전, 아마도 7월 초쯤에 결성된 것으로 추정된다.[88] 무한촉성회의 결성에는 留鄂韓國革命青年會의 적 극적인 후원이 있었고,[89] 회원 수는 약 150여 명에 달하였다. 韓國唯一

---

86) 위의 글, 248쪽.
87) 김영범, 『한국근대민족운동과 의열단』, 창작과비평사, 1997, 220~222쪽.
   의열단에서 대독립당 결성방법으로 개인본위의 참여를 주장한 것은 대독립 당의 결성 이후 그 주도권을 확보하기 위한 의도가 아니었을까하는 의구심 이 생긴다. 광동촉성회는 상해나 북경 등 여타의 각지 촉성회에 비하여 상대 적으로 많은 회원이 있었고, 의열단은 광동촉성회의 주요 세력이었다. 따라 서 각지 촉성회를 기초로 대독립당을 결성하고 개인 자격으로 가입할 경우 상대적으로 인적 구성면에서 우위에 설 수 있었을 것이다.
88) 金榮範, 「1920년대 후반기의 민족유일당운동에 대한 재검토」, 『한국근현대 사연구』 1, 113쪽.
89) 留鄂韓國革命青年會에서 1927년(월은 미상)에 중국국민당 중앙집행위원회에 제출한 문건 중에 동 청년회의 결의안이 있는데, 이 중에 "독립운동과 사회

獨立黨南京促成會(이하 남경촉성회라고 약칭함)는 1927년 9월 27일에
金一柱를 중심으로 창립회원 30여 명이 모여 결성되었음이 확인된다.[90]

　북경을 시작으로 상해, 광동, 남경, 무한 등지에서 대독립당 결성을
위한 촉성회를 조직하여 독립운동진영의 통일을 주장하고 이를 위한
구체적인 움직임이 활발하게 진행되었다. 임시정부에서도 대독립당 결
성운동을 적극 수용하려는 움직임이 있었다. 임시정부도 중국국민당이
나 소련공산당과 같은 유일대당을 통한 이당치국 체제를 성립시키기
위한 노력을 진행하였고 그것은 1927년 3월의 제3차 개헌으로 구체화되
었다.

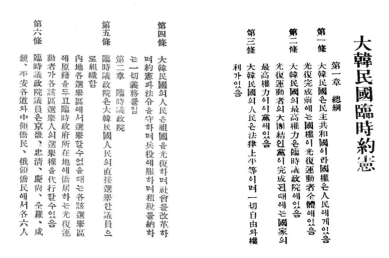

유일당을 통한 이당치국의 헌법체제로 개정된
「대한민국임시약헌」(1927년 3월 5일)

운동의 협동전선에 노력 완성한다.", "본회와 강령이 동일한 대혁명당이 출
현할 시 본회는 즉시 가입한다.", "일체의 개인 중심적 私黨 및 지방적 감정
적 결합을 박멸함으로써 혁명전선의 숙청 및 통일 완성을 기한다."는 내용이
있다(秋憲樹 編, 『資料韓國獨立運動』 2, 연세대 출판부, 1972, 297쪽).

90) 『高等警察要史』, 106쪽 ; 「朝鮮民族運動年鑑」, 『朝鮮獨立運動』 Ⅱ, 329쪽.

1926년 12월 10일 홍진에 뒤이어 국무령으로 취임한 김구는 취임 직후 개헌에 착수하여 尹琦燮 등 5명을 개헌기초위원으로 선출하여 헌법의 개정에 착수하였다. 그리고 1927년 2월에 개회된 제19회 임시의정원 회기 중인 3월 5일에 신헌법인 임시약헌이 반포되었다.[91] 전문 없이 5장 50개 조항으로 구성된 임시약헌의 제1장 총강 제2조에 "大韓民國은 最高 勸力이 臨時議政院에 있음"이라고 규정한 뒤에 단서조항으로 "光復運動者의 大團結인 黨이 完成된 때에는 國家의 最高權力이 黨에 있음"이라고 명시하였고, 또 제5장 보칙 제49조에서 "光復運動者의 대단결인 당의 완성된 때는 이 당에서 개정함"[92]이라고 명시하여 임시정부가 적극적으로 대독립당 결성운동을 포용하여 이를 추진하려는 자세를 보인 것이다.

북경을 비롯한 상해, 광동, 무한, 남경 등 각지에서 촉성회가 조직되어 대독립당을 결성하려는 움직임이 구체화되자 임시정부에서도 이에 적극 동조하였다. 개헌을 통한 이당치국의 체제개편을 제시함으로써 대독립당 결성운동을 임시정부 차원에서 수렴한 것이다. 이에 따라 각지 촉성회는 유일당 결성을 위한 보다 구체적인 움직임을 전개하기 시작하였고 이는 각지 촉성회 연합회의 결성으로 나타나게 되었다.

(3) 韓國獨立黨關內促成會聯合會의 結成

대독립당 결성을 위한 北京促成會가 1926년 10월 조직된 이후 1927년 9월까지 上海, 廣州, 南京, 武漢地域에서 각지의 촉성회가 조직되어 대독립당 결성의 필요성뿐만 아니라 한걸음 더 나아가 구체적인 결성방법까지 제시하였다. 이처럼 독립당 결성을 위한 분위기가 고조되자 이들

91) 李延馥, 『大韓民國臨時政府30年史』, 國學資料院, 1999, 40~42쪽 ; 趙澈行, 「대한민국임시정부의 국무위원제」, 『대한민국임시정부수립80주년기념논문집』, 171쪽.
92) 韓詩俊 編, 『大韓民國臨時政府法令集』, 국가보훈처, 1999, 56~61쪽.

각지의 촉성회를 하나로 묶기 위한 움직임이 전개되었다. 1927년 9월 북경촉성회가 중국 관내 각지 촉성회의 연합을 위한 연석회의를 상해촉성회에 제의한 것이다. 상해촉성회는 북경촉성회의 제의에 따라 25명이던 집행위원을 15명으로 줄이고 연합회의 출석대표로 李東寧, 洪震, 金枓奉, 洪南杓, 趙素昻 등 5명을 선출하였다.[93] 각지 촉성회 연합회의 개최를 위한 교섭 끝에 11월 11일에 韓國唯一獨立黨促成會 各地代表聯合會 예비회의가, 그리고 14일에는 상해 民國路에서 각지 촉성회 대표의 연합회의, 즉 韓國獨立黨關內促成會聯合會 결성을 위한 회의가 개최되었다.[94]

상해에서 개최된 한국독립당관내촉성회연합회(이하 연합회라 약칭함)에 참석한 각지 촉성회의 대표자와 각지 촉성회의 상황은 〈표 3〉과 같다.

<표 3> 한국독립당관내촉성회연합회 참석 대표 및 촉성회 현황표[95]

각지의 촉성회	대표	창립일자	회원수	비고
大獨立黨組織北京促成會	曹成煥	1926.10.28	40	기관지 『促成報』 발행
韓國唯一獨立黨上海促成會	李東寧, 洪震, 金枓奉, 洪南杓, 趙素昻	1927.3.21	160	창립 선언문 발표
大獨立黨組織廣東促成會	鄭有麟 (鄭學彬)	1927.5.8	170	
韓國唯一獨立黨武漢促成會	朴建雄, 白德林	1927.7초(?)	150	
韓國唯一獨立黨南京促成會	金永浩, 金一柱	1927.9.27	30	「敬告中國同胞書」 발표

93) 『高等警察要史』, 105~106쪽.

94) 「朝鮮民族運動年鑑」, 『朝鮮獨立運動』 Ⅱ, 328~329쪽.

각 지역 촉성회 대표가 참석한 1927년 11월 22일의 회의에서는 이제
까지 독립운동을 진행한 단체의 수가 적지 않았으나 그 결과가 좋지
않았던 이유를 언급하고, 연합회의 결성 목적을 밝힌 선언문이 발표되
었다.

> 경술, 을미 이래로 선열의 희생이 많치 않은 것이 아니고 운동자의
> 經營이 慘憺하지 않은 것이 아니었다. 광복단체의 수가 적지 않았고
> 統御機關의 설치도 없는 것이 아니였는데 하고로 그 성적이 이와 같
> 이 微少했던가? 이는 오직 운동방법이 不適했기 때문이다. 곧 전민족
> 의 운동역량을 총집중한 유기적 통일기관이 없었던 때문이라 하겠
> 다.…중국관내에서 이미 성립된 5개 촉성회는 그 지리상 편의에 따라
> 連席會議를 열고 이 촉성운동에 合力促進하며 각지 촉성회의 성립에
> 隨伴하여 속히 黨組織籌備會를 산출하는데 일치노력하기 위해 연합
> 회를 조직하는데 있다. 동지들이여! 아등이 이 당조직을 하고로 이와
> 같이 渴求하느냐는 이 당이 잘 조직되면 확실히 적의 생명을 制壓하
> 고 아등의 활로가 개척되기 때문이다.[96]

1910년 8월 경술국치 이래로 이제까지 독립운동을 위해 희생한 선열
과 독립운동단체가 적지 않았음에도 불구하고 이렇다 할만한 결과가
없었던 것은 전민족이 총단결하여 혁명역량을 하나로 모은 통일기관이
없었기 때문이라는 지적이다. 그리고 연합회의 조직 목적은 "전민족의
운동역량을 총집중한 유기적 통일기관"인 대독립당 또는 유일독립당의
조직을 위한 주비회의 결성이라고 밝힌 것이다. 또한 대독립당의 조직
여부에 따라 우리 독립운동의 활로가 달려 있다고 하여 이당치국의 개

---

95) 〈표 3〉의 작성에 참고한 자료는 『高等警察要史』, 105~106쪽 ; 「朝鮮民族運動
年鑑」, 『朝鮮獨立運動』 Ⅱ, 328~329쪽 ; 「在中國韓人獨立運動者의 運動統一
計劃에 관해 1927年 12月 23日字로 在間島總領事가 外務大臣에 報告한 要旨」,
『韓國民族運動史料』(中國篇), 618~622쪽 등이다.
96) 「在中國韓人獨立運動者의 運動統一計劃에 관해 1927年 12月 23日字로 在間
島總領事가 外務大臣에 報告한 要旨」, 『韓國民族運動史料』(中國篇), 620쪽.

념을 도입한 대독립당 결성의 당위성과 필요성을 언급하며 대독립당의 결성 의지를 분명히 한 것이다. 연합회는 규약 16조에서 "본회는 독립회(黨의 오자로 판단됨 – 필자 주)주비회가 성립될 때에 해산한다"[97]고 규정하여 연합회의 결성 목적이 오로지 독립당주비회의 결성에 있음을 규정하고 있다.

연합회는 이런 목적을 달성하기 위한 4개항의 구체적인 사업을 선정하였다.

> 1. 各地에 促成會 設立을 專力 促進한다.
> 2. 滿洲, 露領, 美洲, 其他 各地에 人員을 派遣 또는 公函을 發送하여 促成會 設立을 實現하는데 努力한다.
> 3. 各地에 促成會가 設立함에 따라 黨組織籌備會를 成立하는데 努力한다.
> 4. 宣傳文書를 刊行하여 事業을 宣傳한다.[98]

아울러 만주와 노령 등지의 촉성회 설립을 촉진하기 위하여 대표 2명(상해 1명, 북경 1명)을 보내기로 결의하였다.[99] 이에 따라 홍진과 鄭遠이 만주지역에서의 유일당 결성을 촉성하기 위한 대표로서 1928년 1월 초에 길림성 반석현에 파견되었다.[100] 홍진과 정원은 여러 개의 독립운동단체로 나뉘어져 있던 만주의 각 단체들을 순방하면서 유일당의 결성을 종용하였다. 홍진은 만주지역에서 전개된 삼부통합운동의 결과로 1930년 결성된 '만주' 한국독립당의 주역이 되었고, 이는 결국 연합회의 사업 목적의 달성이었다고 해도 과언이 아닐 것이다.

97)「在中國韓人獨立運動者의 運動統一計劃에 관해 1927年 12月 23日字로 在間島總領事가 外務大臣에 報告한 要旨」,『韓國民族運動史料』(中國篇), 619쪽.

98)「在中國韓人獨立運動者의 運動統一計劃에 관해 1927年 12月 23日字로 在間島總領事가 外務大臣에 報告한 要旨」,『韓國民族運動史料』(中國篇), 618쪽.

99)『高等警察要史』, 106쪽.

100) 趙凡來,「上海 韓國獨立黨의 組織變遷과 活動에 대하여」, 380쪽.

　연합회는 앞서 열거한 각종 사업의 진행을 위한 조직으로 大會, 執行
委員會, 常務委員會를 구성한다고 규약 7조에서 규정하고 있다. 大會는
각지 촉성회에서 선출된 5명 이내의 대표로 구성되었고, 집행위원회는
15명의 위원으로, 상무위원회는 집행위원 15명 중 대회에서 선출한 5인
으로 구성되었다. 집행위원 역시 대회에서 선출되었다. 집행위원으로
는 朴健秉·裵天澤·張建相(이상 북경), 崔秋海·咸聲(吳成崙)·鄭學彬
(이상 광주), 張聖山·金一柱(이상 남경), 許悅秋·崔圓(이상 무한), 陳
德三(洪南杓)·洪震·玄鼎健·趙素昂·金枓奉(이상 상해) 등 15명이 선
출되었고, 이 중 상무위원으로 진덕삼·홍진·김두봉·배천택·장건상
등 5명이 선임되었다.[101]

　연합회의 집행위원 명단을 살펴보면 중국 관내지역의 독립운동진영
이 모두 참여하였음을 알 수 있다. 홍진·조소앙 등의 임시정부 계열,
박건병·배천택 등 북경 중심의 세력, 진덕삼·정학빈 등 사회주의 세
력 중 이르크츠크파·화요파 계열·상해파,[102] 함성(오성륜)·최원 등
이 의열단원[103]으로 분류될 수 있는데 이로써 보면 연합회는 좌우 양
진영이 연합한 민족전선체이었던 것이다.

　연합회의 결성이 추진되는 가운데 1927년 12월에는 동 연합회의 前
衛가 될 목적으로 '中國本部韓人靑年同盟'(이하 중본한청이라 약칭함)
이 결성되었다. 중본한청은 "靑年會의 進步 發展을 기하는 데 있어 청
년회의 연맹을 필요"로 하여[104] 결성된 북경·상해·광동·무한·남경

101) 「在中國韓人獨立運動者의 運動統一計劃에 관해 1927년 12월 23日字로 在間
　　島總領事가 外務大臣에 報告한 要旨」, 『韓國民族運動史料』(中國篇), 618~
　　619쪽.
102) 金喜坤, 「1920년대 임시정부의 협동전선운동」, 김희곤 외, 『대한민국임시정
　　부의 좌우합작운동』, 한울, 1995, 31쪽
103) 김영범, 『한국 근대민족운동과 의열단』, 창작과비평사, 1997, 224쪽.
104) 「1928年 7月 現在 上海 韓人獨立運動者의 狀況報告書」, 『韓國民族運動史料』
　　(中國篇), 628쪽.

등 5개 지역 한인청년회의 연합체로서 1927년 12월 4일에 창립되었다. 5일에는 내부조직을 구성하고 이어서 22명의 中央執行委員을 선출하여[105] 중앙집행위원회를 조직하고, 본부는 상해에 두며 각지 청년회를 지부로 개편하였다.[106]

중본한청의 중앙집행위원 22명의 명단을 살펴보면 엄항섭·염온동 이외에는 임시정부나 민족주의 계열의 인사로 분류할 수 있는 인사가 없다. 의열단원인 함성(오성륜), 정학빈(정유린)까지 민족주의 계열에 포함한다고 하더라도 대다수가 화요파나 상해파 등 좌익 계열의 인사들인 것이다. 중본한청의 성격은 다음과 같은 선언문에서 더욱 두드러지게 나타난다.

> 한국민족은 종래의 지식계급 중산계급을 주력으로 한 반항운동으로 勞農大衆을 주력으로 하는 각 계급층의 反抗要素를 결합하여 全線的으로 진출하게 되었다. 이리하여 재래의 봉건적 투쟁과 부분적 조합주의적 경제투쟁에서 전면적 정치투쟁으로 진전하게 되었다.…민족해방의 戰取를 위해 민족유일당에 대한 구체적 실천적 활동의 계획 및 조직을 확립하지 않으면 안된다. 革命을 광대하기 위해서는 민족적 유일당을 勞動者와 農民大衆의 위에 세우는데 노력하지 않으면 안된다.…민족주의진영에서, 사회주의 진영에서 혁명역량을 殺害하는

105) 22명의 중앙집행위원은 상해지부 대표 邊長城(邊東華: 위원장)·鄭泰熙(위원장 후보)·李寬洙·金基鎭·嚴恒燮·鄭遠·安愚·廉溫東·黃義春·禹世平 등 10명, 북경지부 대표 金英植·金成練·李相度·張海·車轍宇 등 5명, 광주지부 대표 鄭學彬(鄭有麟)·咸聲(吳成崙)·崔秋海·張志樂(金山)·金圭善 등 5명, 남경지부 대표 金秀靑, 무한지부 대표 陳甲秀 등으로 구성되었다(「在中國韓人獨立運動者의 運動統一計劃에 관해 1927年 12月 23日字로 在間島總領事가 外務大臣에 報告한 要旨」, 『韓國民族運動史料』(中國篇), 623쪽).
106) 촉성회연합회의 집행위원 15명 중 5명과 상무위원 5명 중 3명, 중본한청의 중앙집행위원 22명 중 10명이 상해지부 소속의 구성원이었다. 이는 결국 관내지역 한인독립운동계에서 상해지역의 독립운동자들이 암암리에 누리고 있던 위세와 우월적 지위가 과시된 것이라는 지적이 있다(김영범, 『한국 근대민족운동과 의열단』, 224쪽).

　　파벌주의와 地方割據爭權에 대한 排擊과 온갖 기회주의의 정체를 暴
　　露하여 민중의 진정한 진로를 열어야 할 것이다.[107]

　중본한청은 좌우 양진영 모두가 파벌주의와 기회주의, 봉건적 정치
투쟁을 타파하고 노동자와 농민대중 위에서 민족유일당을 결성하여 민
중의 진정한 활로를 개척하기 위하여 결성되었다는 것이다. 결국 중본
한청이 추구한 민족유일당은 勞農大衆의 역량에 기초를 두어야 하며,
이는 경제투쟁의 단계가 아닌 정치투쟁의 단계로 진전되어야 한다는
것이다.

　아울러 중본한청은 중국 본부, 즉 중국 관내의 특수한 상황에 기인한
'特種的 任務'를 수행하여야 한다고 주장하였다.

　　중국 본부의 특수적 사정에서 발생하는 중국혁명의 직접 使役과
　　전세계혁명세력의 공동전선의 鞏固와 한국혁명의 鬪士 양성과 직접
　　열강제국주의자와의 정면투쟁 등의 特種的 任務를 한국청년의 일부
　　대로 행하기로 大決意로서 선언한다.[108]

　중본한청은 중국혁명의 참가, 전세계 혁명세력과의 공동전선 구축,
혁명세력의 양성, 제국주의 열강과의 직접적인 투쟁 등을 특별한 종류
의 임무로서 수행하여야 할 것이라고 강조한 것이다. 여기서의 중국혁
명은 중국국민당 장개석의 국민혁명이 아닌 공산당으로의 참가를 염두
에 두고 언급한 것이다. 중본한청에서 언급한 특종적 임무는 결의안으
로 구체화되어 '國際問題'항에서 분명하게 언급되고 있다.

---

107)「在中國韓人獨立運動者의 運動統一計劃에 관해 1927年 12月 23日字로 在間
　　島總領事가 外務大臣에 報告한 要旨」,『韓國民族運動史料』(中國篇), 621~
　　622쪽.
108)「在中國韓人獨立運動者의 運動統一計劃에 관해 1927年 12月 23日字로 在間
　　島總領事가 外務大臣에 報告한 要旨」,『韓國民族運動史料』(中國篇), 621쪽.

2. 중국혁명의 원조에 관한 건
(1) 중국국민혁명에서 工農群衆을 주력으로 하는 혁명세력에 절대
   제휴 원조할 것
(2) 중국혁명에 참가한 한국동지의 諸般 工作狀況을 조사 수집할
   것[109]

여기서 언급한 '공농군중을 주력으로 하는 혁명세력'이란 이미 제1차 국공합작이 결렬된 1927년 12월이라는 점을 감안한다면 이는 중국공산당을 지칭하는 것으로 보아야 할 것이다.

중본한청의 중앙집행위원회의 인적 구성이나 선언문에 나타난 노선이나 행동방침, 이념 등을 살펴보면 중본한청은 연합회와는 달리 좌파세력이 장악하고 있다고 해도 과언이 아닌 것이다.[110] 더구나 중본한청은 좌익세력 중에서도 화요파가 주축을 이루고 있었는데, 이는 화요파가 일찍이 대독립당 촉성운동에 적극 가담하고 있어 이 운동의 유력단체로 부상한 중본한청을 자신들의 영향력 안에 두고 이를 자신들 세력의 표면단체로 변모시킨 때문이었다.[111] 이것이 1929년 중반에 들어 연합회를 결렬시킨 한 원인으로 작용하게 되었다.

중본한청은 선언문 말미에 다음과 같은 내용의 결의안을 채택하였다.

1. 本盟은 만주청년단체와 연락하여 속히 기일 내에 在中國韓人靑
   年總機關을 조직하는 것으로 한다.
2. 본맹은 내지, 일본, 미주, 기타 각지 청년단체와 유기적 활동을

---

109) 「在中國韓人獨立運動者의 運動統一計劃에 관해 1927年 12月 23日字로 在間
    島總領事가 外務大臣에 報告한 要旨」, 『韓國民族運動史料』(中國篇), 624쪽.
110) 일제의 정보 보고문서는 중본한청의 단원 대다수가 공산계 분자이며, 특히
    중국공산당과 대만의 공산계 청년회와 밀접한 관계를 유지하고 있어 특별
    히 주시할 필요가 있다고 기록하고 있다(「1928年 7月 現在 上海 韓人獨立運
    動의 狀況報告書」, 『韓國民族運動史料』(中國篇), 628~629쪽).
111) 김영범, 「1920년대 후반기의 민족유일당운동에 대한 재검토」, 『한국근현대
    사연구』 1, 116쪽.

취할 것
3. 본맹은 한국청년의 총본영인 한국청년총동맹의 일지대적 임무를 행할 것[112]

결의안은 만주지역 청년단체와의 연합이나 또는 합작으로 '在中國韓人靑年總機關'을 결성하여 일개 지대의 역할을 수행하고자 하였음을 알 수 있다. 이와 같은 결의안에 따라 중본한청은 鄭遠을 1928년 1월에 길림으로 파견한 것이다.[113] 만주의 海林에서도 1927년 8월 南北靑年團代表協議會가 개최되어 만주지역 청년단체의 통합이 진행되고 있었다.[114] 따라서 중본한청의 대표로 파견된 정원과 만주지역 한인청년운동단체 사이에 중국 내의 한인청년운동단체를 통합한 기관을 결성한다는 점에 대해서는 별다른 의견 차이가 없었던 것으로 판단된다. 정원과 南滿靑年總同盟 집행위원장인 韓哲은 한인청년운동 총기관의 결성을 위한 회의를 개최하였고, 그 결과 1928년 5월 27일에 길림성 반석현에서 남만청년총동맹 등 7개의 재만청년단체와 중본한청이 함께 가맹한 '在中國韓人靑年同盟'(이하 재중한청이라 약칭함)을 결성하기에 이르렀다.[115]

재중한청은 1928년 6월 4일 발표한 선언문에서 결성 목적을 다음과 같이 밝히고 있다.

전체 민족의 이익과 이상을 대표하여 그 선두에서 투쟁하는 민족적 前衛와 결속한 協同戰線黨의 완성을 위하여 전체 혁명적 대중과

112) 「在中國韓人獨立運動者의 運動統一計劃에 관해 1927년 12月 23日字로 在間島總領事가 外務大臣에 報告한 要旨」, 『韓國民族運動史料』(中國篇), 624쪽.
113) 『高等警察要史』, 125쪽.
114) 京城地方法院檢事局, 「在中國韓人靑年同盟狀況槪要」(1928.9), 金俊燁 · 金昌順 編, 『韓國共産主義運動史(資料 Ⅱ)』, 고려대출판부, 1980, 165쪽.
115) 『高等警察要史』, 137쪽 ; 「朝鮮民族運動年鑑」, 『朝鮮獨立運動』 Ⅱ, 338쪽 ; 金俊燁 · 金昌順 編, 『韓國共産主義運動史』 4, 269~270쪽.

함께 노력하지 않으면 안된다.…청년대중을 마음대로 蹂躪하고 弄絡
하여 온 파벌주의 殘滓와 地方割據主義의 독소를 그 실천적 투쟁에서
완전히 淸算, 撲滅하여 혁명군중을 반동요소로부터 확실히 분리시키
며 協同戰線黨 결성과정에서 인식적 혼란을 計圖하는 반동이론, 이른
바 階級標識撤去論－淸算派的 傾向－에 대하여 이론적 비판의 무기
로서 이를 분석 배격하여 대중의 진로를 명확히 밝혀야 한다.[116]

　이는 재중한청이 추진하고자 하는 민족유일당 결성 방향이자 결성
목적이었다. 민족유일당을 결성하되, 그 방향은 ML파의 입장을 견지하
며 민족주의운동에서 탈피하여 階級主義 路線으로 전환하여야 한다는
것이다. 결성 후에는 계급적 입장을 명확히 하여 대중의 지지를 바탕으
로 유일당의 주도권을 쟁취해야 한다는 것이다. 그러나 재중한청은 이
런 선언서와는 달리 기본강령과 당면정책(행동강령)에서는 계급해방
대신에 독립운동을 주목적으로 하는 내용을 채택하였다.[117] 이는 만주
에서의 한인독립운동의 주목적이 무장독립운동과 반일자치운동이었기
때문에 표면상으로는 우익진영과의 연합을 추구하였던 것이다.
　재중한청은 결성 직후 중국 전역을 11개의 조직단위인 區로 나누고
관내지역은 1개구로, 만주지역은 10개구로 편성하고 중본한청의 대표
로 만주에 파견된 鄭遠 대신에 중본한청 중앙집행위원회 축소위원인 李
寬洙(崔煥)를 제1구 책임자로 임명하였다.[118] 李寬洙는 상해로 귀환하
여 중본한청의 중앙집행위원회 축소위원인 金基鎭·鄭學彬(鄭有麟)과
협의하여 축소위원회의 결의로 중본한청을 해체하고 대신에 7월 15일

---

116) 京城地方法院檢事局, 「在中國韓人靑年同盟狀況槪要」(1928.9), 『韓國共産主
　　 義運動史(資料 Ⅱ)』, 173~174쪽.
117) 재중한청의 기본강령과 행동강령의 전체 내용은 『韓國共産主義運動史(資
　　 料 Ⅱ)』, 169~172쪽에 수록되어 있다.
118) 「朝鮮民族運動年鑑」, 『朝鮮獨立運動』 Ⅱ, 338쪽.
　　 鄭遠은 일본에 매수되어 투항하였고, 이에 대신하여 중본한청에서는 李寬
　　 洙를 만주지역으로 파견하였다.

자로 재중한청 제1구 지부를 설립한다는 내용과 함께 각 지역의 지부
에 대해서도 개조를 지시하였다.[119]

재중한청의 이러한 일방적인 지시에 대하여 중본한청의 기타 집행위
원과 다수의 단원들은 강력하게 반발하였다. 이후 중본한청과 재중한
청 간에는 여러 차례의 상호 비방전이 계속되었다. 이는 만주의 청년조
직과 관내의 청년조직 간의 세력(주도권)다툼 과정에서 나타난 사건이
었다. 즉 재중한인좌파세력의 주도권을 둘러싼 ML파와 화요파 간의 경
쟁과 알력 관계가 첨예하게 맞붙어 나타난 사건이었다. 유일당 촉성운
동을 위한 좌우연합전선 내에서 좌익진영 내의 두 세력 사이에 대립과
알력이 발생된 것이고 이것이 1929년 연합전선 결렬의 주요한 원인으
로 작용하게 된 것이다.

3) 民族唯一黨運動의 決裂과 政黨의 出現

(1) 民族唯一黨運動의 決裂

민족유일당 결성과 이를 통한 이당치국 형태의 독립운동 전개라는
독립운동진영의 노력은 1928년에 들어와 난관에 부딪치게 되었다. 가
장 커다란 원인은 유일당운동의 한축인 좌익진영 내부에서 재중한인청
년운동의 주도권을 둘러싸고 발생한 대립과 갈등이었다.[120] 앞서 잠시
살펴보았듯이 재중한청의 중본한청 해체 결의와 관내지역을 재중한청
제1구로 개편한다는 발표는 기존의 중본한청 소속 단원 대다수의 반발
과 저항에 부딪치게 되었다. 이후 두 조직 사이에는 상호비방과 제재조
치 등이 거듭되었다.

---

119) 김영범, 「1920년대 후반기의 민족유일당운동에 대한 재검토」, 120~121쪽.
120) 김영범은 「1920년대 후반기의 민족유일당운동에 대한 재검토」에서 유일당
    결성운동의 결렬 원인에 대해서 기존의 좌우분립 이외에 좌익진영 내부의
    갈등, 즉 화요파와 ML파의 갈등과 대립을 상세하게 구명하였다. 본고는 김
    영범의 상기 논문을 주로 참조하였다.

중본한청 상해지부는 1928년 8월(날짜 미상) 「敬愛하는 中國本部韓
人靑年同盟員 諸君」이라는 성명서를 발표하여 재중한청의 일방적인 해
체 결의는 "월권행위이며 상해지부 동맹원을 侮蔑 欺瞞하는 專橫이자
반동행위"라고 강도 높게 비난하였다. 아울러 李寬洙를 상해지부에서
제명하고 金基鎭·鄭有麟에 대해서는 지부원으로서의 권리를 무기한
정지시키는 제재조치를 취하였다.[121] 이에 대해 같은 해 9월 14일에는
朴建雄의 주도로 상해지부원 34명이 재중한청 상해지부를 급조하여 축
소위의 결의, 즉 중본한청의 해체를 지지하며 중본한청 상해지부와 집
행부의 모든 결의사항을 부인하는 내용의 선언서를 발표하기에 이르렀
다.[122] 그러나 중본한청의 중앙집행위원장 대리 鄭泰熙는 9월 22일에
중본한청 제1회 전체회의를 소집하여 재중한청의 일방적인 중본한청
해체선언을 무효화한다는 내용의 「선언」을 발표하였다.[123]

이에 따라 재중한청은 중본한청의 李寬秀를 재중한청 상해지부장으
로 임명하고 상해로 귀환케 하여 중본한청 조직을 자신들의 세력으로
흡수하고자 하였으나 목적을 달성하지 못하고 이관수·정유린·박건
웅 등 30여 명의 중본한청 탈퇴세력으로 재중한청 상해지부를 설립하
여 중본한청 상해지부와 분립하게 된 것이다. 이 사건은 결국 중국 내
한인좌익세력의 주도권을 둘러싼 ML파와 화요파의 경쟁과 알력관계가
확연하게 표출된 사건이었다.

좌익진영 내 두 세력 사이에 대립과 알력이 발생한 1928년 7·8월
ML파의 통일문제에 대한 노선은 '프롤레타리아 헤게모니 戰取論'으로
요약할 수 있다. 이 노선의 골자는 朝鮮의 勞農階級을 대표하는 朝鮮共
産黨이 민족부르주아지에 대하여 '分離와 結合'의 전술을 적절히 구사

121) 「朝鮮民族運動年鑑」, 『朝鮮獨立運動』 Ⅱ, 337~338쪽.
122) 위의 글, 339쪽. 박건웅 등은 이어서 9월 24일자로 재중한청 상해지부의 성
립을 발표하였다.
123) 위의 글, 339쪽.

함으로써 民族協同戰線의 主導權을 장악해야 한다는 것이었다. 이 노선은 3차 조선공산당의 제2대 책임비서를 지낸 安光泉이 1927년 11월에 신간회에서 좌파의 주도권 확립을 주장한 것에서 비롯되었다. 특히 ML파에서 주창한 이 노선은 大衆 組織化 課題의 수행과 관련하여 유력한 이론적 근거로 제시되었다. ML파는 상해를 중심으로 하는 화요파와 달리 좌파 主導權 구축의 기초조직이 될 韓人 勞農大衆의 숫자나 역량이 상대적으로 풍부한 국내와 만주지역을 근거지로 하여 성장하였고, 더구나 코민테른 본부의 지원을 받고 있었다는 점에서 화요파에 비하여 상대적으로 유리한 고지를 점할 수 있었다.[124] 그리고 ML파가 이러한 사건을 전개한 시기는 국내 조선공산당에 대한 일제의 대량 검거로 4차 조선공산당 조직이 붕괴되면서 정치부장 安光泉과[125] 검사위원장 韓偉健이 상해로 망명해 온 시기와 일치하였다. ML파는 이와 같은 유리한 상황을 배경으로 화요파의 본거지라고 할 수 있는 상해에서 화요파가 주도하고 있는 좌우연합 조직인 중본한청을 와해시키고 이 조직을 재중한청으로 대체하거나 자신들의 조직 안으로 흡수, 편입하고자 시도하였던 것이다.

ML파의 이런 의도는 중본한청의 30여 명의 맹원들로 재중한청 상해지부를 분립시켰을 뿐이다. 좌익진영의 세력대립은 유일당 결성문제에 대한 좌익진영의 분리를 의미하는 것이며, 결국 우익진영과의 유일당 결성운동의 결과를 도출해내지 못하고 결렬되는 주요한 원인으로 작용하게 된 것이다.

ML파의 노선과 논리에 힘을 실어준 단체로는 재중한청 상해지부 이외에도 의열단을 들 수 있다. 의열단은 이미 1926년에 조직체제를 半公開的·大衆指向的인 혁명당체제로 개편하였고 아울러 反封建·非資本

---

124) 김영범, 「1920년대 후반기의 민족유일당운동에 대한 재검토」, 120~123쪽.
125) 안광천의 생애와 독립운동론에 대해서는 김기승, 「1920년대 안광천의 방향전환론과 민족해방운동론」, 『역사와 현실』 6, 1991 참조.

主義的 民主變革 지향의 20개조 강령을 제정, 발표하여 독립운동 이념
과 조직구성에서 좌파적 성향을 짙게 보이고 있었다.126) 廣州의 黃埔
軍官學校에 입교한 김원봉 등 의열단의 핵심세력은 1927년 12월 11일
의 '광주봉기'에 참여하였다가 조직에 커다란 타격을 받았다. 이후 상해
로 본거를 옮겨 재기의 발판을 마련하는 과정에서 의열단은 재중한청
상해지부와 우호적 관계를 유지하였고, 또한 상해로 피신해 온 안광천
이 의열단의 김원봉 등 지도부와 밀접한 관계를 맺게 되면서 의열단
이념의 급진적인 좌경화에 영향을 미치게 되었다. 재중한청 상해지부
의 영향은 의열단의 창립 9주년 기념사에 그대로 반영되어 있다.

1928년 11월 10일 의열단 중앙집행위원회의 명의로 발표된 의열단
창립 9주년 기념선언문은 연합전선에 대한 의열단의 입장이 요약되어
있다.

> 오등이 절규하는 협동전선은 형식적인 것이 아니라 실질적인 것이
> 며, 右傾的인 것이 아니라 전투적인 것이다. 우리 민족의 절대 다수도
> 勞農大衆이며 가장 혁명적인 계층도 저들이다. 우리 전선의 기초는
> 저들에게 두는 것이 현재 급속히 진전하는 朝鮮勞農階級의 운동을 더
> 욱 발전시키고 그것을 독립운동과 연락하는 것이 협동전선의 최대 조
> 건으로 하지 않으면 안된다.127)

협동전선, 즉 연합전선의 결성에서 가장 시급한 것은 勞農階級의 운
동을 더욱 발전시켜 이를 독립운동과 연결하여야 한다는 것이다. 노농
계급이야말로 우리 민족의 절대 다수를 차지하고 있으며 가장 혁명적
이고 또한 실질적·전투적인 협동전선의 기초이기 때문이라는 것이다.
선언문의 말미에는 "세계혁명과 연결하자", "소비에트연방과 동맹하자"

---

126) 金榮範, 「義烈團의 민족운동에 관한 사회학적 연구」, 서울대 박사학위논문,
1994, 160~168쪽.
127) 「創立9週年을 記念하며」, 『高等警察要史』, 103~104쪽.

는 내용의 구호를 적고 있다. 朝鮮勞農階級의 전투적 역량을 확대 발전
시켜 이를 협동전선의 기초로 삼아 소련을 맹주로 하는 반제 세계혁명
운동의 흐름에 합류하여야 한다는 것으로 요약할 수 있는 부분이다. 또
한 유일당의 결성은 단순한 독립운동단체나 정파 간의 결합이 아닌 독
립운동과 노농운동과의 결합이라는 차원에서 진행되어야 한다는 것이
의열단의 입장이자 전략방침이었던 것이다. 그런 면에서 "協同戰線이
形式的인 것이 아니라 實質的인 것이며 右傾的인 것이 아니라 戰鬪的
인 것"이어야 한다고 규정한 것이다.

　민족유일당운동 결렬의 두 번째 원인은 좌우익 간의 유일당 결성 목
적과 방법의 차이를 들 수 있다. 1926년 10월 북경촉성회의 결성을 시
작으로 각지 촉성회가 만들어지고 이것이 연합회로 결성되는 1927년
11월 중순까지 약 1년이라는 기간에는 사실상 유일독립당을 결성하자
는 것에 대한 의견 개진과 논의가 진행되었지, 유일당을 어떤 방식으
로, 어떤 형태로, 어떤 이념을 가진 유일당을 만들 것인가에 대해서는
심도 있게 논의되지 않았다. 그런데 1929년에 들어와 유일당 조직 목적
과 조직방법 등에 대한 각각의 입장이 분명해지기 시작하면서 좌우익
간 결렬의 조짐이 나타나게 되었다.

　1929년 3·1절 10주년을 맞이하여 좌우익 양진영은 한결같이 '戰線統
一'을 주 내용으로 하는 선언문을 발표하였는데, 이들 각종 선언문의
내용 분석을 통하여 전선통일에 대한 좌우익 양진영의 입장을 확인할
수가 있다.

　먼저 재중한청 상해지부는 3·1절 10주년 기념선언문에서 통일전선
이라고 표현한 연합전선의 결성방법에 대해서 다음과 같이 주장하였다.

　　우리의 전열의 분열대립은 적의 힘을 도와줌일지니 猛○蹶起하야
　墮落된 一切의 타협경향을 철저히 박멸하고 바야흐로 폭파될 제국주
　의 전쟁을 향하야 당면의 강적 일본제국주의를 향하야 불갓흔 요구에
　넘치는 강렬한 대중으로 더부러 투쟁적 戰線統一을 당면임무로 내여

노코 최대의 노력으로 大衆的 共同鬪爭 展開의 통일전선 획득에로 돌
진하자.[128]

재중한청 상해지부는 국내의 일부 민족주의자들이 주장하는 타협주
의를 박멸하고 투쟁적 전선통일과 대중적 공동투쟁을 전개할 수 있는
통일전선을 결성하여 대일투쟁을 강화할 것을 주장한 것이다. 이어서
선언문 말미에 "봉건적 분열주의를 肅淸하고 戰線統一에 노력하자",
"혁명적 대중투쟁에 의하야 협동전선을 획득하자", "혁명청년은 통일전
선 기치하에 집중하자"는 등의 구호를 제시하여 향후 추진방향을 제시
하고 있다.

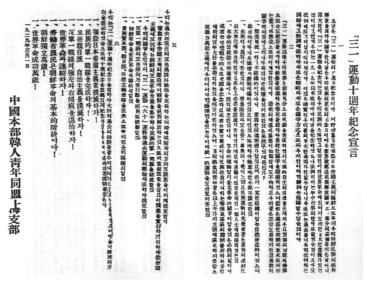

중국본부한인청년동맹 상해지부의
3·1운동 10주년 기념선언문(1929년 3월 1일)

---

128) 在中國韓人靑年同盟上海支部, 「三一'十週年紀念宣言」, 『韓國獨立運動史』
      資料 20(臨政篇 Ⅴ), 1991, 251쪽.

중본한청 상해지부는 「三一'運動十週年紀念宣言」에서 독립운동진영의 급선무가 '全民族的 單一戰線의 早速한 完成'[129]이라고 규정하고, 이런 급선무를 완성하는 데 방해가 되는 요인을 5가지로 제시하였다.

一. 민족적 단일전선의 불가능을 말하며 일체의 투쟁을 廻避하는 것
一. 地方○團體를 수립 又는 조장하는 것
一. 각 단체 幹部席 掠取와 분열을 일삼는 極左小兒病, 분열을 위한 분파주의
一. 階級標識을 철거 운운하야 노동자와 농민의 사명을 무시하는 것
一. 적색이니 반공이니 하야 협동전선을 廻避하는 것[130]

단일전선 결성의 불가능 분위기 조장, 극좌소아병, 분파주의, 노농계급의 표식 철거, 극좌나 반공주의를 내세우며 협동전선을 파기하는 행위 등 5가지 요인이 '민족해방운동에 절대의 무기인 민족적 단일전선을 파괴하는 행위'라고 지적한 것이다. 그리고 8개항의 구호를 제시하였다.

一. 강도일본제국주의를 박멸하자.
一. 민족적 單一戰線을 완성하자.
一. 모든 친일파 自治主義를 박멸하자.
一. 반단일전선의 극좌와 우경병을 퇴치하자.
一. 世界革命과 연결하자.
一. 勞動者 農民은 조선혁명의 기본적 계급이다.[131]

민족적 단일전선의 완성과 아울러 일제는 물론 친일파와 자치주의자의 박멸을 주장하고 있다. 한국독립운동의 기본인 노동자, 농민이 주체

129) 中國本部韓人靑年同盟上海支部, 「三一'運動十週年紀念宣言」, 『韓國獨立運動史』 資料 20(臨政篇 Ⅴ), 256쪽.
130) 위와 같음.
131) 위와 같음.

가 되어 단일전선을 완성하고 이것을 세계혁명과 연결할 것을 주장하
였다. 다만, 민족주의 고수세력인 '右傾主義者'뿐만 아니라 '極左勢力'
을 함께 '反單一戰線'의 주범으로 지목하고 이를 강력히 퇴치할 것을
주장하고 있는 것이 특이하다.

의열단 역시 3·1운동 10주년을 기념하여 「三·一十週宣言」을 발표
하였다. 의열단은 선언문에서 이제까지 독립운동의 약점과 실패원인을
"勞農大衆의 우에 기초를 두지 못하였고, 광범한 대중적 투쟁이 조직적
으로 전개되지 못하엿슴에 잇섯다."고[132] 규정하여 농민과 노동자의 기
초조직에 바탕을 두지 못하였다는 점과 대중적 투쟁을 조직적으로 전
개하지 못한 것이 독립운동을 실패한 두 가지 요인이라고 제시한 것이
다. 의열단에서는 이러한 오류를 타파하기 위한 방법으로 '폭력적 운동
과 대중적 폭동'을 제시하고 있다.

> 우리의 혁명은 勞農大衆을 기초로 하고 광범한 대중의 조직적 투
> 쟁에 의하여서만 참으로 鞏固한 힘잇는 발전을 할 수 잇슬 것이며 불
> 절의 폭력적 운동과 최후의 대중적 폭동에 의하여서만 완전한 해결을
> 어들 수 잇슬 것이다. 우리는 모든 分裂主義者, 反暴力論者 및 개량주
> 의자, 타협주의자를 철저히 肅淸하여야 할 것이며 전선의 통일은 최
> 대의 노력으로 성취하여야 할 것이다.[133]

독립운동진영의 통일을 위해서는 독립운동 최대의 적인 '분열주의
자, 반폭력주의자, 개량주의자, 타협주의자를 완전히 숙청하고 勞農大
衆의 기초 위에서 대중의 조직적 투쟁과 불절의 폭력적 운동'을 전개할
것을 주장하고 있는 것이다.

唯一獨立黨上海促成會는 3·1운동 10주년기념 선언서에서 전선통일
을 이루지 못한 문제점과 단일전선을 완성하기 위한 방법 및 입장을

---

132) 朝鮮義烈團, 「三·一十週宣言」, 동아일보사, 『新東亞』 1989.3, 510쪽.
133) 위와 같음.

제시하였다.

> …완전한 조직체를 이룰가 이것이 가장 愼重考慮를 거듭할 문제로
> 써 먼져 그 迷妄의 길로 다시 錯行하기 쉬운 위험성을 지적하야 철저
> 히 斷根하지 안흐면 아니될 것이니
> (一) 파쟁관념의 잔재와 自我指導의 功利心
> (二) 봉건적 보수사상과 超段階的 盲動主義
> (三) 縱橫反覆의 개인적 英雄手段
> 等等이 그것이오. 그 다음 泰山不動의 결심으로써 통일의 원칙을
> 把握하여야 할 것이니
> (一) 절대독립의 민족혁명
> (二) 全民一致의 대독립당
> (三) 민주주의의 중앙집권[134]

통일운동의 결정체인 단일당을 결성하는데 방해가 되는 요소로서 파
벌주의, 개인의 영웅주의, 보수사상, 맹동주의 등 4가지를 지적하고 있는
데 여기서 '봉건적 보수사상'과 '초단계적 맹동주의'는 중본한청의 선언
문에서 언급한 '우경병'과 '극좌소아병'과 같은 내용의 것으로 이해된다.

또한 앞으로 결성할 '태산부동'의 대독립당은 '민족혁명', '전민일치',
'민주주의 중앙집권'의 방식으로 조직되어야 한다는 점을 분명히 제시
하고 있다. 앞서 살펴본 중본한청이나 의열단과는 차이가 있음을 알 수
있다.

상해촉성회는 이어서 "광복운동의 기초를 공고"히 하기 위한 "완전한
조직체"를 결성하는데 "방법의 차이와 논리의 출입"으로 인한 "부분적
장애"에 대해서는 언제든지 "解釋調停"의 과정을 거쳐 협의할 수 있다
는 여지를 밝히고 있다.[135]

---

134) 唯一獨立黨上海促成會, 「宣言書」, 『韓國獨立運動史』 資料 20(臨政篇 Ⅴ),
   259~260쪽.
135) 위의 글, 260쪽.

상해각단체연합회 역시 「三一運動10週年紀念宣言」에서 대독립당을
결성하지 못한 이유와 대독립당을 어떻게 결성할 것인지에 대하여 언
급하였다.

> 우리의 운동이 非豫備的, 非組織的, 非統一的인 데에서 급속히 실
> 패되엿든 것을 깁히 깨다러야 할 것이다.…우리는 금일부터 비롯하야
> 파벌관념의 核實을 破碎하고 私人憾情의 根柢를 斬絶하고 오즉 대국
> 을 돌보며 대체를 살피여 대당결성의 기치밋흐로 일제히 歸依하자.…
> 一派의 책동을 써나서 전민족적 통일기관이 조직되고 그로부터 發作
> 指導되엿스면 그 광휘가 얼마나 더 찬란하며 그 영향이 얼마나 더 광
> 대하며 그 혁명세력이 얼마나 더 雄厚强固하엿을 것이냐.…현시대를
> 등진 사상은 新潮에서 도태될 뿐이니 보수주의자로서 깁히 깨다러야
> 할 것이요. 현 계단을 써난 이론은 공상으로 挑亂일 것 뿐이니 極左小
> 兒病者로서 깁히 깨다러야 할 것이요.…대당결성의 기치밋흐로 총역
> 량을 집중하야…민족혁명을 완성하자. 조선독립을 완성하자.[136]

이제까지 우리 독립운동이 실패한 원인은 비예비적·비조직적·비
통일적이었기 때문이라는 지적이다. 이를 극복하기 위해서는 대국적인
관점에서 파벌관념과 개인감정을 버리고 오로지 '대당결성의 기치 밑
으로 일제히 귀의'하고 '總力量을 集中'하여 민족혁명과 조선독립을 완
성하여야 한다는 것이다. 아울러 시대와 동떨어진 보수주의 사상과 극
좌소아병이 대당결성에 방해가 되는 요소이니 이를 시급히 제거하여야
할 것이라고 강조한 것이다.

3·1운동 10주년 기념선언문에서 밝히고 있는 전선통일과 대당결성
에 대한 입장은 5개 단체가 약간의 차이점을 보이고 있다. 5개 단체가
모두 분열주의, 즉 독립운동진영의 분열에 대해서는 비판적이고 이를
극복하여야 한다고 주장하고 있다. 그러나 재중한청과 중본한청, 의열

---

136) 上海各團體聯合會, 「三一運動十週年紀念宣言」, 『韓國獨立運動史』 資料 20
　　(臨政篇 Ⅴ), 261~262쪽.

단 등 좌익진영은 대당결성의 기본 조직으로 대중적·혁명적 공동투쟁의 전개와 혁명청년층의 대당결성에의 적극 참여, 노농계급을 주축으로 하는 단일전선의 구축을 주장하고 있는 반면에 상해촉성회와 상해 각단체연합회는 극좌소아병과 보수주의, 초단계적 맹동주의를 극력 반대하며 노농계급이나 혁명청년층과 같은 일부 한정된 세력의 대당결성이 아닌 民主主義·全民一致의 대당결성을 주장하고 있다. 다만, 좌익세력으로 분류되는 중본한청이 우익진영에서 주장하는 우경주의와 극좌소아병자의 제거를 주장하고 있는 점이 주목된다. 이는 재중한청의 노선에 대한 중본한청의 견제로 판단된다.

민족연합전선의 결성과 운용과정에서 발생한 좌우익 간의 갈등과 대립은 1929년 하반기에 불거진 '國際主義' 추종 對 '反國際主義', 또는 민족주의 고수라는 새로운 사태가 전개되면서 더욱 악화되었고 이것은 결국 좌익진영의 일방적인 상해촉성회 해체라는 결과를 초래하게 되었다. 1929년 7월 중순에 발생한 '中東鐵道事件'으로[137] 중국국민당과 소련과의 긴장이 고조되는 와중에서 재중한청 상해지부가 발표한 격문의 내용이 문제가 되었다. 재중한청 상해지부의 격문 중 "全朝鮮被壓迫大衆 諸君, 전세계피압박 민중의 피로써 싸운 諸君의 조국 소비에트 러시아는 제국주의 强盜群의 무력적 포위에 직면하여"[138]라는 부분이 크게 문제가 되었다. 이에 대하여 우익진영에서는 '靑年同盟員賣母換祖事件 批判會'를 개최하여 재중한청 상해지부가 '조국 소비에트 러시아'라고 서술한 것에 대하여, "모국을 팔고 조상을 바꾸는(賣母換祖)" 매국행위

---

137) 中東鐵道事件이란 1929년 7월 中·소협정(1924)에 의하여 공동관리되고 있던 중동철로를 중국국민당이 일방적으로 회수를 선언하고 이를 장학량군대가 집행하는 과정에서 소련의 극동군과 교전이 발생한 사건이다(독립운동사편찬위원회 편, 『독립운동사』4, 1983, 593쪽). 중동철로 사건의 구체적인 전말과 여파에 대하여는 임상범 역, 『코민테른과 중국혁명관계사』, 고려원, 1992, 177~178쪽을 참조.
138) 「朝鮮民族運動年鑑」, 『朝鮮獨立運動』 Ⅱ, 348~349쪽.

라고 격렬하게 비난한 「赤鬼忠奴 靑年同盟員의 賣母換祖事件 公布狀」
을 발표하는 등 재중한청을 강도 높게 비난한 것이다. 그러나 재중한청
상해지부와 대립하고 있던 중본한청에서는 7월 25일의 제4회 대회 선
언서에서 '소련을 옹호한다'는 내용을 발표하여[139] 재중한청을 간접적
으로 지원하고 나섰다.

이 賣母換祖事件을 둘러싼 공방은 관내지역 한인독립운동진영을 국
제주의 추종세력과 민족주의 고수(반국제주의)세력으로 양분하는 결정
적 계기가 되었다. 국제주의가 외부로부터 들어오는 경향이 강한 점을
감안한다면, 이제까지 좌우익진영의 단순한 분립구도가 이제는 대립의
구도로 재편되어 간다는 것을 의미하는 것이다. 즉 좌익진영이 국제주
의 논리를 내세워 코민테른－소련의 지도적 지위를 절대시하고 그 권
위를 맹목적으로 추종하는 풍조가[140] 결국은 유일당 결성을 위해 노력
하고 있던 좌우익진영의 분리와 대립의 또 하나의 원인이었던 것이다.

이밖에도 코민테른의 '12월 테제'의 영향을 지적할 수 있다.[141]

> 조선공산주의운동의 주요방침은 프롤레타리아혁명운동을 왕성하
> 게 하여 소부르조아민족운동으로부터 완전히 분리시키며…민족독립
> 운동의 우유부단성을 부단히 가차없이 폭로하는 데에 있다.…조선의
> 주의자는 자기의 전공작, 전임무에서 명확하게 소부르조아당파와 분
> 리하여 혁명적 노동운동의 완전한 독자성을 엄격히 지녀야 한다.[142]

---

139) 위의 글, 347쪽.
140) 김영범, 「1920년대 후반기의 민족유일당운동에 대한 재검토」, 128쪽.
141) 코민테른의 12월 테제는 코민테른의 6차 대회(1928.7.17~9.1)가 폐회된 12월
    10일에 코민테른 집행위원회 정치서기국에서 「조선의 농민 및 노동자의 임
    무에 관한 테제」라는 이름으로 발표한 문서이다. 12월 테제에 대해서는 서
    대숙 저·현대사연구회 옮김, 『한국공산주의운동사연구』, 이론과 실천, 1985,
    106~111쪽 ; 김준엽·김창순, 「한국공산주의운동사」 3, 327~350쪽 ; 최규진,
    「코민테른 6차대회와 조선공산주의자들의 정치사상 연구」, 성균관대학교
    박사학위논문, 1996 참조.

코민테른은 조선공산주의운동의 무산자 혁명운동이나 노동운동의 독자성을 실현하기 위해서는 민족독립운동의 우유부단성을 폭로하여야 한다고 주장하여 민족주의 세력과의 결별을 지령한 것이다. 이 지시를 조선공산당 재건세력 등 좌익진영에서 받아들이면서 유일당 결성운동이 결렬된 것이다.

이상에서 살펴본 바와 같은 몇 가지 원인 등으로 좌우연합을 통한 유일당 결성이라는 한인독립운동진영의 최대과제가 결렬된 것이다. 민족대당 또는 민족유일당의 결성이라는 목적은 동일하지만, 우익진영에서는 '全民一致의 민주주의 중앙집권적 대독립당의 결성'을 주장한 반면에 좌익진영은 '勞農大衆에 기초한 혁명적 통일전선' 내지는 '전투적 협동전선'의 결성을 주장함으로써 좌우 양진영 간의 민족유일당 결성 방법에서 분명한 차이를 보인 것이다. 여기에 좌익진영 내부, 즉 중본한청과 재중한청의 알력과 대립, 특히 1929년도 하반기로 접어들면서 '국제주의(중본한청, 재중한청) 대 반국제주의(민족주의)의 대립 구도가 형성되면서 좌익진영이 코민테른 소련의 지도적 지위를 절대시하고 그 권위를 맹목적으로 추종하는 풍조가 결국 좌우익 연합전선의 결렬을 초래한 것이었다.

(2) 政黨의 出現

'賣母換祖' 사건으로 좌우 양진영이 대립되어 있을 때인 1929년 10월 26일 좌익진영에서 각지 촉성회 중 가장 유력한 조직이던 상해촉성회의 해체를 선언하였다. 1929년 10월 26일 상해 프랑스 조계의 斜橋에 위치한 惠中學校 대강당에서[143] 거행된 해체 발표식장에는 임시정부의 李東寧과 趙琬九, 金枓奉 등 민족주의자도 일부 참여하였지만 참석자

---

142) 金俊燁·金昌順, 『韓國共産主義運動史』 3, 342~344쪽.
143) 「海外唯一○○黨 上海促成會 解體」, 『동아일보』 1929년 11월 11일자

대다수는 좌익진영의 인물들이었다. 회의에서 사회를 맡은 崔昌植을
비롯하여 洪南杓·黃勳·具然欽·郭憲·鄭泰熙·李敏達·崔鳳官·曺奉岩·
金元植(金炳善) 등 화요파와 ML파를 대표하는 인물들이 참석한 것이다.[144]
상해촉성회가 해체선언문에서 밝힌 해체 원인은 다음과 같다.

> 전민족적 혁명역량의 결합은 이미 오래 전부터의 요구였으므로…
> 그 후 관내연합회의 성립한 바 있고 滿洲方面에 있어서는 각 단체 협
> 의기관을 통하여 그 기관의 일부분 사업으로 獨立黨을 籌備하자는 주
> 장과 지역별의 촉성회를 발기하여 독립당을 조직하자는 주장이 있어
> 이 두 가지 방법론으로 分岐하게 되어 드디어 조화 불가능이 되기에
> 이르렀으나…일국의 혁명을 지도할 大黨의 結成은 抽象的 空漠한 개
> 념 위에서 되는 것이 아니고 반드시 구체적 조건하에서 대중적 공동
> 투쟁을 통하여야만 완전히 결합할 수 있는 것이다.…독립당을 조직하
> 기까지 어떠한 투쟁을 하자는 것을 설명한 일도 없었던 것으로 실로
> 이것은 지극히 空漠한 생각이며 전혀 대중과 隔離된 운동에 불과하였
> 다.…시대의 推移에 의해 急激한 계급적 분화작용은 유일당을 요하는
> 것이냐, 협동전선을 요하는 것이냐 라는 토론문제를 제출하지 않으면
> 불가능한 계단에 이르른 것이다.[145]

---

144) 「韓族獨立運動者同盟의 機關紙 '앞으로' 創刊號 記事에 관해 1930年 1月 20
日字로 在上海總領事가 外務大臣에 報告한 要旨」, 『韓國民族運動史料』(中
國篇), 638쪽.
이동녕, 조완구, 김두봉 등 3명이 참석한 이유는 분명하지 않다. 회의의 성
격을 분명하게 파악하지 못하고 단지 상해촉성회 관련 회의로 알고 참석하
였을 수도 있으나, 그렇다면 유일당운동의 핵심인물이었던 안창호와 임시
정부의 실세로 부각된 김구도 참석하였어야 하는데 이들 두 사람은 참석하
지 않았다. 이동녕, 조완구, 김두봉의 참가는 우파세력에서 이미 좌파세력
들의 동향을 파악하고 의례적으로 참여하였을 수도 있다는 지적이 있다(김
희곤, 「1920년대 임시정부의 협동전선운동」, 金喜坤 외, 『대한민국임시정부
의 좌우합작운동』, 42쪽).
145) 「韓國唯一獨立黨上海促成會의 解體宣言에 關해 1929年 12月 23日字로 在上
海總領事가 外務大臣에 報告한 要旨」, 『韓國民族運動史料』(中國篇), 635쪽.

만주지역과 마찬가지로 관내지역 역시 민족유일당인 독립당을 어떻게 조직할 것인가에 대한 방법상의 차이를 극복하지 못한 것이 상해촉성회를 해체하는 주요 원인이라는 것이다. 일정한 강령과 투쟁노선 등을 갖추고 그 기반 위에서 대중적 공동투쟁을 전개하여야 하는데 오히려 대중과 격리되어 진행되었기 때문에 유일당을 결성하지 못하였다고 지적한 것이다. 더구나 계급분화가 급격히 진전되어 유일당이냐 협동전선이냐의 문제가 제기되었음에도 불구하고 이제까지 이에 대한 구체적인 토론이나 검토가 이루어지지 못하였다고 비난하고 있다.

상해촉성회의 해체를 선언한 좌익진영은 바로 이어 「留滬韓國獨立運動者同盟」을 결성하는 회의를 진행하였다.146) 모임의 명칭을 '上海○○運動機關創立大會'로 바꾸고 崔昌植의 사회로 창립대회를 진행한 것이다. 새롭게 결성할 독립운동단체의 명칭은 「留滬韓國獨立運動者同盟」(이하 留滬同盟이라 약칭함)으로 결정하게 되었다. 이어서 강령과 선언, 규약을 제정하기 위한 3인의 위원을 선정하였고, 새로운 강령과 규약, 선언은 집행위원회에서 제정하여 통과한 후에 발표하기로 결의되었다.147)

이 모임에 참석하였던 이동녕, 조완구 등 우익진영의 인사는 아마도 이와 같은 결정에 반대의사를 표현하였던 것 같다. 일제의 정보 보고문서를 통하여 이런 정황을 추정할 수 있다. 새로운 단체의 결성을 논의하는 과정에서 李東寧·趙琬九·金枓奉 등은 '同鄕會' 등의 이름을 사용하더라도 실제로는 독립운동을 전개하는 단체를 결성하자는 주장을 한 반면에 洪南杓·黃俊(韓偉健) 등 좌익진영의 인사들은 한국독립운동단체의 존재를 명확하게 밝히고 철저하게 독립운동을 전개하는 단체를 결성하자고 주장하였다는 것이다.148)

146) 金喜坤,「1930년대 초 상해지역 한인공산주의자의 동향-留滬韓國獨立運動者同盟을 中心으로-」,『國史館論叢』47, 1993.
147)「運動者同盟 卽席에서 創立」,『東亞日報』1929년 11월 11일자.

留滬同盟의 창립과정은 동 동맹의 기관지 『앞으로』 창간호에 실린
다음과 같은 기사를 통하여 비교적 상세하게 알 수 있다.

현재의 객관적 사정에 따라 全革命戰線의 一支隊的 역할을 이행하
기 위한 留滬韓國獨立運動者同盟을 조직하고 상해에서 적극적으로
진행하자는 의견이 4, 5人을 제외하고 일치하기에 이르렀다. 그리고
그곳에서 창립대회로 전환하였다.[149]

이 기사를 보면, 유호동맹의 결성에 반대한 4, 5인이 있었다는 것인
데, 이들이 이동녕 · 조완구 · 김두봉 등이었을 것임을 추론하기는 어렵
지 않다. 아울러 앞서의 두 자료를 통해 좌익진영에서는 이미 상해촉성
회에서의 이탈을 준비하고 사전에 이에 대한 준비를 진행하고 있었음
도 미루어 짐작할 수 있다.[150]

유호동맹은 기관지 『앞으로』 창간호를 통하여 창립 배경과 목적에
대하여 밝히고 있다.

우리들은 혁명전선의 통일에 대해 원칙을 투쟁적 통일에서 발견하
였다.…革命戰線統一의 투쟁 원칙에 의해 한국민족 해방운동은 새로

---

148) 「外務省警察史 支那之部」, 『朝鮮民族運動史(未定稿)』, 高麗書林, 1989, 618~
619쪽.
149) 「韓族獨立運動者同盟의 機關紙 '앞으로' 創刊號 記事에 關해 1930年 1月 20
日字로 在上海總領事가 外務大臣에 報告한 要旨」, 『韓國民族運動史料』(中
國篇), 638쪽.
150) 일제의 유호한국독립운동자동맹 창립경과에 대한 정보문서에는 이에 대하
여 다음과 같이 기록되어 있다.
「上海促成會執行委員間에 있어서는 如此한 狀態로 둘 때에는 所期의 目的
을 達할 수 없으므로 차라리 解體하여 新局面의 展開를 기다리는 것을 可
로 한다는 意見이 一致되어 지난 10월 26일 오후 7시 大會를 召集하고 解體
案을 提出하였더니 解體에 대한 意見은 滿場一致로 解體案을 通過하고」
(「韓族獨立運動者同盟의 機關紙 '앞으로' 創刊號 記事에 關해 1930年 1月 20
日字로 在上海總領事가 外務大臣에 報告한 要旨」, 『韓國民族運動史料』(中
國篇), 638쪽).

운 단계, 새로운 형태에 의해 전선의 재편성을 행하지 않으면 안될 중
대한 轉機로 촉진하고 있다.…현하의 객관적 정세는 우리들에 대하여
協同戰線을 한층 강요한다. 문제는 協同戰線의 可能, 不可能에 있는
것이 아니고 협동전선의 조직형태와 방법의 여하에 있는 것이다.…留
滬韓人의 반제국주의적 협동투쟁전선을 확립하기 위하여 모든 자체
의 무원칙한 분열 대립을 극복하여 우리들의 鬪爭力量을 충분히 發揮
케 하려고 우리들의 일상투쟁을 高潮 力行하고 있는 본 동맹을 창립
한 것이다.[151]

현재의 '한국민족해방운동'은 새로운 단계이며 새로운 형태인 協同戰
線의 재편성이 급선무인데, 협동전선을 어떤 형태로 조직할 것인지, 그
방법은 어떻게 할 것인가 하는 것에 대한 좌우 진영의 견해차이가 가
장 커다란 문제라는 지적이다. 유호동맹은 이를 해결하고 극복하기 위
하여 결성되었다는 것이다. 좌익진영은 상해촉성회의 해체 원인에 대
해서 협동전선을 결성하느냐 마느냐의 여부가 아니라 협동전선의 결성
체인 단일당의 조직방법과 형태의 차이를 좌우 양진영이 극복하지 못
하였기 때문이라고 주장한 것이다.

留滬同盟은 결성 이후 기관지로 『앞으로』를 발행하였으며, 1931년
12월 上海韓人靑年同盟과 통합하여 '上海韓人反帝同盟'을 결성하면서
해체되었다.[152] 좌익진영이 이처럼 거의 일방적으로 상해촉성회를 해
체하고 곧이어 유호동맹을 결성하여 새로운 대중적 투쟁에 기초한 협
동전선의 결성을 추진하게 되면서 사실상 민족유일당운동은 결렬되었
다. 우익진영에서는 좌익진영에 대응하고 임시정부를 중심으로 하는

---

151) 「韓族獨立運動者同盟의 機關紙 '앞으로' 創刊號 記事에 關해 1930年 1月 20
日字로 在上海總領事가 外務大臣에 報告한 要旨」, 『韓國民族運動史料』(中
國篇), 638~639쪽.
152) 유호한국독립운동자동맹의 조직과 구성, 중국공산당과의 관계 등에 대해서
는 金喜坤, 「1930년대 상해지역 한인공산주의자의 동향 − 留滬韓國獨立運動
者同盟을 중심으로 −」, 『國史館論叢』 47, 1993를 참조.

자파세력의 결집을 위하여 독자적인 세력 결집체를 조직하였는데, 이
것이 1930년 1월 25일 상해의 임시정부 청사 판공실에서 결성된 한국독
립당이었다.[153]

상해 한국독립당이 결성된 대한민국임시정부 청사의 현재 모습
(상해 마당로 보경리 4호)

---

153) 중국 관내지역에서 전개된 민족유일당운동의 결렬 이후 우익진영의 세력결
집체로 한국독립당(상해)이 결성되었으며, 중국 만주지역에서도 1920년대
중반 이후 신민부·정의부·참의부의 삼부통합운동이 전개되었다. 비록 만
주지역의 유일당운동 역시 조직방법상의 차이와 이념의 차이 등으로 완전
한 유일당을 결성하지는 못하였으나, 그 과정에서 1929년 12월에 요령성 신
빈현에서는 조선혁명당이 결성되었고, 1930년 7월 북만주의 위하현에서는
한국독립당이 결성되었다.

4) 上海 韓國獨立黨 結成

(1) 上海時期(1930.1~1933.12)

1926년부터 본격화된 중국 관내지역에서의 民族唯一黨運動은 마침내 1927년 11월 각 지역 촉성회의 연합체로서 '韓國獨立黨關內促成會聯合會'를 결성하게 되었다. 동 연합회는 좌우양진영의 합작과 戰線統一을 통한 民族唯一黨, 즉 민족대당의 결성을 목적으로 조직된 것이다. 그러나 동 연합회는 1928년에 접어들면서 대내외의 여러 가지 요인으로 인해 곤경에 처하게 되었다. 결국 좌익진영의 거의 일방적인 상해촉성회의 해체와 곧이은 '留滬韓國獨立運動者同盟'의 결성 선언으로 연합전선을 통한 唯一黨의 結成은 좌절되었다.

좌익진영의 이러한 움직임에 대응하여 임시정부를 중심으로 하는 우익진영의 안창호·이동녕 등 민족주의자들은 民族主義진영의 쇄신과 海外獨立運動陣營의 戰線統一을 도모하기 위한 목적에서 별도의 정당을 결성하였는데, 이것이 바로 1930년 1월 25일 결성된 韓國獨立黨이었다. 韓國獨立黨은 安昌浩·李東寧·李始榮 등 민족주의자 28명이 좌익진영의 留滬同盟에 대응하여 민족주의진영의 통일과 쇄신, 地方的·派閥的 감정을 청산하고 해외독립운동전선을 통일하기 위하여 조직되었다.[154] 결성 장소는 상해 프랑스조계의 白來尼夢 馬浪路 普慶里 4호의 임시정부 판공실이었다.[155] 이 정당을 일반적으로 '上海' 韓國獨立黨이라고 부른다.

---

154) 高等法院 檢事局 思想部,「上海及南京方面に於ける朝鮮人の思想狀況」(1936.6),『思想彙報』第7號, 22~23쪽. 상해 한국독립당의 결성시기에 대해서는 사료에 따라 많은 차이를 보이고 있다. 1928, 1929, 1929년 3월 1일, 1929년 말, 1930년 등 다양하게 기록되어 있다. 상해 한국독립당의 결성시기에 대한 정리는 趙凡來,「上海 韓國獨立黨의 組織變遷과 活動에 대하여」,『한국독립운동사연구』3, 1989, 주 30) 참조.

155) 高等法院 檢事局 思想部,「上海及南京方面に於ける朝鮮人の思想狀況」(1936.6),『思想彙報』第7號, 23쪽.

상해 한국독립당은 창당 직후 일정기간 창당 사실을 비밀로 하였기 때문에 그 존재가 외부에 드러나지 않았다. 상해 한국독립당이 창당 사실을 비밀로 한 이유는 1920년대 후반 독립운동진영의 상황과의 관련 속에서 찾아봐야 할 것이다. 1920년대의 臨時政府는 國民代表會議의 결렬, 초대 대통령 李承晩 彈劾과 두 차례의 改憲, 계속된 내각 조직의 실패 등으로 임시정부라는 이름을 유지하는 것조차 의심스러울 정도로 힘든 고난의 연속이었다. 더구나 1920년대 중반부터 중국 관내에서 폭넓게 전개된 民族唯一黨運動이 좌익진영의 일방적인 결렬선언으로 좌절된 상황이었다. 따라서 임시정부를 중심으로 한 민족주의자들로 결성된 독립운동정당임에도 불구하고 黨員의 모집과 융합에 노력하여 黨의 力量을 확보하고 이를 근간으로 임시정부의 기초정당으로서의 기반을 확실히 할 때까지 또한 좌우세력 간의 분열과 대립을 치유하는 어느 정도의 시간이 경과될 때까지 그 창당사실을 외부에 알리지 않은 것으로 사료된다.

上海 韓國獨立黨은 결성 당시 그 사실을 비밀로 하였기 때문에 결성 초기의 상황에 대해서 알 수 있는 자료나 관련 기록이 거의 없다. 다만, 산견되는 일부 자료를 통해 부분적으로 조직체계 등을 추정할 수 있을 뿐이다. 이런 자료들 중 하나가 한국독립당의 창당에 많은 역할을 하고 또한 한국독립당의 이념인 三均主義를 창안한 趙素昻이 1931년 1월에 발표한 「韓國獨立黨之近像」이라는 자료이다. 이 자료를 통해 상해 한국독립당 초기 조직체제의 일부를 확인할 수가 있다.

> 완전한 실재의 독립당은 有一無二하지만 비공개이며 매우 비밀리에 그 정책과 활동을 운용한다. 韓國獨立黨은 일종의 비밀결사이다. 그러나 그 수량과 능력이 일정한 정도에 도달하면 반드시 공개에 이를 것이니 이는 시간문제일 뿐이다. 組織制度는 중국국민당과 공산당의 제도를 절충하여 領袖의 지위를 설정하지 않고 중앙집권의 실재를 행한다. 때문에 중앙간부가 실제상 영수가 되며 능히 당원을 통제하

되 專橫의 弊端이 없다.156)

　상해 한국독립당은 유일무이하며 아직은 비밀리에 정책과 활동을 운용하는 비밀결사이지만 외부에 공개되는 것은 시간문제일 뿐이라는 것이다. 또한 組織體係는 중국국민당과 공산당의 조직체계를 절충한 中央集權制를 채택하고 있었음을 알 수 있다. 다만, 1명의 당수에 의해 당이 좌지우지되는 중앙집권제가 아니라 중앙간부들이 함께 운영하는 民主的인 中央集權制를 지향하였음을 알 수 있다.
　또한 상해 한국독립당의 인적 기반에 대해서도 설명하고 있다.

　　질적인 면에서는 독립운동계의 정통적인 인물과 활동분자를 총망라하였고 대개 농·공·상·학계의 남녀노소를 모두 가담케 하여 비밀리에 각 지역에 분포되어서 일종의 서로 다른 表面團體를 결성하고 부분적 공작을 진행하여 주요한 이득을 거두고 있다.157)

　독립운동에 관계하는 모든 인물을 총망라하여 결성된 것이 상해 한국독립당이며, 農·工·商·學界의 모든 남녀노소가 비밀리에 각지에서 부분적 비밀공작을 진행하고 있다는 것이다. 결국 상해 한국독립당은 독립운동에 관여하는 모든 남녀노소의 국민적 기반 위에 결성된 정

---

156) 趙素昻, 「韓國獨立黨之近像」, 三均學會 編, 『素昻先生文集』 上, 횃불사, 1979, 105~106쪽.
　　「故整個的實在之獨立黨 有一無二 但不公開 在極端秘密裏 運用其政策與活動 所以韓國獨立黨 是一種秘密結社也 雖然其數量與能力 達於一定程度 必至公開 是時間問題耳 至於組織制度 則折衷於中國國民黨與共産黨之制 而不設領袖地位 能行中央集權之實 故中央幹部 爲實際上領袖人物 能統制黨員 而無專橫之弊」.

157) 趙素昻, 「韓國獨立黨之近像」, 『素昻先生文集』 上, 106쪽.
　　「以其質 則獨立運動界嫡界人物與活動分子 槪爲網羅農工商學老少男女 俱收幷納 密布各地 得由一種不相同之表面團體 進行其部間的工作 俾收振領擧網之利」.

당이라고 밝힌 것이다.

　이와 같이 상해 한국독립당은 국민적 기반 위에 결성된 독립운동정당이며 조직체계는 중국국민당과 공산당의 장점을 절충한 民主的인 中央集權制를 채택하고 있다고 밝히고 있지만, 실제로 채택된 조직체제는 이사장제였다. 초대 이사장에는 李東寧이,[158] 理事에는 趙琬九 · 安昌浩 · 李始榮 · 趙素昂 · 金九 · 金澈 등 6명이 선임되었다.[159] 비서에는 嚴恒燮이 임명되었다.[160] 현재까지 확인되는 이들 자료를 종합하면 상해 한국독립당의 초기 조직체제는 理事長, 理事, 秘書로 구성된 단출한 조직이었음을 알 수 있다. 이동녕이 초대 이사장으로 추대된 것은 그가 차지하고 있던 독립운동선상에서의 위치와 역할을 고려한다면 충분히 이해될 수 있는 일이다. 상해 한국독립당이 결성될 당시 이동녕은 임시정부의 主席이었다. 상해 한국독립당은 임시정부를 중심으로 하는 민족주의자들이 임시정부를 지지 · 옹호하는 基礎政黨으로서 역할을 수행하고자 결성되었다. 따라서 중국국민당의 以黨治國이라는 정치기술을 도입하여 곤경에 처해있는 임시정부를 유지, 발전시키고자 하는 의미에서 임시정부의 주석인 이동녕을 초대 이사장으로 추대한 것이라고 판단된다.

　상해 한국독립당의 결성 모임에 참석하였던 인사들의 면면을 살펴보면 더욱 확연히 드러난다. 결성 모임에 참석하였던 인물은 모두 28명이었다.

　　李東寧 · 安昌浩 · 趙琬九 · 李始榮 · 趙素昂 · 金九 · 金澈 · 玉成彬 ·
　　安恭根 · 尹琦燮 · 金弘敍 · 韓鎭敎 · 金甲 · 金枓奉 · 朴贊翊 · 鮮于爀 ·

---

158) 葛赤峰, 「朝鮮革命記」, 秋憲樹 編, 『資料 韓國獨立運動』 Ⅰ, 1971, 107쪽 ; 「1932年の在上海朝鮮人の不穩狀況」, 『朝鮮獨立運動』 Ⅱ, 494쪽.

159) 潘公昭, 「今日的韓國」, 『資料 韓國獨立運動』 Ⅱ, 1972, 86쪽.

160) 「1932年の在上海朝鮮人の不穩狀況」, 『朝鮮獨立運動』 Ⅱ, 494쪽.

趙尙燮·李裕弼·車利錫·金朋濬·白基俊·朴昌世·崔錫淳·張德
櫓·李鐸·姜昌濟.[161]

이들 26명 이외에 비서에 선임된 嚴恒燮과 宋秉祚가 추가되어 모두
28명이 결성식에 참여하였다. 이들은 대개가 이동녕·김구를 비롯한
임시정부 핵심세력과 안창호를 비롯한 興士團 系列로 분류할 수 있
다.[162] 안창호는 임시정부 수립 직후에도 임시정부가 국내외 동포의
기대에 부응하지 못하였을 뿐만 아니라 오히려 해외한인의 民族思想의
발달을 저해할 수 있으니 차라리 임시정부를 해체하고 시대에 맞는 민
족운동의 중심기관인 '獨立黨'의 결성 추진을 주장한 바가 있다. 이에
비하여 이동녕·김철·김구 등 임시정부 핵심세력은 10여 년이란 역사
를 가진 정부를 해산함은 옳지 않으며 설령 새로운 기관을 설립한다고
하더라도 반드시 임시정부의 대안이 될 수 없다고 하여 안창호의 임시
정부 해체 주장에 반대 입장을 분명히 하였다.[163] 따라서 임시정부를
둘러싸고 민족주의진영에서도 상이한 견해를 가진 두 세력이 임시정부
를 중심으로 민족주의진영의 통일을 이루어 좌익진영에 대항하고 독립
운동의 주도권을 장악하기 위해 상해 한국독립당을 결성한 것이다.

이들 28명의 창당 발기인 중에서 이후 친일파로 제거된 玉成彬을 제
외한 나머지 인사들의 경우, 연령대는 40대가 18명으로 가장 많았고,
출신지역은 평안도 15명, 서울과 경기지역이 7명, 황해도 2명, 그리고
함남·전남·경남이 각각 1명이었다. 특히 평안도 출신 15명 중 11명이
흥사단원이었다. 이들 중 김구·이동녕·안창호·朴贊翊·李裕弼 등은
국내에서 新民會에 가담하여 활동한 경험이 있고, 1910년대 상해로 망

---

161) 「上海及南京方面に於ける朝鮮人の思想狀況」(1936.6), 『思想彙報』 第7號, 23쪽.

162) 盧景彩, 『韓國獨立黨硏究』, 신서원, 1996, 48쪽.

163) 「安昌浩의 大韓獨立黨設立運動 및 政府支持者間의 常務委員會設置件」, 國
史編纂委員會, 『韓國獨立運動史』 資料 2, 1983, 280~281쪽.

명하여 同濟社와 新韓靑年黨에 참여하여 활동한 인물들도 있었다. 김갑·박찬익·선우혁·조소앙 등은 동제사 출신이며 김구·김철·송병조·선우혁·이유필·조소앙·조상섭·한진교 등은 신한청년당에서 활동하며 임시정부 수립과 독립운동의 활성화에 기여한 바가 큰 인물들이었다. 또한 1920년대 韓國勞兵會와 丙寅義勇隊에도 참여하여 활동한 인물들도 있다.[164]

　상해 한국독립당 창당 발기인 28명의 활동내용을 분석하면 다음과 같은 결론을 추론할 수 있다. 첫째, 新民會의 啓蒙運動을 계승하였으며 둘째, 1910년대에 중국으로 망명하여 同濟社와 新韓靑年黨의 활동을 통해 성장한 세력과 3·1운동 이후 국외로 망명한 인물들이라는 점, 셋째 臨時政府의 樹立過程에 참여하거나 관여하였고, 1920년대 임시정부의 國務領, 國務委員, 臨時議政院 議員 등으로 활동 중이거나 경력이 있는 인물들이었다는 점이다.[165]

　결성 당시 비밀결사였던 상해 한국독립당의 존재가 외부에 드러나게 되는 시점은 1930년 10월이었다. 1930년 10월 초 南京에서 제4차 중국 국민당 중앙집행위원회가 개최되었다. 임시정부와 상해 한국독립당은 이 회의에 趙素昻과 朴贊翊을 대표로 파견하여 7개항의 中國居住韓人 問題에 관하여 청원하는 한편, 蔣介石·張學良 등 국민당 요인들에게 한국독립당의 당의와 강령 등에 대해서 설명하고 12월 초에 상해로 귀환하였다.[166] 1931년 4월 임시정부는 국무위원의 명의로「大韓民國臨時政府宣言」을 발표하였다. 이 선언문에서 '임시정부는 독립당의 表現

164) 한국독립당 결성식에 참여한 28명에 대한 연령별, 출신지역별, 활동 등의 분석 결과는 金喜坤, 『中國關內 韓國獨立運動團體硏究』, 지식산업사, 1995, 313~317쪽 참조.

165) 金喜坤, 『中國關內 韓國獨立運動團體硏究』, 313~317쪽.

166) 「在滬民族派韓人代表의 南京政府에 대한 請願에 관해 1930年 12月 8日字로 在上海總領事가 外務大臣에 報告한 要旨」, 『韓國民族運動史料』(中國篇), 659~660쪽.

機關이며 독립당은 전민족의 대리기관으로 본 정부의 정책은 독립당의 均等主義로서 수립되었다.'167)라고 언급하여 임시정부와 상해 한국독립당의 관계에 대해서 상호 불가분의 관계이자 표리일체의 기관이며, 임시정부의 정책 역시 상해 한국독립당의 이념인 三均主義에 기초하여 수립되었다고 강조함으로써 상해 한국독립당의 존재를 대외적으로 드러낸 것이다.168)

앞서 언급하였듯이 한국독립당은 결성 초에 비밀결사로 조직되어 한국독립당의 조직체제나 하부조직, 구체적인 활동 상황을 알 수 있는 자료가 거의 없는 상황이다. 단지 일제 측이 작성한 정보문서나 상해 한국독립당 관계자의 기록에서 부분적으로 산견되는 자료를 종합하여 상부조직의 변천을 일부 파악할 수 있을 뿐이다. 더구나 상해 한국독립당이 외부에 그 존재가 알려지고 난 후 얼마 되지 않아서 1932년 1월 8일 李奉昌 義擧, 4월 29일의 尹奉吉 義擧 등으로 일제의 한인독립운동자들에 대한 대대적인 검거·수색이 있었다.169) 임시정부와 한국독립당의 주요 간부들은 상해를 떠나 杭州·鎭江·南京·嘉興 등의 지역으로 피신할 수밖에 없는 상황이었다. 특히 윤봉길 의사의 홍구공원 의거 이후

---

167) 「大韓民國臨時政府宣言」(1931.4), 『韓國獨立運動史』 資料 3, 209~211쪽.
「本政府 爲獨立黨之表現機關 獨立黨爲全民族之代理機關 本政府之政策 與獨立黨之主義 資以立 確乎不可援也」.

168) 「南京國民會議에 대해 當地 韓國臨時政府의 策動에 관해 1931년 5월 18日字로 在上海總領事가 外務大臣에 報告한 要旨」, 『韓國民族運動史料』(中國篇), 672~676쪽.

169) 윤봉길 의사 의거 직후 일제의 한인독립운동자들에 대한 검거로 인하여 安昌浩, 張鉉瑾, 金德根 등이 피체되었다. 장현근은 宋鎭杓로도 알려져 있으며, 상해 대한교민단 서기, 의경대 간사, 상해한인청년당 이사를 역임한 인물이다. 김덕근은 임시정부의 교통부 차장과 한국독립당 창당 발기인의 한 명인 金澈의 조카로 상해한인소년동맹의 위원장과 상해한인청년당의 간부로 재직 중이었다(「安昌浩·張鉉瑾·金德根 等에 대한 上海在留禁止에 關해 1932년 6月 4日字로 在上海總領事가 外務大臣에 報告한 要旨」, 『韓國民族運動史料』(中國篇), 729~731쪽).

중국 측에서 임시정부와 관계자들에게 기증된 독립운동자금[170]의 처리
문제를 둘러싸고 발생한 이른 바 '杭州事件'(1932.5)이 원인이 되어 상
해 한국독립당은 金九系列, 趙素昻·金澈系列, 李裕弼系列 등으로 분
립되는 양상마저 보이고 있어[171] 더욱 곤경에 처하게 되었다.

　　상해 한국독립당은 '항주사건' 이후의 곤란한 상황 속에서도 1932년
12월까지는 理事長, 總務主任, 理事, 監察委員 등의 조직체제를 갖추고
있었는데, 이를 간부진의 명단과 함께 살펴보면 〈표 4〉와 같다.

---

170) 윤봉길 의사의 상해의거 이후 중국 조야로부터 임시정부와 한국독립당 관
　　계인사들에게 기증된 독립운동자금의 내용에 대해 일제 측의 정보문서는
　　다음과 같이 기록하고 있다(「爆彈事件 後에 있어서의 金九一派 其他의 動
　　靜에 關해 1932年 11月 10日字로 在上海總領事가 外務大臣에 報告한 要旨」,
　　『韓國民族運動史料』(中國篇), 746~750쪽).

〈상해의거 이후 중국 측에서 기증한 독립운동자금 상황〉

기증 일자	기증자	수령자	금액	비고
1932.5 초순	上海市 商會	金澈·趙素昻	5,000불	윤봉길 의사와 안창호 가 족생활 보조비
1932.5 중순	朱慶瀾	金弘敍·崔東旿 金元鳳·申翼熙	각 300불	
1932.5 중순	주경란	朴贊翊	2,000불	김구에게 전달
1932.5 하순	주경란	박찬익	1,000불	
1932.6 초순	東北災民救 濟會	上海大韓僑民團	5,000불	
1932.10.9	褚輔成	安恭根	5,000불	
1932. 미상	19路軍	王雄(金弘壹)	10,000불	김구에게 전달, 한국독립 당 운영비와 윤봉길 의사 가족 생활보조비로 기부
1932. 미상	朱齊靑	韓國革命黨 申翼熙	미상	

171) 독립운동사편찬위원회 편, 『독립운동사』 4(임시정부사), 617~619쪽.

〈표 4〉 상해 한국독립당의 조직체제 및 간부 명단

(1932년 12월 현재)

理事長 : 宋秉祚

總務主任 : 趙琬九

理事 : 李東寧, 金九, 張德櫓, 李始榮, 車利錫, 趙尙燮, 李裕弼, 金枓奉,
　　　崔錫淳, 安恭根, 朴贊翊, 趙素昻, 金澈

監察委員 : 嚴恒燮 외 2인[172]

　상해 한국독립당 창당 당시의 조직체제와는 약간의 변화가 있음을 알 수 있다. 이사장이 李東寧에서 宋秉祚로 바뀌었고 이사의 수가 6명에서 13명으로 증가되었고, 직제에서 秘書가 없어지고 대신에 監察委員이 신설되었음을 알 수 있다. 그러나 창당 당시 발기인 28명의 명단과 크게 달라진 점은 없다.

　상해 한국독립당의 조직체제는 1933년 1월에 들어와 대대적인 개편이 있게 되었다. 1933년 1월 15일에 한국독립당은 상해의 華街 少年宣講團에서 '在滬韓國獨立黨大會'를 개최하였다.[173] 윤봉길 의사의 의거 이후 상해 한국독립당의 活動과 組織을 점검하고 향후의 活動 方向을 論意·再整備하기 위한 회의였다. 이사장 송병조를 비롯하여 모두 18명이 참석한 이날의 회의에서는 국내외 거주 韓人을 대상으로 하는 獨立運動方法·軍事·外交·經濟 등 4개 분야에 대한 집중적인 토의가 있었고, 이어서 黨 幹部陣에 대한 대대적인 개편이 있었다. 상해 의거 직후 많은 간부들이 각기 杭州나 南京, 嘉興 등지로 피신하게 되어 당의 직무를 제대로 수행할 수 없음으로 해서 발생한 공백을 메우고 또

---

172)「1932年の在上海朝鮮人の不穩狀況」,『朝鮮獨立運動』Ⅱ, 494쪽 ;「在上海朝鮮人各種團體一覽表」,『韓國獨立運動史』資料 3(臨政篇), 1983, 559쪽.

173)「1933年の在上海朝鮮人の不穩狀況」,『朝鮮獨立運動』Ⅱ, 502쪽 ;「在上海韓國獨立黨大會와 金九의 行動에 關해 1933年 2月 2日字로 在上海總領事가 外務大臣에 報告한 要旨」,『韓國民族運動史料』(中國篇), 768~769쪽.

한 조직을 재정비하여 상해 의거 이후의 새로운 활로를 개척하려는 의
도이었다.

개편된 상해 한국독립당의 조직 및 간부진의 명단은 〈표 5〉와 같다.

〈표 5〉 개편된 상해 한국독립당의 조직체제 및 간부 명단
(1933년 1월 현재)

理事長 : 宋秉祚
總務主任 : 李裕弼
財務主任 : 崔錫淳
理事 : 李東寧, 金九, 張德櫓, 李始榮, 車利錫, 金枓奉, 朴昌世, 李秀峰,
　　　姜昌濟, 李光濟, 吳義橓
監事 : 趙素昻, 文逸民[174]

1932년 12월 말의 조직체제와 간부 명단과의 차이점을 살펴보면, 먼
저 理事長은 宋秉祚로 변함이 없지만 實務執行部署인 재무부서가 신설
되었고 監察委員이 監事로 변경되었음이 눈에 띈다. 신설된 財務主任
으로 崔錫淳이 선임되었고, 監事에는 趙素昻과 文逸民이 선출되었다.
또한 이사진의 구성에 커다란 변화가 있었다. 즉, 1932년 말의 理事와
監察委員職을 담당하였던 嚴恒燮・朴贊翊・安恭根 등 김구 계열의 인
사들이 해임된 반면에 朴昌世・李秀峰・崔錫淳・金枓奉 등 李裕弼 系
列의 인사들은 이사직에 유임됨으로서 상해 한국독립당 내 세력권의
변화가 있게 되었다는 점이다. 엄항섭・박찬익・안공근 등 김구 계열
의 인사들이 이사직에서 해임된 이유는 당의 임무를 소홀히 하였기 때
문이라고 밝히고 있다. 그러나 金九는 당의 원로로서 독립운동에 공헌
한 바가 지대하고 당시의 정황으로 보아 당의 직무를 수행할 수 없었

---

174) 「1933年の在上海朝鮮人の不穩狀況」, 『朝鮮獨立運動』 II, 502쪽 ; 「在上海韓
　　國獨立黨大會와 金九의 行動에 關해 1933年 2月 2日字로 在上海總領事가
　　外務大臣에 報告한 要旨」, 『韓國民族運動史料』(中國篇), 768~769쪽.

다는 점이 인정되어 이사직에서 해임되지 않았다고 일제의 정보문서는 분석하고 있다.[175]

李裕弼은 大韓僑民團의 政務委員長으로 재임 중이었다. 1932년 8월 말 현재 대한교민단의 간부는 財務部長에 崔錫淳, 庶務部長에 嚴恒燮, 義警隊長에 朴昌世, 幹事 李秀峰 등이었다.[176] 이 중에 엄항섭만이 김구 계열로 분류될 수 있는 인물인데, 엄항섭마저도 1932년 9월 20일자로 의원면직되고 그 후임에 金枓奉이 임명되었다. 이로써 1933년 1월에 단행된 간부진의 개편 결과 상해 한국독립당은 대한교민단의 이유필 계열이 주도하게 된 것이다.

또한 이날의 회의에서는 상해 한국독립당의 하부조직인 상해의 7개 區黨部로부터의 제안이 있었는데, 상해 한국독립당은 상해의 5個 區黨部 이외에 별도로 南京區와 特區를 설치하였음을 미루어 짐작할 수 있다. 또한 廣州에는 支黨部가 설치되어 있었다. 이밖에도 독립운동자금의 원활한 조달을 위해서 특별히 ‘經濟委員會’라는 기구를 설치하기로 하고 인선과 운용방법에 대해서는 이사회에 일임하기로 결의하였다.[177]

---

175) 「1933年の在上海朝鮮人の不穩狀況」, 『朝鮮獨立運動』 Ⅱ, 502쪽 ; 「在上海韓國獨立黨大會와 金九의 行動에 關해 1933年 2月 2日字로 在上海總領事가 外務大臣에 報告한 要旨」, 『韓國民族運動史料』(中國篇), 768~769쪽.
　　이동녕·이시영·조완구·엄항섭 등 김구 계열의 인사들은 1932년 4월 29일 윤봉길 의사의 홍구공원 의거 직후 일제의 감시와 검거를 피해 가흥으로 피신하였고, 김구는 미국인 피치 목사의 집에 피신해 있다가 일경의 감시가 더욱 심해지자 절강성 정부의 주석을 지낸 褚輔成의 도움을 받아 嘉興의 秀綸沙廠으로 피신해 있으면서, 蔣介石과 한인청년의 중국 군관학교 입학 등을 협의, 진행하고 있었다. 김구의 가흥시기 피난생활에 대해서는 김구, 『白凡逸志』, 『白凡金九全集』 1, 1999, 519~526쪽에 상세하게 기술되어 있다.
176) 「1932年の在上海朝鮮人の不穩狀況」, 『朝鮮獨立運動』 Ⅱ, 494쪽 ; 「爆彈事件 後에 있어서의 金九一派 其他의 動靜에 關해 1932年 11月 10日字로 在上海總領事가 外務大臣에 報告한 要旨」, 『韓國民族運動史料』(中國篇), 744~745쪽.
177) 「在上海韓國獨立黨大會와 金九의 行動에 關해 1933年 2月 2日字로 在上海總領事가 外務大臣에 報告한 要旨」, 『韓國民族運動史料』(中國篇), 768쪽.

한편 南京과 廣州에 상해 한국독립당의 지당부를 설치하여 당원의 확보와 독립운동 진행방안이 결의되었다.[178]

이상과 같은 상해 한국독립당의 '在滬韓國獨立黨大會'를 통하여 알 수 있는 1933년 1월 당시의 조직기구를 정리해 보면 〈표 6〉과 같다.

〈표 6〉 상해 한국독립당의 조직기구표(1933년 1월 현재)

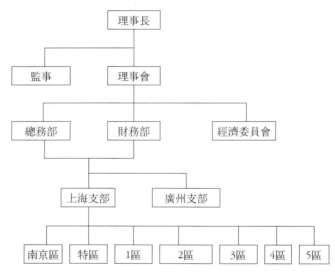

1930년 1월 비밀결사로 창당된 상해 한국독립당은 1930년 10월 이후 외부에 그 실체를 드러내기 시작하였고, 尹奉吉 義士의 虹口公園 義擧 직후 상해 한국독립당의 주요 인사들은 일제의 대대적인 검거와 수색을 피해 杭州 등지로 각각 피신할 수밖에 없었다. 상해 한국독립당의 주도세력은 창당 당시에는 安昌浩 계열과 임시정부의 김구 계열이라는 두 세력의 연합이 주축이었는데, 1933년 1월 '在滬韓國獨立黨大會' 이후 대한교민단의 이유필 계열로 주도 세력이 변화되었다. 이들은 대한교

---

178) 「1933年の在上海朝鮮人の不穩狀況」, 『朝鮮獨立運動』 Ⅱ, 502쪽.

민단을 세력기반으로 하여 상해 한국독립당을 주도하였다고 판단된다. 송병조를 이사장으로 하는 상해 한국독립당의 조직체제는 1934년 1월 항주에 정착할 때까지 별다른 변화가 없었던 것으로 추정된다.

(2) 杭州時期(1934.1~1935.7)

상해 한국독립당은 1933년 1월에 개최한 在滬韓國獨立黨大會에서 중앙간부진에 대한 대대적인 교체를 단행하고 이제까지의 당의 활동과 조직을 점검하고 재정비하였다. 그러나 1933년 3월 9일 당의 총무주임이자 大韓僑民團 政務委員長인 李裕弼이 일제에 피체되고[179] 10월 12일에는 이사 겸 총무부원인 李秀峰이 상해의 프랑스조계 霞飛路에서 일경에게 피체되는 불상사가 있었다.[180] 또한 이사장 宋秉祚와 이사 朴昌世・崔錫淳이 1933년 8월에 발생한 玉觀彬・石鉉九(李珍龍) 등 친일 주구배 처단사건에 연루되어[181] 이들 역시 일경의 감시를 피해 상해를 떠나야 하는 상황이 발생되었다.

김구 또한 1932년 5월의 '항주사건' 이후 임시정부와 상해 한국독립당과의 관계가 소홀해진 상황에서 상해를 떠나 嘉興과 海鹽에 머물면서 한인애국단의 운영과 중국국민당의 지원하에 자신의 무장세력 기반인 洛陽軍官學校 韓人特別班 창설에 주력하고 있었다.[182] 상해 한국독

---

179) 「韓革命領袖李春山在滬盧家灣被四日人綁去」, 『中央日報』(南京), 1933년 3월 11日字, 『資料 韓國獨立運動』 Ⅱ, 57쪽 ; 「韓人獨立運動者 幹部 李裕弼逮捕에 關해 1933년 3월 18日字로 在上海總領事가 外務大臣에 電報한 要旨」, 『韓國民族運動史料』(中國篇), 770쪽.

180) 「韓人獨立運動者 李秀峰의 檢擧에 關해 1933년 11월 15日字로 在上海總領事가 外務大臣에 報告한 要旨」, 『韓國民族運動史料』(中國篇), 787쪽.

181) 「在滬有力韓人 玉觀彬暗殺事件에 關해 1933년 8월 11日字로 在上海總領事가 外務大臣에 報告한 要旨」, 『韓國民族運動史料』(中國篇), 780쪽 ; 「憲兵補 李珍龍暗殺에 關해 1933년 8월 29日字로 在上海總領事가 外務大臣에 報告한 要旨」, 같은 책, 780~782쪽.

182) 김구의 한인군관학교와 항일특무조직의 창설과 운영에 대해서는 韓相禱,

립당의 이사인 金科奉 역시 1933년에 들어와 민족대당 결성을 위한 '韓
國對日戰線統一同盟'의 常務委員으로 南京에 거주하면서 상해 한국독
립당의 업무를 제대로 수행할 수 없었다. 이와 같이 상해 한국독립당의
주요 간부들이 일제의 검거를 피해, 또는 개인의 사정 때문에 중국 각
지에 흩어져 있는 관계로 1933년 말경 상해 한국독립당은 별다른 활동
을 전개할 만한 상황이 아니었다.

상해 한국독립당이 항주에 머물 때, 당본부가 위치해 있던
항주 학사로 사흠방거리

상해 한국독립당은 1934년 1월 말까지 상해에 두고 있던 당 본부를

「金九의 韓人軍官學校(1934~1935) 운영과 그 입교생 – 중국 내 한국독립운
동의 계열화 과정과 관련하여」, 『韓國史硏究』 58, 1987, 83~104쪽 ; 韓相禱,
「金九의 抗日特務組織과 活動(1934~1935) – 中國中央陸軍軍官學校 입교생
모집활동을 중심으로」, 『한국민족운동사연구』 4, 1989, 53~74쪽을 참조.

杭州의 學士路 思鑫坊 41호로 이전하고[183] 새로운 진로와 활동방향을
모색하였다. 1930년 1월 결성과 함께 주 활동무대였던 상해시기가 끝
나고 새로운 杭州時期가 시작된 것이다. 상해 한국독립당이 항주로 이
전하는 데에는 江蘇省 主席인 陳果夫의 후원과 항주에서 변호사로 근
무하고 있던 중국인 李錚, 중국국민당의 항주지부 및 공안국의 지원과
협조가 절대적이었다.[184] 한국독립당은 항주로 이전한 이후 기관지로
『震光』을 발간하는 한편, 1934년 3월 3일에는 康秉學(康秉鶴) 의사의
‘上海神社擲彈義擧’를 계획, 주도하며 새로운 활로를 개척하였다. 또한
1934년 6월까지 조직체제와 간부진에 대한 개편을 단행하여 기존의 상
해와 남경에 설치하였던 지부를 다른 지역으로도 확대, 증설하였다.
　　상해 한국독립당이 항주로 이전한 직후 개편한 조직체제와 간부진의
명단은 〈표 7〉과 같다.

〈표 7〉 항주시기 상해 한국독립당의 조직체제와 간부 명단
(1934년 6월 현재)

理事長 : 宋秉祚
總務長 : 趙素昻
財務長 : 金澈
內務長 : 趙素昻
宣傳長 : 李相一
秘書長 : 金枓奉
特務隊長 : 朴昌世[185]

183) 「大韓臨時政府 韓國獨立黨 所在에 關해 1934年 5月 28日字로 在上海總領事
　　가 外務大臣에 報告한 要旨」, 『韓國民族運動史料』(中國篇), 818쪽.
184) 「杭州에 있어서의 韓國獨立黨에 關해 1934年 11月 29日字로 在杭州領事館
　　事務代理가 外務大臣에 報告한 要旨」, 『韓國民族運動史料』(中國篇), 851쪽.
185) 「在上海韓人獨立運動團體에 關해 1934年 6月 19日字로 在上海總領事가 外
　　務大臣에 報告한 摘錄」, 『韓國民族運動史料』(中國篇), 823~824쪽 ; 「1934年
　　の上海を中心とする朝鮮人の不穩策動狀況」, 『朝鮮獨立運動』 Ⅱ, 512쪽 ; 「杭

1933년 1월의 조직체제와 비교하면, 많은 변화가 있었음을 알 수 있다. 이사장은 송병조로 변함이 없지만, 기존의 실무집행부서가 총무와 재무 이외에 내무·선전·비서 등의 3개 부서가 증설되어 모두 5개 부서로 되었고 여기에 特務隊가 별도로 신설되었다.

개편된 간부진의 특징은 李裕弼과 李秀峰이 피체된 이후 趙素昂·金澈·李相一 등에 의하여 상해 한국독립당이 주도된 것으로 판단된다. 이는 조소앙과 이상일 등이 상해 한국독립당의 기관지 『震光』의 발행을 주도하면서 자연스럽게 주요 세력으로 부상한 것으로 판단된다.

상해 한국독립당은 이상과 같은 상충부의 조직을 갖추고 있었고, 하부조직으로는 여전히 구당부와 지당부가 있었다. 상해 한국독립당은 당 본부를 항주로 이전한 이후인 1934년 6월까지 廣東支部, 北平支部, 南京支部, 上海支部 등 4개 지부를 설치하여 운용하고 있었다. 광동지부의 대표는 金朋濬(金起元)이며, 幹事에는 李景山, 위원으로 楊明鎭(楊宇朝)·李斗山 등 7명이 선임되어 활동하였고, 특히 다른 지부와 달리 기관지로 『韓聲』을 발행하여 선전활동을 하고 있었다. 北平支部의 대표는 曹成煥이었으며, 南京支部의 대표는 李光濟(辛光濟)가 선임되어 활동을 하고 있었다. 이들 지부는 하나같이 委員制로 운영되고 있었다. 이들 상해 한국독립당의 1934년 6월 현재의 지부 현황을 정리하면 〈표 8〉과 같다.

〈표 8〉 상해 한국독립당의 지부현황표(1934년 6월 현재)[186]

지부명	창립년 월일	위치	주요 인물	비고
廣東支部	1932.11	廣州市 東山區 瓦窯後街 41	責任代表: 金朋濬 幹事: 李景山 委員: 楊明鎭·李斗山·金	在廣東韓國國民革命黨前衛總部(1930년 봄에 결성)를 개조

州에 있어서의 韓國獨立黨에 關한 件」, 『韓國獨立運動史』 資料 3(臨政篇), 398~399쪽.

			昌國 · 金雄 · 蔡元凱 · 金從華 · 李一峰	기관지 『韓聲』 발간
北平支部	미상	미상	責任代表: 曹成煥 委員: 朴泰烈 · 李國植 · 孫逸民 · 李光宇	
南京지부	미상	陳果夫(江蘇省主席)의 저택 내 南京城 內道署街 70(?)	責任代表: 李光濟 委員: 李致爕 · 李逸泰 · 李東初 · 林得山 · 朴贊翊 · 李相益 · 康秉學 · 朴孝敬 · 金益星 · 姜昌濟 · 劉一平	
上海支部	미상	미상	미상	

　　그러나 1935년 2월에는 구당부와 지부에 변화가 있었다. 상해 한국독립당은 1935년 2월 항주에서 제7차 全黨代表大會를 개최하였다. 1935년 2월 15일부터 17일까지 3일간 개최된 제7차 전당대표대회의 주요 의제는 韓國對日戰線統一同盟에서 추진하고 있는 '民族革命黨' 결성 대표회의에 상해 한국독립당이 참여할 것인가의 여부를 결정하기 위한 것이었다.

　　제7차 전당대표대회는 먼저 대회를 이끌 주석으로 宋秉祚를 선출하고 이어서 총무주임 趙素昻의 黨務報告, 재무주임 趙琬九의 1934년도 세입세출결산서 및 1935년도 세입세출예산안 보고, 金弘敍의 金水山(金益星) 被逮狀況 報告, 金朋濬의 광동지부 상황보고, 南京의 韓國對日戰線統一同盟 常務委員으로 파견된 金枓奉의 통일동맹 경과보고, 기타 사건보고 등의 순서로 진행되었다. 제7차 전당대표대회에서 의결된

186)「在上海 韓人獨立運動團體에 關해 1934년 6月 19日字로 在上海總領事가 外務大臣에 報告한 摘錄」, 『韓國民族運動史料』(中國篇), 823~824쪽 ;「在南京 韓人獨立運動者의 動靜에 關해 1934년 12月 26日字로 在南京總領代表가 外務大臣에 報告한 要旨」, 같은 책, 853~854쪽 ;「杭州에 있어서의 韓國獨立黨에 關한 件」, 『韓國獨立運動史』 資料 3(臨政篇), 398~399쪽 ;「昭和10年夏以降に於ける中華民國在留不逞鮮人團體の情況」(1935년 12月 5日), 『思想情勢視察報告集』 2(中華民國在留不逞鮮人の動靜), 1976, 51~59쪽 ; 朝鮮總督府 警務局 編, 『最近に於ける朝鮮治安狀況』(昭和8年版), 嚴南堂書店, 1966, 246~247쪽.

주요사항은 이사보선 및 교체, 감사교체, 대표대회 선언문 작성 등이었다. 재무주임 金澈의 사망으로 공석이 된 이사직에 조완구가 보선되었으며 이사직을 사임한 姜昌濟를 대신하여 金思濬이 선임되었다. 그리고 감사에는 崔錫淳과 姜昌濟가 당선되었다. 전당대표대회 선언문 작성은 이사회에 일임하기로 의결하였다. 그리고 끝으로 한국대일전선통일동맹에서 추진하고 있는 민족단일당 결성을 위한 대표회의에 상해 한국독립당이 참여할 것인가를 놓고 격론을 벌인 끝에 불참하는 것으로 결정되었다.[187]

제7차 전당대표회의에 각 구당부 및 지당부의 대표들이 참가하였는데, 그 현황을 보면 〈표 9〉와 같다.

〈표 9〉 상해 한국독립당 제7차 당대표대회 참가 구당부 및 지부현황표
(1935년 2월 15일 현재)

제1구 대표 : 趙琬九, 趙素昻
제2구 대표 : 宋秉祚(宋永錫), 車利錫
제3구 대표 : 金弘敍, 李溟玉
제4구 대표 : 文逸民(文熙錫), 劉振東
特別區 代表 : 朴昌世, 姜昌濟
南京區 代表 : 金枓奉, 辛廣濟(李光濟), 韓豊林
杭州區 代表 : 梁起鐸, 李昌世(李昌基), 金思濬, 朴敬淳
廣東支部 代表 : 金起元(金朋濬), 楊明鎭(楊宇朝), 金昌國, 具益均[188]

먼저 구당부의 변화가 있었음을 알 수 있다. 상해시기에는 특구와 남경구, 제1구에서 5구까지 모두 7개의 구당부로 구성되었으나, 1935년 2월에는 제1구에서 제4구까지와 특별구, 항주구가 신설되고 남경지부

187) 「昭和10年夏以降に於ける中華民國在留不逞鮮人團體の情況」(1935年 12月 5日), 『思想情勢視察報告集』 2(中華民國在留不逞鮮人の動靜), 51~61쪽.
188) 위의 글, 51~52쪽.

가 다시 남경구로 변화되었다. 다만 상해시기의 특구가 특별구인지 정확한 판단이 쉽지 않다. 북평지부가 없어진 반면에 광동지부는 변함이 없다.[189]

상해 한국독립당의 하부조직인 구당부는 매달 15일과 30일 두 차례씩 구회 모임을 개최하여 당의 활동 및 한국 내에서의 일제의 전쟁준비 상황 등에 대해 토론하고, 이외에도 한인들 간의 분쟁해결을 위해서 노력하고 있었다.[190]

이상의 사실들을 종합하면 상해 한국독립당의 조직체제를 〈표 10〉과 같이 정리할 수 있다.

재무부장 金澈이 1934년 6월 29일에 급성폐렴으로 사망한 이후 그 후임으로 조완구가 선임되었고,[191] 1935년 5월 25일에 임시대표대회에서 민족대당인 민족혁명당 참여 여부를 놓고 이사장 송병조가 사의를 표명하는 문제가 발생하기도 하였지만 아마도 1935년 7월 상해 한국독립당이 민족혁명당에 참여하면서 자진 해체될 때까지 이상과 같은 조직체제와 간부진의 명단은 별다른 변화가 없었을 것으로 판단된다. 상해 한국독립당은 1934년 9월 초에는 일제 관헌의 수색을 피해 항주 본부를 일시 江蘇省 松江으로 이전하는 것을 검토하기도 하였다.[192]

189) 1933년 1월의 在滬韓國獨立黨大會에서 남경에 지부를 설치하기로 결정되었는데, 어느 시점에 남경지부가 남경구로 변화되었는지는 알 수 없다.

190)「大韓臨時政府 韓國獨立黨 所在에 關해 1934년 5月 28日字로 在上海總領事가 外務大臣에 報告한 要旨」,『韓國民族運動史料』(中國篇), 819쪽 ;「金澈死亡과 杭州 大韓臨時政府 韓國獨立黨 事務廢止에 關해 1934년 8月 3日字로 在上海總領事가 外務大臣에 報告한 要旨」, 같은 책, 834~836쪽.

191)「金澈死亡과 杭州 大韓臨時政府 韓國獨立黨 事務廢止에 關해 1934년 8月 3日字로 在上海總領事가 外務大臣에 報告한 要旨」,『韓國民族運動史料』(中國篇), 834쪽 ;「昭和10年夏以降に於ける中華民國在留不逞鮮人團體の情況」(1935년 12月 5日),『思想情勢視察報告集』2(中華民國在留不逞鮮人の動靜), 1976, 52쪽.

192)「在杭州韓國臨時政府 假事務所 其他의 近況에 관해 1934년 8月 31日字로 在杭州 領事館 事務代理가 外務大臣에 報告한 要旨」,『韓國民族運動史料』

〈표 10〉 상해 한국독립당의 조직체제(1935년 2월 말 현재)

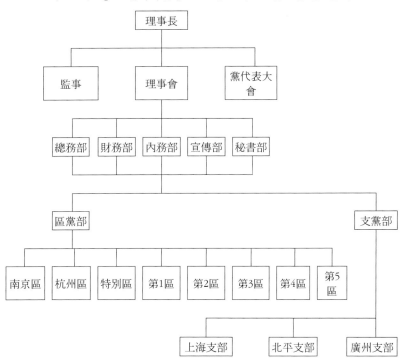

상해 한국독립당은 上海韓人靑年黨, 上海韓人愛國婦人會, 上海韓人
女子靑年同盟, 上海韓人少年同盟 등의 외곽단체를 청년운동, 부인운동,
소년운동 등 독립운동 각 부분에서 대표적인 통합단체로 육성하여 임
시정부와 상해 한국독립당을 적극적으로 지지·옹호하게 하는 한편 당
원의 모집과 당의 역량확보라는 차원에서 이들 외곽단체를 운영하였
다.[193]

(中國篇), 840~841쪽 ;「杭州에 있어서의 韓國獨立黨에 관해 1934年 11月 29日
字로 在杭州 領事館 事務代理가 外務大臣에 報告한 要旨」, 같은 책, 851~
852쪽.

상해 한국독립당은 1930년 1월 25일에 상해에서 임시정부를 지지·
옹호하는 민족주의세력을 중심으로 하여 결성되었다. 민족유일당 결성
을 위해 좌우연합의 각지 촉성회와 촉성회연합회가 조직되었으나 좌익
진영의 거의 일방적인 연합회 탈퇴와 뒤이은 좌익진영만의 留滬韓國獨
立運動者同盟을 結成하게 되자, 임시정부를 중심으로 하는 민족주의진
영은 임시정부의 지지와 옹호를 위한 기초정당으로 상해 한국독립당을
결성한 것이다.

상해 한국독립당의 결성에 참여한 28명 중 친일파로 변절한 옥관빈
을 제외한 나머지 27명은 대개가 임시정부와 임시의정원에 관여하였거
나 관여하고 있는 인물이었다. 1931년 4월 임시정부 국무위원의 명의
로 발표한 「大韓民國臨時政府 宣言」의 내용에서 살펴본 바와 같이 임
시정부와 상해 한국독립당의 인적 기반이나 주의, 정책 등을 보면, 임
시정부와 상해 한국독립당은 말 그대로 표리일체의 관계이자 기초정당
으로서 역할하고 있었음을 알 수 있다.

결성 이후 상해 한국독립당은 일정기간 비밀결사로서 외부에 실체를
드러내지 않았으며, 조직체제는 중국국민당과 중국공산당의 장점을 절
충한 民主的 中央集權制인 이사장제를 채택하여 운영하고 있었다. 상
부 조직으로는 당원 전체가 모여서 당의 활동방안 등을 논의하고 결정
하는 黨代表大會, 당의 실무를 결정하는 이사들의 모임인 理事會, 당의
실무를 집행하는 總務部·財務部·宣傳部·內務部·秘書部 등의 실무
집행부서 등이 있었고, 下部組織으로는 區黨部와 支黨部로 구성되어
있었다.

상해 한국독립당은 결성 이후 윤봉길 의사의 홍구공원 의거 직후 일
제의 한인독립운동자들에 대한 검거와 수색을 피해 본부를 상해에서
항주로 이전하였으며, 기관지 『震光』의 발간과 각종 선언문 등을 발표

---

193) 趙凡來, 「上海 韓國獨立黨의 組織變遷과 活動에 대하여」, 『한국독립운동사
연구』 3, 398~401쪽.

하며 활발한 선전활동을 전개하였다. 또한 康秉學 의사의 上海神社擲
彈義擧를 주도하는 등의 특무활동도 전개하였다.

　상해 한국독립당은 1932년 또다시 관내지역에서 전개된 민족유일당
결성운동인 한국대일전선통일동맹의 주도세력으로 참여하였고, 1935
년 7월 민족혁명당에 참여하면서 자진해체되었다. 그러나 상해 한국독
립당은 민족혁명당 참여를 놓고 조소앙·박창세 등의 참여세력과 김
구·이동녕·조완구 등의 불참세력으로 양분되었다. 참여세력은 민족
혁명당에 참여하였다가 얼마 뒤 민족혁명당과의 이념과 노선 등의 차
이로 탈당하여 한국독립당을 재건하였고(再建 韓國獨立黨), 불참세력
은 김구를 중심으로 韓國國民黨을 결성하게 되었다.

II. 韓國獨立黨의 變遷

1. 上海 韓國獨立黨의 解體

1) '韓國對日戰線統一同盟'의 結成

1920년대 중반에 전개된 중국 관내에서의 民族唯一黨運動이 결렬되는 과정에서 상해 한국독립당이 결성되어 꾸준한 활동을 전개하였지만, 임시정부를 비롯한 독립운동진영은 전반적으로 침체되어 있었다. 더구나 1931년 일제의 만주사변 도발과 뒤이은 만주침략, 상해사변 등으로 독립운동진영은 안팎으로 어려움에 처해 있었다. 독립운동진영의 곤경을 일거에 타파한 쾌거가 바로 1932년 김구가 주도한 한인애국단의 이봉창·윤봉길 양 의사의 의거였다.

이후 독립운동진영은 임시정부를 중심으로 새로운 활기를 띄게 되었고 좀 더 조직적이고 효율적인 독립운동의 전개를 위한 방안을 또다시 모색하게 되었다. 이런 움직임은 金奎植이 1932년 10월 초 상해의 華街 金家坊路 112호에서 상해 한국독립당의 이사인 李裕弼을 만나 독립운동세력의 통일문제와 이를 통한 한·중 연합에 대해 논의하면서 진전되었다. 김규식은 '한국의 獨立完成과 중국의 失地回復을 위해 각지에

있는 韓僑會를 연합하여 상해에 韓僑聯合會를 조직하고 중국 측 華僑
聯合會와 연합하여 중한연합회를 조직하자'고 하여 在中韓人의 단결과
한중연합을 도모하자는 의견을 개진한 것이다. 이에 대하여 李裕弼은
'한교연합회를 새로이 조직하는 것보다는 각지에 있는 期成團體를 통
일하여 中韓聯合會를 도모하자'는 견해를 피력하여 한·중 합작에는
의견의 일치를 보았지만, 그 방법상에 약간의 견해차이가 있었다. 그러
나 김규식과 이유필의 협의는 이유필의 의견으로 일치를 보게 되었고
이후 한인단체 간의 통일기구 결성이 추진되었다.[1]

　김규식의 활동은 만주와 중국 관내지역 독립운동세력의 연대하에 추
진된 것이었다. 1930년대 초 만주지역 한인독립운동진영은 朝鮮革命黨
의 결성으로 조직화되었고, 상해에서도 한국독립당이 결성됨에 따라
재중 한인독립세력의 協同戰線運動의 구심점이 확보될 수 있었다. 이
를 배경으로 만주의 조선혁명당은 崔東旿를 관내지역으로 파견하여 韓
中聯合을 시도하였고 그 선행단계로 한인독립운동세력의 통일 필요성
이 제기되었기 때문에 이를 시도하였다는 것이 김규식의 설명이었다.[2]

　김규식은 한·중 연합에 관한 견해를 조선혁명당의 최동오와 의열단
의 韓一來에게 제시하여 협조를 구하였다. 그 결과 1932년 10월 12일에
상해 한국독립당 代表 李裕弼·宋秉祚·金枓奉, 조선혁명당[3] 대표 崔

---

1) 「韓國對日戰線統一同盟에 關해 1933年 6月 12日字로 在上海總領事가 外務大
　臣에 報告한 要旨」, 『韓國民族運動史料』(中國篇), 774~776쪽.
2) 韓相禱, 『韓國獨立運動과 中國軍官學校』, 문학과지성사, 1994, 229~230쪽.
3) 朝鮮革命黨의 결성과 활동 등에 대해서는 秋憲樹, 「조선혁명당과 한국독립
　당의 활동」, 『한민족독립운동사』 4, 국사편찬위원회, 1988 ; 趙凡來, 「國民府
　의 結成과 活動」, 『한국독립운동사연구』 2, 1988 ; 慶倫昊, 「朝鮮革命黨의 性
　格研究」, 『釜大史學』 19, 1995 ; 張世胤, 「在滿 朝鮮革命黨의 民族解放運動
　研究」, 성균관대학교 대학원 박사학위논문, 1996 ; 장세윤, 「在滿 조선혁명
　당의 성립과 주요구성원의 성격」, 『한국독립운동사연구』 10, 1996 ; 黃敏湖,
　「1930년대 재만 국민부 계열의 활동에 관한 연구」, 『김문경교수 정년퇴임기
　념 동아시아사연구논총』, 1996 등을 참조.

東昨, 韓國革命黨[4] 대표 尹琦燮·申翼熙, 義烈團 대표 韓一來·朴建雄, 韓國光復同志會 대표 金奎植 등 9명이 上海城內의 民國路 小東門 東方旅舍에서 모임을 갖고 '各團體聯合籌備委員會'를 결성하게 되었다.[5] 籌備委員으로 김규식·김두봉·박건웅·신익희·최동오 등 각 단체에서 1명씩 5명을 선임하여 각 단체 간의 聯合性格과 代表 人員數, 代表資格에 관한 제반 規定의 제정 권한을 일임하였다.[6] 5명의 주비위원은 10월 23일 다시 모임을 갖고 1) 각 단체연합회의 모임 명칭을 '韓國對日戰線統一同盟'으로 할 것, 2) 각 단체연합회의 성격은 협의기관으로 할 것, 3) 각 단체의 대표인원은 모두 9명으로 하고 그 자격은 각 소속단체의 全權委任狀 내지는 全權信任狀을 교환할 것 등 3개항을 결의하여 이를 각 단체대표대회에 제출하기로 합의하였다.[7] 이어서 25일에는 앞서의 각 5개 단체 대표 9명이 모임을 갖고 한국대일전선통일동맹 결성 취지에 찬성한다는 의사를 보고하는 '韓國對日戰線統一同盟成立代表大會'가 개최되었다. 이날의 모임에서는 각 단체연합회의 명칭을 '韓國對日戰線統一同盟'으로 결정하고 본 동맹의 규약과 대회선언 작성을 위한 규약위원 기초위원 각각 3인과 2인을 선정하고 차기 대회에 규약과 대회선언을 제출하도록 의결하였다.[8] 10월 27일 개최된 제3차 회의에서는

---

4) 韓國革命黨은 申翼熙 등이 중국의 각 기관에 복무하고 있던 김홍일·최용덕 등의 인사들과 한국독립당에 불만을 가지고 탈당한 윤기섭 등의 세력을 결집하여 1932년 1월에 결성한 독립운동정당이었다(韓詩俊, 「'獨立運動 政黨'과 海公 申翼熙」, 『于松趙東杰先生停年紀念論叢』 Ⅱ, 나남출판사, 1997, 799~800쪽).

5) 高等法院 檢事局 思想部, 「上海及南京方面に於ける朝鮮人の思想狀況」(1936.6), 『思想彙報』 第7號, 40쪽 ; 「韓國對日戰線統一同盟 第2次 代表大會에 關해 1934年 5月 16日字로 在上海總領事가 外務大臣에 報告한 要旨」, 『韓國民族運動史料』(中國篇), 807쪽.

6) 「韓國對日戰線統一同盟 第2次 代表大會에 關해 1934年 5月 16日字로 在上海總領事가 外務大臣에 報告한 要旨」, 『韓國民族運動史料』(中國篇), 807쪽 ; 「1934年の上海を中心とする朝鮮人の不穩策動狀況」, 『朝鮮獨立運動』 Ⅱ, 513쪽.

7) 위와 같음.

규약위원 3인과 대회선언기초위원 2인이 제출한 규약과 대회 선언문을
통과시키고 본 동맹의 사무를 집행할 9명의 집행위원이 선임되었다.[9]

한국대일전선통일동맹의 결성을 협의한 상해 民國路 東方旅舍
건물의 현재 모습

이러한 절차를 거쳐 1932년 11월 10일 규약과 선언문을 대내외에 발

8) 1932년 10월 25일에 개최된 한국대일전선통일동맹 성립 대표대회에 참가한
각 단체와 그 대표의 명단은 다음과 같다.
한국독립당 : 이유필 · 김두봉, 조선혁명당 : 최동오 · 柳東說, 한국혁명당 :
윤기섭 · 신익희, 의열단 : 박건웅 · 한일래, 한국광복동지회 : 김규식(「韓國對
日戰線統一同盟 第2次 代表大會에 關해 1934年 5月 16日字로 在上海總領事
가 外務大臣에 報告한 要旨」, 『韓國民族運動史料』(中國篇), 807쪽).
9) 「韓國對日戰線統一同盟 第2次 代表大會에 關해 1934年 5月 16日字로 在上海
總領事가 外務大臣에 報告한 要旨」, 『韓國民族運動史料』(中國篇), 807쪽.
제3차 회의에 참석한 단체와 그 대표는 다음과 같다.
한국독립당 : 이유필 · 차리석, 조선혁명당 : 최동오 · 柳東說, 한국혁명당 : 윤
기섭 · 성준영, 의열단 : 김원봉 외 1인, 한국광복동지회 : 김규식(「1932年の
在上海朝鮮人の不穩狀況」, 『朝鮮獨立運動』 Ⅱ, 485쪽).

표함으로써 마침내 '한국대일전선통일동맹'(이하 통일동맹으로 약칭함)
이 정식으로 발족되었다. 통일동맹은 단체 중심의 연합형태를 표방하
면서 내적으로는 주도 인물들 간의 연대의식을 기초로 유지되는 협의
기관의 성격을 갖고 있는 단체로 결성된 것이다.[10]

　통일동맹은 창립 선언서에서 결성 목적과 성격을 다음과 같이 밝히
고 있다.

　　　오등은 종래의 일체 장해를 타파하고 분연 궐기하여 對日戰線統一
　　同盟을 조직하여 일체의 반일혁명세력을 집중하고 그 활동의 통일에
　　관한 모든 임무를 실현하기 위하여 충실히 奮鬪할 것을 이에 서약한다.
　　　본 동맹은 中領諸革命集團의 총집합체로서 그 결합의 중심은 종교
　　적·지방적 또는 개인적 중심에 의한 것이 아니라 한국독립의 공동
　　목표를 把持하려는 것이다. 그 성질은 당면의 이해관계에 의한 일시
　　적 타협이 아니라 혁명의 전 이익을 위하는데 있으며, 그 범위는 中領
　　에 국한하는 것이 아니라 국내 및 米·布·露領까지 總括하는 것이다.
　　그리고 유력한 우군 등과 각종의 상태에서 필요한 연결을 취하고 또
　　특히 충실한 민중의 기초와 함께 직접 군사적 행동을 전개하려는 것
　　이다.[11]

　통일동맹은 국내외에 산재한 독립운동세력을 통일하여 보다 강력한
독립운동을 추진하고 독립운동진영의 통일에 관한 모든 임무를 실천하
기 위하여 결성되었다는 것이다. 또한 각 독립운동단체의 당면한 이해
관계에 따른 일시적이거나 종교적·지방적·개인적인 파벌에 의한 통
합이 아니라 전체 독립운동진영의 이익을 추구하는 反日革命勢力의 總
集合體라고 그 성격을 규정하고 있다. 통일동맹의 범위는 중국 관내에

10) 韓相禱, 「韓國對日戰線統一同盟과 民族協同戰線運動」, 『尹炳奭敎授華甲紀
　　念韓國近代史論叢』, 지식산업사, 1990, 921쪽.
11) 朝鮮總督府警務局保安課 編, 「滿洲事變を契機とする國外民族運動の戰線統
　　一問題」, 『高等警察報』 제5호, 발행년도 미상, 78쪽.

국한되는 것이 아니라 미주와 멕시코, 연해주의 모든 독립운동단체까지를 포함하는 것이며, 유력한 우군과의 연합을 시도하고 국내외의 한인독립운동 기초세력인 민중과 함께 군사적 행동, 즉 獨立戰爭을 통한 우리의 독립 쟁취를 강조한 것이다.

선언문에서 밝힌 독립운동노선의 구체적인 실현을 위하여 통일동맹은 다음과 같은 강령을 채택하였다.

> 1) 우리들은 혁명의 방법으로 한국의 독립을 완성하려고 한다.
> 2) 우리들은 혁명역량의 집중과 지도의 통일로써 對日戰線의 擴大强化를 기한다.
> 3) 우리들은 필요한 友軍(親友의 軍士)과 연결을 기한다.[12]

통일동맹은 일제와의 독립전쟁을 통한 독립의 쟁취를 달성하기 위한 구체적인 방법으로 중국 및 미주 등 해외 각지에 산재해 있는 혁명역량을 총집중하여 對日戰線을 확대 강화하고 우군과의 연합을 달성할 것임을 제시한 것이다.

통일동맹은 미주의 독립운동단체까지도 포함하고자 하였다. 해외 각지에 산재해 있는 혁명역량을 총집중하여 대일전선을 확대 강화하기 위한 목적이었다. 1932년 12월 6일에 김규식이 대표로 참여하였던 한국광복동지회가 해체를 선언하였고, 다음 해 4월 12일에는 재미 대한독립당이 참여하였으며 5월 1일에는 대한인국민회총회가 임시 가맹하였다. 6월에는 재뉴욕 대한인교민단이, 7월 22일에는 하와이 대한인국민회가, 10월 30일에는 하와이의 대한인동지회가 합류하였고, 1934년 1월 16일에는 재미대한인국민회 총회가 정식으로 통일동맹에 합류하게 되었다.[13] 이

---

12) 「韓國對日戰線統一同盟에 關해 1933年 6月 12日字로 在上海總領事가 外務大臣에 報告한 要旨」, 『韓國民族運動史料』(中國篇), 775쪽.

13) 韓相禱, 「韓國對日戰線統一同盟과 民族協同戰線運動」, 『尹炳奭敎授華甲紀念韓國近代史論叢』, 921쪽.

들 미주의 한인독립운동단체는 실제로 회의에 참석하기보다는 정기적
인 회비납부를 통해 재정적인 지원을 담당하였을 것이다.

통일동맹은 항일투쟁 역량의 강화와 독립쟁취라는 공동의 목표를 위
해 결성되었다. 정치적 경향을 달리하는 좌파적 성향의 투쟁노선을 표
방하고 있던 의열단과 상해 한국독립당으로 대표되는 우익진영이 左右
合作의 형태로 출범한 것이다. 통일동맹은 일제가 만주침략을 감행하
고 괴뢰만주국을 건설하여 남북만주의 항일무장독립운동단체들을 압
박하는 상황에서 각 독립운동단체들이 대일투쟁 역량의 강화와 극대화
라는 필요성을 공감하였기 때문에 단기간 내에 원만하게 결성이 추진
되어 그 결과를 낳게 된 것이다.

2) 上海 韓國獨立黨의 解體

창립 초의 통일동맹은 소속 각 단체 간의 연락기관으로서의 기능을
가지고 있었을 뿐이다. 구체적이고 실질적인 행동을 취할 수 있는 조직
체가 아니었다. 이 문제를 해결하기 위한 제2차 대표대회가 1934년 3월
1일 南京에서 개최되었다. 최동오·송병조·김두봉·윤기섭·윤세주·
김규식 등 통일동맹의 中央執行常務委員은[14] 각 혁명단체들의 혁명역
량을 극대화하고 대일전선을 통일·확대 강화하기 위해 실질적인 행동
을 추진할 수 있는 單一政黨의 必要性을 인식하였기 때문이다.

그러나 제2차 대표대회에 참석한 상해 한국독립당·조선혁명당·新
韓獨立黨[15]·의열단 등 각 단체의 대표 12명은 대동단결체, 즉 단일정

---

14) 朝鮮總督府警務局保安課 編, 「滿洲事變を契機とする國外民族運動の戰線統
   一問題」, 『高等警察報』 제5호, 79쪽.
15) 신한독립당은 신익희가 중심이 된 한국혁명당이 만주의 한국독립당과 합당
   하여 1934년 3월에 남경에서 결성한 정당이다. 신한독립당의 결성과정에 대
   해서는 韓詩俊, 「獨立運動 政黨과 海公 申翼熙」, 『于松趙東杰先生停年紀念
   論叢』 Ⅱ, 나남출판사, 1997, 801~804쪽 참조.

당의 조직에 관한 별다른 합의점을 도출해내지 못하였다.[16] 단일정당인 '大同團結體造成方針案'을 놓고 각 단체 사이에 절충점을 찾지 못하고 의견 대립이 있었기 때문이다. 6명의 중앙집행상무위원은 '대동단결체조성방침안'에서 대동단결체인 唯一黨을 조성하기 위한 3개항을 건의하였다. 하지만 이에 대한 각 단체 대표 간에 절충점을 찾지 못한 것이다. 3개항이란 첫째, 통일동맹에 참가한 각 단체에서 인원을 선발하여 직접적인 독립운동을 전개할 것, 둘째 통일동맹에 참가한 각 獨立運動團體를 해소할 것, 셋째 임시정부를 廢止할 것 등이었다.[17] 각 단체의 대표들은 먼저 각자의 소속단체에서 3개항에 대한 의견을 종합하고, 그 다음에 통일동맹의 간부회의를 재차 소집하여 토의하기로 결의하고 해산한 것이다.

이후에 통일동맹의 최동오 등 중앙집행상무위원은 連名으로 대동단결체의 조직방안에 대한 각 단체의 의견을 수렴하기 위하여 상해 한국독립당 등 소속단체에 1934년 4월 22일자 공문을 발송하였다. 대동단결체 결성을 위한 7개항의 提議內容과 함께 이에 대한 의견을 같은 해 9월 1일까지 제출해 줄 것을 요청하는 내용이었다.[18] 그러나 소속 단체

---

16) 통일동맹의 제2차 대표대회에 참석한 각 단체와 그 대표의 명단은 다음과 같다.
　　한국독립당 : 김철·김두봉·송병조, 조선혁명당 : 최동오, 신한독립당 : 윤기섭·홍진·신익희, 의열단 : 김무 외 2인. 이밖에도 2개 단체와 대표 2인이 참석하였으나 명단을 확인할 방법이 없다(高等法院 檢事局 思想部,「上海及南京方面に於ける朝鮮人の思想狀況」(1936.6),『思想彙報』第7號, 40~41쪽).
17)「1934年の上海を中心とする朝鮮人の不穩策動狀況」,『朝鮮獨立運動』Ⅱ, 514쪽.
18) 朝鮮總督府警務局保安課 編,「滿洲事變を契機とする國外民族運動の戰線統一問題」,『高等警察報』제5호, 79~80쪽.
　　中央執行常務委員 6명의 명의로 제의한 7개항의 내용은 다음과 같다.
　　1) 期月은 내년(1935년 - 필자 주) 3월 1일 이내로 한다. 2) 장소는 同盟執行委員會에 일임하여 결정한다. 3) 대표 인수는 각 단체에서 3인 이내로 한다. 4) 대표의 權限은 '가장 완전한 대동단결체를 조직한다'는 데에 관한 방안을 토의·결정하는 全權으로 한다. 5) 본 제의에 동의하는 단체가 반드시 제출

의 회신은 기한 내에 제출되지 않았다. 통일동맹에서 독촉장을 발송하였다는 일제 측의 정보 보고문서가 이를 뒷받침한다.[19] 통일동맹에서 발송한 7개항에 대한 각 단체의 의견을 조속한 시일 내에 회신해 줄 것을 요청하는 독촉장과 함께 1935년 2월 20일에 南京에서 제3차 대표대회를 개최한다는 통지문을 9월 2일자로 함께 발송하였다는 것이다.

이와 같이 독립운동진영에서 재차 연합전선 결성 분위기가 고조되자 임시정부에서도 1934년 4월 2일자로[20] 「國內外 各團體及 民衆全體에 告함」이라는 포고문을 국무위원 명의로 발표하였다. 임시정부의 대동단결체에 대한 입장을 제시하고 아울러 大同團結體의 결성을 위해 노력할 것을 요구하는 내용이었다.

> 첫재로 우리 운동을 살리기 위하야 둘재로 臨時約憲의 규정된 원칙을 수행키 위하야 셋재로 각계의 진정한 합동요구에 順應 助長키 위하야 本 政府는 대동단결체를 목표삼아 노력하고져 하노라.[21]

임시정부는 이 포고문을 통하여 '獨立運動의 새로운 진척'과 1927년 4월 개정된 '臨時約憲의 규정을 실천'하고 또 '독립운동진영의 진정한 협동요구에 순응 조장하기 위하여' 통일동맹에서 요구한 대동단결체의 결성을 위하여 노력할 것임을 밝힌 것이다.

> 해야 할 의견은 ① 가장 완전한 大同團結體를 조성하는 데에 관한 방안 ② 該代表會가 결정하는 방안에 의해서 성립될 단체의 主義 · 綱領 · 政策 등에 관한 草案. 6) 경비는 ① 대표의 왕복 여비 및 숙박비는 각자 단체의 부담으로 한다. ② 회비는 本盟에서 籌辨한다. 7) 제의를 우송한 단체는 본맹에서 査定한다.

19) 高等法院 檢事局 思想部, 「上海及南京方面に於ける朝鮮人の思想狀況」(1936. 6), 『思想彙報』 第7號, 42쪽.
20) 「大韓臨時政府의 近況에 關해 1934년 5월 7日字로 在上海總領事가 外務大臣에 報告한 要旨」, 『韓國民族運動史料』(中國篇), 814쪽.
21) 「大韓民國臨時政府公報」 제57호(1934.4.15), 국사편찬위원회 편, 『대한민국임시정부 자료집』 1(헌법 · 공보), 2005, 182쪽.

이어서 임시정부는 새롭게 조직될 대동단결체가 지녀야 할 4가지 조건을 제시하였다.

> 신조직의 집단은 최저한 정도로 四種의 요소를 가져야 할 것이다. (一) 임시의정원의 직권을 대행하기에 충족한 權威와 力量이 잇을 것 (二) 민족독립의 모든 운동선에 걸닌 대소단체와 武裝部隊와 지방역량을 集中 統制할만한 중심세력이 확립할 것 (三) 그 조직 기능이 진보적 의의로서 체계화 이론화 민중화되야 自來의 모든 癥結과 病根과 陋習을 脫穀한 신선한 내용을 가지고 적에 對壘할 整個的 戰鬪力을 가진 기구가 될 것 (四) 민족적 주권을 국토에 확립하는 즉각에 민주적 기초에 세운 경제 교육 급 정치의 균등화로써 新國家를 건설할만한 모든 계획에 공동한 인식을 가진 정개적 黨으로서의 실력을 집중할 것
> 이러한 要素를 具備한 新集團의 組織을 通하야 비로소 우리 運動의 復興을 期待할지니 이는 本 政府의 立場에서 發生되는 一種 臨時政策이 아니요 一部分의 獨特한 要求도 아니오 오직 一般大衆 自體들이 過去 實驗에서 覺悟한 革命意識의 發動이며 또한 各界 指導份子의 純粹한 民族的 意識이 具體化되야 그여이 解決하자는 一種 宿題이엇다.[22]

임시정부가 제시한 최소한의 4가지 조건은 三均主義에 기초한 民主・民族政黨으로서 전체 독립운동진영을 통제할 수 있어야 하며, 임시의정원의 역할과 권한을 대행하기에 손색이 없는 조직체여야 한다는 것으로 요약할 수 있다. 이것은 곧 통일동맹에서 주장하고 있는 임시정부 폐지 주장에 대한 반대 입장을 표명한 것이다. 통일동맹에서 추진하는 대동단결체는 임시정부는 물론이고 임시의정원, 즉 의회의 역할과 권한까지 대행할 수 있는 기구이어야 한다는 것이 임시정부가 제시한

---

22) 「大韓民國臨時政府公報」 제57호(1934.4.15), 『대한민국임시정부 자료집』 1 (헌법・공보), 182~183쪽.

최소한의 조건인 것이다. 임시정부에서 이런 내용의 포고문을 발표한 목적은 새롭게 조직할 민족대당의 주도권을 장악하여 임시정부와 상해 한국독립당의 기능과 역할을 계속 유지, 발전시키려는 것이었다고 판단된다.

통일동맹의 한축을 담당하고 있는 상해 한국독립당 역시 1932년 4월에 개최된 제5차 대표대회를 마치고 발표한 「제5차 대표대회 선언」에서 이미 대동단결체의 결성을 제기한 바가 있다.[23] 組織方面에 노력하여 대집단을 단기일 내에 조직할 것을 결의하여 민족연합전선에 따른 대동단결체의 결성을 제기하였던 것이다. 기관지『震光』을 통하여서도 대동단결체의 결성을 촉구하였다. 趙素昻은『진광』제4호에「大黨組織問題」라는 글을 게재하여 이제까지 대당이 결성되지 못할 원인을 지적하고, 대당을 조직하기 위한 방법까지 제시하였다. 조소앙은 대당을 조직하지 못한 요인으로 1) 일정공동한 주의·정책이 없었고, 2) 중심인물이 없었으며, 3) 조직동기와 목적이 불순하였기 때문이라고 지적한 것이다. 그 해결책으로서 1) 각각 자신이 참여하고 있는 단체에 충실하면서, 2) 연합운동에 노력할 것, 3) 개인단위로의 연결에 노력할 것 등을 제시하였다.[24] 한국독립당은 이제까지 분산되어 있는 독립운동단체의 역량을 집중한 단일조직하에서 독립운동을 강력하게 추진할 수 있는 대당의 결성을 촉구한 것이다.

이상의 자료를 종합해 보면 1934년 5월 무렵까지는 상해 한국독립당 역시 대동단결체라는 민족대당의 결성을 주장하였고, 또 그 결성에 적극 찬동하였음을 알 수 있다. 상해 한국독립당의 대동단결체에 대한 입장은 통일동맹이 제2차 대회에서 '각 독립운동단체의 해소와 임시정부

---

23) 趙凡來,「上海 韓國獨立黨의 組織變遷과 活動에 대하여」,『한국독립운동사연구』3, 1989, 391쪽.

24) 趙素昻,「大黨組織問題」,『震光·朝鮮民族戰線·朝鮮義勇隊(通訊)』(『韓國獨立運動史資料叢書』제2집), 독립기념관, 1988, 100~102쪽.

폐지 방침'을 결의한 이후 바뀌었다. 그 변화의 조짐은 제7차 대표대회
에서 구체화되었다.

　상해 한국독립당은 통일동맹에서 제시한 7개항의 내용, 즉 대동단결
체 조직방안을 협의하기 위한 제7차 대표대회를 1935년 2월 15일에 항
주에서 개최하였다. 통일동맹의 대동단결제의서에 대하여 논의한 결
과, 상해 한국독립당의 의견은 양분되었다.

> 1) 대동단결체를 곧 대당으로 인정하고 이 대당이 성립될 때에는
>   임시의정원과 임시정부를 同所로 이전하고 그곳에서 그 존폐를
>   임의로 결정하자.
> 2) 대당은 本黨(한국독립당－필자 주)의 기정방식에 따라서 조직함
>   이 마땅함으로 이제 數個團體의 연합에 의해서 조성될 정당은
>   결코 대당이라 볼 수 없고 동시에 그곳으로 임시의정원과 임시
>   정부를 무조건 이전할 수 없다. 어느 것으로도 本黨은 먼저 임시
>   정부를 지지할 결의를 하고 장래에 성립할 대동단결체에서도 임
>   시정부를 공동 지지하게 해야 한다.[25]

　통일동맹에서 주장하는 대동단결체를 대당으로 인정할 것인지의 여
부와 아울러 임시정부와 임시의정원의 존폐문제에 대해서도 의견이 양
분된 것이다. 5당통일이라는 대당결성 참여를 찬성하는 인사는 金枓
奉 · 趙素昂 · 崔錫淳 · 朴昌世 · 李光濟 · 姜昌濟 · 劉振東 · 具益均 등이고,
반대하는 인사는 金九 · 李東寧 · 李始榮 · 宋秉祚 · 嚴恒燮 · 安恭根 · 金
朋濬 · 趙琬九 · 車利錫 · 安敬根 · 楊宇朝 등이었다.[26] 이들 신당참가 반
대인사들이 중립적인 입장을 고수하고 있던 梁起鐸 · 金思濂 · 朴敬淳 ·

25) 「昭和10年夏以降に於ける中華民國在留不逞鮮人團體の情況」(1935年 12月 5日),
　　『思想情勢視察報告集』 2(中華民國在留不逞鮮人の動靜), 63쪽.
26) 金學奎, 「白波 自敍傳」, 『한국독립운동사연구』 2, 1988, 595쪽 ; 「昭和10年夏
　　以降に於ける中華民國在留不逞鮮人團體の情況」(1935年 12月 5日), 『思想情
　　勢視察報告集』 2(中華民國在留不逞鮮人の動靜), 32쪽.

李世昌・文逸民・金弘敍 등에게 신당 참가에 반대하도록 권유하고 협
조를 요청하였다. 그 결과 통일동맹의 제3차 대표대회 및 신당참가 모
임에 대표를 파견하지 않는 것으로 결의되었다. 이에 따라 통일동맹의
임시정부 폐지와 소속 독립운동단체 해소 주장에 반대 입장을 분명히
밝히고 불참을 선언한 것이다.[27] 7차 대표대회를 폐회하고 발표한 '제7
차 대표대회 선언'에서 상해 한국독립당이 밝힌 신당 참가 반대 이유는
다음과 같다.

> 운동선상 각개의 矛盾과 缺點과 執着은 변함이 없이 의연히 존재
> 할 뿐만 아니라 加一層 강화되어 전환될 여지가 보이지 않게 되니 일
> 시의 苟合으로서 前轍을 再踏하여 뜻 아닌 규분과 효란을 야기하느니
> 보다는 차라리 시간을 인하여 성숙을 대하는 것이 우리 운동선상의
> 이라고 보는 견해로서 지극천만한 유감이나 그 회의에 참가를 중지하
> 는 소이이다.[28]

독립운동계에는 모순과 결점과 집착 등이 존재하는 관계로 대당결정
체의 결성은 時機尙早이며 자칫 과거의 전철을 밟을 수도 있다. 대당결
성의 분위기가 성숙될 때까지 좀 더 기다리는 것이 독립운동을 전개하
는 데에 현명한 방법이라고 판단하기 때문에 상해 한국독립당은 통일동맹
3차 대표대회에 대표를 파견하지 않고 불참한다는 것이다.

그러나 이 이유는 표면적인 것이었다. 민족대당으로서의 대동단결체
가 결성되고 난 이후에 그 신당의 주도권이 의열단이나 新韓獨立黨으
로 빼앗길 것을 염려하였던 것으로도 볼 수 있다. 통일동맹에서 신당결
성에 가장 적극적인 단체는 바로 의열단과 신한독립당이었다.[29] 또한

---

27) 「昭和10年夏以降に於ける中華民國在留不逞鮮人團體の情況」(1935年 12月 5日),
  『思想情勢視察報告集』 2(中華民國在留不逞鮮人の動靜), 32쪽.
28) 「第7次 代表大會 宣言」, 國史編纂委員會 編, 『韓國獨立運動史』 資料 3(臨政
  篇), 400쪽.

임시정부 내에서 차지하고 있는 상해 한국독립당의 위치와 역할 상실
에 대한 우려, 상해 한국독립당의 실질적인 기반인 상해지역과 미주 각
지역의 후원단체로부터의 재정지원 상실 등에 대한 우려도 배제할 수
없었던 것이다.[30]

　상해 한국독립당은 제7차 대표대회 결의에 따라 통일동맹의 제3차
대표대회에 대표 파견 및 참가를 거부하였다. 통일동맹에서는 1935년
2월로 예정되었던 各革命團體代表大會 소집일자를 6월 20일로 4개월여
를 늦추면서까지 상해 한국독립당의 대표 파견과 참가를 권유하였
다.[31] 상해 한국독립당 당원으로 통일동맹의 중앙상무집행위원인 金枓
奉에게 상해 한국독립당의 참여를 꾸준하게 종용한 것이다. 이는 상해
한국독립당이 관내 한인독립운동단체에서 차지하고 있던 위치와 비중
이 무시할 수 없었기 때문이다. 사실상 임시정부의 핵심기초정당이라
는 점에서 상해 한국독립당이 불참한 상태에서의 대동단결체인 신당결
성이란 신당결성의 본래 목적을 달성할 수 없었기 때문이었다.

　통일동맹의 계속적인 참가 권유에 상해 한국독립당은 1935년 5월 25
일에 임시대표대회를 열고 이 문제를 재차 논의하게 되었다. 임시대표
대회에서는 앞서의 제7차 대표대회에서와는 다른 결과가 도출되었다.
통일동맹에서 추진하고 있는 신당결성 회의에 대표를 파견하기로 결정
된 것이다. 임시대표대회에서는 신당참가 회의에 파견할 상해 한국독
립당의 대표로 崔錫淳·梁起鐸·趙素昻이, 보조대표로 金枓奉·朴昌
世·李光濟가 선출되었다.[32] 이에 대해 상해 한국독립당의 이사장인 송

29)「1934年の上海を中心とする朝鮮人の不穩策動狀況」,『朝鮮獨立運動』Ⅱ, 515쪽.
30) 趙凡來,「上海 韓國獨立黨의 組織變遷과 活動에 대하여」,『한국독립운동사
　　연구』3, 407쪽.
31) 朝鮮總督府警務局保安課 編,「滿洲事變を契機とする國外民族運動の戰線統
　　一問題」,『高等警察報』제5호, 81쪽.
32) 위와 같음.

병조와 상무이사인 차리석은 임시대표대회의 결정에 반대하며 이사장
직을 사퇴한다는 내용의 성명서를 발표하였다. 송병조는 지난 제7차 대
표대회에서 결정된 신당결성회의 불참 결정을 뒤집은 임시대표대회의
결정에 찬성할 수 없으며 이에 따라 상해 한국독립당의 이사장직을 사
퇴하고 광동지부의 소속 당원들과 함께 임시정부를 고수할 것을 주장
하는 내용이었다.33)

상해 한국독립당의 임시대표대회의 결의에 따라 정·부대표 6명은
1935년 6월 20일 남경에서 개최된 통일동맹의 '각혁명단체대표대회'
에 참석하였고, 이 회의에 참석한 의열단 등 통일동맹의 9개 가맹단체
와 대표 18명34)은 '民族革命의 戰線統一을 위한'35) 신당을 결성하기에
앞서 '强有力한 단일적 一大新黨을 결성하기 위하여' 먼저 '5개 단체의
해소를 전제로 하여'36) 5개 단체의 대표들은 각각 소속 정당을 자진 해

33) 宋秉祚는 辭退 聲明書에서 통일동맹의 신당결성예비회의라 할 수 있는 '각
혁명단체대표회의'에 한국독립당이 대표를 파견하는 것은 부당하며 신당의
결성 모임과 임시정부 해체에 반대하는 자신의 입장을 밝혔는데 다음과 같
이 요약할 수 있다. 1) 통일동맹에서 개최하려는 각 혁명단체대표회의는 질
과 양이 충족한 것이 아니라 名義만 있는 모임이다. 2) 국내외 전체 국민의
念願을 안고 수립된 임시정부는 한민족의 實質的인 代表機關인데, 이를 厄
介物視하는 일부 독립운동자들 때문에 임시정부를 부인하고 그 存廢問題까
지 거론하는 것은 옳지 않다. 3) 한국독립당에서 계획하고 결성하려는 民族
大黨이 조직되면 한국독립당의 대표대회에서 당의 해체여부를 결정할 수 있
다는 당헌이 존재하는데도 불구하고, 대표 몇 명에게 당의 해체여부를 일임
하는 것은 부당하다. 4) 통일동맹에서 주도하는 신당이 어떠한 정당인지, 또
한 한국독립당의 장래에 대한 충분한 고민도 없이 맹목적으로 한국독립당을
해체하고 신당에 참가하는 것은 부당하다는 것이다(「昭和10年夏以降に於け
る中華民國在留不逞鮮人團體の情況」(1935年 12月 5日),『思想情勢視察報告
集』2(中華民國在留不逞鮮人の動靜), 64쪽).
34) 朝鮮總督府警務局保安課 編,「滿洲事變を契機とする國外民族運動の戰線統
一問題」,『高等警察報』제5호, 82쪽.
35)「昭和10年夏以降に於ける中華民國在留不逞鮮人團體の情況」(1935年 12月 5日),
『思想情勢視察報告集』2(中華民國在留不逞鮮人の動靜), 67쪽.
36)「韓國革命團體代表大會宣言」, 晩悟洪震全集刊行委員會 編,『晩悟洪震全集』,

체하기로 결의하였다.

한국독립당(상해) 등 한국대일전선통일동맹 소속 5단체의 명의로 발표된
「해소선언」(1935년 7월 5일)

이어서 신당 참가 5단체의 해소선언을 발표하였다.

> 우리 민족의 새로운 혁명적 요구에 의하야 우리 운동의 새로운 전
> 개와 밋 그 躍進을 위한 절박한 요구에 遺憾없는 應付를 위하야 위대
> 한 民族戰線에 그 지위를 자각하고 그 본분을 다해오든 우리 각 단체
> 들은 그 선구적 임무로서 이제 철같은 단결과 서약하에 우리 민족의
> 혁명적 最高組織體로서 민족혁명당을 결성하고 각기 原有의 단체를
> 해소하기로 결의하엿다.[37]

신당인 민족혁명당을 결성하기에 앞서 먼저 통일동맹 소속의 5개 정
당을 해체한다는 내용이다.

그리고 1935년 7월 5일자로 '民族의 革命的 最高組織體'로서 '民族革

國會圖書館, 2006, 385쪽.
37)「解消宣言」, 위의 책, 389쪽.

命黨'이 결성되었고 같은 날짜로 상해 한국독립당은 해체된 것이다.38)

2. 韓國獨立黨의 再建과 韓國國民黨의 結成

1) 韓國獨立黨의 再建

(1) 韓國獨立黨의 再建 背景

1935년 7월 5일 결성된 民族革命黨은 임시정부의 宋秉祚와 車利錫, 상해 한국독립당의 金九·李東寧 등 신당 참가 반대파 및 韓人愛國團 系列, 金朋俊·楊明鎭(楊宇朝) 등 상해 한국독립당의 廣東支部 소속당원 등의 불참으로 인하여 통일동맹에서 추구한 명실상부한 민족대당으로서는 일정 부분 한계성을 갖고 출발하였던 것이 사실이다. 더구나 민족혁명당 결성 직후에 상해 한국독립당 소속이었던 趙素昻·朴昌世·文逸民 등이 탈당하게 됨으로서 민족혁명당은 민족대당이라는 실체에 상처를 입게 되었다.39)

---

38) 민족혁명당의 결성 과정과 활동, 이념 등에 대해서는 姜萬吉, 「朝鮮民族革命黨 成立의 背景」, 『韓國史硏究』 61·62합집, 1988 ; 姜萬吉, 「朝鮮民族革命黨의 成立과 그 歷史性」, 『한국독립운동사연구』 4, 1990 ; 韓相禱, 「韓國對日戰線統一同盟과 民族協同戰線運動」, 『尹炳奭敎授華甲紀念 韓國近代史論叢』, 1990 ; 姜萬吉, 『조선민족혁명당과 통일전선』, 화평사, 1991 ; 韓詩俊, 「朝鮮民族革命黨의 성립과 변천과정」, 『白山朴成壽敎授華甲紀念論叢 韓國獨立運動史의 認識』, 1992 ; 염인호, 『김원봉연구 : 의열단, 민족혁명당 40년사』, 창작과비평사, 1993 ; 金榮範, 「民族革命黨의 결성과 그 革命運動路線」, 『爭點 한국近現代史』 4, 1994 ; 김영범, 『한국근대민족운동과 의열단』, 창작과비평사, 1997 등을 참조.

39) 민족혁명당 결성 직후 상해 한국독립당과 신한독립당 계열의 인사들이 탈당하여 결성 본래의 목적이 희석되었지만, 그럼에도 불구하고 민족혁명당의 결성이 갖고 있는 식민지시대 민족운동사에서의 의미를 긍정적으로 평가할 수 있다는 견해가 있다. 첫째, 민족운동전선의 통일에 커다란 계기가 되었다는 점, 둘째 민족운동전선에서 결성된 최초의 정당이라는 점 등이다(姜萬吉,

조소앙·박창세 등 민족혁명당을 탈당한 상해 한국독립당 인사들은 1935년 9월 25일자로 '韓國獨立黨同人'의 명의로「再建設宣言」을 발표하였다. 민족혁명당에서 탈당한 이유와 한국독립당을 재건한 이유를 간략하게 밝힌 내용이었다. '우리의 主義, 政策을 일관하기 위해' 민족혁명당에서 탈당하였다고 밝힌 이 宣言文은 이어서 한국독립당을 재건한 이유에 대해서 설명하고 있다.

> 재건설의 최대 이유는 우리의 純粹한 民族主義가 주장하는 대의를 옹호·유지하며, 우리 己未獨立運動의 正脈을 攝持하여 우리 혁명운동의 체계를 簡易明白한 진로로 추진함으로써 우리 대중의 갈구에 따르고, 우리 독립당의 본령을 고수하며, 우리 진영을 淨化하는데 있을 뿐이다.[40]

민족혁명당에서 탈당한 이유와
한국독립당을 재건하는 이유를 밝힌
「재건설선언」(1935년 9월 25일)

민족혁명당에 참여하였던 상해 한국독립당 인사들이 민족혁명당을 탈당하면서 밝힌 한국독립당의 재건 이유는 4가지이다. 첫째는 순수한 민족주의의 대의를 유지하기 위한 것, 둘째는 3·1運動의 正脈을 유지·발전하기 위한 것, 셋째 우리의 독립을 달성하기 위한 독립운동노선을 추진하기 위한 것, 넷째 상해 한국독립당의 本領을 고수하여 독립운동진영을 정화하기 위한 것이다. 이는 크게 두 가지로 요약할 수 있다. 하나는 민족혁명당과의 주의 내지는 이

「朝鮮民族革命黨 成立의 背景」,『韓國史硏究』61·62합집, 368~369쪽).

40)「韓國獨立黨 再建宣言」,『素昻先生文集』上, 246쪽.

념의 차이이며, 둘째는 독립운동노선의 차이로 요약할 수 있는 것이다.

조소앙·박창세 등은 1935년 10월 5일 '韓國獨立黨 臨時黨務委員會'의 명의로 「告黨員同志」라는 글을 발표하였는데, 이 글에서 민족혁명당에서 탈당한 이유를 비교적 상세하게 밝히고 있다.

> 自立獨尊의 일개민족이 강제적으로 합병된 羞恥를 洗滌하기 위하여 被倂合의 지위를 원상대로 광복하려고 노력하는 민족주의의 독립운동은 원칙상 사회주의자의 국제관과는 판연히 다른 감정과 이론을 갖는 것이다. 민족의 경제문제만을 중심으로 하여 국가의 抹殺과 주권의 破棄, 자기 민족의 過程을 무시하는 공산주의자와는 일층 氷炭不相容하는 혈분적 상반성을 갖는 것이다.[41]

한국독립당 재건 인사들은 민족혁명당의 국제관과는 전혀 다른 감정과 이론을 갖고 있으며, 민족의 경제문제만을 중시하는 공산주의자와는 얼음과 석탄같이 서로 화합할 수 없는 상반성을 가지고 있기 때문에 탈당한 것이라고 밝히고 있다. 결국 민족혁명당이 갖고 있는 사회주의 국제관과 민족혁명당에서 추구하는 공산주의 이념 및 독립운동노선과의 차이가 탈당의 최대 이유였음을 알 수 있는 대목이다. 민족혁명당을 사회주의 집단이자 공산주의자로 규정하고 있는 것이다.

「告黨員同志」 중 「마르크스'이론의 요점과 本黨(재건 한국독립당－필자 주)의 이론체계」라는 부분에서는 민족혁명당이 추구하는 독립운동노선은 유물론을 기초로 하는 마르크스 이론체계와 세계관을 근간으로 하고 있다며 비난하고 있다.

> 마르크스주의 이론체계의 요점은 유물론을 근본신조로 하여 地球單位의 공동생활, 즉 國界種別을 일시에 돌파하려는 용감한 血氣로써

---

41) 高等法院檢事局思想部, 「朝鮮重大思想事件經過表」(1936.6), 『思想彙報』 제7호, 79~80쪽.

경제제도의 突變을 전세계에 실시하려고 하는 純正理論을 골간으로
하고 報復心理를 이용하여 반대계급의 뿌리를 뽑아내려는 激論으로
써 무산계급의 독재적 정치를 유일수단으로 하여 과거 문화의 진화적
율법을 초계급적 인위로써 중단하고 본능적 성욕을 기탄없이 발휘하
여 감정적 충동을 비윤리적 맹동으로써 혁명의 미명하에 무모한 파괴
만을 주창하고 있다.[42]

　　민족혁명당은 유물론을 근본신조로 하며 무산계급의 독재적 정치를
유일수단으로 하는 마르크스 이론에 입각하여 혁명이라는 미명하에 감
정적 충동과 비윤리적 행동으로 과거 문화의 진화적 율법을 파괴하려
한다고 비난한 것이다. 한국독립당 재건 세력은 이와 같은 無産階級獨
裁論과 '혁명의 미명하에 무모한 파괴를 주창하는' 민족혁명당의 노선
이 자신들이 추구하는 노선과는 상이하기 때문에 탈당하였음을 부연
설명하고 있는 것이다.
　　이어서 재건 한국독립당과 민족혁명당의 추구하는 독립운동노선과
의 차이점에 대해서도 다음과 같이 설명하고 있다.

　　　　전인류의 최후 목적지와 究竟點을 목표로 추진하지만, 당면한 급선
　　무인 시급한 제일보의 정책을 즉각적으로 看取하고 민족중심 국가본
　　위, 주권확립 등의 과정적 임무를 충실히 이행하려는 것
　　　　계급적 대립상태로써 동족간의 분화작용을 挑發하기보다는 민족적
　　대립관계를 對敵方向으로 尖銳化하여 폭력의 합병을 폭력으로써 분
　　리하려는 것
　　　　오천년간 독립한 金城鐵壁의 민족적 국가를 아등의 손으로 재건설
　　하려는 것[43]

---

42)　高等法院檢事局思想部,「朝鮮重大思想事件經過表」(1936.6),『思想彙報』제7
　　호, 81쪽.
43)　위의 책, 82쪽.

　한국독립당 재건 인사들은 민족혁명당이 지향하는 무산계급독재의 실시로 발생할 소지가 다분한 階級的 對立狀態와 民族的 對立關係를 청산하고 이를 공동의 목적인 대일항쟁이라는 한 차원 높은 단계로 끌어 올리고, 민족중심의 국가본위와 주권확립을 전개하는 과정에서 폭력적 방법을 통한 일제로부터의 독립과 민족국가의 건설을 추구할 것이라고 강조한 것이다. 민족혁명당과의 노선 차이를 분명하게 밝힌 것이다.

　한국독립당 재건 인사들이 민족혁명당에서 탈당한 이유는 민족혁명당과의 이념의 차이와 그로 인한 독립운동노선의 차이가 가장 커다란 이유이었던 것이다. 김원봉 중심의 의열단 계열과 민족혁명당을 공산주의자로 보고 있는 견해는 이들 재건 인사들뿐만 아니라 임시정부를 중심으로 하는 민족주의진영의 공통된 인식이었던 것으로 판단된다. 朝鮮革命黨의 대표로 민족혁명당의 결성에 참여하였다가 후에 탈당하여 조선혁명당을 복당한 白波 金學奎는 자서전에서 "통일을 가장 열렬히 주장한 자는 金元鳳이었는데, 그는 자기네 共産主義가 중국국민당에게 나타나는 것이 불리한 까닭에 그것을 캄프라치 하려는 것이었다."고[44] 적고 있다. 김원봉은 자신이 공산주의자라고 중국국민당에 인식되는 것을 꺼려 민족혁명당 결성에 가장 적극적이었다는 것이다.

　김구 역시 『白凡逸志』에서 김원봉 등이 신당결성에 임하는 자세에 대하여 중국인들에게 공산당이라는 혐의를 벗기 위한 것이라고 기록하고 있다.

　　차시 우리 사회에서는 또다시 統一風이 기하야 對日戰線統一同盟의 발동으로 의론이 분분하드니 一日은 의열단장 金元鳳君이 특별회면을 청하기로 南京 秦淮 河畔에서 밀회하엿다. 김군이 현하 發動되는 통일운동에 不得不 참가하겟으니 선생도 同參如何오 함으로 나는

44) 金學奎, 「白波 自敍傳」, 『한국독립운동사연구』 2, 독립기념관, 1988, 594쪽.

　　김군의 뭇기를 내 소견에는 통일의 대체는 동일하나 同床異夢로 간파
되니 군의 소견은 하여오. 김군 답운, 제가 통일운동에 가참하는 주요
목적은 중국인들의게 공산당이란 嫌疑를 勉코저 함이올시다. 나는 그
런 목적 각이한 통일운동에는 참가키 不願이라 하엿다. 그로 좇아 소
위 5黨統一會議가 개최되니…5당통일이든 민족혁명당은 쪽쪽이 분열
되 朝鮮革命黨이 또 한개 기고 美洲 大韓人獨立團은 탈퇴되고 근본
의열단 분자만이 민족혁명당을 지지케 되는데 그갖이 분열되는 내용
은 겉으로는 민족운동을 표방하고 裏面으로는 공산주의를 실행한다
는 것이다.[45]

　　통일동맹에서 추진하고 있는 신당결성운동에 적극 참여하고 있는 의
열단장 김원봉의 면담 요청이 있어 남경의 진회하에서 만나 나눈 이야
기 중의 일부이다. 김원봉이 김구에게 5당 통일회의 참여여부를 물은
것에 대한 김구의 답변인 것이다. 김원봉은 중국인들에게 자신이 공산
당이라는 혐의를 받지 않기 위해 통일회의에 참가하고 있다고 대답하
였다는 것이다. 이에 대해서 김구는 김원봉 계열과의 同床異夢的인 통
일운동에는 참가할 수 없으며, 민족혁명당이 결성 직후에 재건 한국독
립당, 조선혁명당 등으로 분열되고 의열단만으로 유지되는 이유에 대
해서 김구는 민족운동이라는 가면을 쓰고 共産主義를 실행하고 있기
때문이라며 민족혁명당의 정체성을 비판한 것이다.

　　이러한 인식, 즉 민족혁명당이 民族運動의 가면을 쓴 공산주의자 집
단이라는 인식은 민족혁명당 참가에 반대한 인사들의 공통적인 견해이
었다.

　　5당 통일에…不贊成하였던 분들이 임시정부를 중심하고 별개의 일
당을 조직하였다. 이것이 곧 한국국민당이었다. 한국국민당 동지들이
먼저 번 5당 통일 때에 통일을 반대한 이유는 이 통일이란 미명하에

45) 金九, 『白凡逸志』, 白凡金九先生全集編纂委員會 編, 『白凡金九全集』 제1권
　　(친필 『白凡逸志』·『屠倭實記』), 대한매일신보사, 1999, 306~307쪽.

공산주의자인 金元鳳 一派의 권모가 내포해 있으니 그렇게 不純한 共
産主義者들과 통일 운운하는 것은 결국 그들에게 欺瞞 · 利用만 당할
것이라는 것을 간파하였기 때문이라 한다.[46]

조소앙 · 박창세 등 상해 한국독립당 소속 인사들이 1935년 5월에 개
최된 임시대표대회에서 제7차 대표대회의 결정을 번복하여 민족혁명
당에 참여하였고 특히 조소앙은 민족혁명당의 당의 · 당강 제정에도 관
여하였지만 민족혁명당의 이념과 노선의 차이를 해소하지 못하였던 것
이 탈당의 가장 주된 요인이었다. 이 주의와 노선의 차이를「再建設宣
言」에서는 "순수한 민족주의의 대의를 옹호 · 유지하기 위해서"라고 밝
혔다.[47] 김원봉 등이 통일이라는 미명하에 5당 통일을 추진하여 민족
혁명당을 결성하였으나, 이는 공산주의 이념과 노선을 추구하기 위한
것이 목적이었기 때문에 상해 한국독립당 소속 인사들은 '순수한 민족
주의의 대의'를 추구하기 위한 목적에서 민족혁명당을 탈당하고 한국
독립당을 재건하였다는 것이다.

일제가 파악하고 있는 상해 한국독립당 소속 인사들의 민족혁명당
탈당 이유에 대해서 살펴보자. 일제의 정보 보고에 대해서는 충분한 사
료 비판이 선행되어야 함은 두말할 필요가 없다.

그 직후(민족혁명당 결성 직후 - 필자 주) 합류 간부 趙素昻 · 朴昌世
등은 結黨이래 의열단 일파가 신당의 중심이 되어 매사에 전횡을 振
舞하는 것에 불만을 품고 끼리끼리 그 대책을 講究 중인 모양인 바,
본년(1935년 - 필자 주) 9월 하순에 이르러 마침내 이런 불만이 폭발하
여 드디어 신당을 탈퇴하고 새로이 동지를 규합함으로써 舊韓國獨立
黨을 재건하려고 계획하기에 이르렀다.[48]

46) 金學奎,「白波 自敍傳」, 595쪽.
47) 趙凡來,「再建 韓國獨立黨研究」,『한국독립운동사연구』5, 독립기념관, 1991,
    348쪽.

일제는 조소앙·박창세 등이 민족혁명당을 탈당하여 한국독립당을 재건한 이유를 신당인 민족혁명당 내에서 義烈團이 專權을 행사하는 것에 대한 불만이 폭발하였기 때문이라고 분석하고 있다.

또 다른 일제의 정보문서는 다음과 같이 파악하고 있다.

> 신당(민족혁명당─필자 주)에 참가한 舊韓國獨立黨員 중 趙素昻·朴昌世 등 수명은 이전부터 임시정부 지지론을 품고 공산주의를 몹시 배격하나, 오직 당내의 대세에 지배되어 신당에 참가한 것이었다. 신당 결성 직후부터 金元鳳의 태도에 격노하였으나, 동지 姜昌濟·金枓奉 등의 慰撫에 따라 대외적 면목을 고려하여 은인해 왔던 바 김원봉의 태도가 더욱 노골의 도를 더해가고 9월 중순경 金九 一派와 宋秉祚 一派의 연휴가 이루어져 의정원 회의를 소집할 단계에 이르렀음을 알게 되자 多年仇敵이었던 김구 일파에게 임시정부를 빼앗기게 될 것이라고 생각하여 급속히 거사할 결의를 결심하고 먼저 임시정부 사수파에게 접근하여 송병조와 도모하여[49]

앞선 보고 문서와는 달리 조소앙 등 재건파 인사들의 탈당 이유를 복합적으로 분석하고 있다. 신당인 민족혁명당에서의 김원봉 등 의열단 계열의 독주와 전횡에 대한 불만, 임시정부 주도권 문제 등이 탈당의 주된 원인이라고 파악하고 있는 것이다.[50]

민족혁명당에서의 탈당과 한국독립당의 재건을 주도한 조소앙은 탈당 이유에 대해서 "하나는 양당의 黨義·黨綱의 차이로 인함이고, 둘째는 정부에 대한 정책이 동일하지 않음이다. 독립당은 정부와 의정원을

48) 「1935年の上海を中心とする朝鮮人の不穩策動狀況」, 『朝鮮獨立運動』 II, 533쪽.
49) 「昭和10年夏以降に於ける中華民國在留不逞鮮人團體の情況」(1935年 12月 5日), 『思想情勢視察報告集』 2(中華民國在留不逞鮮人の動靜), 45쪽.
50) 이들 일제 측의 정보문서에 대해서는 임시정부 인사는 물론, 독립운동진영의 분열을 강조하고 독립운동단체의 활동을 악의적으로 분석하여 보고하고 있음을 염두에 두고 그 내용을 파악하여야 함은 두말할 필요가 없다.

옹호하고 민족혁명당은 당시 정부와 의정원을 인정하는 것은 불필요하
다고 하였기 때문이다."[51]라고 회고하고 있다. 조소앙이 밝힌 탈당의
원인은 양당의 독립운동의 이념과 노선의 차이, 임시정부에 대한 태도
의 차이로 귀결되는 것이다.

그렇다면 조소앙이 언급한 양당의 당의와 당강의 차이는 무엇이었을
까?[52] 그 대강을 살펴보자. 상해 한국독립당과 민족혁명당의 당의와
당강을 비교하면 〈표 11〉과 같다.

〈표 11〉 상해 한국독립당과 민족혁명당의 당의·당강 비교표[53]

구분	상해 한국독립당	민족혁명당
黨義	우리는 五千年 獨立自主하야 오든 國家를 異族日本에게 빼앗기고 只今 政治의 蹂躪과 經濟의 破滅과 文化의 抹殺 알에서 死滅에 直面하야 民族的으로 自存을 得키 不能하고 世界的으로 共榮을 圖키 末由한지라. 이에 本黨은 革命的 手段으로써 寃讐日本의 모든 侵奪勢力을 撲滅하야 國土와 主權을 完全光復하고 政治 經濟 敎育의 均等을 基礎로 한 新民主國을 建設하야써 內로는 國民 各個의 均等生活을 確保하며 外로는 族與族 國與國의 平等을 實現하고 나아가 世界一家의 進路로 向함.	本黨은 革命的 手段으로써 仇敵日本의 侵奪勢力을 撲滅하여 五千年 獨立 自主해 온 國土와 主權을 回復하고 政治 經濟 敎育의 平等에 基礎를 둔 眞正한 民主共和國을 建設하여 國民 全體의 生活平等을 確保하고 나아가 世界人類의 平等과 幸福을 促進함.

51) 葛赤峰,「朝鮮革命記」,『資料 韓國獨立運動』Ⅰ, 1971, 107~108쪽.

52) 한국독립당의 당의와 당강, 정책 등에 대해서는 제3장 한국독립당의 이념과 노선에서 구체적으로 살펴볼 것이다.

53) 「韓國獨立黨黨憲黨規合編」(1942.6), 독립기념관 소장자료(자료번호 1-003590) ;「昭和10年夏以降に於ける中華民國在留不逞鮮人團體の情況」(1935年 12月 5 日),『思想情勢視察報告集』2(中華民國在留不逞鮮人の動靜), 88~89쪽 ;『독립운동사』4, 736~737쪽 ;「上海及南京方面に於ける朝鮮人の思想狀況」, 高等法院檢事局思想部,『朝鮮重大思想事件經過票』(1936.6), 24쪽 ;「韓國獨立黨的創立經過」,『韓國獨立運動史』資料 3, 396쪽.

黨綱	一. 大衆에 대하여(國民의) 革命意識을 喚起하고 民族的 革命力量(總力量)을 總集中할 것. 一. 嚴密한 組織下에 民族的 反抗과 武力的 破壞를 積極的으로 進行할 것. 一. 世界被壓迫民族의 革命團體와 聯絡을 取할 것. 一. 普選制를 實施하여 國民 參政權을 平等하게 하고, 基本權利를 保障할 것. 一. 土地와 大生産機關을 公有(國有)하여 國民의 生活權을 平等하게 할 것. 一. 生活上의 基本知識과 必要技能을 修得하기 위해 充分한 義務教育을 公費로써 實施하여 國民의 修學權을 平等하게 할 것. 一. 民族自決과 國際平等을 實現할 것. 一. 世界一家의 造成에 努力할 것.	1. 仇敵 日本의 侵略勢力을 撲滅하여써 우리 民族의 自主獨立을 完成함. 2. 封建勢力 및 一切反革命勢力을 肅清하여써 民主集權의 政權을 樹立함. 3. 少數人이 多數人을 剝削하는 經濟制度를 消滅하여, 國民生活上 平等制度를 確立함. 4. 一部를 單位로 하는 地方自治制를 實施함. 5. 民衆武裝을 實施함. 6. 國民은 一切 選舉 및 被選舉權을 有함. 7. 國民은 言論, 集會, 出版, 結社, 信仰의 自由를 有함. 8. 女子는 男子의 權利와 一切 同等으로 함. 9. 土地는 國有로 하여 農民에게 分給함. 10. 大規模 生産機關 및 獨占的 企業은 國營으로 함. 11. 國民一切의 經濟的 活動은 國家의 計劃下에 統制함. 12. 勞農運動의 自由를 保障함. 13. 累進率의 稅則을 實施함. 14. 義務教育과 職業教育은 國家經費로써 實施함. 15. 養老, 育嬰, 救濟 等 公共機關을 設立함. 16. 國賊의 一切 財産과 國內에 있는 敵 日本의 公私有財産은 沒收함. 17. 自由, 平等, 互助의 原則에 基礎한 全世界 被壓迫民族解放運動과 連結 協助함.

상해 한국독립당과 민족혁명당 당의의 가장 큰 차이는 당의의 前文에 해당되는 부분의 유무이다. 상해 한국독립당의 당의에는 "우리는 오천년 독립자주하여"로 시작하는 전문이 있다. 그러나 민족혁명당의 당

의에는 이 부분이 없다. 다만 당의의 본문 중에 상해 한국독립당의 당의 전문 중의 일부 구절인 "오천년 독립자주해 온"이라는 부분이 포함되어 있을 뿐이다. 물론 양당은 당의에서 삼균주의를 기본이념으로 채택하고 있다는 점은 공통된 부분이다. 그러나 삼균주의의 표현방식에서도 차이점을 가지고 있다. 상해 한국독립당의 경우 "정치·경제·교육의 균등을 기초로 한 신민주국을 건설함으로서 내로는 국민 각개의 균등생활을 확보하며 외로는 족여족 국여국의 평등을 실현하고 나아가 세계일가의 진로로 향함"이라고 하여 삼균주의의 기본이 그대로 표현되어 있다. 하지만 민족혁명당의 경우에는 "정치·경제·교육의 평등에 기초를 둔 진정한 민주공화국을 건설하여 국민 전체의 평등생활을 확보하고 나아가 세계인류의 평등과 행복을 촉진함"으로 표현되어 있다. 삼균주의의 기본 토대인 "정치·경제·교육의 균등(평등)"을 실현하여 국민 개개인의 평등을 실현한다는 부분은 단어 선택상에서 차이가 있을 뿐이지만, 개인의 균등을 토대로 하는 민족과 민족, 국가와 국가 간의 균등 실현이라는 표현에서는 확연한 차이가 있는 것이다. 또한 당의에 사용한 용어상에서도 차이점을 확인할 수 있다. '원수일본'-'구적일본', '국토와 주권을 완전광복'-'5천 년 독립자주해 온 국토와 주권을 회복', '균등'-'평등', '신민주국'-'진정한 민주공화국', '국민 각개'-'국민 전체' 등으로 표현상에서 차이가 있다. 그러나 양당의 당강은 매우 큰 차이가 있다. 민족혁명당의 당강은 1926년 12월에 발표된 의열단의 20개조 강령과 매우 흡사하다.[54]

54) 김영범, 『한국 근대민족운동과 의열단』, 창작과비평사, 1997, 191~192쪽.
   의열단의 20개조 강령이 1928년 10월 4일에 개최된 제3차 전국대표대회에서 발표되었다는 견해도 있다. 「조선민족운동년감」의 1928년 10월 4일 항목에 의열단이 제3차 대표대회선언을 발표하였다고 기록되었고 바로 이어서 "의열단의 강령 및 슬로건은 다음과 같다."고 하면서 20개조의 강령을 기록하고 있다(姜萬吉, 「朝鮮民族革命黨 成立의 背景」, 『韓國史硏究』 61·62합집, 1988, 352~353쪽).
   20개조의 강령은 다음과 같다. 1) 朝鮮民族 生存의 敵인 日本帝國主義의 統

민족혁명당의 당의와 당강은 상해 한국독립당의 당의와 의열단의 1926년 강령을 각각 채택하여 약간의 수정을 한 형태의 것이었음을 알 수 있다. 이것은 민족주의 세력을 대표하는 상해 한국독립당과 1928년 제3차 전국대표대회 이후 사회주의적 노선을 분명히 하게 된 의열단이[55] 민족혁명당을 구성하는 두 개의 핵심세력이었음에도 불구하고 이념적 기반과 독립운동노선을 표방하는 당의와 당강에서 조차 공동의 합일점을 찾지 못한 불완전한 합작이었음을 드러낸 것이었다.

상해 한국독립당 소속의 인사들이 민족혁명당에서 탈당한 또 다른 이유는 민족연합전선, 즉 民族唯一黨運動에 대한 인식의 한계성을 지적할 수 있다.

> 만일 원칙상 相背하는 것은 상호 양해시키어 일시 對敵戰線을 확
> 대과장하려 하는 공동정책에서 혹은 자기중심의 진로를 획득하기 위

治를 根本的으로 打倒하고 朝鮮民族의 自由獨立을 完成함, 2) 封建制度 및 一切 反革命勢力을 削除하여 眞正한 民主國을 建立함, 3) 少數人이 多數人을 剝削하는 經濟制度를 消滅시켜 朝鮮人 各個의 生活上 平等의 經濟組織을 建立함, 4) 民衆警察을 組織하여 民衆武裝을 實施할 것, 5) 人民은 言論, 出版, 集會, 結社, 居住에 絶對 自由權을 有함, 6) 人民은 無制限의 選擧 및 被選擧權을 有함, 7) 一郡을 單位로 하는 地方自治를 實施함, 8) 女子의 權利를 政治·經濟·敎育·社會上 男子와 同等으로 함, 9) 義務敎育과 職業敎育은 國家經費로써 實施함, 10) 朝鮮內에 日本人 各團體(東拓, 興業, 朝銀 等) 및 個人(移住民 等)이 所有한 一切 財産을 沒收함, 11) 賣國賊 探偵 等 叛徒의 一切 財産을 沒收함, 12) 朝鮮人民生活上 侵害가 되는 外國人의 一切 財産을 沒收함, 13) 大地主의 土地를 沒收함, 14) 農民運動의 自由를 保障하고 貧苦農民에게 土地 家屋 器具 等을 供給할 것, 15) 工人運動의 自由를 保障하고 勞動平民에게 家屋을 供給함, 16) 養老 育嬰 救濟 等의 公共機關을 建設함, 17) 大規模 生産機關 및 獨占性質의 企業(鐵道, 鑛山, 汽船, 電力, 水利, 銀行 等)은 國家에서 經營함, 18) 所得稅는 累進率로 徵收함, 19) 一切의 雜稅를 廢除함, 20) 海外居留同胞의 生命, 財産의 安全을 保障하고 歸國同胞에게 生活上 安全한 地位를 附與함(「朝鮮民族運動年鑑」, 『朝鮮獨立運動』 Ⅱ, 340~341쪽).

55) 姜萬吉, 『조선민족혁명당과 통일전선』, 30~46쪽.

한 同床異夢的 상호 이용의 淺薄한 소견만으로는 百發百不中의 결과
로 爾詐我虞의 幻劇을 산출할 뿐이어서 국내의 신간회와 국외의 촉성
회의 합동이 곧 이런 환극이었다. 유사한 정강과 愚迷한 담론 중에 千
里相反하는 모순을 관철시키려고 해도 한걸음 두 걸음씩 상호반대의
방향을 각각 찾기 때문에 優曇鉢花의 대합동은 換氣幻滅하게 되고 彗
星一線의 총단결이 朝合夕散하는 비참한 결과를 볼 뿐이다.[56)]

한국독립당을 재건한 인사들은 주의와 이념이 다른 공산주의자들과
하나의 정당을 결성한다는 것이 '百發百不中의 幻劇'이며 '朝合夕散하
는 결과'만을 초래할 뿐이라고 언급하여, 국내의 新幹會運動과 중국 관
내의 促成會 조직까지 평가절하하는 등 民族聯合戰線 결성을 통한 大
黨組織運動에 대한 인식에 한계성이 있었음을 알 수 있다. 이러한 인식
의 한계성을 극복하지 못한 채 민족대당으로 결성된 민족혁명당에 참
여하였던 것이 결과론적 언급이지만 애초부터 분열의 소지를 가지고
있었던 것이라고 판단된다.

민족혁명당에서는 中央常務委員會, 中央執行委員會 등을 개최하여 조
소앙 등 상해 한국독립당 인사들의 탈당을 비난하였다. 민족혁명당은
탈당 인사들을 '杭州反黨分子'로 규정하고, 이들의 탈당은 '민족혁명당
에 대립하는 반당행동임과 동시에 전체적 반혁명의 행동'이라고[57)] 비
난한 것이다. 또한 중앙집행위원회의 명의로 「趙鏞殷 등 6명 反黨事件
을 剖劈宣布한다」는[58)] 성명서와 梁起鐸의 명의로 발표한 「趙素昻(鏞
殷) 등 6인의 反黨事件에 관해 一般同志에게 告하는 글」[59)] 등을 통해

56) 高等法院檢事局思想部, 「朝鮮重大思想事件經過表」(1936.6), 『思想彙報』 제7
호, 79~80쪽.
57) 「昭和10年夏以降に於ける中華民國在留不逞鮮人團體の情況」(1935年 12月 5
日), 『思想情勢視察報告集』 2(中華民國在留不逞鮮人の動靜), 159~160쪽.
58) 「在支不逞朝鮮人の狀況」(1936.2.14), 『思想情勢視察報告集』 2(中華民國在留
不逞鮮人の動靜), 278~289쪽.
59) 「昭和10年夏以降に於ける中華民國在留不逞鮮人團體の情況」(1935年 12月 5

"민족혁명당을 파괴하고 혁명운동의 발전을 저해하는 劣性分子들의 소행"이라거나 "無常한 언어로써 혁명을 저주하고, 개인의 욕심을 채우기 위한" 행동이라고 규정하며 이들의 탈당을 강도 높게 비난하였다.

특히 양기탁은 이 성명서에서 민족혁명당이 공산주의 집단이 아님을 강력 주장하였다. 민족혁명당에는 양기탁 이외에도 김규식 · 최동오 · 윤기섭 · 신익희 등 민족주의 계열로 분류되는 인사들이 남아있었다. 그럼에도 불구하고 양기탁의 명의로 이와 같은 비난 성명서를 발표한 것은 자신과 함께 상해 한국독립당의 대표로 新黨創立代表大會에 참여한 조소앙이 민족혁명당에 잔류하고 있는 상해 한국독립당의 나머지 인사들과 新韓獨立黨 계열의 인사들까지 모두 공산주의자로 규정한 것에 대한 불만, 독립운동세력의 분열에 대한 아쉬움, 민족혁명당 창립 豫備委員會 委員長으로 내정되는 등 독립운동의 원로로서 민족혁명당이 사회주의나 공산주의 집단이 아님을 강조하기 위한 것이었다고 판단된다.[60]

조소앙과 박창세 등 상해 한국독립당 소속 인사들이 민족혁명당을 탈당한 이유는 이제까지 살펴본 것처럼 민족혁명당과의 이념과 독립운동노선의 차이, 임시정부에 대한 태도의 차이, 김원봉 등 의열단 계열의 독단과 이에 따른 상해 한국독립당 계열의 상대적인 소외, 송병조 등 임시정부 유지세력과의 합작 가능성 타진과 임시정부 주도권 장악 가능성 등이 복합적으로 작용한 것이었다.

(2) 결성 과정

1920년대 중반 이후 전반적인 침체기에 빠져있던 임시정부 등 독립운동진영은 1932년 李奉昌 義士의 東京 義擧와 尹奉吉 義士의 上海 虹

日), 『思想情勢視察報告集』 2(中華民國在留不逞鮮人の動靜), 181~182쪽.
60) 趙凡來, 「再建 韓國獨立黨 研究」, 『한국독립운동사연구』 5, 353~354쪽.

口公園 義擧로 인하여 새로운 활기를 띄게 되었다. 그러나 그 직후 일제의 독립운동자들에 대한 대대적인 검거와 수색, 구금 등으로 임시정부와 상해 한국독립당의 주요 간부들은 일제 관헌의 검거와 수색 등을 피하여 南京, 杭州, 嘉興 등 각자 안전한 피신처를 찾아 몸을 피할 수밖에 없는 상황이 되었다. 더구나 統一同盟에서 추진하고 있는 신당결성 움직임이 구체적으로 진전됨에 따라 국무위원 7인 중 梁起鐸 · 金奎植 · 趙素昂 · 崔東旿 · 柳東說 等 5인이 1935년 4월에서 6월 사이에 사직서를 제출하고[61] 각각 소속 정당의 대표로 신당결성에 참여함으로써 임시정부는 宋秉祚 · 車利錫 두 사람만으로 유지되는 상황이었다.

  임시정부의 이러한 어려운 상황과 통일동맹에서 신당결성을 진행하는 과정에서 임시정부 폐지방침이 대두되었음을 이동녕과 조완구를 통해 알게 된 김구는 이제까지의 임시정부에 대한 태도를 바꾸어 임시정부를 지지하고 참여할 것이라는 서한을 발송하였다. 김구는 1935년 5월 19일자로 발송한 「臨時議政院 諸公에게 告함」이라는 서한을 통해서 임시정부로 복귀하여 본연의 책임을 다할 것을 천명하였다.

  今에 전문에 의하면 아즉 名實이 不相符인 대당조직의 미명을 가지고 임정법인의 해소를 妄圖하는 인사들이 있다하니 果爾否아. 아즉까지는 우리 독립운동계에 대단체들과 정부라는 僭名을 가시고 출세햇든 일까지 유하엿으나 우리 임정갗이 위대한 威積을 擧한 자는 未之見聞이라.…東洋禍首인 일황을 撻罰하고 그의 將臣刑戮한 것이 우리의 신성한 임시정부이다. 韓族의 血을 가지고 국권 국토를 광복하려는 韓人은 擧皆 임정을 誠心擁戴할 의무가 있다.…九는 비록 직임을 가지기는 불능하나 국민된 책임만은 銘心刻骨하고 冒險奮鬪한다.…李尹柳崔의 제의사 선봉을 삼아 東征北伐한 그 권위를 仗하고 九는 일심으로 임무를 다하야 上으로 선열에 靈을 慰하고 次로 임정

---

61) 독립운동사편찬위원회 편, 『독립운동사』 4(임시정부사), 646쪽.
    이들 국무위원 5인에 대한 辭職請願은 1935년 9월 1일자로 처리되었다(「大韓民國臨時政府公報」 제60호(1935.11.25), 『대한민국임시정부자료집』 1, 190쪽).

의 책임을 다코저 노력 중이다.[62]

민족혁명당 결성의 움직임에 찬동하여 '독립운동계에서 未之見聞의 위적을 가지고 있는 임시정부'의 해체를 주장하는 일부 인사들의 행태를 비난한 것이다. 김구 본인은 비록 임시정부의 직책을 가지고 있지 않으나 독립운동가로서의 임무는 銘心刻骨하고 있으며, 이제 임시정부로 복귀하여 본연의 직무에 신명을 다할 것임을 천명한 것이다.

김구가 '임시정부로 복귀하여 본연의 책임을 다할 것'을 밝힌
「임시의정원 제공에게 고함」(1935년 9월 15일)

---

62) 「臨時議政院 諸公에게 告함」, 독립기념관 소장자료(자료번호 5-001403).

　김구는 또한 광동 中山大學에 재학 중인 한인청년들이 발행한『光』
이란 잡지 7월호에 임시정부 해체론에 대한 반대 입장을 거듭 밝히는
글을 게재하였다.「臨時政府에 대한 態度」라는 글이었다. 이 글에서 김
구는 "임시정부를 구성하는 자연인에 대하여는 몇 번이라도 咎責할 수
있지만, 법인인 임시정부의 赤血淋漓인 정부 자체에 대해서는 누구라
도 손을 대는 것은 불가능한 것임을 정중히 언명한다"[63]고 언급하여
임시정부 해체는 불가한 것임을 거듭 주장한 것이다.

　한편 송병조와 차리석 양인은 민족혁명당의 결성에 대응하여 임시정
부를 옹호·유지하기 위한 몇 가지 방안을 강구하고 있었다. 첫째는 민
족혁명당에 불참하고 독자적인 입장을 견지하고 있는 상해 한국독립당
廣東支部長인 金朋濬과 동 지부의 幹事 楊宇朝 등과 연락·협의하는
방안, 둘째는 민족혁명당에 참여하지 않고 독자적인 활동을 하고 있는
新韓獨立黨의 閔丙吉[64]과 연락하여 민족혁명당 내부의 일부 인사들을
탈당하게 하는 방안, 셋째는 조소앙 등 상해 한국독립당 계열의 인사들
의 탈당 추진 등이 그 방안이었다.[65] 이와 함께 항주에 거주하고 있는

63)「不逞鮮人團體の新黨樹立運動の槪況並金九一派の動靜」,『思想情勢視察報
　　告集』2(中華民國在留不逞鮮人の動靜), 9쪽.
64) 일제의 일부 기록에는 新韓獨立黨의 閔丙吉도 홍진·조성환 등과 함께 민족
　　혁명당에서 탈당한 것으로 기록되어 있다(「1937年の在支不逞朝鮮人の不穩
　　策動狀況」,『朝鮮獨立運動』Ⅱ, 600쪽). 일부 연구논저에서도 이 자료를 그
　　대로 인용함으로서 민병길이 민족혁명당에 참여하였다가 탈당한 것으로 알
　　려져 있었다. 그러나 민병길은 池靑天·延圓明 등과 함께 김원봉 일파가 공
　　산주의자라는 이유로 민족혁명당에 불참하였다. 하지만 그 이후 신한독립당
　　에서 윤기섭·홍진 등의 강력한 참여 주장으로 신당참여가 당론으로 결정되
　　자 민병길은 신한독립당에서 탈당하여 재건 한국독립당이 결성될 때까지 독
　　자적으로 활동하고 있었다. 그 후 언제인지는 정확하지 않지만 한국국민당
　　에 참여하여 1939년에는 동 당의 이사로 활동하였다. 필자 역시「韓國獨立
　　黨硏究(1929~1945)」,『한국민족운동사연구』2, 지식산업사, 1988, 180쪽에서
　　민병길이 홍진·조성환 등과 함께 민족혁명당에서 탈당하여 한국독립당의
　　재건에 참여하였다고 기술하였는데, 이 기회를 통하여 이를 정정한다.
65)「昭和10年夏以降に於ける中華民國在留不逞鮮人團體の情況」(1935年 12月 5日),

이시영과 조완구 등에게 남경에 있는 김구와의 연락을 주선하도록 부탁하는 한편으로 이동녕·김붕준·양우조 등과의 연락을 취하며[66] 무정부상태나 다름없는 임시정부의 부흥을 위해 고군분투하고 있었다.

이처럼 민족혁명당에 불참한 송병조·차리석 두 사람과 김구 등 한인애국단 계열이 중심이 되어 임시정부의 부흥과 민족혁명당 불참세력의 연합을 위해 노력하고 있던 중에 조소앙 등의 탈당 움직임이 진행되고 있었다. 이와 동시에 김구 등은 洛陽軍官學校 卒業生 등 자신의 항일무장세력을 기반으로 신당참가 불참 세력들과의 연합을 추진하고 있었다. 조소앙·박창세 등도 임시정부의 송병조 등과 제휴를 추진하면서 임시정부의 부흥을 도모하는 한편으로 민족혁명당에서의 탈당과 한국독립당의 재건을 추진하였던 것이다. 송병조 역시 임시정부에서 김구의 세력이 비대해지고 주도권이 김구에게 편중되는 것을 견제하기 위하여 민족혁명당에서 탈당을 추진하고 있는 상해 한국독립당 세력의 임시정부 참여를 반대하지 않았다.[67] 송병조는 조소앙 등 민족혁명당 탈당 세력들과의 연합 내지는 지원을 위해 조소앙에게 한국독립당 재건비용으로 100元을 지원하기도 하였다.[68] 임시정부의 송병조와 연합 가능성을 타진한 조소앙은 마침내 朴昌世·文逸民·金思澱·李昌基·朴敬淳 등과 함께 민족혁명당을 탈당하고 1935년 9월 25일에 '韓國獨立黨同人'의 명의로 한국독립당의 재건을 선언한 것이다.

(3) 조직체제

1935년 9월 25일 민족혁명당을 탈당함과 동시에 한국독립당의 재건

『思想情勢視察報告集』2(中華民國在留不逞鮮人の動靜), 42쪽.
66) 위와 같음.
67) 독립운동사 편찬위원회, 『독립운동사』4(임시정부사), 762~765쪽.
68) 「昭和10年夏以降に於ける中華民國在留不逞鮮人團體の情況」(1935年 12月 5日), 『思想情勢視察報告集』2(中華民國在留不逞鮮人の動靜), 45쪽.

을 선언한 조소앙·박창세 등은 임시정부에 대한 지지와 옹호의 입장을 분명히 하고, 아울러 민족혁명당의 온갖 회유를 물리치며[69] 재건 한국독립당의 조직 강화를 위해 노력하였다.

조소앙이 민족혁명당에서 탈당을 준비하는 과정에서 임시정부의 송병조와 제휴를 시도한 것도 한국독립당 재건 이후의 조직 강화를 위한 것이었다고 판단된다. 즉 김구 계열을 배제한 채 송병조·차리석 등과 함께 임시정부의 체제를 정비하고 조직을 강화하여 임시정부를 재건 한국독립당 중심으로 운영하려는 의도를 가지고 송병조와의 연합 내지는 제휴를 추진하였다고 판단된다. 그러나 조소앙의 임시정부 참여는 무위로 끝나게 되었다.

조소앙은 한국독립당을 재건하는 과정에서 민족혁명당에 불참한 상해 한국독립당 광동지부의 김붕준·양우조 등과 민족혁명당에서 탈당한 신한독립당의 홍진·조성환 등에게 협력을 요청하였다.[70] 이런 모든 노력은 재건 한국독립당의 당원 확보와 조직 강화를 위한 것이었다. 그 결과 홍진은 재건 한국독립당에 참여하여 활동하였다.

1936년 1월에는 한국국민당에 소속되어 있던 金東宇(盧鍾均, 宋曉春)·吳冕植(楊汝舟)·韓道源(李國華) 등이 김구와의 노선 차이를 이유로[71] 탈당하고 민족혁명당에서 탈당한 金昌根과 함께 '韓國猛血團'을 결성하였다.[72] 재건 한국독립당은 세력기반의 확대와 조직강화를 위해 김동우 등의 한국맹혈단원을 흡수하거나 이들과의 연합을 도모하였다. 그러나 불행히도 이들 단원 중 김동우만을 제외한 5명의 단원이 자금

69) 趙凡來,「再建 韓國獨立黨 研究」, 357쪽.
70)「昭和10年夏以降に於ける中華民國在留不逞鮮人團體の情況」(1935年 12月 5日), 『思想情勢視察報告集』2(中華民國在留不逞鮮人の動靜), 46~47쪽.
71)「1936年の在支不逞朝鮮人の不穩策動狀況」,『朝鮮獨立運動』Ⅱ, 569쪽.
72)「韓國猛血團員의 檢擧에 關해 1936年 5月 18日字로 在上海 內務書記官이 警務局長에 報告한 摘錄」,『韓國民族運動史料』(中國篇), 874~875쪽.

모집을 위해 활동하던 중 1936년 2월과 3월 사이에 상해에서 피체되었
다.[73] 한국맹혈단과의 연합 내지는 합작이 결렬된 것이다.

　더구나 조소앙 등이 임시정부 참여를 위하여 추진한 송병조와의 제
휴가 좌절됨에 따라 재건 한국독립당은 어려운 처지에 놓이게 되었다.
송병조는 애초에 김구가 임시정부에 참여할 경우, 임시정부에서 김구
의 세력이 비대해 질 것을 우려하여 조소앙 등 한국독립당 재건세력과
의 제휴를 고려하였던 것이다. 조소앙 역시 재건 한국독립당을 기반으
로 임시정부에 참여하고 주도권을 확보하기 위하여 송병조와의 연합을
추진하였던 것이다. 그러나 송병조는 임시정부의 곤경 타개와 부흥을
위해서는 김구의 재정적인 지원과 협조가 절대적이라는 입장이었고,
이에 비해서 조소앙 등은 김구의 임시정부 참여에 반대 내지는 비협조
적이었다. 송병조는 조소앙의 이런 태도를 의심하게 되었고 조소앙을
배제한 채 김구와의 연합으로 임시정부를 재정비한 것이다. 김구는 송
병조와의 연합으로 임시정부의 조직을 재정비하기 위한 새로운 국무위
원 補選을 실시하였고,[74] 조소앙은 金朋濬·楊墨(楊明鎭, 楊宇朝)과 함
께 임시의정원 상임위원으로 임명되어 임시정부 참여는 무산되었다.

　이 시기의 임시정부는 국무위원 集團指導體制라는 특징을 가지고 있
는 제3차 개헌에 따라 임시정부에는 책임 수반이 없이 국무위원들의 회
의제로 운영되고 있었다. 국무회의의 모든 의결사항은 임시의정원 常任

[73) 피체된 한국맹혈단원 5명의 이름과 피체일자는 다음과 같다.
　張天民(柳瀅錫) : 1936.2.22, 한도원(이국화) : 1936.3.5, 金勝思(金華)·김창
　근·오면식 : 1936.3.6(주 72)와 같음). 김동우 역시 1937년 12월 28일 상해에
　서 피체되었다(「1937年の在支不逞朝鮮人の不穩策動狀況」, 『朝鮮獨立運動』
　Ⅱ, 611쪽).
74) 1935년 11월 제28차 임시의정원 의회에서 보선된 국무위원은 이동녕(주석)·
　이시영(법무장)·김구(외무장)·조완구(내무장)·조성환(군무장) 등 5인이었
　으며 송병조(재무장)·차리석(비서장)에 내임되었다. 또한 광동지부장 김붕
　준은 임시정부 駐粵代表로 선임되었다(「大韓民國臨時政府公報」 제60호(1935
　년 11월 25일), 『대한민국임시정부 자료』 1, 190쪽).

委員會에서 동의를 얻어야 그 효력을 발휘할 수 있는 이른 바 '管理政府形態'이었다.[75] 따라서 임시정부는 국무회의 의결보다도 임시의정원 상임위원회의 권한이 더욱 강하게 작용할 수도 있지만, 새로이 보선된 국무위원과 임시의정원 상임위원은 조소앙을 제외하고 모두가 한국국민당 소속의 인물이었다. 더구나 1936년 11월 17일에 열린 제29차 임시의정원 회의에서는 임시의정원 상임위원의 전원 교체가 이루어져[76] 표면적으로는 재건 한국독립당의 임시정부 참여는 좌절되었다.

조소앙 등 재건 한국독립당의 임시정부 참여 시도가 좌절됨에 따라 당의 입지는 더욱 어렵게 되었다. 조직 기반을 확장할 수 있는 민족혁명당 불참세력들이 韓國國民黨의 결성에 합류하게 됨에 따라[77] 이들과의 연결고리가 없어지게 되었고 설상가상으로 1936년 하반기에는 민족혁명당의 김두봉·강창제 등의 탈당인사 복당 추진으로 박창세와 문일민이 재건 한국독립당에서 탈당하는[78] 일이 발생하여 재건 한국독립당은 안팎으로 곤경에 처하게 되었다.

---

75) 趙東杰, 「大韓民國臨時政府의 組織」, 『韓國史論』 10, 75~77쪽.
76) 제29차 임시의정원 의회에서 새롭게 당선된 임시의정원 상임위원은 민병길, 안공근, 엄항섭이었다(「大韓民國臨時政府公報」 제61호(1936년 11월 27일), 『대한민국임시정부자료집』 1, 193쪽).
77) 趙凡來, 「韓國國民黨 硏究」, 『한국독립운동사연구』 4, 1990, 377~378쪽.
78) 「昭和11年夏以降に於ける中華民國在留不逞鮮人團體の情況」(1936年 10月 1日), 『思想情勢視察報告集』 3(中華民國在留不逞鮮人の昭和11年2月以降の動靜), 255쪽.
   박창세와 문일민은 김두봉과 강창제 등이 추진한 민족혁명당으로의 복당에 동의하여 재건 한국독립당을 탈당하고 민족혁명당으로 복당하고자 하였다. 그러나 민족혁명당 중앙집행위원회에서는 재건 한국독립당 전원의 복당이 아닌 일부 당원만의 복당은 인정할 수 없다는 결론을 내려 이들의 민족혁명당 복당은 무산되었고, 재건 한국독립당으로의 복귀도 거부되었다. 그 후 박창세는 어떤 과정을 거치는지 알 수 없지만 민족혁명당으로 복당하였고, 다시 1937년 지청천·최동오 등과 함께 탈당하여 결성한 조선혁명당에 참여하였다. 문일민은 재건 한국독립당 탈당 이후의 행적에 대해서는 정확한 파악이 어렵지만, 1945년 신한민주당의 창당에 관여하고 있다.

재건 한국독립당은 이처럼 당원 확보와 조직기반의 정비에 많은 어려움을 겪게 되자 1936년 말에는 민족혁명당에서 김원봉 등과 불편한 관계에 있는 지청천·최동오 등 신한독립당 계열 인사들의 탈당을 추진하는 한편, 이들과의 연합세력 구축을 시도하였다.[79] 그러나 이들 신한독립당 계열의 인사들이 1937년 4월 조선혁명당의 결성을 선언하고[80] 민족혁명당에서 탈당함으로써 이들과의 연합 역시 성과를 거둘 수가 없었다.

재건 한국독립당은 이와 같이 임시정부 참여와 조직기반의 확대를 위한 당원의 확보와 모집 등을 위해 노력하는 한편으로 중국 측으로부터의 재정적인 지원을 얻기 위해서도 노력하였다. 임시정부의 송병조와 제휴를 모색하는 과정에서 송병조에게 한국독립당의 재건비 명목으로 100元을 지원받은 바가 있다. 조소앙은 또한 鎭江政府와 국민당의 江蘇省 黨部에 대해서도 한국독립당의 재건을 위한 재정적인 협조를 요청하여[81] 1936년 2월경부터 매월 약 300元 정도의 재정지원을 받을 수 있었다.[82] 그러나 강소성 당부로부터의 재정적인 지원도 지속적이지는 못하였던 것 같다. 일제의 정보 문서는 강소성 당부의 재정적인 지원이 점차 감소하여 9월이나 10월경에는 150元 내지 200元을 지원하

79) 「1936年の在支不逞朝鮮人の不穩策動狀況」, 『朝鮮獨立運動』 Ⅱ, 577쪽.

80) 위의 글, 602~603쪽.
조선혁명당 역시 결성 이후 재정적인 문제와 당원 확보의 어려움으로 재건 한국독립당과의 연합을 꾸준히 모색하였다. 김구의 한국국민당은 임시정부를 옹호, 유지하고 민족혁명당에 대항하기 위한 목적에서 재건 한국독립당, 조선혁명당과의 연합을 추진하였다. 이들 3당 연합이 추진된 배경에는 중일전쟁의 발발에 따른 보다 효과적인 항일투쟁을 위한 독립운동전선의 통일 요구도 작용하였다.

81) 「昭和10年夏以降に於ける中華民國在留不逞鮮人團體の情況」(1935年 12月 5日), 『思想情勢視察報告集』 2(中華民國在留不逞鮮人の動靜), 45쪽.

82) 「昭和11年2月以降の在華不逞鮮人團の狀況」(1936年 7月 10日), 『思想情勢視察報告集』 3(中華民國在留不逞鮮人の昭和11年2月以降の動靜), 15~16쪽.

였다고 보고하고 있다.[83] 재건 한국독립당에서는 또한 광동성 정부에게도 협조를 요청하였다. 그 결과 동정부의 陳濟棠에게서 1936년 4월부터 월 140元의 원조를 포함한 각종 명목의 지원금으로 약 300弗 정도의 재정지원을 확보할 수 있었다.[84] 그러나 광동성 정부의 재정지원도 강소성 당부와 마찬가지로 꾸준하게 지원되지 못하였다. 중국과 일본과의 정세변화로 진제당이 광동을 떠나게 되면서 광동정부의 재정지원도 중단된 것이다.

재건 한국독립당은 민족혁명당에서 탈당을 계획하고 한국독립당의 재건을 준비하는 과정과 결성 이후에 계속하여 재정적인 곤란에 시달렸다.[85] 여기에 애초에 기대했던 임시정부 참여 무산과 민족혁명당 불참세력들과의 연합세력 결성 불발 등은 재건 한국독립당의 활동반경을 제약하는 커다란 걸림돌이 되었다. 이에 따라 재건 한국독립당의 활동은 위축되었고 일정한 조직체제를 갖출 만한 상황도 아니었다. 당원의 숫자도 최대 20여 명을 넘지 않았을 것으로 판단된다. 단지 재건 한국독립당의 본부는 홍구공원 의거 이후 항주로 이전한 상해 한국독립당

---

83) 「昭和11年夏以降に於ける中華民國在留不逞鮮人團體の情況」(1936年 10月 1日), 『思想情勢視察報告集』 3(中華民國在留不逞鮮人の昭和11年2月以降の動靜), 255쪽.

84) 「1936年の在支不逞朝鮮人の不穩策動狀況」, 『朝鮮獨立運動』 Ⅱ, 570쪽.

85) 일제의 한 정보자료에는 재건 한국독립당의 결성을 주도한 조소앙·박창세 등이 상해 한국독립당 소속이었던 1932년 5월 윤봉길 의사의 상해 홍구공원 의거 직후 항주로 피신한 이후에 '東北抗日義勇軍後援會' 회장 稽某의 알선으로 중국 측에게서 4,000원을 지원받았고, 이후로도 광동성과 강소성 당부로부터 매월 400원의 재정지원을 받았다고 보고하고 있다(「1936年の在支不逞朝鮮人の不穩策動狀況」, 『朝鮮獨立運動』 Ⅱ, 585쪽). 이들 광동성과 강소성 당부의 재정지원이 민족혁명당을 탈당하고 한국독립당을 재건할 때까지 계속된 것 같지는 않다. 조소앙 등이 한국독립당을 재건한 직후에 광동성과 강소성 관계자에게 재정지원을 요청한 것이 이를 반증한다. 물론 재정지원이 계속되는 상황에서 조소앙 등이 별도의 재정지원을 추가로 요청하였을 수도 있고 이에 대해서 강소성과 광동성에서는 평소의 지원 수준으로 협조하였을 가능성도 있다.

에서 사용하던 사무실을 계속하여 사용한 것으로 일제의 정보자료는 파악하고 있다.[86)

현재까지 파악되는 재건 한국독립당의 당원 20명의 명단은 다음과 같다.

> 趙素昂・朴昌世・朴華山・金東宇・李德生・文逸民・朴敬淳・李昌基・金思淏・韓錫官・朴孝敬・康秉學・趙時濟・延東學・金鎭源・金昌國・申松植・李雲煥・李殷豪・趙時元.[87)

이상과 같은 20명 안팎의 당원들은 앞서본 바와 같은 재정적인 困難, 조직 기반의 脆弱性 등으로 기관지『震光』등 선전 유인물을 통한 선전활동 이외의 뚜렷한 활동을 전개하지 못하였고 1936년에는 한국국민당과의 합당까지 고려할 정도로 곤경에 처해 있었다.[88) 이런 어려움으

---

86) 상해 한국독립당이 항주를 중심으로 활동하던 '항주시기'의 동당의 본부는 항주 學士路 思鑫坊 34호 또는 41호에 위치하고 있었다(「杭州에 있어서의 韓國獨立黨에 關해 1934年 11月 29日字로 在杭州領事館 事務代理가 外務大臣에 報告한 要旨」,『韓國民族運動史料』(中國篇), 851~852쪽 ;「在杭州韓國臨時政府 假事務所 其他의 近況에 關해 1934年 8月 31日字로 在杭州領事館 事務代理가 外務大臣에 報告한 要旨」,『韓國民族運動史料』(中國篇), 840쪽). 1934년 9월 일제의 방해공작과 중국 항주 公安局의 이전 권유에 따라 일시 강소성의 松江으로 이전하였으나, 이를 제외하고는 재건 한국독립당 본부는 항주를 떠나지 않았을 것이다.

87) 재건 한국독립당 당원의 명단은 각종 자료에서 산견된다. 이들 명단의 작성에 활용한 자료는 다음과 같다.「昭和11年2月以降の在華不逞鮮人團の狀況」(1936年 7月 10日),『思想情勢視察報告集』3, 3・15쪽 ;「昭和11年夏以降に於ける中華民國在留不逞鮮人團體の情況」(1936年 10月 1日), 같은 책, 441쪽 ;「昭和10年夏以降に於ける中華民國在留不逞鮮人團體の情況」(1935年 12月 5日),『思想情勢視察報告集』2, 236~247쪽 ;「1936年の在支不逞朝鮮人の不穩策動狀況」,『朝鮮獨立運動』Ⅱ, 586쪽 ;「1937年の在支不逞朝鮮人の不穩策動狀況」, 같은 책, 609쪽 ;「1938年の在支不逞朝鮮人の不穩策動狀況」, 같은 책, 630쪽 ;「主要 獨立運動者의 經歷 및 活動狀況」,『韓國獨立運動史』資料 3, 589~591쪽.

88)「1936年の在支不逞朝鮮人の不穩策動狀況」,『朝鮮獨立運動』Ⅱ, 570쪽.

로 재건 한국독립당은 한국국민당에 재정적인 문제 등을 의존하게 되었고, 3·1절이나 8·29국치일 등을 맞이하여 선언문을 발표하는 등의 선전활동 이외에는 별다른 활동을 전개할 수 없었다. 더구나 1937년 7월 중일전쟁이 발발하고 중일전쟁의 확대에 따라 중국 각지를 전전하는 과정에서 재건 한국독립당의 활동은 더욱 위축되었다. 이런 모든 불리한 주변 여건 속에서도 재건 한국독립당은 한국국민당, 조선혁명당과 함께 1930년대 중반 이후 민족주의 정당을 대표하며 존재하였고, 중일전쟁 발발 이후 민족주의진영 3당과 '韓國光復運動團體聯合會'를 결성하여 민족주의진영의 통합을 이루었고, 이를 바탕으로 1940년 5월 한국독립당으로 통합('중경' 한국독립당)되어 해체될 때까지 각종 선전활동을 전개하며 활동하였다.

2) 韓國國民黨의 結成

(1) 結成 背景[89]

1935년 7월 결성된 민족혁명당은 民族聯合戰線의 결정체이었다고 할 수 있다. 그러나 임시정부의 송병조·차리석, 상해 한국독립당의 주요 세력인 이동녕·조완구 등의 김구 계열, 상해 한국독립당의 광동지부, 한인애국단 세력 등이 불참하여 민족연합전선의 결정체라는 大命題에는 사실상 限界를 가지고 있었음도 또한 사실이다.

김구는 1932년 4월 29일 윤봉길 의사의 홍구공원 의거 이후 중국조야에서 임시정부로 보낸 각종 경제적인 지원 등의 금전문제로 새로이 임명된 군무장직을 사퇴하고 이동녕과 함께 嘉興으로 거처를 이전하였

---

89) 한국국민당의 결성 배경은 앞 절에서 살펴본 재건 한국독립당의 결성 배경과 과정에서 서술한 내용과 많은 부분이 동일하다. 따라서 한국국민당의 결성 배경에서는 이에 대하여 간략히 요약하고 다만 차이점 등에 대해서 구체적으로 서술하고자 한다.

다. 또한 1932년 5월 21일자 중국신문『時事新報』에 실린 안창호에 대한 비방기사로 인하여 야기된 '항주사건', 즉 임시정부 판공처 피습사건으로 외무장 조소앙, 법무장 이동녕, 내무장 조완구, 재무장 김철 등 모든 국무위원이 사퇴하는 임시정부 초유의 사태가 발생되었다.[90]

한편, 1933년 1월 15일에 상해에서 개최된 '在滬韓國獨立黨大會'에서 상해 한국독립당 간부진에 대한 대대적인 개편이 있었다. 이 대회에서 김구는 당의 원로이며 독립운동계에 공헌한 업적이 지대하고 윤의사 의거를 주도한 관계로 당의 직무를 수행할 수 없다는 점이 인정되어 당의 이사직에 유임되었지만 이동녕·차리석·엄항섭 등 김구 계열의 인사들은 모두 해임되었다. 상해 대한교민단 역시 윤봉길 의사의 상해 의거 이후 이유필 계열이 장악하게 되면서 김구는 상해에서의 세력기반을 상실하게 되었다.[91]

김구는 상해에서의 세력기반 상실과 임시정부 및 상해 한국독립당과의 관계가 소원해진 상태에서 중국 국민정부의 지원하에 한인군관학교의 운영과 韓國特務隊獨立軍, 學生訓練所 등의 항일특무조직의 운영에 전념하고 있었다. 이와 같은 상황에서 統一同盟이 추진하고 있는 민족혁명당 결성이 구체화되면서 또다시 임시정부 폐지 문제가 대두되었다. 민족혁명당 결성이 더욱 진전되면서 임시정부 국무위원 7인 중 5인이 사퇴서를 제출하고 각자 소속정당의 대표로 신당 결성에 참여하면서 임시정부는 송병조·차리석 2명만으로 유지되는 상황이 발생한 것

---

90) 독립운동사 편찬위원회 편,『독립운동사』4(임시정부사), 617~618쪽.
　　사퇴서를 제출한 이들 국무위원의 사직서는 1933년 3월에 처리되었다. 1933년 3월에 개회된 제25차 임시의정원 의회 회기 중인 3월 6일에 국무위원에 대한 해임과 선임이 있었는데, 국무위원 중 조완구·조소앙·김철이 依願解任되었고, 3월 22일자로 김구와 이동녕이 해임되었다(「大韓民國臨時政府公報」제55호(1933.6.30), 국사편찬위원회 편,『대한민국임시정부자료집』1, 175쪽.
91) 趙凡來,「上海 韓國獨立黨의 組織變遷과 活動에 대하여」,『한국독립운동사연구』3, 386~387쪽.

이다.

상해 한국독립당 역시 통일동맹에서 추진하는 신당 참가 여부에 대한 당론을 확정하기 위하여 1935년 2월 항주에서 '제7차 대표대회'를 개최하였다. 제7차 대표대회에서는 통일동맹의 임시정부 폐지론에 반대하며 통일동맹의 제3차 회의에 불참한다는 당론으로 확정되었다. 통일동맹을 구성하고 있는 의열단과 함께 상해 한국독립당은 관내 독립운동진영에서 차지하는 비중이 지대하였다. 상해 한국독립당의 불참은 통일동맹이 추구하는 신당으로서의 민족대당 결성에 많은 지장을 초래할 것이 분명하였다. 통일동맹에서는 상해 한국독립당의 常任執行委員 김두봉으로 하여금 상해 한국독립당의 참여를 꾸준히 종용하게 되었고, 상해 한국독립당은 결국 1935년 5월 25일 임시대표대회를 개최하여 재차 신당 참가 여부를 논의하게 되었다. 그 결과 제7차 대표대회의 당론과는 달리 신당의 결성대회에 참가하는 것으로 결론이 났다. 이에 대하여 상해 한국독립당의 이사장 송병조와 상무이사인 차리석은 '單一新黨의 將來가 不透明하고 臨時政府를 解消하는 것은 時機尚早'임을[92] 강조하는 내용의 성명서를 발표하였다. 임시대표대회의 결정에 반대하여 한국독립당에서의 직책을 사퇴한다는 내용이었다.

김구 역시 통일동맹의 신당 결성운동에 대하여 "통일운동에는 찬성하나, 김원봉 등 의열단이 공산당이란 혐의를 피하기 위한 목적이 각기 다른 통일운동에는 참여할 수 없다"고 하여 자신이 민족혁명당에 참여하지 않은 이유를 밝혔다.[93]

그러나 임시정부의 어려운 상황을 이동녕과 조완구 등을 통해 알게 된 김구는 이제까지의 태도를 바꿔 임시정부에 적극 참여할 것을 천명하는 내용의 「臨時議政院諸公에게 告함」이라는 성명서를 발표하여 임

92) 「昭和10年夏以降に於ける中華民國在留不逞鮮人團體の情況」(1935年 12月 5日), 『思想情勢視察報告集』 2(中華民國在留不逞鮮人の動靜), 64쪽.

93) 金九, 『白凡逸志』, 『白凡金九全集』 제1권, 305쪽.

시정부의 해소를 주장하는 일부 인사들의 언행을 비난하고 자신은 임
시정부에 복귀하여 본연의 책임을 다할 것임을 밝힌 바가 있다. 김구의
이와 같은 태도 변화에 대한 상황을『白凡逸志』에 다음과 같이 기록하
고 있다.

> 5당 통일시에는 임시정부를 眼中釘으로 인하는 의열단원 중 金科
> 奉·金若山 등의 임시정부 취소운동이 極烈함으로 당시 국무위원 金
> 奎植·趙素昻·崔東昨·宋秉祚·車利錫 7인 중 金奎植·趙素昻·崔東
> 昨·柳東說 5인이 통일에 심취하여 임시정부 破壞의 무관심함을 본
> 김두봉은 임시소재지인 杭州에 專往하여 宋秉祚·車利錫 兩人을 보
> 고 5당 통일이 되는 此時에 명패만 남은 임시정부를 존재케 할 필요
> 가 없으니 취소하여 버리자고 强硬할 주장을 하나 宋·車 2氏는 强硬
> 반대를 하고 있으나 국무원 7人에 5人이 棄職하고 보니 국무회를 진
> 행치 못한즉 無政府狀態라는 趙琬九 형의 親函을 받고 심히 憤慨하여
> 급히 항주에 가서 該地에 住在하던 金澈은 已爲病死하엿고 5당 통일
> 에 참가하엿든 조소앙은 벌서 민족혁명당에서 탈퇴하엿드라.[94]

『백범일지』에서도 알 수 있듯이 김구 등은 통일동맹의 신당결성에
동참하여 국무위원 7인 중 송병조·차리석 두 명만을 남기고 김규식과
조소앙 등 5명이 모두 신당결성 회의에 참여함으로서 임시정부가 무정
부상태나 다름없이 된 상황을 조완구의 편지를 통해 알게 되었다는 것
이다. 김구는 이에 따라 임시정부 폐지주장에 반대하여 민족혁명당에
불참한 이동녕·이시영·조완구·양우조 등과 함께 협의하여 임시정부
국무위원을 보선하는 등 임시정부의 재정비에 주력한 것이다.

임시정부를 재정비한 김구는 민족혁명당의 계속되는 임시정부 폐지
론에 대항하여 임시정부를 강력하게 지지하고 옹호할 수 있는 기초정
당의 필요성을 절감하였다. 이것이 한국국민당을 결성하게 된 직접적
인 원인이라 할 수 있다.

---

94) 金九,『白凡逸志』,『白凡金九全集』제1권, 305~306쪽.

김구는 한국국민당을 결성하기에 앞서 본인이 민족대당으로서의 민
족혁명당 결성에 반대하여 불참하였는데, 이제 와서 별도의 정당을 결
성하는데 대한 심적인 부담을 느끼고 있었다. 『백범일지』의 다음과 같
은 기록이 이를 뒷받침해주고 있다.

　　5당통일이 형성될 당시로부터 우리 동지들은 단체조직을 주장하엿
　으나 나는 극히 挽止하엿다. 이유는 타인들은 통일을 하는데 그 통일
　내용의 복잡으로 인하여 아즉 참가는 안이하엿으나 내가 엇이 참아
　딴 단체를 조직하겟느냐 하엿으나 지금은 趙素昻이 한독 재건설이 출
　현한다. 이제는 내가 단체를 조직하여도 통일 파괴자는 아니다. 임시
　정부가 종종의 위험을 당하는 것은 튼튼한 배경이 없음이니 이제 임
　시정부를 형성하엿으니 정부 옹호를 목적한 일개 단체가 필요타 하고
　韓國國民黨을 조직하엿다.[95]

김구는 민족혁명당 결성 시에 주변의 인사들이 민족혁명당에 대응할
수 있는 별도의 정당을 결성하자는 주장에도 통일이라는 대의명분 때
문에 반대하였는데, 이제 와서 먼저 별도의 정당을 조직하는 것이 내심
부담스러웠던 것이다. 그런데 민족혁명당에서 탈당한 조소앙 등이 한
국독립당을 재건하였으니 이제 새롭게 정당을 결성하여도 민족의 통일
대당에 불참하고 오히려 별개의 정당을 결성하였다는 비난을 면할 수
있다는 판단과 또한 임시정부를 강력히 지지하고 옹호할 수 있는 정당
의 필요성을 인식하였기 때문에 韓國國民黨을 결성하였다는 것이다.

결국 김구는 자신이 獨立運動陣營의 통일을 방해하고 이를 파괴한
장본인으로 인식되는 것을 꺼려 민족혁명당에 대응할 수 있는 정당을
결성하여야 한다는 주변의 권유에도 불구하고 이를 적극 만류하였던
것이며, 이후 조소앙 등이 재건 한국독립당을 결성하자 자신이 통일정
당의 파괴자라는 오해를 받지 않게 되었고, 더구나 임시정부의 基礎政

95) 金九, 『白凡逸志』, 『白凡金九全集』 제1권, 306쪽.

黨의 절대적인 필요성 때문에 한국국민당을 결성하게 된 것이다.

한국국민당은 1936년 3·1절 19주년을 맞이하여 발표한 기념선언문에서 동당의 결성 이유를 밝히고 있다.

> 진정한 한국민족은 왜적과 합류하는 이러한 반동분자를 영광스러운 광복진영에서 驅逐하고 먼저 混亂한 陣線을 정리한 純擊的, 强且有力한 再組織을 실현할 것을 渴望했다. 이에 순응하여 본당이 성립되었다.[96]

한국국민당은 반동분자의 집단인 민족혁명당을 광복진영에서 축출하여 혼란스러운 독립운동진영을 정리하기 위한 목적에서 결성되었다는 것이다. 즉 한국국민당은 진정한 한국민족의 '純擊的·强且有力한 조직체'로서 민족혁명당이라는 불순한 반동분자들의 결집체에 대항하기 위한 목적에서 결성된 것이다.

(2) 組織體制

민족혁명당은 상해 한국독립당의 핵심세력이었던 김구 계열 및 임시정부의 송병조·차리석 등의 불참으로 완전한 형태의 민족대당이라고 할 수는 없었다. 그러나 민족혁명당이 결성 이후 점차 항일독립운동의 주도적인 위치와 역할을 점하게 되자, 민족혁명당에 불참한 세력들은 민족혁명당의 임시정부 폐지 주장에 맞설 수 있는 임시정부의 유력한 기초정당의 필요성을 인식하게 되었다. 임시정부 지지정당의 결성에 앞서 선결해야 할 더욱 시급한 과제는 무정부상태나 다름없는 임시정부 체제의 재정비이었다. 송병조·차리석 두 명의 국무위원은 임시정부의 재건을 위하여 항주에 머물고 있는 이시영·조완구 등에게 연락

---

96) 「昭和11年2月以降の在華不逞鮮人團の狀況」(1936.7.10), 『思想情勢視察報告集』 3, 199쪽.

을 취하여 남경에 있는 김구에게 협조를 구하는 한편 이동녕과 광동지
부의 김붕준·양우조와도 연락을 취하며 임시정부의 재건을 위하여 분
주히 노력하였음은 앞서 살펴본 바가 있다.

임시정부의 국무위원 보선 결과 등을 보도한
『대한민국임시정부 공보』 제60호(1935년 11월 25일)

또한 조소앙·박창세 등과도 연락을 취하며 임시정부의 부흥에 주력
하고 있었다. 이 과정에서 송병조는 한국독립당 재건비 명목으로 100
元을 지원하기도 하였으나, 조소앙이 김구의 임시정부 참여를 반대하

는 것에 대한 의심과[97] 임시정부 부흥을 위해 절대적으로 필요한 재정적인 지원을 배경으로 김구와 협조체제를 형성하게 되었고, 이어서 이동녕·이시영·조완구·김붕준·양우조 등의 협조를 얻어 임시정부의 부흥을 도모할 수 있게 되었다.

그 결과 1935년 10월 제28회 임시의정원 의회를 嘉興의 南湖 놀잇배에서 개최하고 이동녕·조완구·김구 등 3인의 국무위원을 보선하여[98] 김구 중심의 새로운 임시정부 체제를 확립할 수 있게 된 것이다.[99] 임시정부의 체제를 정비하여 임시정부를 주도하게 된 김구는 다음으로 민족혁명당에 대항하면서 임시정부를 지지, 옹호할 정당의 결성에 착수하였다. 이에 따라 김구는 자신의 세력기반인 韓人愛國團·韓人特務隊獨立軍·學生訓練所의 대원들과 민족혁명당에 함께 불참한 이동녕·이시영·조완구 등, 상해 한국독립당 광동지부의 김붕준·양명진 등과 협의를 거쳐 마침내 1935년 11월 杭州에서 韓國國民黨을 결성한 것이다.

결성 직후의 한국국민당의 조직체제와 간부 명단은 〈표 12〉와 같다.

---

97) 趙凡來,「再建 韓國獨立黨 研究」,『한국독립운동사연구』 5, 358쪽.

98) 其時 杭州에 住居하는 李始榮·趙琬九·金朋濬·楊少碧·宋秉祚·車利錫 等 議員들과 臨時政府 維持問題를 協議한 結果 意見이 一致됨으로 一同이 嘉興에 倒着하여 李東寧·安恭根·安敬根·嚴恒燮·金九 等이 南湖 游艇 一擲을 泛하고 議會를 船中에서 開하고 國務委員 3人을 補選하니 李東寧·趙琬九·金九와 宋秉祚·車利錫 合 5人이니 於是乎 國務會議를 進行케 되엇드라(金九,『白凡逸志』,『白凡金九全集』 제1권, 306쪽).

99) 1935년 11월 2일 임시의정원에서 실시한 국무위원의 보선 결과 이동녕·이시영·김구·조완구·조성환 등 5인이 당선되었고, 다음 날인 11월 3일의 국무회의에서 주석 이동녕·내무장 조완구·외무장 김구·군무장 조성환·법무장 이시영·재무장 송병조·비서장 차리석으로 행정 각부의 책임자가 호선되었다. 김붕준은 임시정부의 駐粤代表로 선임되었다(「大韓民國臨時政府公報」 제60호(1935년 11월 25일),『대한민국임시정부자료집』 1, 190쪽).

〈표 12〉 한국국민당의 조직체제와 간부 명단[100]
(1935년 말 현재)

理事長 : 金九
理事 : 李東寧 · 宋秉祚 · 趙琬九 · 金朋濬 · 車利錫 · 安恭根 · 嚴恒燮
監査 : 李始榮 · 曺成煥 · 楊明鎭(楊墨, 楊宇朝)
宣傳部長 : 엄항섭
組織部長 : 차리석
秘書 : 조완구
檢査 : 김붕준

　이상의 간부 명단을 살펴보면, 이동녕 · 이시영 · 조완구 · 엄항섭 등 김구 계열의 핵심인물과 송병조 · 차리석 등 임시정부 유지파와의 세력 연합임을 쉽게 알 수 있다. 이는 임시정부의 강력한 기초정당 결성이라는 한국국민당의 조직 목적과 부합되는 일이었다.

　한국국민당은 理事長制를 채택하였다. 이사장제는 동당이 1940년 5월 한국독립당으로 통합되면서 해체될 때까지 유지된 것으로 보인다. 한국국민당은 1937년 7월 중일전쟁 발발 이후 본부를 南京으로 이전하고 조직기구를 확대 · 개편하는 한편 상해에는 지부를 설치하였다. 당의 중앙본부는 南京 藍旗街 8號에 위치하고 있었으며, 집행실무부서로 調査部 · 行動部 · 特務部 · 交通部 · 聯絡部의 5개 부서를 두고 上海支部는 불란서 조계 내의 蒿山路에 두었다. 상해지부의 책임자는 趙尙燮과 羅愚이었으며 이들은 중국 군사위원회 特務隊인 藍衣社 상해지부의 협조를 받으면서 활동하고 있었다. 특히 한국국민당은 남경에 머물면서 남의사의 책임자인 戴笠과 연락을 취하며 실질적인 지원을 받고 있었다.[101] 한국국민당은 또한 결성 이전에 北平에 崔龍圖, 廣東에 馬超軍,

100)「1935年の上海を中心とする朝鮮人の不穩策動狀況」,『朝鮮獨立運動』Ⅱ, 547쪽 ; 朝鮮總督府警務局 編,『最近に於ける朝鮮治安狀況』(昭和13年), 嚴南堂書店, 1966, 280쪽.
101)「支那事變勃發以後南京陷落直後迄の中南支在住不逞鮮人の動靜」(1938.1),

洛陽에 盧泰然·廉溫東·朴世昌·周(朱)堯春·李某, 상해에는 陳某를
파견하였다는 일제의 기록이 있는데,[102] 이들 중 일부는 한국국민당의
지부 역할을 수행하였을 것으로 판단된다.

이상과 같은 사실을 토대로 1937년 말 현재의 한국국민당 조직체계
를 표로 나타내면 〈표 13〉과 같다.

〈표 13〉 한국국민당의 조직기구표(1937년 말 현재)

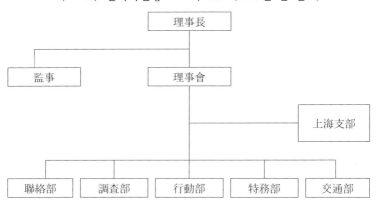

한국국민당은 산하에 '韓國國民黨靑年團'과 '韓國靑年前衛團'을 조직
하여 운영하였다. 이들 외곽단체는 일제에 대한 각종 정보수집, 일제의
관공서 파괴 및 요인 처단 등을 통한 적 후방의 교란, 선전유인물 배포
활동 등이 주요임무이었다.

『思想情勢視察報告集』 5(中華民國在留不逞鮮人の動靜), 74쪽.
102) 「昭和10年夏以降に於ける中華民國在留不逞鮮人團體の情況」(1935年 12月
5日), 『思想情勢視察報告集』 2, 218~219쪽.
낙양에 파견된 염온동은 신한독립당 소속으로 민족혁명당에 참여한 인물
이다. 이 시기에 낙양으로 파견되어 중국의 낙양항공국 사무소에서 근무하
며 민족혁명당 낙양지부장으로 활동하였다. 따라서 한국국민당에서 낙양
에 염온동을 파견하였다는 일제의 정보 문서는 잘못된 것이다.

한국국민당의 재정적인 기반을 살펴보면, 중국의 勵志社로부터 매월 2,500元의 재정적인 지원을 받고 있었다. 미주지역의 한인독립운동단체로부터도 인구세 150달러가 매달 송부되고 있었다.[103] 여기에 한국국민당의 특무공작을 실제적으로 주도, 지휘하고 있는 安恭根이 중국국민당으로부터 매달 수천 원씩의 보조를 받아 이 중의 일부를 黨務經費로 보조하였다.[104] 이와 같은 재정적인 기반으로 한국국민당은 재건 한국독립당이나 조선혁명당보다 상대적으로 풍부한 재정을 확보할 수가 있었다.[105]

한국국민당은 정치이념으로 三均主義를 채택하여 혁명적 방법으로 완전한 광복을 쟁취한 이후 정치·경제·교육의 균등에 기초한 新民主共和國과 均等社會의 건설을 최종 목적으로 하고 있었다. 당의 최종 목적을 위하여 민족적 혁명역량의 총집중과 民衆的 抵抗, 武力的 破壞 등의 정책을 추진하였고, 기관지『韓民』의 발간 등 다양한 선전활동과 特務工作을 진행하였다. 한국국민당은 결성 이후 중일전쟁 이전까지는 주로 임시정부와 당의 역량확대와 기반강화를 위해 전념하였고, 중일전쟁 이후에는 민족주의진영의 연합과 이를 바탕으로 좌익진영과의 민족연합전선 결성을 주도하는 등 활발한 활동을 전개하였다.

한국국민당은 결성 이후 중국 관내 독립운동진영의 대표적인 우익정당으로서의 위치와 역할을 수행하였다. 중일전쟁 이후에는 좌익진영과의 聯合戰線 結成을 주도하는 등 1940년 5월 한국독립당으로 통합 발

---

103) 「昭和11年2月以降の在華不逞鮮人團の狀況」(1936年 7月 10日),『思想情勢視察報告集』3, 11~12쪽.

104) 「韓國各政黨現況」,『資料 韓國獨立運動』Ⅱ, 66쪽.

105) 1930년대에 임시정부에 대한 재정지원을 담당하였던 중국국민당 군사위원회의 蕭錚의 증언에 따르면, 중국국민당정부는 1932년 9·10월경부터 1941년까지 김구에게 경상비로 매월 5,000원을 지원하였다고 한다(蕭錚 證言,「中國 國民黨과 金九」, 韓國精神文化硏究院 編,『韓國獨立運動史資料集』, 博英社, 1983, 151~153쪽).

전적인 해체를 할 때까지 많은 활동을 전개한 1930년대 후반 독립운동
진영의 대표적인 정당이었다.

3. 重慶 韓國獨立黨의 結成

1) '韓國光復運動團體聯合會'의 結成

민족혁명당 불참 세력들이 김구를 중심으로 임시정부 조직을 재정비
하는 한편, 임시정부의 기초정당으로 한국국민당을 결성하는 등 독립
운동진영의 강화를 위해 노력하였다. 이 기간에 중국의 대외정세는 일
본과의 전면적인 전쟁 돌입 일보 직전의 상태에 놓여 있었다. 일제는
1931년 만주사변을 도발한 이후 1935년까지 만리장성을 경계로 하여
北平政務委員會·冀東自治政府·冀察政務委員會·蒙古自治委員會 등
의 괴뢰기구를 만들어 침략정책의 하수인으로 만드는 등 중국 본토에
대한 침략 의도를 점차 노골화하고 있었다.[106] 일제의 이와 같은 의도
적·계획적인 중국침략정책에 대하여 중국국민당정부는 '先安內後攘
外', '外交無形之戰爭'으로 표현되는 무저항정책을 취하고 있었다. 외교
적 방법으로 일련의 사태를 해결하려는 것이었다.[107]

중국정부의 對日外交政策은 1936년 12월의 '西安事變' 이후 변화되었
다. '先安內後攘外'의 대일정책이 內戰停止·國共合作·抗日武裝鬪爭의
전개 등으로 전환된 것이다. 이는 일제가 2·26군부쿠데타 이후 군부에
서 일본 내각을 장악·조정하면서 중국 내륙까지 침략야욕을 노골화하

106) 小島晋治·丸山松幸 著, 박원호 譯, 『中國近現代史』, 지식산업사, 1997, 135~
138쪽.
107) 張世胤, 「中日戰爭期 大韓民國臨時政府의 對中國外交」, 『한국독립운동사연
구』 2, 1988, 517쪽.

는 데에 대한 중국 국민정부의 대일정책의 변화이었다. 일제의 중국 본
토 침략 야욕은 마침내 1937년 7월 7일 蘆溝橋事件으로 도발되었고, 이
는 중일전쟁으로 확대되었다.

　중일전쟁 발발 이후 중국 관내에서 활동하고 있던 한인독립운동진영
은 조직적이고 효과적인 대일항전태세를 갖추기 위하여 발빠른 움직임
을 보이고 있었다. 먼저 임시정부를 중심으로 하는 민족주의진영의 움
직임을 살펴보자.

　1935년 7월 5일 결성된 민족혁명당은 결성 직후부터 당의 主導權 問
題와 이념 갈등 등의 문제로 이탈세력이 생겨났다. 상해 한국독립당의
조소앙·박창세 등이 탈당하여 재건 한국독립당을 결성한 것이다. 민
족혁명당에 참여한 신한독립당의 홍진 역시 탈당하여 재건 한국독립당
에 참여하였다. 미주의 대한독립당도 대표를 소환하여 원당으로 북귀
하는 등 민족혁명당은 민족대당으로서의 면모를 유지하지 못하고 있었
다.[108]

　민족혁명당은 상해 한국독립당 계열과 신한독립당 계열의 인사들이
탈당한 이후 김원봉 중심의 의열단 세력과 지청천·최동오 등의 세력
이 양대 세력을 형성하는 모양새를 이루게 되었다. 지청천은 김원봉의
당권 장악과 전횡에 대해 불만을 갖고 있었고, 또한 의열단 계열이 공산
주의운동을 하고 있다고 하여 경계를 계속하는 등 내부갈등이 내재되
어 있었다.[109] 지청천과 김원봉과의 알력과 갈등이 표출된 것은 1937년
1월의 전당대표대회이었다. 지청천은 전당대회에서 '3頭政治論'을 제창
하여 민족혁명당을 지청천·최동오·김원봉 3명이 주도하며 당의 주요
사무를 진행할 것을 주창하였다.[110] 민족혁명당에서 김원봉 등 의열단

108) 독립운동사편찬위원회 편, 『독립운동사』 4(임시정부사), 669쪽.
109) 「在南京 民族革命黨의 行動에 關해 1936年 3月 30日字로 在上海 內務書記
　　官이 警保局長에 報告한 要旨」, 『韓國民族運動史料』(中國篇), 873쪽.
110) 「1937年の在支不逞朝鮮人の不穩策動狀況」, 『朝鮮獨立運動』 Ⅱ, 602쪽.

계열의 독주와 전횡을 방지하려는 목적이었다. 하지만 김원봉은 의열단 세력과 우세한 자금을 이용하여 서기국 총서기에 선임되어 당의 실권을 장악하고 당의 명칭을 朝鮮民族革命黨으로 변경하기에 이르렀다.[111]

1937년 1월의 전당대회에서 3두정치론으로 김원봉의 독주를 견제하려던 목적이 좌절되자 지청천 등은 같은 해 3월 29일에 '韓國民族革命黨'의 명의로 비상대회선언을 발표하였다. 김원봉 일파의 전횡사실을 알리고 '淸黨'을 단행하여 김원봉 일파를 배제할 목적으로 '護黨宣言', '亂黨事實'이라는 문서를 배포하여 김원봉의 非行을 폭로하고 공격한 것이다.[112] 김원봉 계열에서는 4월 초에 당간부회의를 소집하여, 지청천을 비롯한 崔東旿·李光濟·趙擎韓·黃學秀·玄益哲·柳東說·金學奎·梁起鐸·姜昌濟·李復源 등 11명을 제명처분하기에 이르렀다.[113] 김원봉의 독주를 견제하고 당의 주도권을 장악하려 했던 지청천 등은 김원봉의 세력을 견제하지 못하고 오히려 축출되는 결과를 초래한 것이다. 지청천 등은 이후 南京城 내 夫子廟 부근에 모여 이에 대한 대책을 협의한 결과 민족혁명당에서 탈당할 것을 결의하고 마침내 1937년 4월 하순에 朝鮮革命黨을 결성한 것이다.[114]

조선혁명당은 창당선언서에서 의열단을 "反革命徒黨"의 무리라고 규정하고, "의열단은 우리의 민족전선을 기만하고 파괴하는 데에 전력을 기울이고 있으며, 공산주의라는 사치관념으로 장식한 오합의 매개물이며, 일찍이 공산당에 가입하였던 까닭에 우리의 광복운동과는 무관한 민족혁명운동의 명의를 가차한 단체"라고 매도하였다.[115] 또한 조선혁

---

111) 양영석,「1940년대 조선민족혁명당의 활동」,『한국독립운동사연구』3, 1989, 545~546쪽.

112)「1937年の在支不逞朝鮮人の不穩策動狀況」,『朝鮮獨立運動』Ⅱ, 602~603쪽 ; 독립운동사편찬위원회 편,『독립운동사』4(임시정부사), 669~670쪽.

113) 위와 같음.

114)「1937年の在支不逞朝鮮人の不穩策動狀況」,『朝鮮獨立運動』Ⅱ, 603쪽.

115)「1937年度의 宣言－朝鮮革命黨宣言」,『韓國獨立運動史』資料 3, 465쪽.

명당은 결성 직후 중국 측에 "본당은 한국독립당·신한독립당·의열단·재만조선혁명당 등의 純粹民族主義의 정수인 혁명자들로 결성된 단체"라고 선전하였다.[116] 조선혁명당이 민족혁명당에 반대하는 정당으로서 상해 한국독립당 등과 같은 순수민족주의자 집단임을 강조한 것이다.

1937년 4월 지청천·최동오·현익철 등이 민족혁명당에서 탈당하여 반민족혁명당의 입장을 분명히 하는 조선혁명당을 결성하게 됨으로써 1930년대 중반 이후 중국 관내 독립운동진영은 반민족혁명당 세력 대 민족혁명당으로 양분되었다. 반민족혁명당 세력은 한국국민당·재건 한국독립당·조선혁명당의 우익진영 3당으로 정립된 것이다. 이들 우익진영 3당은 중일전쟁이 발발하자 효과적인 대일항전을 위하여 연합을 모색하게 되었다.

우익진영 3당이 연합을 모색하게 된 배경은 무엇보다도 중일전쟁의 발발에 따른 보다 효과적인 항일투쟁을 위해 독립운동전선에서 연합요구가 대두되었기 때문이다. 또한 재건 한국독립당과 조선혁명당은 창당 이후 각각 심각한 재정난으로 독자적인 활동이 곤란해짐으로서 한국국민당의 재정지원이 요구되고 있었다. 한국국민당으로서는 임시정부를 옹호·지지하며 민족혁명당에 대항하기 위해서는 재건 한국독립당과 조선혁명당의 협력이 절대적으로 필요한 상황이었다.[117] 우익진영 3당은 모두 순수민족주의 정당을 표방하면서 정치이념이나 독립운동노선에 별다른 차이점이 없었다.[118] 또한 반민족혁명당이라는 공통적인 입장을 갖고 있었기 때문에 3당의 연합은 비교적 자연스럽게 추진될 수 있었다.

116) 「1937年の在支不逞朝鮮人の不穩策動狀況」, 『朝鮮獨立運動』 Ⅱ, 603쪽.
117) 趙凡來, 「韓國國民黨硏究」, 『한국독립운동사연구』 4, 1990, 395쪽.
118) 韓詩俊, 「重慶 韓國獨立黨'의 성립배경 및 과정」, 『尹炳奭敎授華甲紀念韓國近代史論叢』, 1990, 953쪽.

우익진영 3당의 연합은 한국국민당에 의해서 먼저 시도되었다. 한국국민당 산하단체인 韓國國民黨靑年團의 기관지 『韓靑』 제4호에서 통일전선의 필요성과 결성을 위한 역량강화와 그 방법까지 제시하였다.

　　통일은 量의 문제이요 강화는 質의 문제이다. 우리는 질을 고려치 않고 양만 탐한 까닭에 과거에 실패하였다.…質과 量에 대하야 難管齊下의 방법을 취함이 가장 타당한 방침인 줄 믿는다. 한 黨에 딸린 細胞단체 새이에는 엄정한 縱的關係를 확립식히어 이것을 조직화식히는 동시에 과학적 지도하에서 급제시킬 수 있다면 모든 당의 능률은 혈신 증진될 것이니 이것으로써 質을 강화시키고 전투력을 旺盛케 할 수 잇을 것이다. 또 당과의 새이에는 현계단에서 우리의 모든 정세가 몽랍할 수 있는 데까지 널리 橫的 관계를 체결하고 연락의 태도를 취하야 때때로 나타나는 전민족의 이해에 관한 문제에 처하야 또는 적에 대한 전략에 있서서 협조의 자세를 가지게 된다면 全陣線의 능률이 따라서 증가될 것이니 이것으로써 量을 확대시키고 또한 전체의 전투력을 더한층 힘잇겟 맨들 수 있을 것이다.[119]

연합전선의 결성은 질과 양의 문제가 함께 진행되어야 하는 것이며 각 당의 산하단체를 종적으로 조직화하여 당의 역량과 전투력을 강화하고 이를 토대로 횡적으로 협조하여 對日戰線을 강화할 필요가 있다는 것이다. 각 당의 역량을 먼저 강화한 다음에 각 정당 간의 연합을 추진함으로서 대일역량을 극대화할 수 있다는 것이다.

한국국민당은 1936년 11월 6일자로 발표한 「第2次大會宣言」에서도 한인독립운동진영의 단결을 강조하고 있다.

　　우리난 전국민적 단결함을 위하야 뭉쳐 보자. 뭉쳐지지를 못하거든 손목을 맛잡고 나란이라도 나가 보자.…이것이 우리의 힘쓸 일이 안

---

119) 方圓夢, 「如是我觀」, 『韓靑』 제1권 제4기(1936년 11월 25일), 4~5쪽. 독립기념관 소장자료(자료번호 3-011667).

인가. 력사를 존중히 알고 모릭 우에 집을 지으랴고 헛이를 쓰지 말
라. 좀더 릥정하게 주도하게 ○○하게 뜻잇게 우리의 길을 이모듬에
서 차져보쟈. 난호인 힘은 한데모고 거친난 가지난 쳐가면서 굿쎈 쌕
리를 북도다 보쟈. 그리하야 우리 국가를 광복하고 우리 민족을 희방
하야 조상에게 영광을 돌리고 자손에게 복락을 씌처보쟈. 본당의 사
명도 이것이며 의무도 이것이다. 이 의무 이 사명을 수힝하기 위하야
가쟝 큰 힘을 다할 것은 더 말할 것도 업나니 광복운동쟈들은 더욱 면
려할진져.120)

조국 광복과 민족의 해방을 위하여 민족적 단결을 추진하고자 노력
하여야 한다는 것이다. 만약 이것이 안 되면 한국국민당을 중심으로 광
복운동자들, 즉 민족주의진영만이라도 분열된 힘을 모으는 데에 더욱
노력할 것을 강조하고 있는 것이다.

한국국민당의 연합전선 결성 노선은 중일전쟁의 발발을 전후하여 그
방향이 수정되었다.121) 우익진영 만으로 먼저 단체를 통합하여 광복운
동단체를 조직하고 그 다음에 좌익진영과의 연합전선 결성을 주장하는
글들이 『韓民』에 게재되고 있다. 우선 우익진영의 연합과 통일을 주장
한 것이다.

『韓民』 제10호(1937년 1월 1일자)의 「新年所感」에서 우익진영의 통
합을 통한 광복운동단체 결성을 주장하는 내용의 글이 게재되어 있다.

---

120) 「한국국민당 데二차대회선언」, 『신한민보』 1937년 1월 14일자 ; 『白凡金九
　　　全集』 제4권(대한민국임시정부 1), 752쪽.
121) 한국국민당의 연합전선 결성에 대한 태도는 중일전쟁 발발을 전후하여 변
　　　화가 있었다. 한국국민당의 기관지 『韓民』에 게재된 '통일전선', '단일전선'
　　　의 결성과 관련된 각종 글을 분석해 보면, 중일전쟁 이전에는 좌익진영과
　　　의 단일전선 결성에 부정적이거나 또는 필요하지만 시기상조라고 주장한
　　　글이 주류를 이루고 있다. 그러나 중일전쟁 이후에는 연합전선의 결성을
　　　위한 선결과제로 우익진영의 연합과 통일을 주장하는 내용의 글이 자주 확
　　　인된다.

　　부분적 통일도 성공하지 못한 우리로서 어찌 전체적 통일을 할만
한 자격을 가질 수 있으랴.…먼저 한국의 특수성을 정확히 인식하고
그 토대 우에서 공통한 투쟁리론을 파악하면서 제진선의 통일붙어 급
급히 완성하고 그 다음에 전민족적 항일련합진선을 완성하는 것이다.
우리의 급한 생각으로 말하면 당장에 대동통일을 하고 싶지만은…남
이야 어찌하든 우리 광복운동자 만이라도 우리끼리 우리의 혁명리론
을 수립하며 우리의 광복진선을 통일하기에 먼저 노력하자.[122]

　중국 관내 한인독립운동진영의 통일을 위해 여러 차례 노력하였으나
성의있는 실천과 투쟁이론이 없었기 때문에 이제까지 계속하여 실패하
였다고 솔직히 과거의 오류를 고백하였다. 그리고 향후 독립운동진영
의 통일을 위해서는 먼저 한국의 상황에 적합한 투쟁이론을 파악하고
자신이 속한 진영에서의 통일을 완성한 다음에 전민족의 전선통일을
이루어야 한다는 것이다. 즉 우익진영의 광복운동자 만이라도 먼저 光
復陳線으로 통일을 완성할 것을 주장한 것이다.
　『韓民』 제10호에는 임시정부를 중심으로 광복진선의 결성을 주장하
는 내용의 또 다른 글이 「中國抗日軍을 積極 後援하자」라는 제목으로
수록되어 있다.

　　우리는 우리나라를 위하야 피흘니기를 결심하며 또 우리의 힘으로
우리의 조직을 엄밀히 하며 기률을 쇄신함이 당연 중에도 당연한 일
이다. 그러나 이것은 한 개인의 힘으로만 될 것이 아니니 먼저 한 기
빨 아래로 모히고 한 기빨 아래로 모힌 뒤에는 그 기때를 잡은 중심기
관의 호령에 복종하며 그 기관을 옹호함에서 우리의 목적을 달할 수
있는 것이다. 이 기때를 잡은 중심기관은 묻지않고도 다 알 수 있는
우리 림시정부다.…우리는 비록 지금에 붓그럽고 조급한 맘이 불일
듯 할지라도 잠간 참고서 먼저 림시정부를 중심으로 한 광복진선을
재건설하기에 전력을 다 할 수밖에 없다.[123]

122)「新年所感」, 『韓民』 제10호(1937년 1월 1일).

독립운동자는 엄밀한 조직으로 한 데 모여 일정한 기율과 명령하에
서 독립운동을 진행하여야 함이 중요한 것인데 그 엄밀한 조직, 즉 중
심기관이 바로 임시정부라는 것이다. 임시정부를 적극 옹호하고 임시
정부의 기치 아래에서 광복진선을 결성할 것을 주장하는 것이다.

임시정부를 중심으로 우익진영 3당만으로 먼저 광복운동진영의 연
합을 추진하여야 한다는 주장은 『韓民』 제14호에서 또다시 강조되고
있다.

> 광복전쟁을 개시한지 삼십년이나 되는 이때에 다시 이것을 목이
> 터지게 부르지지게 됨은 불행이 과거의 광복진선이 강화확대되지 못
> 한 까닭이다.…가장 큰 화근을 심어놓은 것은 공산주의자들의 표리부
> 동한 행동이니…공산주의자를 꾸짖는 우리는 먼저 자책하지 아니할
> 수 없나니 이는 우리 광복운동자들이 우리의 진선을 강화하지 못한
> 고로 그들이 이것을 좀먹게 된 까닭이다.…그럼으로 우리는 새삼스러
> 운듯하나 광복진선의 강화확대를 간절히 부르짖는다. 다른 주의를 가
> 진 두개 이상의 힘이 어떠한 시긔에서 동일한 목적을 위하야 합작함
> 에는 비록 균등한 세력을 가지지 못할지라도 최소한도로 각각 강유력
> 한 조직은 있어야 할 것이니…우리는 견민족적 통일진선을 조속히 촉
> 성하랴 하야도 반드시 우리의 광복진선을 먼저 강화확대하지 아니하
> 면 아니될 것이다.[124]

이제까지 光復陣線이 결성되지 못한 가장 큰 원인은 '광복운동의 탈
을 쓰고 民族單一戰線(협동진선, 대동통일)을 주장하면서 한편으로는
오히려 이를 파괴하는 데에 앞장선 공산주의자들의 책동'이 가장 큰 이
유이지만 우익진영의 잘못도 있음을 지적하고 있다. 우익진영의 내부
통일이 확대 강화되지 못하였기 때문에 공산주의자들이 연합전선을 파
괴하였다는 것이다. 全民族的인 統一戰線의 결성을 위해서는 먼저 光

123) 一記者, 「中國抗日軍을 積極 後援하자」, 『韓民』 제10호(1937년 1월 1일).
124) 「光復陣線을 强化擴大하자!」, 『韓民』 제14호(1937년 6월 30일).

復運動陣營, 즉 우익진영 3당의 연합을 이루어야 한다는 주장이다.

『韓靑』 제2권 제3기에 元突吾라는 필자는 「民族聯合戰線과 組織方法에 對한 管見」[125]에서 민족연합전선에 대한 정의와 연합전선을 실천하기 위한 가장 필수적인 조건 5개항을 비롯, 구체적인 운용방안 등 모두 22개 항목의 연합전선 원칙을 제시하기도 하였다.

그러나 이러한 우익진영 3당의 연합 내지는 통일도 한국국민당이 중심이 되어야 한다고 주장하고 있다. 『韓民』 창간호에 실린 愚民의 「我獨立運動의 動向」에서 이를 확인할 수 있다.

> 現局을 타개하고 우리의 운동을 正軌로 인도하야 戰線을 정화하고 강화하야 최종의 목적을 달하는 데는 전민족의 기본정신을 본위로 한 일개의 强有力한 당을 요하게 된다. 이 임무에 충실하야 전민족의 욕구를 만족하게 할 당은 오직 韓國國民黨이 있을 뿐이다.…이 한국국민당의 旗幟 아래로 몰여들어서 민족진영을 정리하야 鞏固하게 하고 민중의 선구가 되자.[126]

한국국민당이 우익진영의 독립운동을 올바른 길로 인도할 가장 유력하고 엄밀한 정당이기 때문에 우익진영 3당의 통합 주체는 한국국민당이 되어야 한다는 내용이다.

조선혁명당 역시 1937년 선언에서 "全民族의 總團結로써 민족전선을 강화하고 일제의 침탈세력을 撲滅하여 國土權의 자유독립을 회복하는 것이 朝鮮革命의 路線"[127]이라고 언급하여 전민족의 총단결, 즉 연합전선의 결성을 독립운동노선으로 강조한 바가 있다.

우익진영 3당을 연합하려는 구체적인 움직임은 1937년 7월 초 한국

---

125) 元突吾, 「民族聯合戰線과 組織方法에 對한 管見」, 『韓靑』 제2권 제3기(1936년 3월 20일), 17~25쪽. 독립기념관 소장자료(자료번호 1-H01548).

126) 愚民, 「我獨立運動의 動向」, 『韓民』 제1호(1936년 3월 15일).

127) 「1937年度의 宣言－朝鮮革命黨宣言」, 『韓國獨立運動史 資料』 3, 465쪽.

국민당의 송병조가 재건 한국독립당의 홍진, 조선혁명당의 지청천과
남경에서 모임을 갖게 되면서 시작되었다. 이 회의에서 결정된 내용은
다음과 같다.

> 1) 3黨 합동의 취지를 밝히기 위하여 近間 공동성명서를 발표할 것
> 2) 합동단체는 협력하여 臨時政府를 擁護·擴大 强化할 것
> 3) 각 단체는 대표 2명을 南京에 파견하여 共同事務를 처리할 것[128]

　이 결의안의 주목적은 3당이 연합하여 임시정부를 옹호하고 우익진
영의 세력을 확대, 강화하자는 취지였다. 우익진영 3당은 미주지역의
임시정부 지원 단체들에게 3당 연합의 취지를 알리고 이에 필요한 재
정적인 지원도 요청하였다.[129] 이것은 우익진영 3당이 미주지역의 단
체들에 대해서도 함께 연합을 추진한 것임을 알려주는 것이다. 요청한
내용이 구체적으로 무엇이었는지 어떤 과정을 거쳐서 교섭을 하였는지
는 확실하게 알 수 없다. 하지만 미주지역의 大韓人國民會·하와이의
대한인국민회·同志會·大韓人團合會·韓人愛國團·大韓婦人救濟會
등 6개 단체가 이에 동조와 호응을 해옴에 따라 1937년 8월 1일자로 '韓
國光復運動團體聯合會'(이하 광복진선으로 약칭함)를 결성한다는 선언
서를 발표할 수 있었다.[130]

---

128) 독립운동사편찬위원회 편, 『독립운동사』4(임시정부사), 671쪽 ;「1937年の
　　在支不逞朝鮮人の不穩策動狀況」,『朝鮮獨立運動』Ⅱ, 599쪽.

129) 위와 같음.

130) 「韓國光復運動團體聯合宣言」,『韓民』號外(1937.8.7), 독립기념관 소장자료
　　(자료번호 5-001723).

한국광복운동단체연합회가 결성되었음을 보도한 『한민』 호외(1937.8.7)

선언문에서는 광복을 성취하지 못한 원인을 3가지로 요약하여 제시
하고 "고통과 實踐經驗을 통해서 勇猛努力하여 군중의 策略과 민중의
힘을 집중시켜 敵 一團을 타도하고 광복전선의 一大組織을 조성하지 않
을 수 없다."고[131] 하여 광복진선의 결성 이유를 밝히고 있다. 이어서
광복진선을 결성하기 위해서는 1) 유력한 光復戰線을 건립하고 확대할
것, 2) 힘을 합쳐 일체의 중요한 당면공작을 실행할 것, 3) 임시정부를
옹호 · 지지할 것[132] 등 3가지를 실천하여야 한다고 역설하고 있다.

---

131) 「韓國光復運動團體聯合宣言」, 『素昂先生文集』 上, 256쪽.
132) 위와 같음.
   광복진선의 선언서에서 역설하고 있는 3가지의 주요한 當面工作의 내용은
   1) 우리 민족의 광복전선을 통일강화하여 自體를 鞏固히 하고 일치한 步調
   를 取하는 동시에 민족운동의 가면을 쓰고 민족전선을 擾亂하는 반혁명세
   력과 작용을 숙청할 것, 2) 우리 광복운동단체는 정성과 열량을 한데 모아
   사업을 합작하고 신념을 길러 통일의 기초를 견고하게 할 것, 3) 우리 민족
   의 血로 成立하고 血로 固守해 온 3 · 1운동의 正脈이며 敵國과 對立한 整
   個的 尊嚴性이 있으며 전민중을 직접 영도하는 전체성 기능을 가지고 우리
   민족국가의 생존을 표시하는 임시정부를 옹호 지지하여 국민총동원의 세
   력을 정부로 집중할 것 등이다(「韓國光復運動團體聯合宣言」, 『韓民』 號外

광복진선은 민족주의진영의 총단결을 위하여 동일한 주의를 가진 단체로서 구성되었다. 민족운동을 가장하여 독립운동을 위험하게 하는 반동세력은 철저하게 선별, 숙청하여야 한다고 강조하고 민족주의진영은 3·1運動의 正脈을 계승한 임시정부로 대동단결하여야 한다는 것이다.

광복진선은 이어서 1937년 8월 「韓國光復運動團體對中日戰局宣言」을 발표하여, "중일전쟁은 우리 韓中民族의 生死存亡 최후의 문제"이며 "우리 한국민족은 群起하여 중국을 위해 항일전선에 참가할 것", "한중 양민족은 연합하여 왜적을 섬멸응징할 것"[133) 등을 주장하였다. 우익진영의 연합을 기초로 중일전쟁에 참전하고 한중연합으로 왜적과 맞서 투쟁할 것을 역설한 것이다.

광복진선의 결성은 중일전쟁 발발에 대응하여 임시정부를 중심으로 민족혁명당 등 좌익세력에 대응하려는 우익진영의 세력결집이었다. 광복진선의 결성으로 임시정부는 기반을 더욱 확고히 할 수 있었고 독립운동의 구심체로서 그 역할과 위상을 회복할 수 있게 되었다. 광복진선의 결성을 중국정부 역시 고무적으로 받아들이고 있었다. 노구교 사건이 중일전쟁으로 비화되면서 일제와 전면전이 불가피하게 된 중국정부는 한중연합의 필요성을 절감하게 된 것이다. 광복진선 역시 「韓國光復運動團體對中日戰局宣言」에서 한중연합의 필요성을 제기하였고 광복진선의 결성 직후 1만 원을 지원하기도 하였다.[134)

광복진선의 결성에 동참한 미주지역의 각 단체로부터도 재정적인 지원이 있었다. 10월 17일에는 미주지역의 단체에서 보내기로 한 3,000불 가운데 우선 250불이 상해의 미국여행사를 통하여 安恭根에게 전달된 것이다.[135)

(1937.8.7).
133) 「韓國光復運動團體對中日戰局宣言」, 『白凡金九全集』 제4권(대한민국임시정부 1), 762~763쪽.
134) 「1937年の在支不逞朝鮮人の不穩策動狀況」, 『朝鮮獨立運動』 Ⅱ, 599쪽.

광복진선의 결성 이후 중국정부와 미주 한인단체로부터 재정적인 지원이 확보됨에 따라 광복진선은 더욱 활기찬 활동을 계획하였다. 먼저 '韓國光復運動團體聯合宣傳委員會'를 1937년 10월에 설치하여 운영한 것이다.[136] 본부를 南京에 둔 이 선전위원회가 사실상 광복진선의 본부 역할을 하였을 것이며, 선전위원으로는 홍진·조소앙(재건 한국독립당),   조완구·엄항섭(한국국민당)·李光·玄益哲·趙擎韓(조선혁명당) 등 7명이 선임되었다.[137] 선전위원회는 선언문에서 "우리 민족의 整個的 宣傳을 확대할 것", "우리 한중민족 생사가 중요한 연대성을 가지고 있음을 宣揚할 것", "우리 독립자유의 새로운 지름길을 開拓할 것", "우리 당면공작의 각종 動態를 발양할 것", "강도 일본의 각종 만행과 붕괴 과정에 있는 각종의 정세를 폭로할 것" 등[138] 5가지 주요 활동을 전개하기 위하여 각 방면에서 선전활동을 진행하는 한편으로 다양한 對日抗戰을 준비하였다. 중국정부의 재정지원을 받아 중국 북부지역에서 대규모의 항일활동을 계획하였으며 상해에서 杜美路 1號 楊虎의 집을 비밀연락 장소로 하여 상해주재일본총영사관 등 일제의 침략기관에 대한 파괴공작을 계획하였다.[139] 중일전쟁이 중국 내륙으로 확대됨에 따라 1938년 2월에는 남경에 두었던 본부를 長沙로 이전하고 安恭根과 安敬根을 수차례에 걸쳐 홍콩으로 파견하여 그곳에서 활동하고 있던 安定根·安禹生·金仁 등과 함께 동지 확보와 대일정보 수집 등의 활동을 전개하고, 이외에도 다양한 항일공작을 계획·추진하였다.[140]

광복진선은 중국 관내 우익진영 3당과 미주의 6개 단체로 구성되었

---

135) 독립운동사편찬위원회 편, 『독립운동사』 4(임시정부사), 671~672쪽.

136) 「韓國光復運動團體聯合宣傳委員會創立宣言」, 『素昂先生文集』 上, 259쪽.

137) 독립운동사편찬위원회 편, 『독립운동사』 4(임시정부사), 671~672쪽.

138) 위와 같음.

139) 「1937年の在支不逞朝鮮人の不穩策動狀況」, 『朝鮮獨立運動』 Ⅱ, 599쪽.

140) 「1938年の在支不逞朝鮮人の不穩策動狀況」, 『朝鮮獨立運動』 Ⅱ, 615쪽.

지만, 실질적으로 한국국민당·재건 한국독립당·조선혁명당 등 우익
진영 3당이 중심 세력이었다. 미주의 6개 단체는 재정적 부분을 후원하
는 역할을 담당하고 있었다. 우익진영 3당 중에서도 한국국민당이 재
정적인 면에서나 인적 기반 등에서 재건 한국독립당이나 조선혁명당보
다 우위에 있었기 때문에 한국국민당이 주도적인 역할을 하였을 것이
다. 특히 1938년 5월 長沙에서의 '楠木廳事件' 이후 광복진선 내 反金九
勢力을 제거함으로써[141] 김구 중심의 한국국민당이 광복진선의 실질적
인 주도권을 장악할 수 있었다.[142]

2) '全國聯合陣線協會'의 결성과 7黨統一會議

광복진선의 결성으로 우익진영 3당의 연합이 실현되었다. 이는 3당
의 통합을 추진할 수 있는 기반이었다. 우익진영의 광복진선 결성에 자
극받아 좌익진영도 연합을 도모하였다. 김원봉을 중심으로 하는 민족
혁명당은 朝鮮革命者同盟·朝鮮民族解放同盟·朝鮮靑年前衛同盟 등 좌

---

141) 남목청 사건의 발생 원인에 대해서 일제는 광복진선 3당의 자금 분배 등의
   문제로 야기된 내분이라고 보고하고 있다. 김구가 조선혁명당이 광복진선
   에 합류할 경우 한국국민당과 동등하게 대우해 줄 것을 약속하였으나 광복
   진선 결성 이후 간부의 지위, 자금 분배 등을 놓고 김구 측과 조선혁명당
   인사들 간에 마찰이 있었고 이것이 결국 조선혁명당의 내분을 초래하였다
   는 것이다. 즉 김구와 협조적인 관계를 유지하는 지청천·현익철·유동열
   등과 김구와 반대의 입장에 있던 강창제·박창세·이운한 등의 세력으로
   양분되었고 이 과정에서 지청천이 조선혁명당의 주도권을 쥐고 강창제 등
   3명을 제명 처분하게 되자, 이에 불만을 품은 이운한이 1938년 5월 6일 장
   사의 남목청 조선혁명당 본부에서 우익진영 3당의 통합문제를 논의하고 있
   던 김구·지청천·현익철·유동열 등을 권총으로 쏜 것으로 파악하고 있다
   (「1938年の在支不逞朝鮮人の不穩策動狀況」, 『朝鮮獨立運動』 Ⅱ, 613쪽). 이
   에 비해서 조선민족전선연맹에서는 김구 암살을 기도한 일제의 사주에 의
   해서 발생한 사건이라고 파악하고 있다(「中支在住不逞鮮人の動靜」, 『思想
   情勢視察報告集』 10, 150쪽).
142) 盧景彩, 『韓國獨立黨硏究』, 1996, 72쪽.

익진영의 3개 단체와 제휴를 도모하여 1937년 11월 南京에서 4개 단체의 연합으로 '朝鮮民族戰線聯盟'(이하 민족전선으로 약칭함)을 결성하고 12월에 漢口에서 이를 발표하였다.[143] 좌익진영이 민족전선을 결성함으로써 1930년대 후반 독립운동진영은 광복진선과 민족전선의 양대세력으로 분립되기에 이른 것이다.

광복진선은 중일전쟁의 악화로 계속되는 피난길에서도 우익진영 3당의 통합을 모색하였다. 1938년 5월 6일 長沙의 조선혁명당 본부가 있는 楠木廳에서 3당 통합회의가 개최되었다. 그러나 李雲漢이 회의장에 난입하여 권총을 발사한 '楠木廳事件'(이운한 사건)으로 우익진영 3당의 통합논의는 일단 연기되었다.

1930년대 후반 광복진선과 민족전선이라는 양대 연합체 결성으로 독립운동진영의 전선통일은 유리한 환경을 조성할 수 있게 되었다. 특히 중일전쟁 이후 중국의 제2차 國共合作은 한인 독립운동진영에도 영향을 미쳐 좌우 양진영의 통일전선 결성에 대한 요구가 더욱 강해졌고 분위기도 한층 고조되었다. 1938년 후반으로 접어들면서 한인 독립운동진영과 중국정부 사이에는 한중 간의 연합문제가 더욱 절실한 현안문제로 대두되었다. 중일전쟁이 중국에게 불리하게 진행되자 중국정부는 중국 내의 항일전선 확대를 위해 한인 독립운동진영과의 연합을 모색하게 되었다. 한인 독립운동진영은 중일전쟁이라는 호기를 맞아 더욱 효과적이고 조직적인 항일투쟁을 전개하여 우리의 독립을 쟁취하려는 의도가 맞아 떨어졌기 때문이다.

김구는 1938년에 「中國人 同志에게 告함」(1938.8.29), 「敬告中國民衆書」(1938.11.25) 등의 각종 선언문에서 한중연합을 강조하였으며,[144] 『新蜀報』·『大公報』 등 중국의 유명 신문 등도 사설을 통하여 한중 양민족은 공동 연합·합작하여 일제의 침략을 물리쳐야 한다고 강조하고

143) 「1937年の在支不逞朝鮮人の不穩策動狀況」,『朝鮮獨立運動』 II, 606~607쪽.
144) 趙凡來,「韓國國民黨研究」,『한국독립운동사연구』 4, 1990, 388~389쪽.

있었다.145)

한중연합을 위해서는 먼저 광복진선과 민족전선으로 양분되어 있는
독립운동진영의 통일이 전제되어야 하였다. 중국의 중재 또는 종용에
의해서 양진영의 전선통일이 1939년에 들어와 본격적으로 추진되었다.
蔣介石은 1938년 12월에 우익진영의 대표격인 金九를, 1939년 1월에는
좌익진영의 金元鳳을 각각 重慶으로 초청하여 좌우 양진영의 대동단결
을 권유한 것이다.146) 또 한편으로는 중국국민당의 중앙비서장 朱家驊
에게 한국의 각 혁명단체의 통일운동에 협조할 것을 지시하기도 하였
다.147) 이를 계기로 1939년 초에 김구는 중경의 鵝宮堡에 위치한 민족
혁명당 및 조선의용대 본부를 방문하여 김원봉과 만났다.148) 좌우양진
영의 모든 단체를 통일하여 단일정당을 결성할 것을 제의한 것이다. 민
족혁명당 역시 1937년 7월에 「告同志同胞書」를 발표하여 통일적인 지
도하에 중국과 연합하여 항일전을 전개할 것을 주장한 바가 있고,149)
또한 중국 측으로부터 좌우합작을 권유받고 있었기 때문에 김구의 이
러한 제의에 별다른 반대가 없었을 것이다.150) 김구와 김원봉은 이후
몇 차례의 모임을 갖고 통일문제에 관하여 구체적으로 논의하였다. 마

145) 1938년 4월 18일자의 『新蜀報』는 「中韓民族聯合起來」라는 사설에서, 한중
   양민족은 공동의 이해관계가 있으므로 국제반일의 통일전선을 결성해야
   할 필요가 있다고 주장하였으며, 『大公報』는 1938년 9월 21일자의 사설 「弱
   小民族解放之路」에서 한중연합의 필요성과 당위성에 대하여 역설하였다
   (秋憲樹 編, 『資料 韓國獨立運動』 Ⅰ, 610~611·793쪽).
146) 「1939年の在支不逞朝鮮人の不穩策動狀況」, 『朝鮮獨立運動』 Ⅱ, 635~636쪽.
147) 白凡金九先生紀念事業協會 編, 『백범 김구-생애와 사상』, 敎文社, 1982,
   257~259쪽.
148) 독립운동사편찬위원회 편, 『독립운동사』 4(임시정부사), 688쪽.
149) 「中日戰爭勃發에 對한 同志同胞에게 告하는 글」, 『資料 韓國獨立運動』 Ⅱ,
   199~204쪽.
150) 민족혁명당의 통일전선노선에 대해서는 강만길, 『조선민족혁명당과 통일
   전선』, 和平社, 1991, 144~226쪽 참조.

침내 1939년 5월 김구·김원봉 양인은 공동 명의로 「同志同胞들에게 보내는 公開信」을 발표할 수 있었다.[151] 주요 내용은 중일전쟁이라는 호기를 맞이하여 한민족의 독립을 戰取하기 위해서는 전민족의 역량을 총집중하여야 한다는 공통된 인식을 갖고, 자주독립국가의 建設·封建勢力과 반혁명세력의 숙청을 통한 민주공화제 건설·일제 및 친일파 재산의 몰수·산업의 國有化 및 농민에게 土地分配 등의 10대 강령하에 중국 관내의 모든 혁명단체는 일체의 조직을 해소하고 새로이 통일된 단일조직을 결성하자는 것이다. 小黨 단위의 분산적인 활동과 상호대립을 지양하고 주의와 당파를 초월하여 단일당을 결성하자는 것으로 요약할 수 있다.

그러나 김구와 김원봉의 공동선언서는 좌우 양진영의 커다란 반발을 가져왔다. 좌익진영에서는 김구와의 어떠한 연합도 반대한다는 강경한 입장이었다. 아울러 통일방식에 연합이나 연맹의 방식은 수긍할 수 있지만 조직을 해체하지 않는다는 조건이 전제되어야 한다며[152] 한인진영과의 單一黨 결성을 반대한 것이다. 미주와 하와이지역의 우익단체 역시 공산주의자인 김원봉과 연합한다면 김구에 대한 財政支援을 단절하겠다는 강경한 입장이었다.[153] 한국국민당 내에서도 주의가 다른 사람들과 單一政黨으로 통일할 수 없다며 반대한 것이다.[154] 좌우 양진

---

151) 「同志同胞諸君에게 보내는 公開通信」의 전문 내용이 국사편찬위원회 편, 『대한민국임시정부 자료집』 35(한국국민당 I), 2009, 82~86쪽에 수록되어 있다.

152) 이정식, 『韓國民族主義의 政治學』, 한밭출판사, 1982, 269쪽.

153) 金九, 『白凡逸志』, 『白凡金九全集』 제1권, 315쪽.
『白凡逸志』에는 당시의 상황을 다음과 같이 기록하고 있다.
"其 席上에서 統一問題를 提出하되 民族主義 單一黨을 主張한 즉 一致贊成되는 故로 進一步하여 柳州와 美包에 一致를 구하엿다. 미포에서는 回答오기를 統一은 찬성하나 金若山은 共産主義者니 선생이 공산당과 합작하여 통일하는 날은 우리 미국교포와는 立場上 因緣과 關係를 끈어지는 줄 알고 統一運動을 하라는 것이다."

영의 실질적인 지도자 사이에서 합의가 이루어졌지만, 지지세력의 반대가 심하여 이들의 반대를 무마하는 데만 한 달이라는 시간이 소비되었다.[155] 김구는 건강을 돌보지 않고 綦江으로 가서 한국국민당을 비롯하여 재건 한국독립당, 조선혁명당의 당원들을 설득하여 단일당 결성에 대한 합의를 도출할 수 있었던 것이다.

김구의 노력으로 광복진선 3당과 민족전선 4개 단체가 1939년 8월 27일 綦江에서 회합하여 '7黨統一會議'로 잘 알려진 '韓國革命運動統一的 7團體會議'를 개최하게 되었다.[156] 김구와 김원봉이 합의한 10개항에 기초하여 단일당 결성을 협의하고자 좌우익 양진영의 7개 정당과 단체의 모임이 개최된 것이다. 이날의 회의는 國內外情勢 報告, 統一問題, 組織方式 問題, 綱領·政策·機構 문제, 사업문제, 기타사항 등을 보고하고 논의하는 순서로 진행되었다. 7당통일회의에 참가한 각 단체는 전선통일의 당위성에 대해서는 이견이 없었으나 單一黨 組織 方式 問題를 논의하면서 이견이 노출되어 격론이 벌어지게 되었다. 각 당과 단

154) 독립운동사편찬위원회 편, 『독립운동사』 4(임시정부사), 690쪽.
155) 金九, 『白凡逸志』, 『白凡金九全集』 제1권, 315~316쪽. 당시의 상황에 대하여 『白凡逸志』에는 다음과 같이 기록되어 있다.
"大家族이 綦江에 安着되자 趙琬九, 嚴恒燮 등 國民黨 幹部들을 招來하여 統一問題를 討論하여 본즉 내의 意思와는 正反對라. 幹部는 勿論이고 國民黨 全體 黨員뿐 아니라 朝革, 韓獨 兩黨도 一致하게 聯合統一을 主張한다는 것이니 理由는 主義不同한 團體와는 單一組織이 不可能이라는 것이다.…나는 母親 喪事 後에 身體가 不健康으로 休養中이엿으나 事機如此함으로 綦江行을 强作하였다. 綦江에 到着한 後 8日間은 國民黨 幹部와 黨員 會議로 單一的 統一의 意見이 되엿고 兩個 友黨 同志들과는 近 1個月 만에 單一的 意見의 一致를 得하게 되엿다."
156) 7당통일회의에 참석한 좌우양진영의 대표는 다음과 같다. 한국국민당 : 趙琬九·嚴恒燮, 재건 한국독립당 : 趙素昂·洪震, 조선혁명당 : 池靑天·崔東昨, 민족혁명당 : 成周寔·尹世胄, 朝鮮民族解放同盟 : 金奎光·朴健雄, 朝鮮靑年前衛同盟 : 申翼熙·金海岳, 朝鮮革命者同盟 : 柳子明·何有(「綦江韓國七黨統一會議經過報告書」, 中央硏究院近代史硏究所, 『國民政府與韓國獨立運動史料』, 中華民國 臺北, 1987, 20~21쪽).

체를 완전히 해소하고 새로운 정당을 결성하자는 단일당 조직 방안과 기존의 소단체를 그대로 유지하면서 소단체를 기초로 하여 聯盟方式의 단체를 결성하자는 방안이 대립된 것이다.[157] 조선민족해방동맹과 조선청년전위동맹은 주의가 같지 않은 각 단체들이 모여 단일당을 결성하는 방식에는 절대로 동의할 수 없다고 강력히 주장하고[158] 자신들의 주장이 받아들여지지 않게 되자, 7당통일회의에서 탈퇴하기에 이르렀다. 두 단체의 탈퇴로 7당통일회의는 사실상 결렬되었다. 나머지 5개 단체는 회의를 계속 진행하여 5개 단체만으로 통일조직을 결성하기로 하고 단일신당의 당의와 당원자격 등에 관한 내용을 포함한 8개항의 합의를 도출하게 되었다.[159] 8개항의 구체적 내용은 알려져 있지 않지만 당의와 당원 자격 등 단일당 조직에 관한 대강의 합의안이었을 것으로 추정된다.

5개 단체는 단일신당의 이념과 구성 방안 등을 협의하기 위하여 黨義와 政策을 포함한 黨務·政務에 대한 협의를 진행하였다. 하지만 단일신당의 당무와 정무에 대하여 우익진영과 좌익진영 간의 의견 차이가 표출되었고, 각자의 주장을 굽히지 않음으로써 5단체 통일회의는 난관에 봉착하게 되었다.

양진영에서 주장하는 의견을 정리하면 〈표 14〉와 같이 정리할 수 있다.

---

157) 「綦江韓國七黨統一會議經過報告書」, 『國民政府與韓國獨立運動史料』, 22쪽.

158) 조선민족해방동맹과 조선청년전위동맹에서 주장한 단일당조직 방법론은 1) 민족주의 단체와 정당은 단일식으로 결합하고, 사회주의 단체는 단일식 혹은 연합식으로 결합할 것, 2) 결합한 대단체가 다시 연맹식으로 민족적 총결합체를 조직할 것 등이었다. 또한 이들 두 단체는 "민족주의자와 사회주의자는 각기 그 사상의 실천이 장래의 영역을 갖는 일이 있기 때문에 일개의 당을 결성하는 것은 불가능하다"고 하며 별도의 太上機構를 결성하여야 한다고 주장한 것이다(「韓國獨立黨的創立經過」, 『韓國獨立運動史』 資料 3, 1983, 398쪽 ; 「1940年の在支不逞朝鮮人の不穩策動狀況」, 『朝鮮獨立運動』 Ⅱ, 675쪽).

159) 「韓國獨立黨的創立經過」, 『韓國獨立運動史』 資料 3, 1983, 398쪽.

〈표 14〉 단일신당 결성에 관한 양진영의 의견[160]

		광복진선	민족전선
黨務部分	黨義	三均主義–정치·경제·교육 균등	경제·정치 균등
	組織	常務委員制	委員長制
	黨員資格	平素에 어떠한 政治信條를 가지고 있는가를 논하지 않고, 본당(단일신당)의 당의·당강·당규를 따르는 자는 모두 입당할 수 있다. (平素無論有任何政治信條 凡服從本黨黨義黨綱黨規者 皆得入黨)	어떠한 主義信仰을 가지고 있는가를 논하지 않고, 본당(단일신당)의 당의·당강·당규를 따르는 자는 모두 입당할 수 있다. (無論有任何主義信仰 凡服從本黨黨義黨綱黨規者 皆得入黨)
政務部分	最高機構	- 임시정부를 最高權力機關으로 하고 軍政·外交 등은 임시정부가 辨理함 - 각 黨의 대표로 조직한 上議院과 각 省의 대표로 조직한 下議院을 설립함	새롭게 결성할 單一新黨을 최고권력기관으로 한다.
	政策	혁명 성공 후 土地國有	
	口號	일본을 '仇敵日本'이라 칭한다.	'仇敵日本'을 '日本帝國主義'로 고치는 것 이외의 것은 절대 반대

〈표 14〉에서도 알 수 있듯이 광복진선과 민족전선의 양진영이 가장 첨예하게 대립한 부분은 통일정당, 즉 단일신당을 결성한 이후 최고 권력기관을 어디로 할 것인가 하는 문제와 당원자격문제 등 두 가지였다. 광복진선 3당은 단일신당이 결성된다하더라도 임시정부를 최고의 권력기관으로 하여 軍事·外交 등을 모두 정부에서 주관하자고 주장한 반면에, 민족전선의 민족혁명당과 朝鮮革命者同盟에서는 새로이 결성될 단일신당을 최고 권력기관으로 하자는 것이었다. 민족전선 측은 또 다시 임시정부의 폐지를 주장한 것이었다. 이는 이미 민족혁명당 결성 과정에서 제기된 문제였다. 임시정부 존폐문제는 독립운동의 주도권과

---

160) 「綦江韓國七黨統一會議經過報告書」, 『國民政府與韓國獨立運動史料』, 17~ 37쪽 ; 「韓國獨立黨的創立經過」, 『韓國獨立運動史』 資料 3, 397~398쪽 ; 한시준, 「重慶 韓國獨立黨'의 성립배경 및 과정」, 958쪽을 참조하여 작성.

직결되는 것이었다. 광복진선 3당은 임시정부를 지지·옹호, 유지해온 기초세력으로서 임시정부를 통한 기득권을 유지하려는 입장이었다. 이에 반해 민족전선에서는 임시정부를 부정하거나 혹은 임시정부에 대해 不關主義를 고수해 온 세력들로서 임시정부를 그대로 둔 상태에서는 독립운동의 주도권 장악이 사실상 불가능하다는 판단에서 최고 권력기관을 임시정부가 아닌 단일신당으로 할 것을 강력히 주장한 것이다.

또한 黨員資格問題도 5당통일회의가 결렬된 원인이었다. 광복진선 측에서는 당원자격에 대해서 〈표 14〉에서 본 것처럼 "평소에 어떠한 정치신조를 가지고 있는가를 불문(不問其平素之政治信條如何)"이라고 주장하였고 민족전선에서는 "어떠한 주의를 가지고 있는가를 불문(不問主義如何)"이라고 주장하였다. 민족전선 측에서는 당원자격의 요소 중 '平素'라는 두 글자가 장래에 구속을 초래할 수 있다고 하여 이를 개정하지 않으면 통일회의에 참가할 수 없다고 주장한 것이다. 민족전선 측에서는 또한 광복진선 측의 김구 세력에 대한 불만과 통일회의에 임하는 자세가 너무 무성의한 것에 대해서도 불만을 갖고 있었다.[161]

이런 세 가지 문제가 상호작용하였지만, 통일회의 진행에서 가장 커다란 걸림돌은 역시 임시정부에 대한 입장 차이였다. 즉 임시정부를 그대로 둔 상태에서의 통일신당의 위상 문제가 제기된 것이고 이는 독립운동의 주도권 문제와 직결된 것이기 때문이다. 광복진선과 민족전선 양진영 간의 의견 차이는 끝내 좁혀지지 않았고, 결국 5당통일회의가 진행된 지 5~6일 만에 민족전선이 통일회의에서 탈퇴를 선언하였다. 민족전선 측은 '당의 간부들과 조선의용대가 공산주의를 버릴 수 없다고 하니, 8개조의 협정을 수정하지 않으면 탈퇴하겠다.'[162]는 것이 이유

---

161) 한시준,「'重慶 韓國獨立黨'의 성립배경 및 과정」, 959쪽.

162) 金九,『白凡逸志』,『白凡金九全集』제1권, 316쪽 ; 독립운동사편찬위원회 편,『독립운동사』4(임시정부사), 691쪽.
   『白凡逸志』에 기록된 5당통일회의의 진행 상황은 다음과 같다.

였다.

3) 重慶 韓國獨立黨의 結成

(1) 光復陣線 3黨의 統合過程

좌우익이 연합하여 통일신당을 결성하기 위한 7당통일회의와 뒤이은 5당통일회의가 결렬된 이후 광복진선 3당만의 통합이 적극적으로 추진되었다. 우익진영 3당의 통합회의는 이미 1937년 5월 長沙에서 추진된 적이 있었다. 조선혁명당 본부가 위치한 장사의 楠木廳에서 개최된 3당 통합회의는 '楠木廳事件'으로 무기 연기되었다. 남목청사건 이후 3당통합회의가 재차 시작된 것은 7당통일회의와 5당통일회의가 연이어 결렬된 이후였다.

우익진영 3당의 통합 논의는 1939년 10월에 개최된 제31차 임시의정원 의회에서 다시 시작되었다. 임시정부가 일시 머물던 綦江의 臨江街 43號에서 1939년 10월 3일부터 12월 5일까지 제31차 임시의정원 의회가 개최되었다. 제31차 의회에서는 국무위원의 수를 기존의 7인에서 최대 11인으로 증원하기로 의결되었다. 재건 한국독립당과 조선혁명당이 임시정부에 참여할 수 있는 여건을 조성한 것이다. 선거 결과 이동녕·김구·이시영·조성환·송병조·조완구·차리석 이외에 재건 한국독립당의 조소앙·홍진, 조선혁명당의 지청천·유동열이 새롭게 국무위원으로 선출되었다.[163] 1935년 9월 이후 약 4년간 한국국민당 소속의 인사

"5黨統一의 階段으로 入하여 純全한 民族主義的 新黨을 組織하여 8個條를 立하고 各黨 首席代表들이 8個 條項의 協定에 新筆署名하고 幾日間 休息.中 이드니 民族革命黨 代表 金若山 等이 突然 主張하기를 統一問題 提唱 以來로 純全히 民族운동을 力說은 하엿으나, 民革黨 幹部는 勿論이고 義勇隊員들까지도 共産主義를 信奉하는 터에 至今 8個條를 修改치 안코 單一組織을 하면 靑年들이 全部 逃走케 되엿으니 脫退한다 宣言하니 統一會議는 破裂 되엿다."

163) 「臨時議政院會議 第31回」, 국사편찬위원회 편, 『대한민국임시정부자료집』

들로만 구성되었던 임시정부에 재건 한국독립당, 조선혁명당 소속 인사들이 참여하게 되면서 3黨 聯立內閣이 구성된 것이다.

중국 대륙에서는 중일전쟁이 계속하여 중국 내륙으로 확대되고, 1939년 9월에는 유럽에서도 전쟁이 발발하였다. 소련과 일제 사이에도 전쟁이 시작되고 이것이 세계대전으로 확산될 것으로 예견한 임시정부는 국제정세의 변화에 따라 전시체제의 강화를 위하여 임시정부의 조직을 확대, 강화한 것이었다.[164] 임시정부는 3당 연립내각을 구성함으로서 우익진영의 확고한 연합을 이루고, 나아가 공동의 참여와 책임하에 독립운동을 추진하기 위한 기반을 마련할 수 있게 되었다.

3당 연립내각 구성과 함께[165] 우익진영 3당의 통합 논의가 구체적으로 추진되었다. 1939년 10월 2일부터 12일까지 綦江縣城에서 3당의 대표가 모인 가운데 '光復陣線遠東三黨統一代表會議'가 개최된 것이다.[166] 이 회의에서 3당 통합의 신당 명칭을 '韓國民主獨立黨'으로 할 것과 아울러 당의·당강·당책, 조직, 당헌, 인선, 3당 해소 선언과 신당창립선언문 작성, 기타 사항 등의 안건이 논의되었다. 또한 신당의 당의·당강 등 창립에 관한 구체적인 사항과 3당의 해체, 신당창립선언서 발표, 신당창립 절차 등이 의결되었다.[167]

2, 308쪽.

164) 한시준, 「重慶 韓國獨立黨'의 성립배경 및 과정」, 961쪽.

165) 1939년 10월 25일 개최된 국무회의에서 국무회의의 주석의 임기는 3개월로 할 것과 내무부·외무부·군무부·참모부·법무부·재무부의 6부를 설치하기로 결정하고 주석(이동녕), 내무장(홍진), 외무장(조소앙), 군무장(지청천), 참모장(유동열), 법무장(이시영), 재무장(김구), 비서장(차리석) 등을 각 부서의 책임자로 호선하였다(「大韓民國臨時政府公報」 제65호(1940년 2월 1일), 『대한민국임시정부자료집』 1, 210쪽).

166) 「光復陣線遠東三黨統一代表會議經過大略」, 韓國精神文化研究院 編, 『韓國獨立運動資料集』(趙素昂篇 4), 1997, 15쪽.
이날의 회의에 참석한 3당의 대표는 다음과 같다. 한국국민당 : 조완구·김붕준·엄항섭, 재건 한국독립당 : 홍진·조소앙·趙時元, 조선혁명당 : 지청천·최동오·安勳(趙擎韓).

3당 통일회의에서 합의된 이와 같은 사항에 대해 한국국민당 내부에서 이견이 노출됨으로써 3당 통일회의는 암초에 부딪치게 되었다. 3당 통일회의에서 의결된 사항에 대해서 각자 소속당의 비준을 받기로 하였는데, 한국국민당에서 신당의 명칭과 제도, 창립대회 절차 등에 대해서 이견이 제시된 것이다. 이에 따라 한국국민당의 수정안이 제출될 때까지 3당 통일회의는 더 이상 진전되지 못하였다.[168] 3당 통합이라는 대원칙에는 기본적으로 합의하였지만, 당명과 신당 결성 절차상의 의견 조율 등 구체적인 부분에 있어서 3당 내부에서 異見이 발생한 것이다.

광복진선 3당의 통합논의가 정돈상태에 빠지게 되자, 임시정부는 1939년 11월 11일 향후의 적극적인 독립운동 추진을 위한 「獨立運動方略」을 발표하였는데, 이 선언문에서 3당통합에 대한 입장을 표명하였다.[169]

> 광복진선 소속단체는 대한민국의 기본세력이 되어 있고 遠東三團體는 數三年來로 통일운동을 위시하여 일체 행동에 共同奮鬪하여 왔으므로 自黨을 해소하고 신당을 창립함에 하등 支節이 없을 뿐 아니라 三黨의 대립국면을 통일국면으로 전환하게 함은 黨・政・軍・外・宣・財 등 각종활동에 중대한 영향을 줄 것이므로 臨時政府는 있는 역량을 기우려 금년 이래로 삼당통일의 숙제를 해결하도록 노력할 것이며[170]

---

167) 회의에서 결의된 주요 사항은 다음과 같다. 당의・당강・당책은 현행대로 할 것, 신당의 조직 체제는 민주주의중앙집권제로 할 것, 신당의 각종 사업은 신당 결성 후 인선하는 간부에게 일임하기로 함, 신당의 간부는 중앙집행위원 15인・후보위원 5인, 중앙감찰위원 7인・후보위원 2인으로 할 것, 기타 사항으로 연호는 대한민국으로 할 것 등이 의결되었다(「光復陣線遠東三黨統一代表會議經過大略」, 『韓國獨立運動資料集』(趙素昻篇 4), 15쪽).

168) 「光復陣線遠東三黨統一代表會議經過大略」, 『韓國獨立運動資料集』(趙素昻篇 4), 16쪽.

169) 「大韓民國臨時政府公報」 제65호(1940년 2월 1일), 『대한민국임시정부자료집』 1, 210쪽.

170) 「獨立運動方略」, 『素昻先生文集』 上, 136쪽.

광복진선 3당은 1937년부터 통일운동은 물론 공동투쟁을 수행해 왔기 때문에 3당 통합을 통한 신당 결성은 하등의 지장이 없을 것이다. 3당의 통합은 향후 독립운동 전개에 매우 중대한 영향을 미칠 것이므로 임시정부는 금년(1939년) 안에 3당 통합의 실현을 위해 노력할 것임을 강조하는 내용이다.

임시정부가 3당 통합을 통한 신당 결성을 위해 노력하고 이 숙제를 1939년 내로 해결할 것을 역설하며, 3당 통합을 위해 노력하였지만 연내 실현은 불가능하였다. 한국국민당 내부에서의 의견 조율이 되지 않아 조정안이 제출되지 않았기 때문이다. 우익진영 3당 중 한국국민당이 광복진선에서 사실상 주도적인 역할을 수행하고 있었기 때문에 한국국민당의 조정안 제출을 기다릴 수밖에 없는 상황이었다.

3당 통합회의가 재개된 것은 1940년 3월이었다. 3월 24일부터 5월 8일까지 기강현성에서 3당 대표들이 모여 2차 대표회의를 진행한 것이다.171) 1차 대표회의 기간보다 한 달 이상이나 더 걸렸던 것은 그만큼 회의진행상에 이견이 많이 노출되었고 이를 조정하고 통일된 의견을 도출해내는 데에 많은 시간이 소비되었기 때문이었다고 생각된다. 한 달 보름여 간의 회의 진행 끝에 통일신당의 명칭이 '韓國獨立黨'으로 결정되었다. 이어서 당의·당강·당책과 사업안, 조직체제 등을 논의하고 신당창립에 필요한 모든 준비 작업을 마칠 수 있었다. 마침내 1940년 5월 8일 제2차 통일대표회의가 종료되는 날 3당의 대표는 공동명의로 3당 해체와 신당인 한국독립당의 창립을 대내외에 알리는 「3黨解體宣言」을 발표할 수 있었다.

171) 「光復陣線遠東三黨統一代表會議經過大略」, 『韓國獨立運動資料集』(趙素昂篇 4), 16쪽.
3당통일 제2차 대표회의에 참석한 3당의 대표는 다음과 같다. 한국국민당 : 조완구·김붕준, 재건 한국독립당 : 홍진·조소앙·趙時元, 조선혁명당 : 지청천·김학규·安勳

한국국민당과 조선혁명당과 한국독립당은 각기 소속단체의 결정과 3당 대표회의의 일치가결로써 신당 즉 한국독립당을 창립하게 되었다.
　　신당의 전신이었던 3黨은 이제부터 다시 존재할 조건이 소멸되었을 뿐 아니라 각기 해소될 것을 전제로 하고 신당창립에 착수하였다. 과거 3당이 모든 사업과 赫赫한 歷史를 이로 좇아 신당이 완전히 繼承匯合할 것이다. 그러므로 신당은 보다 큰 권위, 보다 많은 인원, 보다 宏大한 聲勢, 보다 고급적 지위를 가지고 우리 독립운동을 보다 유력하게 推進케 할 것을 確實히 믿고 바라며 3당 자신은 이에 해소됨을 선언한다. 아울러 우리 3당의 결정으로 된 신당 즉 한국독립당이 3·1운동의 正脈을 계승한 민족운동의 中心的 代表黨임을 성명한다.[172]

　광복진선 3당은 소속 단체의 결정과 代表會議의 決意로써 解消를 결정하고 신당인 韓國獨立黨을 결성한다는 것이다. 3당의 통합으로 새롭게 결성된 한국독립당이 "3·1운동의 정맥을 계승한 독립운동의 대표정당"임을 강조한 것이다. 다음 날인 5월 9일 한국독립당 창립 대표대회가 개최되었다. 창립대회의 대표로 선출된 조완구·지청천·김붕준·김학규·조소앙·안훈·홍진·조시원 등 8명이 기강현성에 모여 통합대표회의에서 결의된 당명·당의·당강·당책·당헌 등을 원안대로 통과시켰다. 그리고 3당통합의 신당 창립을 선포하는 「創立宣言」을 발표한 것이다.[173] 이것이 重慶 韓國獨立黨이다.
　「창립선언」에서 밝힌 한국독립당의 결성 목적은 다음과 같다.

　　우리 3당이 일당을 조성하게 된 최대 이유로 (1)은 원래 삼당의 黨義·黨綱·黨策으로든지 독립운동의 의식으로든지 역사적 혁명노선으로든지 삼당 서로가 일당을 세울만한 통일적 가능성을 충족하게 내포하였던 것이며 (2)는 수삼년래로 삼당통일의 예비행동이 점차로 성

---

172)「3黨解體宣言」,『素昂先生文集』上, 264쪽.
173)「光復陣線遠東三黨統一代表會議經過大略」,『韓國獨立運動資料集』(趙素昂篇 4), 17쪽.

숙되엿든 것이며 (3)은 수십년래 독립운동의 실제공작을 통하야서든
지…오직 동일한 주의 주장을 역사적으로 갖인 삼당 자신의 통일은
우리 민족운동 전체의 역량 집중문제에 잇어서 무엇보다도 가장 필요
절박한 선결조건이라고 삼당 자신이 공동확인하얏을 뿐 아니라…(4)
는 우리 독립운동에 위대한 동력을 주는 중국 항일전쟁이…千載一遇
에 임한 우리로서는 실제적 광복공작을 지체할 수 없는 때문에 아모
리 원만한 대동단결을 년래로 노력촉진하야 왓지만은 기한없이 좌대
할 수 없는 때문이다.[174]

광복진선 3당을 통합하여 단일당인 重慶 韓國獨立黨을 결성한 이유
와 목적을 4가지로 밝히고 있다. 첫째는 3당의 당의 · 당강 · 당책 등의
기본이념과 독립운동노선의 동질성, 둘째는 1937년 이래로 진행되어
온 3당통일의 기반 조성, 셋째는 3당통일이 우리 민족운동의 전체 혁명
역량을 집중하는 데에 절실한 선결조건이라는 공동 인식의 확산, 넷째
는 3당의 대동단결을 이룩하여 실제적인 광복운동을 전개하기 위한 것
이다. 결국 동일한 이념과 독립운동노선을 가진 광복진선 3당의 혁명
역량을 단일신당으로 집중하고 중일전쟁이라는 호기를 맞이하여 일제
와의 직접적인 독립운동의 전개 필요성과 당위성이 중경 한국독립당을
결성한 목적인 것이다.

---

174) 「創立宣言」, 『韓國獨立運動史料』(楊宇朝篇), 국가보훈처, 1999, 393쪽.

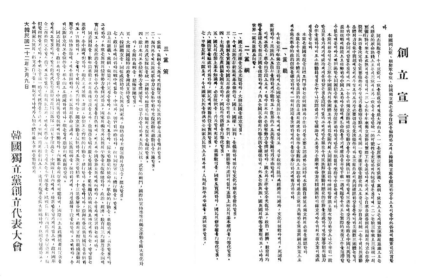

중경 한국독립당 창립선언(1940년 5월 9일)

　　중경 한국독립당은 창립 직후인 5월 11일 第1屆 中央執行委員會 제1
차 회의를 기강현성에서 개최하였다. 中央執行委員長과 실무집행부서
및 그 책임자를 선출하기 위한 것이었다. 이날 회의 결과 中央執行委員
長에는 金九가, 中央常務執行委員으로 조완구·조소앙·엄항섭·지청
천·김붕준 등 5명이 선출되었다. 실무를 집행할 부서는 秘書部·組織
部·宣傳部·訓練部·財務部 등 5개 부서로 구성되었고 그 부서장으로
각각 조완구·조소앙·엄항섭·지청천·김붕준이 선임되었다.175) 중앙
집행위원 15명과 중앙감찰위원 5명에 대한 선거는 이미 5월 9일 창립
대회에서 진행되었다.176) 이밖에도 외교위원회와 미주 본토·하와이·

---

175)　「光復陣線遠東三黨統一代表會議經過大略」, 『韓國獨立運動資料集』(趙素昻
　　　篇 4), 18~19쪽.
176)　1940년 5월 9일 개최된 한국독립당 창립대회에서 선출된 중앙집행위원은
　　　지청천·김붕준·김학규·조소앙·안훈·홍진·차리석·박찬익·김구·최
　　　동오·양묵·유동열·조완구·엄항섭·조시원 등 15명이고, 중앙감찰위원

한국독립당 결성 직후 개최된 제1계 중앙집행위원회 기념사진(1940년 5월 16일)

멕시코·만주·중국 관내에 각각 지부를 설치할 것도 결의하였다.[177]

　이를 종합해 보면 중경 한국독립당은 상해 한국독립당이나 한국국민당의 이사장제와는 달리 中央執行委員長制를 채택하였음을 알 수 있다. 창당 후 1년 뒤인 1941년 5월에 개최된 '韓國獨立黨 제1차 全黨大會'가 끝나고 발표한 「韓國獨立黨 第1次 全黨代表大會 宣言」에서 중앙집권제를 선택한 이유와 중경 한국독립당이 채택한 중앙집권제의 특징 및 차별성에 대한 설명이 있다.

　　으로는 이시영·송병조·민병길·김의한·공진원 등 5인이 선출되었다(「光復陣線遠東三黨統一代表會議經過大略」, 『韓國獨立運動資料集』(趙素昻篇 4), 18~19쪽).

177) 「光復陣線遠東三黨統一代表會議經過大略」, 『韓國獨立運動資料集』(趙素昻篇 4), 20쪽.

> 韓國獨立黨은 운동방식에 있어서 자유연합을 배격하고 民主主義
> 中央集權制를 채용하여…동일한 中央集權制를 취한다 하여도 결의의
> 독자성을 거세하고 외래명령에 제약되고 建國·治國의 자립성을 포
> 기하고 대국가의 종주권을 승인하여 이에 부속가맹할 것을 예정노선
> 의 불변할 程序로 하는 공산주의와 구별하지 않으면 안 된다.[178]

동일한 중앙집권제라고 하더라도 독자성과 자립성을 포기한 공산당
의 중앙집권제와는 다르다는 점을 강조하고 있다. 중경 한국독립당의
'民主主義 中央集權制'는 중국국민당의 이당치국 원리를 도입하여 당의
각종 업무를 효율적으로 처리하기 위한 것이었다. 즉 중앙당부의 권한
과 능력을 극대화한 제도적 장치였던 것이다. 또한 임시정부를 지지하
고 옹호할 수 있는 강력한 여당의 존재가 필요하였기 때문이기도 하였
다.[179] 이 때문에 우익진영 3당의 주도세력이었던 한국국민당의 지도
체제인 이사장제 대신에 중앙집행위원장제를 채택한 것이다.

중경 한국독립당의 第1屆 中央執行委員會 제1차 회의에서 알 수 있
는 조직체제는 중앙집행위원회와 중앙감찰위원회, 5개 실무집행부서
등의 중앙당부와 각 지부, 필요에 따라 설치할 수 있는 특별위원회 등
으로 구성되었음을 알 수 있다. 이를 정리하면 〈표 15〉와 같다.

178) 「韓國獨立黨 第1次 全黨代表大會 宣言」, 『素昻先生文集』 上, 279쪽.
179) 盧景彩, 『韓國獨立黨硏究』, 95쪽.

〈표 15〉 중경 한국독립당의 조직체제(1940년 5월 현재)[180]

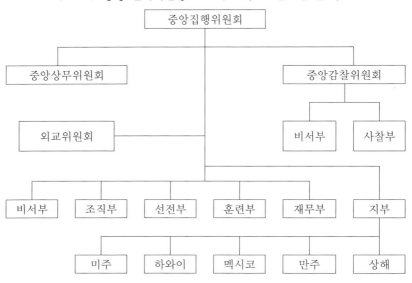

이상과 같은 조직체제는 1년 뒤인 1941년 5월 18일에 개최된 제1차
전당대표대회에서 많은 변화가 있게 되었다. 제1차 전당대표대회에서 개
정된 중경 한국독립당의 당헌과 당규에 나타난 조직계통을 살펴보자.[181]

중경 한국독립당의 조직계통은 전당당원대회(전당대표대회)와 지당
부, 특별당부로 구성되어 있다. 전당대표대회는 모든 당원이 참석하는
것이 원칙이었다. 그러나 불가피한 경우 지당부나 특별당부에서 선출
한 대표가 참여할 수 있다고 당규가 개정된 것이다.

당의 최하위 조직인 구당부는 최소 5인 이상의 당원으로 구성하되
상급당부인 支黨部의 허가가 필수조건이었다. 5명 미만일 경우 通信員

---

180) 「光復陣線遠東三黨統一代表會議經過大略」, 『韓國獨立運動資料集』(趙素昻
篇 4), 16~20쪽을 참조하여 작성하였음.

181) 1941년 5월 제1차 전당대표대회에서 개정된 당헌과 당규는 「한국독립당 당
헌·당규」(독립기념관 소장자료/자료번호 5-001738)에 따른 것이며, 특별한
설명을 할 필요가 있을 경우에만 별도의 주를 달아 설명하겠다.

을 두도록 하였다. 구당부는 區執行委員會·區執監委員會(혹은 秘
書)·區監察委員會의 조직을 갖추고 구집행위원회에는 비서·조직·선
전의 3개 부서를, 구감찰위원회에는 비서와 査察 각 1인을 둔다고 규정
하고 있다. 지당부는 중앙당부의 허가를 얻어 2개 이상의 구당부로 조
직할 수 있다. 구당부와 마찬가지로 집행위원회·집감위원회·감찰위
원회으로 구성되었으며, 집행위원회에는 비서·조직·선전의 3개 부서
를 두되 재무관련 업무는 비서부에서, 훈련 관련 업무는 선전부에서 掌
理하도록 규정되었다. 감찰위원회에는 구당부의 규정과 달리 비서부와
사찰부의 2개 부서를 설치한다고 규정하고 있다.

　당의 최고의결기관이자 최고기구는 중앙집행위원회와 중앙감찰위원
회이었다. 중앙집행위원원회는 전당당원대회나 혹은 전당대표대회에
서 선출한 집행위원으로 구성되었다. 秘書·組織·宣傳·訓練·財務의
5개 실무집행부서를 설치하고 필요에 따라 특종위원회를 둘 수 있도록
규정하고 있다. 또한 중앙집행위원회 내에 중앙상무위원회를 두었는
데, 이는 중앙집행위원회의 폐회기에 그 직무를 대행하는 기구이었다.
중앙감찰위원회는 "당의 회계를 심사하며 결의를 검사하며 당무의 진
행과 당원의 違規與否와 勤慢을 감찰"하는 등의 업무를 담당하는 데 이
를 위하여 비서·사찰의 2개 부서를 두고 있었다.

　제1차 전당대표대회에서 의결된 당헌과 당규는 광복 직후인 1945년
8월 28일에 열린 제5차 임시대표대회에서 약간의 수정이 있게 되었다.
당 본부를 중국 관내에서 京城에 두는 것으로 개정하고 기존의 구당
부·지당부·전당대표대회의 조직체제를 구당부·면당부·군당부·도
당부·전당대표대회로 확대 개편하고 이에 대한 세부적인 규정을 새롭
게 마련한 것 이외에는 1941년의 당헌·당규와 큰 차이가 없다.[182]

　이와 같은 조직체제를 갖춘 중경 한국독립당의 세력판도에 변화가

---

182) 1945년 8월 28일에 제2차로 개정된 한국독립당의 당헌과 당규는 독립기념
　　관 소장자료(자료번호 1-000424) 참조.

있게 된 것은 1943년이었다. 중일전쟁 이후 임시정부를 중심으로 하는 우익진영 3당의 통합으로 중국국민당정부의 임시정부에 대한 재정지원의 강화와 조선의용대의 화북진출에 따른 민족혁명당과 조선의용대 내에서의 김원봉의 위치 변화, 태평양전쟁의 발발로 일제의 패망이 더욱 현실화되자 독립운동진영에서의 임시정부 위상이 더욱 확실해지게 되었다.

조선의용대의 화북진출은 중국 관내 독립운동세력이 임시정부로 통합되는 계기의 하나로 작용하였다. 중국정부는 이 사건 이후 한국독립운동에 대한 재정지원 창구를 김구가 중심이 된 임시정부로 단일화하였다.[183] 1941년 가을 중국의 외교부장 郭泰祺는 김구와 김원봉에게 통합을 권유하면서 향후 임시정부의 승인을 언급하고 아울러 지원 창구를 임시정부로 단일화할 것이라는 의사를 피력하였다.[184] 중국의 이러한 태도변화는 중국 관내 한국독립운동세력을 임시정부로 통합하는 촉진제가 되었다. 1941년 12월 1일 조선민족해방동맹의 金星淑은 "반일혁명역량을 임시정부로 집중시켜 전민족적 총단결을 이루자"고 주장하며,[185] 임시정부 옹호를 선언하였다. 김원봉 역시 1941년 12월 10일 민족혁명당 제6차 전당대표대회에서 '임시정부에 대한 불관주의 포기와 참여'를 결의하고, 이듬해의 3·1절을 맞이하여 발표한 「敬告中國同胞書」를 통해 "임시정부를 혁명의 최고통일기구로 할 것"을 촉구하였다.[186]

---

183) 1932년 4월 윤봉길 의사의 의거 이후 중국정부의 한국독립운동에 대한 지원이 적극화되었는데, 김원봉 등 민족혁명당에 대한 지원은 三民主義力行社에서, 김구 등 임시정부에 대한 지원은 중국국민당 中央組織部에서 담당하였다(韓國精神文化研究院 編, 『中國人士證言 韓國獨立運動史 資料集』, 박영사, 1983, 64~65쪽).

184) 양영석, 「1940년대 조선민족혁명당의 활동」, 『한국독립운동사연구』 3, 1989, 570쪽.

185) 「擁護韓國臨時政府宣言」, 『韓國獨立運動史』 資料 3, 530~534쪽.

186) 韓詩俊, 『韓國光復軍研究』, 일조각, 1993, 163~164쪽.

민족혁명당 등 좌익진영의 임시정부 참여는 먼저 임시의정원 참여로
시작되었다. 1942년 10월의 제34차 임시의정원 의회에 민족혁명당을
비롯하여 조선민족해방동맹 등 좌익진영이 참여하였다. 종래 중경 한
국독립당 일색이던 임시의정원은 좌우 양진영의 정당과 단체들이 참여
한 통합의회를 구성하게된 것이다. 이에 따라 임시정부의 위치와 역할
이 더욱 중요하게 되었고, 임시정부의 여당 역할을 하고 있는 한국독립
당은 임시의정원에서의 역할 제고를 위해 趙擎韓을 院內黨團主任으로
선출하기도 하였다.[187]

이러한 상황에서 중경 한국독립당의 구성원 조직에 변화가 있게 되
는 사건이 발생하였다. 바로 '王通事件', 즉 권총도난 사건이었다.[188]
이 사건 직후에 개최된 1943년 5월 제3차 전당대표대회에서 소장파의
지지를 얻은 조소앙이 중앙집행위원장으로 선출되었다. 조소앙 등은
중경 한국독립당을 중심으로 전체 한국혁명단체의 통일과 이를 통한
임시정부의 기초를 공고히 할 것을 주장하였다. 반면에 김구 등은 각
혁명단체의 통일에 반대하였다. 선거 결과 각 혁명단체 간의 통일을 주
장한 조소앙이 중앙집행위원장에 당선된 것이다.[189]

한편 제3차 전당대표대회에서 선출된 중앙집행위원과 중앙상무위원,
중앙감찰위원 명단은 <표 16>과 같다.

187) 노경채, 『한국독립당연구』, 77쪽.
188) 胡春惠 著, 辛勝夏 譯, 『中國안의 韓國獨立運動』, 단국대출판부, 1978, 124
쪽. 왕통사건이란 1943년 4월 민족혁명당의 간부 王通과 임시정부의 비서
인 黃民이 결탁하여 금전과 임시의정원의 자리를 미끼로 임시정부의 경위
대 경비인 朴守福을 매수하여, 지급받은 권총을 도난당했다고 보고하고 이
권총으로 한국독립당의 김구·조완구·박찬익·조성환·엄항섭 등을 암살
하려다가 사전에 발각된 사건이었다.
189) 「第3次全黨大會의 意義와 執行部 名單」, 『資料 韓國獨立運動』 Ⅱ, 159~160쪽.

〈표 16〉 중경 한국독립당 집행부 명단

(1943년 5월 현재)

중앙집행위원장 : 조소앙

중앙집행위원 : 조소앙 · 홍진 · 최동오 · 송면수 · 조시원 · 채원개 · 유동
열 · 조완구 · 박남파 · 김의한 · 양묵 · 안훈 · 이준식 · 김
구 · 지청천

중앙상무위원 : 최동오(비서장) · 김의한(조직부장) · 안훈(훈련부장) ·
송면수(선전부장) · 양묵(재무부장)

중앙감찰위원 : 차리석 · 김자동 · 이복원 · 이상만 · 최용덕[190]

중앙집행위원장이 김구에서 조소앙으로 바뀌었으나, 당의 재정적인
실권은 여전히 김구 등이 가지고 있었고[191] 당 내부에는 좌익진영과의
통합이라는 문제를 놓고 여전히 세력이 나뉘어져 있었다. 이것이 결국
柳東說 등 17명의 탈당이라는 불상사로 나타나게 되었다. 유동열 등 17
명은 중경 한국독립당 내부의 불통일을 이유로 탈당한 것이다.

> 이때에 우리들의 수요는 무엇이며, 할 일은 무엇인가? 오즉 정신통
> 일과 역량집중, 즉 全民族의 總團結이다.…그러나 당내에는 호상반대
> 되는 2개의 경향 즉 통일반통일의 의견이 대립되야 행동의 불일치로
> 붙어 구룹의 형성에까지 발전되야 二個의 부동한 중심세력이 엄연히
> 존재하게 되었다.…우리는 당을 위하야 당을 수요하는 것이 아니라
> 혁명이익을 위하야 당을 수요하는 것이며 통일을 위하야 통일을 주장
> 하는 것이 아니라 민족이익을 위하야 통일을 주장하는 것이다.…전체
> 의 이익을 위하야는 부분의 이익에 抱泥될 수 없으며 전민족의 통일
> 을 위하야는 당의 분열을 顧慮할 수 없는 것이다.[192]

---

190) 「第3次全黨大會의 意義와 執行部 名單」, 『資料 韓國獨立運動』 II, 159~160쪽.
191) 「韓國各黨派現況」, 『資料 韓國獨立運動』 II, 70쪽.
192) 「柳東說 等 17人의 韓國獨立黨 脫黨聲明書」, 『資料 韓國獨立運動』 II,
160~161쪽.

   유동열 등 탈당인사 17명은 전민족의 총단결이 절실함에도 불구하고 중경 한국독립당은 통일과 반통일이라는 두 개의 세력으로 나뉘어 혁명이익과 민족의 이익을 방해하고 있기 때문에 전민족의 통일을 위하여 중경 한국독립당을 탈당한다는 내용이다.

   조소앙을 중앙집행위원장으로 하는 중경 한국독립당의 조직체제는 1945년 7월 제4차 전당대표대회에서 변경되었다. 1945년 일제의 패망이 가시화됨에 따라 임시정부 및 중경 한국독립당의 위치와 역할이 제고되었고 조직의 재정비가 필요하게 되었다. 1945년 7월 1일부터 7월 11일까지 계속된 제4차 전당대표대회는 미국 등 우방국과의 연합, 한중 양국 간의 항일전선결성문제, 독립운동진영의 통일문제 등 다양한 안건과 더불어 광복을 앞둔 시점에서 獨立運動代表大會召集案이 집중적으로 논의되었다. 더불어 중앙집행위원에 대한 선거가 진행되었는데 새로이 중앙집행위원회 부위원장제가 도입되었다. 개편된 간부진의 명단은 〈표 17〉과 같다.

〈표 17〉 개편된 중경 한국독립당 간부진 명단

중앙집행회 위원장 : 김구
중앙집행위원회 부위원장 : 조소앙
중앙집행위원 : 이청천 · 李承晩 등 19명
중앙상무집행위원 : 조완구 · 안훈 · 엄항섭 · 양우조 · 崔用德
중앙감찰위원장 : 황학수
중앙감찰위원 : 閔弼鎬 · 王仲良 · 李象萬 등 5인[193]

---

193) 「韓獨立黨代表大會」, 『大公報(重慶)』(1945.7.17), 『資料 韓國獨立運動』 Ⅱ, 170쪽. 1946년 주화대표단장 朴贊翊이 중국국민당의 吳鐵城 비서장에게 보낸 공함 중에 기록된 한국독립당의 조직계통표에는 기존의 비서부 · 조직부 · 훈련부 · 선전부 · 재무부 의 5개 부서 이외에 文化部 · 靑年部 · 婦女部 등 3개 부서가 추가 신설되어 있다(「韓國獨立黨組織系統表 및 朴贊翊公函」, 독립기념관 소장자료, 자료번호 1-003630-049).

중앙집행위원에 이제까지 한번도 선출된 적이 없는 이승만이 선출된 점이 이채롭다. 임시정부의 외교활동이나 국제적 승인을 위해 아마도 미주에서 활동하고 있던 이승만이 필요하였기 때문이었을 것으로 생각된다. 제4차 전당대표대회에서 김구와 조소앙을 위원장과 부위원장으로 하는 체제는 광복 직후를 전후하여 또다시 확대 개편된 것으로 보인다. 아마도 광복 직후인 1945년 8월 28일에 개최된 제5차 임시대표대회나 같은 해 11월 임시정부 요인과 중경 한국독립당의 간부진이 1차로 환국하기 직전에 개편이 진행되었을 것이다.

한편 광복 직후인 1946년 3월 31일자로 중경 한국독립당 중국총지부에서 발행한 자료에 나타난 중경 한국독립당의 조직계통표는 〈표 18〉과 같다.

1930년대 후반 이후 좌우익 연합을 통한 통일신당의 결성을 추진하였으나 좌익진영의 탈퇴로 우익진영 3당만으로 결성된 중경 한국독립당은 중앙집행위원장제를 채택하였으며, 조직구조는 민주주의 중앙집권제였다. 위원장은 결성 이후 3차례 변경되었으며 광복을 앞두고 위원장·부위원장제로 변경되었다.

중경 한국독립당은 결성 이후 임시정부의 확실한 기초정당으로서 임시의정원에서 임시정부의 각종 정책과 독립운동 방안을 지지하는 등 임시정부를 지원하였다. 기관지로서 『독립평론』 등을 발행하여 광복에 대한 확신과 독립정신의 고취를 위한 선전활동을 전개한 바 있다. 또한 좌익진영과의 통일운동도 꾸준히 전개하였다. 이 과정에서 내부분열로 인한 유동열 등의 탈당도 있었지만 이러한 중경 한국독립당의 통일노력이 결국 1944년 좌익진영의 임시정부 참여라는 결과를 도출한 것이라고 판단된다. 또한 삼균주의에 기초한 정치이념과 독립운동노선을 채택하여 무장대오의 편성을 통한 일제와의 전면전을 위하여 한국광복군의 창설을 추진하였던 것이다. 한편 중경 한국독립당이 결성되기까지 각 정당의 이합집산 과정을 표로 정리하면 〈표 19〉와 같다.

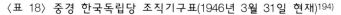

〈표 18〉 중경 한국독립당 조직기구표(1946년 3월 31일 현재)[194]

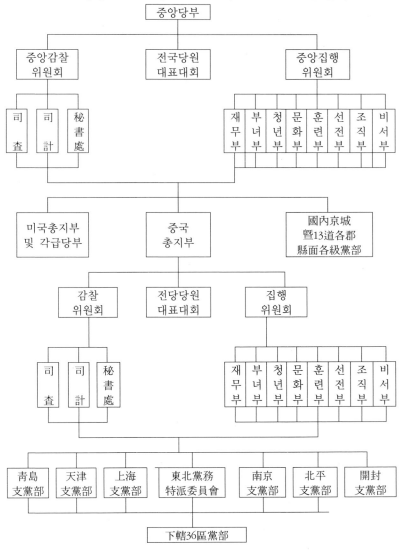

194) 「三均制度의 圖解와 組織系統票」, 『資料 韓國獨立運動』 Ⅱ, 178쪽.

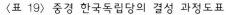

〈표 19〉 중경 한국독립당의 결성 과정도표

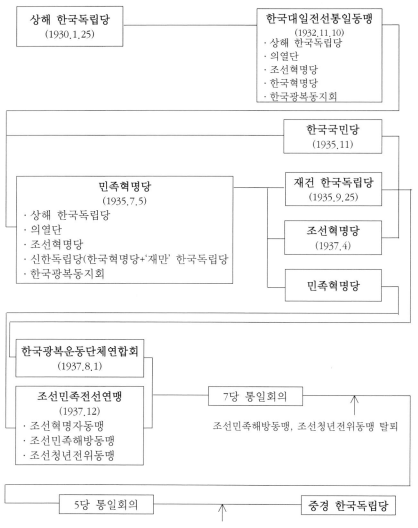

III. 韓國獨立黨의 理念과 路線

1. 黨義와 黨綱

1) 上海·再建 韓國獨立黨의 黨義와 黨綱

상해 한국독립당은 1929년 10월 민족유일당운동이 결렬된 이후 이제까지의 地方的·派閥的 대립을 청산, 극복하기 위하여 1930년 1월 25일에 결성한 민족주의 세력의 결집체이었다. 따라서 상해 한국독립당은 민족주의진영이 추구할 공동의 이념과 독립운동노선을 제시하여야 했다. 상해 한국독립당의 이념과 노선이 함축된 것이 바로 당의와 당강이다. 당의는 정당이 추구하는 기본이념을 함축하고 있으며, 당강과 당책은 기본이념을 실현하고 실천하는 구체적인 정책이다.

상해 한국독립당의 결성에 관여한 중심인물 중 한 명인 조소앙은 「韓國獨立黨之近像」에서 상해 한국독립당을 "동일한 주의와 정강으로 信條를 정하고 範疇를 세우며 이에 더해 엄격한 규율로써 의무와 권리를 획일하게 하여 능히 유기적 활동을 행할 수 있는 정당"이라고 정의하고 있다.[1] 여기서 말하는 '동일한 주의와 정강'이 곧 상해 한국독립당의

---

1) "以同一主義與政綱 定其信條 立其範疇 加之以嚴格的規律 劃一其義務與權利

당의와 당강인 것이다. 이렇듯 한 정당의 가장 중요한 핵심인 주의와 정강에 대해 조소앙은 "무릇 정치단체는 '주의'로서 생명을 삼으며, 정강으로 골간을 삼고 정책으로 혈액을 삼는다. 그중 '주의'가 가장 중요하다. 일정한 주의가 없는 것은 정당으로서 가치가 없다."[2]고 하였다. 상해 한국독립당이 추구하는 주의 즉, 이념을 내포하고 있는 당의의 중요성에 대하여 강조한 것이다.

상해 한국독립당이 표방하는 주의란 구체적으로 무엇인지 살펴보자. 조소앙은 상해 한국독립당의 주의에 대하여 다음과 같이 설명하고 있다.

> 獨立黨이 내세우는 주의는 과연 무엇인가? 사람과 사람, 민족과 민족, 국가와 국가의 균등생활을 주의로 삼는다. 사람과 사람의 균등을 어떻게 도모하는가? 政治均等化·經濟均等化·敎育均等化가 이것이다. 普選制를 실행함으로서 정권을 고르게 하고, 국유제를 실행함으로서 경제를 고르게 하고, 국비의무학제를 실행함으로서 교육을 고르게 한다. 이것으로서 국내의 사람과 사람의 균등생활을 실현한다. 민족과 민족의 균등을 어떻게 이루는가? 民族自決로서 自他民族에게 적용하여 소수민족과 약소민족으로 하여금 被壓迫·被統治의 지위에 빠지지 않게 하여야 한다. 국가와 국가의 균등은 어떻게 도모하는가? 식민정책과 자본제국주의를 파괴하고 약한 것을 兼竝하고 우매한 것을 공격하며 어지러운 것을 취하며 망한 것을 侮蔑하는 전쟁행위를 금지하여 일체의 국가로 하여금 서로 범하지 않고 서로 侵奪하지 않게 하여 국제생활에서 평등지위를 완전하게 하고 나아가 四海一家·世界一元의 窮極的 목적을 도모할 수 있다.[3]

能行有機的活動者 稱之謂韓國獨立黨"(趙素昂, 「韓國獨立黨之近像」, 三均學會 編, 『素昂先生文集』 上, 횃불사, 1979, 105쪽).

2) "凡屬政治團體 須以'主義'爲生命 政綱爲骨幹 政策爲血液 就中'主義' 尤極重要 無一定主義者 無政黨之價値"(趙素昂, 「韓國獨立黨之近像」, 『素昂先生文集』 上, 107쪽).

3) 趙素昂, 「韓國獨立黨之近像」, 『素昂先生文集』 上, 108쪽.

조소앙은 상해 한국독립당의 주의는 삼균주의라고 정의한 것이다. 政治·經濟·敎育의 均等을 골자로 하는 개인과 개인의 평등, 그리고 개인과 개인의 균등생활을 통한 민족과 민족, 국가와 국가의 균등생활을 추구하는 三均主義가 바로 상해 한국독립당의 주의라는 것이다. 이 삼균주의를 구체적으로 실천할 수 있는 방법으로 토지 및 대생산기관의 국유화, 보선제, 국비의무교육 실시, 민족자결주의 시행, 식민정책과 자본제국주의 파괴 등을 제시한 것이다.

삼균주의는 조소앙에 의해 1927~1928년경에 정립되었다고 하나,[4] 처음 정립되었을 당시의 내용이나 실체에 대해서는 알려진 것이 없는 실정이다. 삼균주의의 구체적인 실체가 처음 나타난 것이 상해 한국독립당의 당의와 당강이다. 상해 한국독립당이 창당되면서 당의 기본이념으로 삼균주의가 채택된 것이다. 삼균주의는 균등을 기본이념으로 하고, 궁극의 목적은 균등사회를 건설하는데 있다. 균등사회를 건설하는 단계로서 정치·경제·교육의 균등을 통한 개인과 개인의 균등생활을 실현하고, 이를 토대로 민족과 민족, 국가와 국가와의 균등생활을 이루며 나아가 사해일가, 세계일가를 추구한다는 것으로 철저한 균등주의에 입각한 이념이었다.[5]

상해 한국독립당의 당의는 동당의 결성에 직접 관여하였던 黨義起草委員 7명이 작성하였다. 李東寧·安昌浩·李裕弼·金枓奉·安恭根·趙琬九·趙素昻 등이[6] 민족주의진영이 추구하는 공동의 정치이념과 독립운동노선을 함축하여 상해 한국독립당의 당의에 담았을 것이다.[7]

---

4) 洪善熙, 『趙素昻思想』, 太極出版社, 1975, 58쪽.

5) 삼균주의에 대해서는 洪善熙, 『趙素昻思想』, 太極出版社, 1975 ; 권영건, 「조소앙의 삼균주의론」, 한양대박사학위논문, 1985 ; 삼균학회 편, 『삼균주의논선』, 삼성출판사, 1990 ; 한시준, 「조소앙의 삼균주의」, 『한국사 시민강좌』 10, 일조각, 1992 등을 참조.

6) 「上海及南京方面に於ける朝鮮人の思想狀況」, 高等法院檢事局思想部, 『朝鮮重大思想事件經過票』(1936.6), 23쪽.

상해 한국독립당의 당의와 당강의 전문은 다음과 같다.

　　黨義
　　우리는 오천년 독립자주하야 오든 국가를 이족일본에게 빼앗기고
지금 정치의 蹂躙과 경제의 破滅과 문화의 抹殺아레서 死滅에 직면하
야 민족적으로 자존을 득하기 불능하고 세계적으로 共榮을 도키 末由
한지라.
　　이에 본당은 혁명적 수단으로써 寃讐日本의 모든 침탈세력을 撲滅
하야 국토와 주권을 완전광복하고 정치·경제·교육의 균등을 기초로
한 新民主國을 건설하야써 내로는 국민 각개의 균등생활을 확보하며
외로는 族與族 國與國의 평등을 실현하고 나아가 세계일가의 진로로
향함.8)

7) 상해 한국독립당은 결성 당시 비밀결사로 조직되었기 때문에 그동안 黨義와
黨綱에 대한 분명한 내용이 밝혀지지 않고 일부 책자에 잘못된 상해 한국독
립당의 기본강령이 수록되기도 하였다. 잘못 알려진 상해 한국독립당의 기
본강령은 다음과 같다. 1) 국가의 독립을 保衛하며 민족의 문화를 發揚할 것,
2) 計劃經濟를 확립하여서 均等社會의 복된 생활을 보장할 것, 3) 전민족의
政治機構를 세워서 民主共和의 국가체제를 완성할 것, 4) 國費敎育施設을 完
備하여 기본지식과 必要技能을 보급할 것, 5) 平等互助를 원칙으로 한 世界
一家를 실현하도록 노력할 것 등이다(金承學, 『韓國獨立史』, 獨立文化社, 1967,
411쪽).
8) 「한국독립당 창립선언」(1940.5.9), 국가보훈처 편, 『한국독립운동사료』(양우
조편), 1999, 393쪽 ; 「韓國獨立黨黨憲黨規合編」(1942.6), 독립기념관 소장자
료(자료번호 1-003590).
　상해 한국독립당의 당의를 확인할 수 있는 원자료는 아직 발견하지 못하였
다. 다만 1940년 5월 9일 중경 한국독립당을 결성하고 발표한 「韓國獨立黨의
創立經過」(국사편찬위원회, 『韓國獨立運動史』資料 3, 396쪽)에 당의와 당강
이 한문으로 번역되어 수록되어 있으며, 일본의 정보문서에서도 그 내용을
확인할 수 있다(「上海及南京方面に於ける朝鮮人の思想狀況」, 高等法院檢事
局思想部, 『朝鮮重大思想事件經過票』(1936.6), 24쪽). 이를 번역해 보면, 1940
년 5월 결성된 중경 한국독립당의 당의와 똑같음을 확인할 수 있다. 다만 일
본어와 한문으로 번역되는 과정에서 한문식 표현과 약간의 착오가 있다. 「한
국독립당의 창립경과」에 수록된 상해 한국독립당의 당의(한문 번역)는 다음
과 같다.
「我韓係五千年自主獨立的國家　一旦慘被異族日本的强占　處在敵人政治的蹂

黨綱(基本綱領)

一. 대중에 대하여(國民의) 혁명의식을 환기하고 민족적 혁명역량
　(총역량)을 총집중할 것

一. 엄밀한 조직하에 민족적 반항과 무력적 파괴를 적극적으로 진
　행할 것

一. 세계피압박민족의 혁명단체와 연락을 취할 것

一. 보선제를 실시하여 국민 참정권을 평등하게 하고, 기본권리를
　보장할 것

一. 토지와 대생산기관을 공유(국유)하여 국민의 생활권을 평등하
　게 할 것

一. 생활상의 기본지식과 필요기능을 수득하기 위해 충분한 의무교
　육을 公費로써 실시하여 국민의 수학권을 평등하게 할 것

一. 민족자결과 국제평등을 실현할 것

一. 세계일가의 조성에 노력할 것[9)]

　　상해 한국독립당은 당의에서 민족자존과 세계공영을 도모하기 위해
서는 무엇보다도 오천 년 동안 독립자주해 온 우리의 국토와 주권을
회복해야 하는 것임을 강조한 것이다. 조국의 독립과 주권회복을 위한
구체적인 방법으로 혁명적 수단을 제시하고 있다. 그리고 광복 이후에
는 政治·經濟·敎育의 균등을 기초로 하는 新民主國을 건설하여 안으
로는 균등사회를 실현하며 밖으로는 민족과 민족(族與族), 국가와 국가
(國與國)와의 평등을 실현하고 마지막으로 世界一家를 지향한다는 것
이다.

蹬 經濟的破滅 文化的探(抹字의 誤字인 듯－필자 주)殺之下 直達於死滅的途
經 內不得保民族的自存 外無法圖謀世界的共榮 本黨於玆 黨以革命的手段 撲
滅暴日的侵奪勢力 完全光復我國土與主權 在政治經濟敎育均等的基礎上 建
設新民主國家 內以確保國民各個的均等生活 外以實現族與族 國與國平等 進
而踩同世界一家之路線」

9)「上海及南京方面に於ける朝鮮人の思想狀況」, 高等法院檢事局思想部, 『朝鮮
　重大思想事件經過票』(1936.6), 24쪽 ;「韓國獨立黨的創立經過」, 『韓國獨立運
　動史』 資料 3, 396쪽.

당의를 구체적으로 실현하기 위한 방법으로서 8개항의 당강을 채택하고 있다. 8개항의 당강은 당의와 마찬가지로 세단계로 나누어 볼 수 있다. 첫 번째 단계는 일제에게 빼앗긴 독립과 자주를 회복하여 광복을 쟁취하기 위한 방법이다. 대국민 혁명의식의 고취와 혁명역량의 총집중, 民族的 反抗과 武力的 破壞, 세계피압박민족의 혁명단체와의 연계를 통하여 독립 자주를 쟁취하고 광복을 회복한다는 것이다. 두 번째 단계는 광복 후 수립할 新民主國家의 건설과 均等社會의 실현을 위한 방법을 제시하고 있다. 이를 실현하기 위한 구체적인 방안이 보통선거제도·土地와 大生産機關의 國有化·義務敎育制의 실시 등인 것이다. 세 번째 단계는 세계일가를 지향하는 방법으로 민족자결과 국제평등을 제시하고 있다.

상해 한국독립당의 당의와 당강을 통해 본 정치이념은 삼균주의였음을 알 수 있다. 또한 독립운동노선으로 먼저 광복을 달성하기 위한 혁명적 수단으로서의 民族的 反抗과 武力的 破壞라는 무장독립운동노선을 채택하고 있었다.

상해 한국독립당 당의의 기본이념으로 채택된 삼균주의와 독립운동노선인 무장독립론은 독립운동선상에서 몇 가지 중요한 의미를 지닌다. 첫째는 우익진영의 분명한 독립운동 지도이념의 정립을 지적할 수 있다. 사실 우익진영은 임시정부 수립 이후 1920년대에 들어 사회주의세력과의 대립·갈등 속에서 분명한 독립운동이념의 부재로 혼란과 어려움을 겪었던 것이 사실이다. 이런 곤경을 민족주의진영의 인사들이 상해 한국독립당을 결성하여 우익진영 공동의 정치이념과 독립운동노선을 정립함으로써 극복한 것이다. 둘째는 상해 한국독립당의 이념과 독립운동노선이 임시정부의 정책에도 그대로 반영되었다는 점이다.[10] 임시정부는 1931년 4월에 「大韓民國臨時政府宣言」을 발표하여 "임시정

10) 韓詩俊, 「上海韓國獨立黨硏究」, 『龍巖車文燮敎授華甲紀念史學論叢』, 신서원, 1989, 617~618쪽.

부의 주의와 정책은 한국독립당의 均等主義에 근간을 두고 비로소 결정되었다."고 밝히고 있다.[11] 상해 한국독립당의 기본이념인 삼균주의는 임시정부가 광복 후에 건설할 民族國家의[12] 청사진으로서 1941년에 제정·반포한 「大韓民國建國綱領」에도 그대로 반영되었다.

재건 한국독립당의 당의와 당강 역시 상해 한국독립당의 그것과 크게 차이가 없었을 것으로 사료된다.[13] 상해 한국독립당의 기본이념인 삼균주의와 독립운동노선은 1935년 민족혁명당에 참여하였다가 탈당하여 상해 한국독립당 소속의 당원을 중심으로 결성한 재건 한국독립당의 당의와 노선에도 그대로 반영되었음을 확인할 수 있는 것이다.

2) 韓國國民黨의 黨義와 黨綱

한국국민당은 상해 한국독립당처럼 비밀결사로 조직된 것이 아니었다. 그럼에도 불구하고 현재까지 한국국민당 결성 시의 당의와 당강의 모습을 확인할 수가 없다. 한국국민당 당의의 대강을 살펴볼 수 있는 자료로 1935년 11월에 발표한 「선언서」가 있다. 이 선언서에,

    玆에 오등은 국가주권의 완전한 광복에서 全民的 政治·經濟·敎育均等의 3대원칙의 신앙을 확립하고 한국국민당을 조직하였으며 장래에 더욱 성실·건전·영용의 비개인적 정신으로써 彷徨渙散 鬱拂恨愧한 사람을 일단으로서 導成하고 玉碎의 귀함을 맛보고 瓦全의 恥를 극복하는 大英勇無畏의 보조로써 분투매진하고 적의 총세력을 박멸

11) 「大韓民國臨時政府宣言」(1931.4), 『韓國獨立運動史』 資料 3, 208~213쪽.
12) 대한민국임시정부에서 제시한 광복 후 수립할 민족국가의 건설형태에 대해서는 韓詩俊, 「大韓民國臨時政府의 光復 후 民族國家 建設論－大韓民國建國綱領을 中心으로」, 『한국독립운동사연구』 3, 1989, 521~544쪽 참조.
13) 「1939年の在支不逞朝鮮人の不穩策動狀況」, 『朝鮮獨立運動』 Ⅱ, 646~647쪽. 재건 한국독립당의 당의와 당강의 내용을 알 수 있는 원자료를 현재까지 확인할 수가 없다.

하고 완전한 민주공화국을 건설하여 위로는 조선의 광휘를 빛내고 아래로는 자손만대의 영예를 발전시킴으로써 세계 각국 민족과 함께 공존공영을 圖할 것을 선언한다.[14]

한국국민당은 1935년 11월의 창립선언서에서 일제에게 강탈된 조국의 완전광복과 전민족의 정치·경제·교육의 균등이라는 삼균주의에 기초하여 결성되었으며, 대영용무외한 일단의 세력으로 적 일제를 파괴하고 완전한 民主共和國을 건설하여 세계와 공존공영을 도모할 것을 당의 기본이념이자 노선으로 제시한 것이다. 한국국민당 역시 당의 기본이념으로 삼균주의를 채택하고 있었음을 알 수 있다.

한국국민당의 이러한 창립 이념은 결성 후 약 4년이 경과한 이후 일제의 정보 문서를 통해 확인할 수 있는 당의에서 더욱 선명하게 표현되고 있다.

黨義

아등은 오천년래 독립자주해 온 국가를 이족일본에 탈취당하고 정치의 유린과 경제의 파멸과 문화의 말살하에 현재 사멸에 직면하여 민족적 자존을 획득하기 불능하고 세계적 共榮을 圖謀할 방법이 없는 경우에 있다.

玆에 본당은 革命的 手段으로써 仇敵 일본의 總侵奪勢力을 박멸하여 국토와 주권을 완전히 광복하고 政治·經濟·敎育의 균등을 기초로 하는 新民主共和國을 건설하여서 안으로는 국민 각개의 均等生活을 확보하고 밖으로는 민족과 민족, 국가와 국가와의 평등을 실현하고 나아가 世界一家의 진로로 향함.[15]

---

14) 독립운동사편찬위원회 편, 『독립운동사』 4(임시정부사), 1983, 753~754쪽 ; 「1935年の上海を中心とする朝鮮人の不穩策動状況」, 『朝鮮獨立運動』 Ⅱ, 546~547쪽.

15) 독립운동사편찬위원회 편, 『독립운동사』 4(임시정부사), 755쪽 ; 「1939年の在支不逞朝鮮人の不穩策動状況」, 『朝鮮獨立運動』 Ⅱ, 644~645쪽.

　　민족의 자존과 세계공영을 도모하기 위하여 혁명적 수단으로써 일제에게 탈취당한 국토와 주권을 완전히 광복하고 新民主共和國을 건설하여 안으로는 국민 각개인의 균등생활을 영위하며, 밖으로는 민족과 민족·국가와 국가 간의 평등과 세계일가를 지향한다는 내용이다.

　　한국국민당의 당의는 삼균주의에 기초한 것으로 상해·재건 한국독립당의 당의와 차이점이 거의 없음을 알 수 있다. 한국국민당의 당의는 일제의 정보문서에 보고되면서 당의가 일본어로 번역되었고 이를 다시 한글로 번역하면서 원문 내용의 일부가 잘못 번역될 수 있는 여지가 있다. 이를 감안하면 당의의 전체적인 내용은 대동소이하다. 상해 한국독립당과 단어나 문구에서 약간의 차이는 있지만, 그 대강은 별반 다르지 않은 것이다. 굳이 차이점을 찾는다면 상해 한국독립당의 '冤讐日本'과 '新民主國'이 한국국민당에서는 '仇敵日本'과 '新民主共和國'으로 표현되고 있다는 점이다.

　　다음으로 한국국민당의 당강을 살펴보자.

> 黨綱
> 1. 國家主權光復의 혁명적 의식을 국민에게 鼓吹喚起하여 민족적 혁명역량을 총집중할 것
> 2. 엄밀한 조직하에 民衆的 反抗과 武力的 破壞를 적극적으로 진행할 것
> 3. 我等의 광복운동을 우호적으로 원조하는 國家 및 民族과 절실히 연락할 것
> 5. 土地와 大生産機關을 국유로 하고 국민의 생활권을 평등하게 할 것
> 8. 독립운동에 대한 似而非 不純的 이론과 행동을 배격할 것
> 9. 임시정부를 옹호, 진전할 것[16]

　　이상의 당강 내용으로 보아 4·6·7번 항이 있었을 것이며, 이는 상

---

16) 위와 같음.

해 한국독립당이나 재건 한국독립당의 당강과 내용이 유사하였을 것으
로 생각된다.

　다음의 자료를 보면 이런 추정이 더욱 확실해진다.

> 　　대개 의열단 분자들이 '臨政'의 존재를 반대하여 신당을 조직할 즈
> 음, '임정'의 존폐문제가 발생하고 아울러 현재 '임정'의 국무원이 신당
> 에 가입하고자 하면 먼저 반드시 자동사직을 요구하였다. 이를 타락
> 한 사업이라 하여 서로 民革(민족혁명당 – 필자 주)에 불참하여 새로
> 이 '임정'을 개조하고 아울러 '한국국민당'을 창립하였다. 당의와 당강
> 을 발표하였는데 원래의 한국독립당(상해 한국독립당 – 필자 주)과 똑
> 같았다(一如). 다만 당강 중에 '독립운동에 대한 似而非·不純的 理論
> 및 행동은 모름지기 排除한다.'와 '臨時政府를 擁護, 進展한다.'라는 양
> 조를 추가하였다.[17]

　이 자료는 1940년 5월 9일 중경 한국독립당의 결성과정을 설명한 「한
국독립당의 창립경과」라는 문서이다. 이 문서에서 한국국민당의 당의와
당강은 상해 한국독립당과 '一如', 즉 똑같다고 적고 있다. 다만 두 조
항을 추가하였는데, 그것이 앞서 인용한 바로 8항과 9항이라는 것이다.

　또한 한국국민당의 기관지 『韓民』 창간호(1936년 3월 15일)의 欄外
에 다음과 같은 선전구호가 게재되어 있다.

> 　　우리는 혁명적 수단으로써 원수 일본의 모든 侵奪勢力을 撲滅하고
> 국토와 주권을 완전광복하자.
> 　　그리고 政治 經濟 敎育의 균등을 기초로 한 新民主共和國을 건설
> 하야 國民各個의 均等生活을 확보하자.
> 　　그리한 뒤에는 민족 간과 국가 간의 평등을 실현하고 나아가 世界
> 一家의 進路로 向하자.
> 　　國家主權光復의 革命的 意識이 강한 동지는 다 한 旗幟下에 뭉여

---

17) 「韓國獨立黨的創立經過」, 『韓國獨立運動史』 資料 3, 397쪽.

역량을 총집중하자.
　嚴密한 組織下에서 民衆的 反抗과 武力的 破壞를 積極 進行하자.
　우리의 光復運動을 友好的으로 원조하는 국가 민족과 切實히 연락
하자.18)

　이를 앞서 살펴본 당의·당강과 비교하면, 앞의 세 문장은 당의의 내용 일부이며, 뒤의 세 문장은 당강의 내용 중 일부와 흡사하다.
　이를 종합해 보면, 한국국민당의 당의와 당강은 상해 한국독립당이나 재건 한국독립당과 거의 흡사한 내용이었다고 결론지어도 큰 무리는 아닐 듯싶다. 군이 차이점을 든다면 '冤讐日本', '新民主國', '혁명적 의식의 환기', '민족적 혁명역량의 환기', '민중적(민족적) 반항과 무력적 파괴', '토지와 대생산기관의 국유화', '국민생활권의 평등' 등 표현하는 단어상에서 약간의 차이가 있을 뿐이다.19) 다만 상해 한국독립당의 '新民主國'이 한국국민당에서는 '新民主共和國'으로 표현되고 있다는 점이 눈에 띄인다.
　상해 한국독립당에 없는 내용이 한국국민당의 당강에 추가되어 있다. '似而非 獨立運動 理論과 路線 排擊', '臨時政府에 대한 擁護 進展' 등이 그것이다. 이는 한국국민당의 결성배경과 관련지어서 생각한다면 당연한 것이라고 생각한다. 민족혁명당의 결성이 준비되는 과정에서 임시정부의 존폐문제가 거론되었고, 또한 이 과정에서 임시정부의 국무위원 7명 중 5명이 사직하고 민족혁명당 결성운동에 참여하였다는 점, 김구 등 한국국민당의 결성 주도세력이 민족혁명당의 김원봉 등에

18) 『韓民』 創刊號, 1936년 3월 15일자.
19) 상해와 재건 한국독립당의 당강에는 이밖에도 신민주국을 건설하기 위한 방안으로 의무교육의 실시 등과 같은 국민생활권의 균등실현 등의 내용이 포함되어 있다. 한국국민당의 당강에는 이런 내용이 확인되지 않는다. 한국국민당의 당강의 전모를 현재까지 알 수 없기 때문이다. 그러나 1940년 5월 창당된 중경 한국독립당에서 발표한 「한국독립당의 창립경과」를 보면 아마도 누락된 4·6·7항 중에 이런 내용이 포함되어 있을 가능성이 충분하다.

대해서 공산주의 노선이라고 비난하고 있었던 점을 염두에 둔다면 한
국국민당의 당강에 이런 두 개의 조항이 추가된 것은 어쩌면 당연한
것이라고 판단된다.

3) 重慶 韓國獨立黨의 黨義와 黨綱

중경 한국독립당의 당의는 한국국민당·재건 한국독립당·조선혁명
당 등 3당의 기본 이념을 모두 포용하여야 했는데, 이들 광복진선 3당
의 당의는 삼균주의를 기본이념으로 하고 있었다. 한국국민당과 상
해·재건 한국독립당의 당의에 대해서는 제2절에서 이미 살펴보았다.
1937년 4월 민족혁명당에서 탈당하여 결성한 조선혁명당 역시 재건 한
국독립당이나 한국국민당의 당의와 별반 차이가 없는 당의를 가지고
있었다.[20]

20) 1929년 12월 결성 당시의 조선혁명당의 당의와 당강의 원형을 현재까지 확
    인할 수가 없다. 다만, 1932년 1월 신빈현에서 개최된 중앙위원회, 즉 '신빈
    회의'에서 개정된 것으로 추정되는 당의와 당강이 최근 일본정보문서에서
    확인되었다(「新派秘第342號 昭和12年6月19日 朝鮮革命軍ノ狀況ニ關スル件」,
    771쪽). 확인된 조선혁명당의 당의와 당강은 다음과 같다.
    당의
    본당은 혁명적 수단으로 구적 일본의 침략세력을 박멸하고 4천년 독립해 왔
    던 국토와 주권을 회복하고 진정한 민주공화국을 건설하며 국민전체생활의
    평등을 확보하고 세계인류의 평등과 행복을 촉진한다.
    당강
    1) 구적 일본의 침략세력을 박멸하고 우리 민족의 자주독립을 완성한다. 2)
    봉건세력 및 모든 반혁명세력을 숙청하여 민주집권제의 정권을 수립한다.
    3) 소수인이 다수인을 박삭하는 경제제도를 소멸시키고 국민생활의 일군을
    단위로 하는 지방자치제를 실시한다. 4) 민중무장을 실시한다. 5) 국민은 모
    든 선거권 및 피선거권을 갖는다. 6) 국민은 언론·출판·결사·집회·신앙
    의 자유를 갖는다. 7) 여자는 모든 남자와 동권한다. 8) 토지는 국유로 하고
    농민에게 분배한다. 9) 대규모의 생산기관 및 독점적 기업은 국영한다. 10)
    국민의 모든 경제적 생활은 국가이 계획하에서 통제한다. 11) 노농운동의 자
    유를 보장한다. 12) 누진율의 교육과 직업교육은 국가의 경비로 통제한다.
    13) 양로·육영·구제 등 공공기관을 설립한다. 14) 국적의 모든 재산과 국

민족혁명당에서 탈당한 직후 조선혁명당이 1937년에 발표한 「朝鮮革命黨宣言」에서 당의의 내용 일부를 엿볼 수 있다.

> 本黨은 全民族總團結로써 我 民族戰線을 강화하고 倭帝國主義 侵奪勢力을 박멸하여 아 國土權의 자유독립을 회복하며, 內로는 一切 國民生活의 平等存榮을 확보하고 外로는 우리를 평등하게 대하는 국가 민족과 공동 분투하여 인류공영으로 나아감을 절대사명으로 한다.[21]

기본적으로 조선혁명당의 독립운동노선이 한국국민당이나 재건 한국독립당과 커다란 차이가 없음을 알 수 있다.

또한 '本黨政綱' 중에서 '일본제국주의의 침탈세력을 박멸하여 국민의 一律 平等政權을 확립하고 민주정치를 실현한다.', '경제평등제도를 확립하여 국민생활의 平等福榮을 조성한다.', '국민기본교육 및 국민생활에 수요되는 정치·경제·군사·직업 등의 교육은 반드시 국가경영으로 하고 그 경비는 국고부담으로 한다.', '국민의 직업·신앙·집회·결사·언론의 자유를 확보함으로써 자유평등의 新社會를 건설한다.', '일본제국주의와 대립적 지위에 있는 일체세력과 공동전선을 결성하여 일본제국주의를 박멸하고 인류공영으로 나아간다'[22]고 선언하였다.

광복진선 3당의 당의와 당강은 전반적으로 내용이 흡사하였음을 알수 있다. 삼균주의를 기반으로 한 당의와 혁명적 수단(방법)으로서 일본제국주의 침탈세력 박멸이라는 독립운동노선을 채택하고 있는 공통점을 갖고 있었다. 따라서 광복진선 3당의 결성과정에서 약간의 논란은 있었지만, 3당통합을 통한 단일신당의 당의와 당강 제정은 그리 어

내에 있는 적 일본의 공사재산은 몰수한다. 15) 재자 평등 호조원칙에 기초하여 전세계 피압박 민족해방운동을 협조한다(신주백, 『만주지역 한인의 민족운동사(1920~1945)』, 아세아문화사, 209~210쪽).

21) 「朝鮮革命黨宣言」, 『한국독립운동사』 자료 3, 1937, 465쪽.

22) 위의 글, 467~468쪽.

렵지 않게 진행되었을 것으로 판단되다.

1940년 5월 결성된 중경 한국독립당이 채택한 당의는 다음과 같다.

> 黨義
>
> 우리는 오천년 독립자주하야 오든 국가를 異族日本에게 빼앗기고 지금 政治의 蹂躪과 經濟의 破滅과 文化의 抹殺 알에서 死滅에 직면하야 민족적으로 自存을 得기 不能하고 世界的으로 共榮을 圖키 末由한지라.
>
> 이에 본당은 혁명적 수단으로써 寃讐日本의 모든 침탈세력을 撲滅하야 國土와 主權을 완전광복하고 政治 經濟 敎育의 균등을 기초로 한 新民主國을 건설하야써 內로는 國民 各個의 균등생활을 확보하며 外로는 族與族 國與國의 평등을 실현하고 나아가 世界一家의 進路로 向함.[23]

중경 한국독립당의 당의 역시 상해 한국독립당의 당의와 똑같다. 중경 한국독립당은 1941년 5월 18일에 개최한 제1차 전당대표대회에서 당의와 당헌·당규에 대한 修改가 진행되었는데, 당헌 제19조에서 '黨義는 修改함을 不得함'이라고 규정하고 있다.[24]

---

23) 「韓國獨立黨黨憲黨規合編」(1942.6), 독립기념관 소장자료(자료번호 1-003590).
24) 1941년 5월 18일 제1차 전당대표회의에서 개정된 당헌 제19조가 중경 한국독립당의 당의에만 국한된 것일 수도 있다. 그러나 현재까지 각종자료를 통해 확인되는 상해와 재건 한국독립당의 당의와 중경 한국독립당의 당의에서 확연한 차이점을 발견할 수 없다. 다만, 용어상의 차이를 확인할 수 있는데, 이는 아마도 한글로 되어 있는 당의를 일본어로 또는 한문으로 번역하면서 발생하는 한문과 일본어의 단어상의 차이로 발생한 것으로 생각된다. 이런 점을 염두에 둔다면 상해와 중경 한국독립당의 당의는 차이가 없다고 보아도 과언이 아닐 것이다.

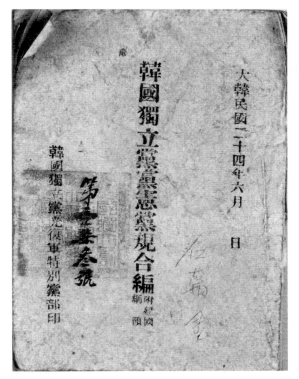

1941년 5월 18일 개최된 제1차 전당대표대회에서 채택된 중경 한국독립당의
당의·당헌·당규가 수록된 『한국독립당 당헌당규합편』(1942년 6월)

　　중경 한국독립당의 당의와 당강·당책·당헌은 1940년 3월 24일부터
5월 8일까지 개최된 3당통합 대표회의에서 제정되었고 5월 9일 창립대
회에서 보완이나 수개 없이 그대로 통과되었다.[25] 이 3당통합 대표회
의에 참석하였던 인물 중 조선혁명당의 인사들을 제외한 인사들은 이
미 상해 한국독립당에 참여하였던 인물들이었고, 또한 3당 통합의 주
도권을 한국국민당이 장악하고 있던 점을 감안하면 별반 차이가 없는

---

25) 「光復陣線遠東三黨統一代表會議經過大略」, 韓國精神文化硏究院 編, 『韓國
　　獨立運動史資料集－趙素昻篇』 4, 1997, 15~17쪽.

상해 한국독립당과 한국국민당의 당의를 기본으로 하여 중경 한국독립
당의 당의를 결정하였을 것으로 판단된다.

중경 한국독립당의 당의는 광복을 맞이하여 1945년 8월 27일 임시로
개최한 제5차 임시전당대표대회까지도 변함이 없었지만 당헌과 당강,
당책은 제1차 전당대표대회와 제5차 임시전당대표대회에서 약간의 수
정을 보게 되었다.

1940년 5월 결성 당시의 중경 한국독립당 당강은 다음과 같다.

> 黨綱(1940년 5월 9일)
> 一. 국토와 주권을 완전광복하야 대한민국을 건립할 것
> 二. 우리 民族生存發展의 기본조건인 國土·國權·國利를 보위하
>   며 고유한 문화와 역사를 발양할 것
> 三. 普選制를 실시하야 국민의 參政權을 평등히 하고 性別·教派·
>   階級 등의 차별이 없이 헌법상 국민의 基本權利를 均等化할 것
> 四. 土地及 大生産機關을 국유로 하야 국민의 生活權을 均等化할 것
> 五. 국민의 生活上 基本知識과 必需技能을 보급함에 충족한 義務教
>   育을 국비로 실시하야 國民의 修學權을 均等化할 것
> 六. 國防軍을 편성하기 위하야 국민에게 義務兵役을 실시할 것
> 七. 平等互助의 友誼로써 우리 國家民族을 대우하는 國家及 民族으
>   로 더부러 인류의 화평과 행복을 공동촉진할 것[26]

중경 한국독립당의 당강은 당의를 구체적으로 실현하는 방법으로 제
시된 것이다. 당강 역시 당의와 마찬가지로 3단계로 나누어 설명할 수
있다. 그 첫 단계는 일제에게 강탈된 국토와 주권을 완전 광복하여 대
한민국을 수립하고 고유한 역사와 문화를 발양하는 것이며, 두 번째는
고유한 역사와 문화를 발양하는 과정으로서 정치(憲法上 國民의 基本

---

26) 「創立宣言」, 『韓國獨立運動史料』(楊宇朝篇), 국가보훈처, 1999, 393쪽 ; 「韓
    國獨立黨創立宣言」(譯文), 1940년 5월 9일, 독립기념관 소장자료(자료번호
    1-003631-005).

權利) · 경제(國民의 生活權) · 교육(國民의 受學權)의 균등화라는 삼균
주의를 시행하는 것이며, 세 번째는 우리국가와 민족과 같은 입장, 같
은 처지에서 우리를 평등호조로서 대우하는 여러 나라들과 인류의 평
화와 행복을 추구하여 세계일가, 사해일원을 추구하는 구체적인 방안
인 것이다. 다만, 상해와 재건 한국독립당, 한국국민당의 당강에서는
보이지 않던 '국방의 의무'가 새롭게 추가된 점이 이채롭다.
　중경 한국독립당의 당강은27) 1945년 8월 28일 개최된 제5차 임시대
표대회에서 많은 변화가 있게 되었다. 제5차 임시대표대회에서 개정되
어 채택된 당강의 내용은 다음과 같다.

　　黨綱(1945년 8월 27일 현재)
　　一. 국가의 독립을 保衛하며 民族의 文化를 發揚할 것
　　二. 計劃經濟制度를 확립하야써 均等社會의 幸福生活을 보장할 것
　　三. 全民政治機構를 건립하야써 民主共和의 國家體制를 완성할 것
　　四. 國費義務施設을 완비하야써 基本知識과 必需 技能을 보급할 것
　　五. 平等互助를 原則으로 한 世界一家를 實現하도록 努力할 것28)

　1940년 5월 결성 당시의 7개항에서 2개항이 줄어든 5개항으로 개정
되었다. 1945년 8월의 당강은 광복을 쟁취한 상황에서 이에 걸맞게 수
개된 것으로 판단된다. 결성 때의 1항인 조국의 광복과 대한민국의 건
립이 자연스레 빠지고 광복이 된 상황에서 이제는 광복된 조국의 민족
문화를 발양하는 것으로 개정되었으며, 당강 제3 · 4 · 5항에서 정치 · 경
제 · 교육의 균등화 시행의 구체적인 항목이 '計劃經濟制度' · '全民政治

<hr>

27) 1942년 6월에 발행된 「韓國獨立黨黨憲黨規合編」에 수록된 당강의 제2조(우
　리 民族生存發展의 基本條件인 國土 · 國權 · 國利를 保衛하며 固有한 文化와
　歷史를 發揚할 것)의 문장에 약간의 수개(보위→적극 보위)가 있는 것 이외
　에는 1940년 5월 제정된 당강은 전혀 변화가 없었다.
28) 「韓國獨立黨第5次臨時代表大會宣言」(1945년 9월 5일 출판, 1946년 4월 재판),
　독립기념관 소장자료(자료번호 1-004890).

機構·'國費敎育施設'이라는 표현으로 압축되었다는 점이다. 평등호조를 기초로 하는 세계일가 지향은 변함이 없다. 그러나 국방군 편성을 위한 의무병역 시행 항목이 완전히 누락되어 있다. 이는 임시정부에서 무장대오로 한국광복군을 편성하였고, 당연히 한국광복군을 광복된 조국의 국방군으로 편성할 수 있을 것으로 판단하였기 때문일 것이다.

이상과 같은 중경 한국독립당의 당의와 당강은 상해 한국독립당·한국국민당·재건 한국독립당의 당의와 당강을 반영·수용한 것이라고 할 수 있다. 또한 중경 한국독립당의 당의와 당강의 기본이념인 삼균주의는 1941년에 제정·반포된 「대한민국건국강령」에도 그대로 반영되었다. 「대한민국건국강령」의 총강 제6항에서 '1931년 4월의 대한민국임시정부 선언이 삼균제도의 제1차 선언이니 우리들 모두가 이를 발양광대하도록 힘써야 한다'고 언급한 것이다. 또한 건국강령의 제2장 '복국'의 각 조항은 중경 한국독립당의 당강과 당책의 내용과 아주 흡사하다. 따라서 임시정부가 광복 후 수립할 민족국가의 청사진인 「대한민국건국강령」의 기본이념으로 삼균주의를 채택한 것이다. 중경 한국독립당의 정치이념과 독립운동노선이 임시정부의 독립운동 지도이념과 일치하는 것이다.

2. 新民主國家建設論

1) 新民主國 建設論

항일독립운동진영에서 광복 후 수립할 민족국가의 형태로 제시한 것은 민주공화국이었다. 1919년 3·1운동의 결과로 수립된 각지의 임시정부가 하나같이 民主共和制의 정부형태를 표방하고 있었다는 점을[29]

---

29) 趙東杰,「大韓民國臨時政府의 組織」,『한국사론』10(대한민국임시정부), 63쪽.

계승한 것이라 하겠다. 이로써 구한말 의병의 주된 이념이었던 復辟主義가 극복되고 專制君主制에서 민주공화제의 국가가 수립될 수 있는 기반이 마련된 것이다.

1919년 4월 상해에서 수립된 대한민국임시정부의 최초 헌법인 「대한민국임시헌장」 제1조에서 "대한민국은 민주공화제로 함"이라고 하여 국체를 민주공화국으로 확립한 이래로 5차 개헌으로 제정된 1944년 4월의 「대한민국임시헌장」까지 이 기본골격은 그대로 유지되었다.

그러나 모두 5차례나 개헌되는 과정에서 민주공화제에 대한 규정, 즉 국가주권 및 국민의 평등권·기본권리·참정권 등은 부분적으로 언급되어 있지만 어떠한 형태의 민주국가를 수립할 것인가에 대한 구체적인 내용은 그 어디에서도 찾아볼 수가 없는 것 또한 사실이다. 다만 5차 개헌인 「대한민국임시헌장」의 제2장(인민의 권리 의무)에서 민족국가건설의 대강을 언급하고 있다.[30]

민주공화국에 대한 구체적인 설명은 상해 한국독립당의 당의와 당강, 당책을 통하여 잘 표현되고 있다. 앞서 본 바와 같이 상해 한국독립당은 당의에서 '정치·경제·교육의 균등을 기초로 하는 신민주국을 건설한다'고 규정하고 있다. 임시정부가 광복 후 건설할 민족국가의 형태로 제시한 중경 민주공화국이 한국독립당에서 신민주국이라는 정체로 변화된 것이다.

상해 한국독립당이 당의에서 광복 후에 건설할 새로운 국가체제로 제시한 新民主國이란 과연 어떤 모습인지에 대하여 살펴보자. 삼균주의를 창안하고 상해 한국독립당 당의 제정에 참여한 조소앙은 「韓國獨立黨 黨義解釋」에서 '新民主'에 대하여 "민중을 우롱하는 資本主義 데모크라시도 아니며 無産者 獨裁를 표방하는 社會主義 데모크라시도 아닌 汎韓民族을 地盤으로 하고 汎韓國民을 단위로 한 데모크라시"라

---

30) 한시준, 「해제」, 『대한민국임시정부자료집』 1(헌법·공보), 2005, 17~18쪽.

고31) 간략하게 정의하고 있다. 즉 극단적인 자본주의나 사회주의도 아니며 특권계급이 없는 韓民族의 정치·경제·교육의 균등사회를 의미한 것이다. 그러나 더 이상 신민주 내지는 신민주국을 설명하는 자료를 찾을 수가 없다.

신민주국의 개념과 설명에 대하여 재건 한국독립당이 결성된 직후에 발표한 「告黨員同志」에서 비교적 자세하게 설명하고 있다.

> 舊民主主義의 결점은 독재를 타도하여 독재를 창조하는 것이다. 소위 暴易暴이라는 것이다. 佛·米·露를 보자. 불·미 양국은 군주의 독재적 압박으로부터 벗어나려고 하는 동기에서 民主主義를 창립하였지만, 100여 년간 시험한 결과는 知識派·有産派의 독재에 머물렀고 議會制度가 全民衆을 水火中에 빠트렸다. 러시아는 君主獨裁와 智富階級의 발호에 자극되어 '소비에트'제도를 창립했지만, 10여 년간 실험한 결과는 無産獨裁로 결착되었다.
>   我黨의 新民主主義는 三均制度의 건국으로써 歐米派의 舊民主主義의 결함을 補救하고 독재를 부인하는 것으로써 독재제도의 맹아를 뽑아내고 러시아의 민주주의의 결점을 보구하려는 것이기 때문에 我民族 대다수의 행복을 소중히 하기 위하여 아민족의 소원대로 대다수의 集體的 總機關을 설립하려고 하는 것이다. 소수가 다수를 통치하는 搾取機械인 국가 또는 정부를 근본적으로 부인하고 다수 자신이 다수 자신을 옹호하는 자치기능의 임무를 충실히 실천하지 않을 수 없는 독립정부를 수립하려는 것이다.32)

재건 한국독립당은 미국과 불란서, 러시아에서 시행하고 있는 민주주의는 많은 단점을 가지고 있는 구민주주의라고 비판하고 이들 삼국이 독재의 압박에서 벗어나기 위하여 시행한 구민주주의는 결과적으로

31) 趙素昻, 「韓國獨立黨 黨義解釋」, 『素昻先生文集』 上, 218쪽.
32) 「昭和10年夏以降に於ける中華民國在留不逞鮮人團體の情況」(1935年 12月 5日), 『思想情勢視察報告集』 2, 169쪽.

지식계급과 유산자들의 독재, 의회제도의 독재, 소비에트 프롤레타리아의 독재를 낳았을 뿐이라는 것이다. 이를 방지하기 위하여 재건 한국독립당은 많은 병폐를 갖고 있는 미국과 불란서의 구민주주의, 러시아 민주주의 독재의 단점과 결점을 보완한 신민주주의를 채택하였다는 것이다. 이러한 신민주주의의 기본은 삼균주의에 근거한 우리 민족 대다수의 행복 추구라고 결론짓고 있는 것이다.

이것이 바로 조소앙이「한국독립당 당의해석」에서 언급한 '자본주의 데모크라시'도 아니고 '사회주의 데모크라시'도 아닌 '범한민족과 범한국인을 대상으로 하는 데모크라시'인 신민주국의 개념인 것이다. 신민주국은 자본주의나 사회주의의 지나친 발전에 따라 그것으로 인하여 파생될 병폐를 없애고 삼균주의를 근간으로 양 체제의 장점을 취한 한민족이 추구하는 진정한 독립국가의 정체인 것이다.

재건 한국독립당은 이러한 신민주주의의 이론적 근거를 性理學의 理氣一元論에서 찾고 있다.

> 아등의 國師(退溪 李滉 - 필자 주) 선현은…卽心卽物의 원리를 파악하고 人天無間의 鐵則下에 理氣一如圓融한 설명으로써 아등을 지도했던 '理外無氣 氣外無理'의 論法은 즉 心外無物 物外無心의 妙理를 直覺한 것이 아닐까?
> 아 본당은 國師의 철학적 正脈을 발휘하면서 偏頗한 唯物論的 弊害를 방지하려고 하는 것이다.…아등은 절대적 유물론이 성립할 수 없음을 간파함과 동시에 절대적으로 唯心論만으로도 實社會에 응용하기 어려운 실지에서 보고 物心問題의 相對性을 파악하여 서로 인과가 되는 妙諦만을 체험하여 물심문제의 상대성을 인식하고 일체 활동의 大自任, 大自由의 활기를 띄어야 할 것이다. 이것이 본당이 정리한 철학, 즉 卽心卽物의 眞諦이며, 卽理卽氣의 妙解이다.[33]

---

33)「昭和10年夏以降に於ける中華民國在留不逞鮮人團體の情況」(1935年 12月 5日),『思想情勢視察報告集』2, 171~172쪽.

재건 한국독립당에서 주장하는 신민주주의는 퇴계 이황이 주장한 심
즉물의 이론과 이기일여원융론에 기초하고 있다는 것이다. 즉 편파적
이고 절대적인 유물론과 유심론 모두가 한계가 있어 실사회에 적용할
수 없으니 이들의 상대성을 파악하고 인식할 필요가 있으며, 이들의 장
점을 취하여 모든 활동의 대자임, 대자유의 활기를 띄게 하는 것이 재
건 한국독립당의 활로이자 나아갈 길이라고 주장한 것이다.

상해와 재건 한국독립당이 추구한 신민주국의 기본은 삼균주의에 기
초한 철저한 균등사회이었으며, 민족주의에 기초하고 있었다. 이는 한
민족 최대 다수의 행복을 실현하는 것이고 한민족을 기반으로 하는 민
족국가의 수립이었다. 또한 구민주주의로 언급한 서구 민주주의가 내
포하고 있는 여러 가지 단점을 철저한 균등주의로 극복하고 전민적 데
모크라시 국가를 건설하여 한민족 전체의 행복과 이익을 도모함으로써
세계일가의 균등과 평화를 지향한 것이다.

2) 均等社會 建設

한국독립당이 건설하고자 추구한 신민주국은 철저한 균등사회이었
다. 그렇다면 어떤 방법으로 철저한 균등사회를 실현하고자 하였는지
살펴보자.

상해 한국독립당은 균등사회 실현의 방안을 정치 · 경제 · 교육의 균
등을 실현함으로써 개인과 개인의 균등을 실현하고 이를 토대로 나아
가 한민족 최대 다수의 균등생활을 확보한다는 것이라고 당의에서 제
시하고 있음은 앞서 살펴본 바 있다. 상해 한국독립당은 「한국독립당
당의해석」에서 그 구체적인 방법을 제시하고 있다.

> 어떻게 하여야 사람과 사람의 균등을 도모할 수 있는가? 政治均等
> 化, 經濟均等化, 敎育均等化가 이것이다. 普通選擧制를 실행하여 政權
> 을 고르게 하고 國有制를 실행하여 經濟를 고르게 하고 國費義務敎育

制를 실행하여 교육을 고르게 한다. 이것으로 국내의 사람과 사람의
均等生活을 실현한다.[34]

정치 · 경제 · 교육의 균등을 통하여 개인 간의 균등을 도모할 수 있
다는 것이다. 그리고 그 구체적인 방안으로 보통선거제를 통하여 개인
의 정치를 고르게 하고, 토지와 대생산기관의 국유화를 통한 경제의 균
등화, 의무교육제를 통한 교육의 균등화를 제시하고 있는 것이다. 이렇
듯이 정치 · 경제 · 교육의 균등화를 통하여 국내에서는 개인과 개인 간
의 균등을 구체적으로 실행할 수 있다는 것이다.

다음으로 상해 한국독립당의 당의를 구체적으로 실현하기 위한 여러
가지 구체적인 방책을 제시한 당강에서는 어떻게 균등사회를 실현하려
고 하였는지, 또한 그 방책의 변화는 어떠하였는지 살펴보자.

상해 한국독립당이 채택한 당강은 앞서 살펴본 「한국독립당 당의해
석」의 내용과 크게 다르지 않다. 상해 한국독립당의 당강 중 균등사회
건설과 관련된 부분은 다음과 같다.

> 一. 普選制를 實施하여 國民 參政權을 平等하게하고, 基本權利를
>   保障할 것
> 一. 土地와 大生産機關을 公有(國有)하여 國民의 生活權을 平等하
>   게 할 것
> 一. 生活上의 基本知識과 必要技能을 修得하기 위해 充分한 義務敎
>   育을 公費로써 實施하여 國民의 修學權을 平等하게 할 것[35]

보통선거제의 시행으로 국민의 참정권을 평등하게 함으로써 국민의
기본권리(정치)의 균등을 이루고, 토지와 대생산기관의 국유화로써 국

---

34) 「韓國獨立黨之近像」,『素昻先生文集』上, 108쪽.
35) 「上海及南京方面に於ける朝鮮人の思想狀況」, 高等法院檢事局思想部,『朝鮮
重大思想事件經過票』(1936.6), 24쪽 ; 「韓國獨立黨的創立經過」,『韓國獨立運
動史』資料 3, 396쪽.

민의 생활권(경제)을 균등하게 하고, 의무교육을 실시함으로써 국민의
受學權(교육)을 평등하게 한다는 것이다. 앞서 살펴본 「한국독립당 당
의해석」의 내용보다 조금 더 구체적으로 표현되고 있을 뿐이다.

한국국민당 역시 당강 중에 균등사회 건설과 관련된 항목이 구체적
으로 표현되어 있었을 것이지만 현재로서는 그중의 일부인 "토지와 대
생산기관을 국유로 하고 국민의 생활권을 평등하게 할 것"[36]이 확인되
고 있다. 경제 균등을 토지와 대생산기관의 국유화로서 실현하고자 한
것이다. 상해나 재건 한국독립당의 그것과 동일한 내용인 것이다.

광복진선 3당의 통합체인 중경 한국독립당에서는 이보다 더욱 구체
적으로 표현되어 있다. 중경 한국독립당 결성 당시의 당강 중 균등사회
건설과 관련된 부분이다.

> 三. 普選制를 실시하야 국민의 參政權을 평등히 하고 性別·敎派·
>   階級 등의 차별이 없이 憲法上 국민의 基本權利를 均等化할 것
> 四. 土地及 大生産機關을 국유로 하야 국민의 生活權을 均等化할 것
> 五. 국민의 生活上 基本知識과 必需技能을 보급함에 충족한 義務敎
>   育을 國費로 실시하야 국민의 修學權을 均等化할 것[37]

상해와 재건 한국독립당, 한국국민당의 균등사회 건설 방안보다 더
욱 구체적으로 표현되고 있음을 알 수 있다. 정치의 균등을 보통선거제
의 시행을 통해 실현한다는 기존의 당강에서 한 단계 발전하여 남녀의
평등은 물론이고 종교, 계급의 평등을 통한 국민의 기본권을 규정한 것
이다. 그러나 나머지 두 가지 균등화의 필수 요소인 경제와 교육의 균

---

36) 독립운동사편찬위원회 편, 『독립운동사』 4(임시정부사), 755쪽 ; 「1939年の在
   支不逞朝鮮人の不穩策動狀況」, 『朝鮮獨立運動』 Ⅱ, 644~645쪽.
37) 「創立宣言」, 『韓國獨立運動史料』(楊宇朝篇), 국가보훈처, 1999, 393쪽 ; 「韓
   國獨立黨創立宣言」(譯文), 1940년 5월 9일, 독립기념관 소장자료(자료번호
   1-003631-005).

등화 부분은 달라진 것이 없다.

상해 한국독립당에서는 무슨 목적으로 정치·경제·교육의 균등화를 통한 평등사회, 균등사회를 건설하고자 하였을까. 즉 균등사회의 건설 목적은 무엇이었는지 또한 그 방법의 대강은 어떠한 것이었는지 살펴보자. 상해 한국독립당은 「한국독립당 당의해석」에서 '정치의 균등화'를 실현하려는 목적과 그 대강을 다음과 같이 설명하고 있다.

> 本黨이 주장하는 정치적 균등은 어떠한 一階級의 獨裁專政을 요구하지 아니하고 오직 진정한 全民的 政治均等을 요구하는 것이다. 그 理由는…政治의 不均等으로 인하여 발생하는 弊端이 너무 엄중하며 複雜多端하며 危險千萬인 까닭이다. 정치를 均等히 하는 방법은 무엇인가.…무릇 한국국민으로서 精神病者·犯罪者 및 叛逆分子를 제한 外에 憲法上 公民權을 享有한 자는 男女 敎派 階級의 차별이 없이 당연히 選擧 被選擧權을 가지고 국가정치에 참여할 권리가 있게 한다는 것이다.[38]

상해 한국독립당이 정치의 균등을 주장하는 이유는 정치의 불균등으로 인한 폐단이 너무나 많고 또한 복잡하기 때문이며, 정치의 불균등을 해결하는 방법으로 극히 일부의 반역분자나 정신병자를 제외한 한국의 모든 남녀와 종교, 계급 등의 신분이나 이념에 구분없이 선거권 및 피선거권, 즉 참정권을 실천하여야 한다는 것이다. 이로써 국가의 정치에 참여하여 특정계급의 독재를 없앨 수 있고 진정한 전민족의 정치균등을 실현할 수 있기 때문이라는 것이다. 이는 앞서 살펴본 중경 한국독립당의 당강 제3항과 같은 내용이었다.

경제의 균등을 실천하기 위하여 상해 한국독립당이 제시한 방법은 다음과 같다.

---

38) 「韓國獨立黨 黨義解釋」, 『素昂先生文集』 上, 216쪽.

　　本黨은 이에 鑑하여 人民生活과 國家存在의 基石인 經濟制度를 합리화하기 위하여 生産의 國家社會的 指導 및 計劃調整과 분배의 民族的 合理性을 求하는 經濟의 均等을 주장한다. 경제균등의 목적은…國民各個의 平等生活을 확보하여 인민의 物的 生活을 提高 享受케 하며 국가의 經濟的 토대를 合理化 鞏固化하는데 있다.…그 요점은 土地와 大生産機關을 국유로 하여 國民의 生活權을 均等化함에 있다.39)

　경제의 균등화를 주장하는 목적은 안정된 생산과 수요공급을 통한 국가의 계획경제 시행 및 합리적 분배를 위함이며, 이를 위해서는 토지와 대생산기관의 국유화를 실천하여야 한다는 것이다. 그리고 경제균등의 궁극적 목적은 국민 개개인의 평등한 생활 확보와 물질적 생활의 제고, 국가경제의 합리화에 있는 것이었다.

　교육의 균등은 어떤 방법으로 실현하고자 하였는지 살펴보자. 상해 한국독립당은 다음과 같이 설명하고 있다.

　　국가의 全般的 文化水準의 高低가 오로지 국민의 敎育程度에 관계하게 되므로 國家政策 중에서 國民敎育政策이 가장 중요한 지위를 점하지 아니할 수 없는 것이다.…이에 本黨은 異族에게 抹殺을 당한 문화를 다시 건설하며 국민의 生活技能을 培養하며 世界文化에 대하여 상당한 貢獻을 하며 己立立人의 理想에 달하기 위하여 광복 후 國民敎育에 주력하려 하는 것이다.40)

　한 나라의 국가정책 중에서 가장 중요한 것은 바로 국민교육정책이기 때문에, 상해 한국독립당은 일제에게 말살된 우리 고유 문화를 회복하고 국민 각 개개인이 문화생활을 향유, 제고하여 세계문화의 발전에 일정 부분 공헌할 수 있도록 하는 데에 교육균등의 목적이 있다는 것이다.

---

39) 위의 글, 216~217쪽.
40) 위의 글, 217쪽.

　상해 한국독립당의 이러한 정치·경제·교육의 균등화를 실천할 수 있는 신민주국, 즉 균등사회 건설이 더욱 구체화되어 표현된 것이 바로 1941년 11월 임시정부에서 국무위원회의 명의로 발표한 「대한민국건국강령」(이하 건국강령이라 약칭함)이었다. 건국강령은 일제의 패망이 예견되는 상황에서 독립전쟁을 수행하기 위한 독립운동진영의 총단결을 의도하면서 좌우양진영의 공동한 독립운동의 목표와 지도이념을 설정하기 위하여 제정, 공포한 것이었다.[41]

조소앙이 기초한 「대한민국건국강령」이 국무회의에서 약간의 수정을 거쳐
공포되었음을 보도한 『대한민국임시정부 공보』 제72호(1941년 12월 8일)

41) 韓詩俊,「大韓民國臨時政府의 光復 後 民族國家 建設論」,『한국독립운동사연구』 3, 527쪽.

건국강령이 어떤 과정을 거쳐 제정되었는지에 대해서 알려진 것은 없다. 다만, 건국강령의 기초자와 이를 공포하였다는 사실이 『大韓民國臨時政府公報』에 기록되어 있을 뿐이다. 건국강령의 기초자는 1931년 4월 임시정부의 건국원칙을 포함한 「대한민국임시정부선언」의 기초자인 조소앙이었고, 1941년 11월 28일 국무회의에서 약간의 수정을 거쳐 원안대로 통과되었고 같은 날짜로 공포되었다.[42]

건국강령은 임시정부가 광복 후 수립할 민족국가 건설계획이었다. 그러나 이를 공포할 당시의 임시정부 국무위원은 모두가 중경 한국독립당 소속이었고, 또한 건국강령의 기본이념 역시 중경 한국독립당의 기본이념인 삼균주의를 근간으로 하고 있다는 점 등을 감안하면, 건국강령에서 언급되어 있는 균등사회 실현을 위한 방안 내지는 정책이 중경 한국독립당이 지향하는 그것과 별반 다르지 않을 것이라고 생각된다. 더구나 '한국독립당의 당의·당강·당책이 대한민국건국강령에 부합되고' 또한 '한국독립당이 임시정부를 적극 옹호'[43]하고 있다는 점을 임시정부에서 굳이 강조하고 있는 점으로 보아도 더욱 그렇다.

건국강령 역시 삼균주의를 기본 이념으로 하여 철저한 균등사회의 건설을 지향하고 있다. 그 최종적인 목표는 정치·경제·교육의 균등을 실현함으로써 한민족 최대 다수의 행복한 균등생활을 확보하는 데에 있었다. 건국강령의 균등사회 건설 방안은 제3장 건국의 제4항부터 7항까지에서 구체적으로 언급되고 있다.[44]

중경 한국독립당이 추구한 진정한 정치의 균등은 참정권 등 국민의 기본권 시행과 균등화이었다. 건국강령 제3장 4항에는 건국기의 헌법

---

42) 「대한민국임시정부공보」제72호(1941년 12월 8일자), 『대한민국임시정부자료집』1(헌법·공보), 247쪽.

43) 위와 같음.

44) 대한민국건국강령은 總綱·复國·建國의 총 3장 24개항으로 구성되어 있으며 그 원문은 「대한민국임시정부공보」제72호에 수록되어 있다.

에 포함되어야 할 국민의 기본권이 나열되어 있다.

> 四. 건국긔의 헌법상 인민의 긔본 권리와 의무는 좌녈 원측에 의지
> 하고 법눌로 녕정 시행함.
> 가. 뇌동권 · 휴식권 · 피구제권 · 피보험권 · 면비수학권 · 참정권 · 선
> 거권 · 피선거권 · 파면권 · 립법권과 사회 각 조직에 가입하는
> 권리가 있음.
> 나. 부녀는 경제와 국가와 문화와 사회 생활상 남자와 평등 권리가
> 있음.
> 다. 신체 자유와 거주 · 언론 · 저작 · 출판 · 신앙 · 집회 · 결사 · 유
> 행 · 시위운동 · 통신비밀 등의 자유가 있음.
> 라. 보통선거에는 만 십팔세 이상 남녀로 선거권을 행사하되 신
> 앙 · 교육 · 거주 년수 · 사회출신 · 재산 상황과 과거 행동을 분
> 별치 아니하며 선거권을 가진 만 이십삼세 이상의 남녀는 피선
> 거권이 있으되 매 개인이 평등과 비밀과 직접으로 함.
> 마. 인민은 법률을 직히며 세금을 밭이며 병역에 응하며 공무에 복
> 하고 조국을 건설 보위하며 사회를 시설 지지하는 의무가 있음.
> 바. 적에 부화한 자와 독립운동을 방해한 자와 건국강령을 반대한
> 자와 정신이 흠결된 자와 범죄 판결을 받은 자는 선거와 피선
> 거권이 없음.[45]

먼저 국민의 기본권리로 노동권 · 휴식권 · 피구제권 · 피보험권 · 면
비수학권 · 참정권 · 피선거권 · 파면권 · 선거권 · 남녀평등권과 단체조직
에 참여하여 활동할 수 있는 권리 등을 규정하고 있다. 또한 신체자유
를 비롯하여 신앙 · 언론 · 출판 · 집회 · 결사의 자유 등을 규정하였으며
보통선거권은 신앙 · 교육 · 거주연한 · 신분과 계급 · 재산상황 · 과거의
행동 등에 관계없이 18세 이상의 남녀면 모두 가능하다고 하였다. 피선
거권은 23세 이상의 남녀로 제한하였으며 보통 · 평등 · 비밀 · 직접 선

---

45) 「대한민국임시정부공보」 제72호(1941년 12월 8일자), 『대한민국임시정부자
료집』 1(헌법 · 공보), 253쪽.

거의 원칙을 언급하고 있다. 다만 선거권과 피선거권에 대한 제한 규정을 두었는데 일제에 부화한 자·독립운동을 방해한 자·건국강령에 반대하는 자, 범법행위자 등은 선거권과 피선거권을 부여하지 않는다고 제한한 것이다. 친일세력 등은 광복 후 수립할 민족국가의 건국운동에서 배제한다는 것으로 이해된다. 아울러 이러한 국민의 기본 권리뿐 만이 아니라 병역·세금납부 등의 의무도 함께 규정되어 있다.

건국강령에서는 地方自治制를 시행할 것도 구상하였다.

> 五. 건국 시긔의 헌법상 중앙과 지방의 정치긔관은 좌녈한 원측에 의지함
> 가. 중앙정부는 건국 제일긔에 중앙에서 총선거한 의회에서 통과한 헌법에 의지하야 조직한 국무회의의 결의로 국무를 집행하는 전국적 최고 행정긔관임. 행정분담은 내·외·군·법·재·교통·실업·교육 등 각 부로 함
> 나. 지방에는 도에 도정부 부·군·도정부를 두고 도에 도의회 부·군·도에 부·군·도 의회를 둠[46]

중앙정부는 건국기에 구성한 의회에서 개정된 헌법에 기초하여 조직한 국무를 집행하는 최고의 행정기관이라고 규정하고 각기 실무 행정은 내무부·외무부·군무부 등 8개 부처를 두고 여기에서 실행한다고 규정하였다. 지방에는 각 지방행정 단위별로 정부와 의회를 구성하여 지방자치를 시행한다는 것이다. 이는 중경 한국독립당에서 지향하는 정치균등의 목적인 특정계급의 독재를 방지하고 정권을 분산시키려는 구체적인 방안으로써 제시한 것이라고 판단된다.

건국기에 시행할 경제의 균등화를 위한 구체적인 방안으로는 다음과 같이 대생산기관 및 주요 운수사업, 공용의 방산산업의 국유화 등을 규정하고 있다.

---

46) 위와 같음.

六. 건국시긔의 헌법상 경제체계는 국민 각개의 균등생활을 확보함
　　과 민족 전체의 발전과 및 국가를 건립 보위함에 련환 관계를
　　가지게 하되 좌녈한 긔본 원측에 의지하야 경제 정책을 취행함
　가. 대생산긔관의 공구와 수단을 국유로 하고 토지·광산·어업·
　　　농림·수리·소택과 수상·륙상·공중의 운수사업과 은행·전
　　　신·교통 등가 대규모의 농·공·상 긔업과 성시 공업구역의
　　　공용적 주요 방산은 국유로 하고 소규모 혹 중등긔업은 사영으
　　　로 함
　나. 적의 침점 혹 시설한 관·공·사유토지와 어업·광산·농림·
　　　은행·회사·공장·철도·학교·교회·사찰·병원·공원 등의
　　　방산과 긔지와 그타 경제·정치·군사·문화·교육·종교·위
　　　생에 관한 일체 사유자본과 부적자(附敵者)의 일체 소유자본과
　　　부동산을 몰수하야 국유로 함
　다. 몰수한 재산은 빈공(貧工) 빈농(貧農)과 일체 무산자의 리익을
　　　위한 국영(國營) 혹 공영(公營)의 집단 생산긔관에 충공함을 원
　　　측으로 함
　라. 토지의 상속(相續) 매매(賣買) 저압(抵押) 전양(典讓) 유증(遺
　　　贈) 전조차(轉租借)의 금지와 고리대금업과 사인의 고용농업의
　　　금지를 원측으로 하고 두레농장·국영공장·생산소비와 무역
　　　의 합작긔구를 조직 확대하야 농공 대중의 물질과 정신상 생활
　　　정도와 문화수준을 제고함
　마. 국제무역·전긔·자래수와 대규모의 인쇄·출판·전영·극장
　　　등을 국유 국영으로 함
　바. 로공(老工) 유공(幼工) 녀공(女工)의 야간 뇌동과 년령·지대·
　　　시간의 불합리한 뇌동을 금지함
　사. 공인과 농인의 면비의료를 보시(普施)하야 질병 소멸과 건강
　　　보장을 려행(勵行)함
　아. 토지는 자력자경인(自力自耕人)에게 분금함을 원측으로 하되
　　　원래의 고용농·소작농·자작농·소지주농·중지주농 등 농인
　　　지위를 보아 저급(低級)에서붙어 우선권을 줌[47]

47) 「대한민국임시정부공보」 제72호(1941년 12월 8일자), 『대한민국임시정부자
　　료집』 1(헌법·공보), 253~254쪽.

경제의 균등화를 위한 기본 원칙은 토지와 대생산기관의 국유화이었다. 이를 전제로 하여 적 일제가 침탈하여 사용하였거나 새로 건설한 관공사유토지와 공장·철도 등의 일체 시설 및 자본, 일제에게 부화한 자(附敵者)가 소유한 모든 자본과 부동산을 몰수하여 국유화한다는 것이다. 몰수한 재산은 우선적으로 빈농과 빈곤, 무산자에게 나누어 주고, 토지는 농사를 직접 짓는 농민들에게 분배하는 것을 원칙으로 한다고 규정하였다. 분배한 토지는 상속이나 매매 등을 철저하게 금지할 것도 함께 규정하고 있다. 아울러 몰수한 재산과 토지 등은 국영 또는 공영의 집단생산기관에 공급하여 국민 각개의 정신상·물질상의 생활을 제고하는 데에 도움이 되도록 한다고 규정한 것이다. 특징적인 점은 나이 든 고령의 근로자나 나이가 어린 노동자, 부녀자의 야간 노동을 금지하고 임금 등의 불합리한 지급에 대해서도 지적하고 있다는 점이다. 모든 생산기관의 국유화가 아니라 소규모 및 중소기업은 개인이 소유하고 운영할 수 있도록 예외 규정도 함께 제시한 것이다. 또한 노동자와 농민의 의료보험 혜택도 규정하고 있다.

국가정책 중에서 가장 중요한 국민교육정책의 시행 목적과 그 구체적 방안에 대해서는 다음과 같이 제시하고 있다.

> 七. 건국 시긔의 헌법상 교육의 긔본원칙은 국민각개의 과학적 지식을 보편적으로 균등화하기 위하야 좌녈한 원측에 의지하야 교육정책을 취행함
>
> 가. 교육종지는 삼균제도로 원측을 삼어 혁명공리의 민족정긔를 배함 발양하며 국민도덕과 생활지능과 자치능력을 양성하야 완전한 국민을 조성함에 둠
>
> 나. 륙세붙어 십이세까지의 초등 긔본교육과 십이세 이상의 고등 긔본교육에 관한 일체 비용은 국가가 부담하고 의무로 시행함
>
> 다. 학령이 초과되고 초등 혹 고등의 긔본교육을 받지 못한 인민에게 일늘로 면비 보습교육을 시행하고 빈한한 자제로 의식을 자비하지 못하는 자는 국가에서 대공(代供)함

라. 지방의 인구·교통·문화·경제 등 정형을 따라 일정한 균형적
비례로 교육긔관을 실시하되 최저한도로 매 일읍 일면에 오개
소학과 이개 중학 매 일군 일도 일부에 이개 전문학교 매 일도
에 일개 대학을 설치함

마. 교과서의 편집과 인쇄발행을 국영으로 하고 학생에게 무료로
분급함

바. 국민병과 상비병의 긔본 지식에 관한 교육은 전문 훈련으로 하
는 이외에 매 중등학교와 전문학교의 필수과목으로 함

사. 공사학교는 일뉼로 국가의 감독을 받고 국가의 규정한 교육정
책을 준수케 하며 한교(韓僑)의 교육에 대하야 국가로서 교육
정책을 취행함[48]

　광복 후 수립할 민족국가에서 시행하고자 하는 교육정책의 기본원칙
은 민족정기와 자치능력을 갖춘 완전한 국민으로 육성하는 것이었다.
이를 위해 국비의무교육을 통한 국민 개개인의 과학적 지식을 보편
화·균등화하고, 국민도덕·생활지능·자치능력을 양성하여야 한다는
것이다. 초등교육은 물론, 고등교육까지 일체의 교육비용을 국가에서
부담하며, 학령 초과 등으로 교육의 기회를 놓친 일반 국민에게는 일률
적으로 면비보습교육을 시행한다는 것이다. 아울러 극빈층에게는 국가
에서 의식을 대신 제공하여 교육을 받을 수 있도록 한다고 규정하고
있다. 그리고 지방의 인구와 교통, 문화, 경제 등의 형편에 따라 교육기
관을 두되, 최소한도로 각 일개 읍과 면에 초등학교 5곳·중학교 2곳,
일개 군과 도, 부에는 전문학교 2곳, 각 도에는 대학 1곳을 설치한다고
하였다. 교과서의 편집과 발행은 국영으로 하고 교과서는 학생에게 무
료로 나누어 주며, 기본적인 군사교육을 중등학교 이상의 교육기관에
서 필수과목으로 시행하도록 규정하였다. 특히 공립이건 사립이건 모
든 교육기관은 국가에서 규정한 교육정책을 준수하여야 하며, 무엇보

48)「대한민국임시정부공보」제72호(1941년 12월 8일자),『대한민국임시정부자
　　료집』1(헌법·공보), 254쪽.

다도 해외에 거주하는 한인교포에 대한 교육도 국가에서 시행하도록 규정하였다.

이상에서 살펴본 바와 같이 건국강령에서 언급하고 있는 정치·경제·교육정책은 한 마디로 균등사회를 건설하기 위한 구체적인 방법임을 알 수 있다. 정치의 균등을 위해서는 민주주의의 기본 원칙에 기초하여 참정권 등 국민의 기본 권리와 자유를 최대한 보장함으로써 정치면에서의 평등을 실천하고자 하였다. 경제균등의 기본 원칙은 토지와 대생산기관 등의 국유화이었다. 일제가 강탈하고 장악한 모든 토지와 공장 등의 일체 시설물 및 일제에게 부화한 자들이 형성한 모든 자산과 부동산 등을 몰수하여 빈농·빈공·무산자에게 합리적으로 무상분배하고 국가에서 계획경제를 통하여 국민개개인의 경제상 생활평등을 실현하고자 한 것이었다. 그러나 모든 생산기관의 국유화가 아니라 소규모 및 중소기업은 사유화한다고 하여 예외도 두고 있었다. 다만, 대생산기관과 소규모나 중소기업과의 구분 등에 대해서는 언급이 없다.

경제의 균등을 실현하는 과정에는 사회주의적인 요소가 가미되어 있다. 토지와 대생산기관의 국유화가 그것이다. 이는 일제의 식민통치로 국내의 토지나 생산기관이 동양척식주식회사와 친일 대지주에게 편중되어 있거나 또는 일제가 장악함으로써 생겨난 극히 기형적인 국내 경제 상황을 해결하고, 또한 임시정부에 반대하는 좌익진영을 포용하기 위한 입장도 있었을 것이다. 그러나 무엇보다도 중요한 것은 건국강령을 기초한 조소앙의 사회주의에 대한 이해였다. 조소앙은 1919년 5월부터 1921년 5월까지 약 2년 동안 유럽과 러시아를 순방하면서 세계정세를 직접 목도하였다. 특히 이 기간에 영국을 세 차례나 방문하여 아더 핸더슨(Authur Henderson, 1863~1935), 제임스 맥도널드(James Ramsay MacDoald, 1866~1937) 등 영국의 노동당 관계자 등을 만나 한국의 독립문제를 위한 논의를 하면서 노동당의 改良主義와 사회주의 노선에 깊은 감명을 받았다.[49] 1917년 레닌혁명 이후 한인 독립운동진영에서 러시아의 사회주의에 많은 관심을 가지고 레닌의 재정지원이나 모스크바 극동인민대회 등에 대표를 파견하는 등의 활동을 전개하면서도 막상 서구의 사회주의에 대해서는 주목조차 하고 있지 않을 때에 조소앙은 영국 노동당의 사회주의 노선에 깊은 관심을 갖고 있었던 것이다.[50] 삼균주의는 이러한 기반 위에서 사회주의적 요소를 내포하게 된 것이 며, 이것이 상해 한국독립당의 당의와 임시정부의 1931년 4월의 「대한 민국임시정부선언」에서 구체화된 것이다. 그리고 건국강령에서 건국 기의 기본정책으로 더욱 구체화되어 표현된 것이다.

한국독립당이 추구한 균등사회는 특정 개인이나 특정계급, 계층의 독재를 철저하게 배제하는 신민주국을 건설하기 위한 구체적인 정책이 자 방법으로서 정치·경제·교육의 균등을 통한 국민 개개인의 생활균 등이 실현되는 광복 후에 수립할 민족국가의 기본 형태이었다.

3. 行動綱領과 武裝獨立論

상해 한국독립당은 1930년 1월 25일 상해에서 결성된 이후 일정기간 비밀결사로 활동하고 있었다. 때문에 상해 한국독립당의 초기 활동내 용이나 활동 목적을 살필 수 있는 확실한 자료가 남아있지 않아서 행 동강령의 내용은 무엇이며 그 구체적인 실천방침은 어떠하였는지 확인 하기는 어렵다. 그러나 상해 한국독립당은 당의에서 분명한 무장독립 론에 입각한 국토와 주권의 완전광복을 지향하고 있었다. "本黨은 革命 的 手段으로써 寃讐日本의 모든 侵奪勢力을 撲滅하야 국토와 주권을

49) 洪善熹, 『趙素昻의 三均主義 研究』, 한길사, 1982, 46~47쪽 ; 姜萬吉 編, 『趙 素昻』, 한길사, 1982, 302~303쪽.

50) 한시준, 「大韓民國臨時政府의 光復 후 民族國家 建設論」, 『한국독립운동사 연구』 3, 541쪽.

완전광복하고"[51]라고 하여 '혁명적 수단'에 의한 조국의 광복을 강조한
것이다. 상해 한국독립당은 당강에서 혁명적 수단에 대해 구체적으로
제시하고 있다.

> 一. 대중에 대하여(國民의) 革命意識을 환기하고 민족적 革命力量
> (總力量)을 총집중할 것
> 一. 嚴密한 組織下에 민족적 반항과 무력적 파괴를 적극적으로 진
> 행할 것
> 一. 世界被壓迫民族의 혁명단체와 연락을 취할 것[52]

상해 한국독립당이 지향하는 혁명적 수단이란, '국내민중에 대한 혁
명의식의 환기', '민족의 혁명역량 총집중', '엄밀한 조직을 통한 民族的
反抗과 武力的 破壞'인 것이다. 즉 개인적인 의열투쟁 방식 대신에 민족
의 혁명역량을 한곳으로 모아 일정한 규율과 조직을 갖춘 집단에서 무
장독립운동을 전개할 것을 주장한 것이다. 이 과정에서 해외 혁명단체
와의 연락이나 연합을 추진하는 방안도 포함되어 있다. 이것이 상해 한
국독립당이 주장하는 혁명적 수단의 내용이었다.

상해 한국독립당이 추구하는 대일투쟁방식으로서의 무장독립론에 대
해서 「韓國獨立黨之近像」에서 다음과 같이 설명하고 있다.

> 독립당의 활동범위는 매우 광범위하여 무릇 일본제국주의자를 타
> 도하고 민족해방을 촉진하는 것이 모두 당원의 공작에 속하는 것이라
> 하겠다. 만약 이를 분류하여 논하면 조직, 선전, 훈련, 교양, 농·공·
> 상·학계의 동맹, 民衆的 反日運動, 武裝軍과 暗殺隊의 파괴운동, 피

---

51) 「한국독립당 창립선언」(1940.5.9), 국가보훈처 편, 『한국독립운동사료』(양우
조편), 1999, 393쪽 ; 「韓國獨立黨黨憲黨規合編」(1942.6), 독립기념관 소장자
료(자료번호 1-003590).
52) 「上海及南京方面に於ける朝鮮人の思想狀況」, 『朝鮮重大思想事件經過票』(1936.6),
24쪽 ; 「韓國獨立黨的創立經過」, 『韓國獨立運動史』 資料 3, 396쪽.

압박 민족 혁명단체와의 연락 등이 이것이다. 과거 13년간 가장 노력
한 것이 바로 破壞運動이다. …독립당의 투쟁방식에는 2대 정책이 있
다. 民衆的 反日運動과 武力的 破壞가 그것이다. 이 두 가지 방법을
함께 진행하는 까닭에 인도의 비무력의 반항은 우리가 취할 바가 아
니며, 아일랜드(爾蘭)와 같은 실전 역시 한국 내에서 능히 행할 바가
아니다. 문화운동 및 평화시위와 같은 일체의 비혁명적 수단은 독립
당이 능히 채용할 바가 아니다.[53]

상해 한국독립당이 추구한 대일투쟁방식은 인도의 무저항운동이나
아일랜드의 실전, 문화운동이나 평화시위 등과 같은 방법이 아니라 민
중적 반일운동과 무력적 파괴운동과 같은 직접적인 무장독립운동임을
강조한 것이다. 민중적 반일운동과 무력적 파괴운동을 상해 한국독립
당의 2대 대일투쟁방식으로 추구한 것이다.

상해 한국독립당이 채택한 대일투쟁방법, 즉 무장독립론은 임시정부
의 독립운동노선의 변화를 초래하였다. 임시정부는 수립 초창기에 파
리강화회의 대표 파견 등 외교에 치중한 독립운동노선을 추진하였다.
비록 임시정부가 수립 초에 「大韓民國陸軍臨時軍制」·「大韓民國陸軍
臨時軍區制」·「臨時陸軍武官學校條例」 등 무장대오 조직을 위한 일련
의 행정명령과 규칙을 제정·반포하고,[54] 1920년대에는 각종 軍務部
포고나 시정방침 등을 통해서 獨立戰爭論을 주창하였지만 이를 구체적
으로 실행에 옮기기보다는 독립전쟁을 준비하자는 내용이었다.[55]

이러한 임시정부의 독립운동노선에 변화가 나타난 것이 상해 한국독
립당 결성 이후의 일이었다. 1931년 4월 임시정부는 「대한민국임시정
부선언」을 발표하였다. 이 선언문에서 임시정부는,

53) 趙素昻, 「韓國獨立黨之近像」, 『素昻先生文集』 上, 106쪽.
54) 韓詩俊, 『韓國光復軍研究』, 일조각, 1993, 8~12쪽.
55) 金基承, 「대한민국임시정부의 독립운동방략」, 『대한민국임시정부수립80주년
기념논문집』, 1999, 688~703쪽.

　　본 정부는 독립당의 표현기관이며 독립당은 全民族의 代理機關이
　　니 본 정부의 정책은 독립당의 주의를 취하여 세웠다.…본 정부는 독
　　립당으로서 根幹을 삼고 독립당은 民國全體로서 기초를 삼으며 均等
　　主義를 고집한다. 본정부가 민족균등주의에 근거한 독립운동의 정책
　　은 다음과 같다.
　　　　일. 국내민족에 대하여 혁명의식을 환기하고 혁명역량을 집중한다.
　　　　이. 엄밀한 조직 하에서 민족적 반항과 무력적 파괴를 적극 진행한다.
　　　　삼. 세계 피압박민족의 혁명운동단체와 함께 협진을 도모한다.[56]

고 선언하였다. 민족혁명, 즉 독립운동에 대한 새로운 인식을 갖고 그
같은 맥락에서 세계피압박민족의 혁명운동과 연대까지도 추구한 것이
다. 그리고 '민족적 반항과 무력적 파괴'를 조직적이고 적극적으로 진행
할 것임을 천명하고 있다. 임시정부는 상해 한국독립당의 표현기관이
고 상해 한국독립당은 전민족을 대표하는 기관이므로 한국독립당의 정
책이 곧 임시정부의 정책이라고 언급하고 상해 한국독립당이 추구하는
무장독립론을 임시정부 역시 정책으로 채택하였다는 것이다.

　　결국 상해 한국독립당의 무장독립론은 '민족적 반항과 무력적 파괴'
를 조직적이고 적극적으로 진행할 것을 주장하고 있지만, 이를 조직적
이고 체계적으로 수행할 무장대오의 편성과 같은 독립군의 양성으로
까지는 발전하지 못하였고, 일제의 요인이나 친일주구배의 처단 또는
적기관의 파괴와 같은 특무활동의 전개로 나타난 것이다.

　　상해 한국독립당이 대일투쟁방식으로 제시한 무력적 파괴와 민중적
(민족적) 반항이 계획대로 진행되어 소기의 성과를 거두지는 못하였던
것으로 보인다. 이는 1933년 1월 15일에 상해에서 개최된 '在滬韓國獨
立黨大會'의 회의안건과 결의내용을 통해 간접적으로 추정해 볼 수 있

---

56) 「大韓民國臨時政府宣言」(1931.4), 『韓國獨立運動史』資料 3, 209~211쪽 ; 「國
　　民會議에 對한 臨時政府의 對策에 關한 件」(1931년 5월 18일부), 『韓國獨立
　　運動史』資料 2, 1983, 218쪽.

다.[57] 이 대회에서는 對民衆運動方法·군사·외교·경제 등 4개 부분에 대해서 논의가 진행되었다. 이 중에서 가장 중요시된 것이 바로 대민중운동방법이었다. 대민중운동방법에 대한 근본적인 개혁이 요구되었기 때문이다. 개혁의 이유는 이제까지 상해 한국독립당의 민중운동 활동이 일체 비밀로 진행되었기 때문에 목적한 바를 달성할 수 없다는 판단에서였다. 이에 따라 상해 한국독립당에서는 대민중운동방법의 근본적인 개혁 필요성을 인식하고 이를 회의안건으로 제의한 것이다. 그리고 그 구체적인 개혁방침은 모두 최고의결기구인 이사회에 일임하는 것으로 의결하기에 이르렀다. 그러나 새롭게 결정된 민중운동방법이 무엇인지는 관련 자료의 부족으로 확인할 수가 없다.

재건 한국독립당에서 추구한 무장독립론의 내용 역시 상해 한국독립당의 그것과 동일하다. 앞서 살펴본 바와 같이 재건 한국독립당은 상해 한국독립당과 동일한 당의와 당강을 갖고 있었다. 따라서 재건 한국독립당의 무장독립론 역시 내용에서는 상해 한국독립당과 다른 것이 없지만 각종의 선언서 내용을 통하여 재건 한국독립당이 주장하고 있는 무장독립론의 실체를 살펴보자.

1935년 10월 29일에 발표한 「建國紀念宣言」에서 재건 한국독립당은 적 일제와의 최후 격전을 다음과 같이 격려하고 있다.

적 일본의 만행에 의해 아등은 東敗西奔하게 되었지만 아등의 혈관에 흐르는 역사적 문화와 민족적 의식은 열렬히 팽창하고 있다. 따라서 오등의 一滴血이 남는다면 오등의 一息이 상존하는 날까지는 반드시 구적을 소멸하여 오등의 국가를 광복할 수가 있는 것이다.[58]

57) 「在上海 韓國獨立黨大會와 金九의 行動에 關해 1933年 2月 2日字로 在上海 總領事가 外務大臣에 報告한 要旨」, 『韓國民族運動史料』(中國篇), 768~769쪽.
58) 「昭和10年夏以降に於ける中華民國在留不逞鮮人團體の情況」(1935年 12月 5日), 『思想情勢視察報告集』 2, 186쪽.

일제에게 강탈된 조국을 광복하여 우리 고유의 역사와 문화, 민족의 식을 회복하기 위해서는 3·1독립선언서의 공약삼장에서 천명한 것처럼 최후의 일인까지, 최후의 피 한 방울과 최후의 한 숨이 남을 때까지 일제와 투쟁하여야 한다고 역설하여 전민족의 대일투쟁을 강조한 것이다.

1937년 3·1운동 18주년을 기념하여 발표한 「韓國獨立節18週紀念宣言」에서도 최후까지 일제와의 투쟁을 전개할 것을 강조하고 있다.

> 적 정부는 본색을 드러내어 더욱 가혹한 高壓政策을 써서 합방시대보다도 훨씬 악랄하게 신문사를 봉쇄하고 인민을 살육하며 田地를 강탈하고 금융을 몰수하며 韓族을 驅逐하여 왜놈들을 이식시키니 그 修羅狀과 혼돈은 전무후무한 일이다.…그러나 오히려 우리의 정예분자들은 이러한 광풍과 폭우 중으로 뛰어들어 적의 감옥을 넘쳐흐르게 하고 앞사람이 죽으면 뒷사람이 이어서 다시 일어나니 3월 1일에 선포한 '최후의 한 방울의 피를 흘릴 때까지 분투하리라'는 공약을 완전히 이행하고 있다.…원컨대 우리의 국내외 동지들은 '이를 갈며 나란히 나아가' 최후의 승리를 戰取해야 한다.[59]

일제의 악랄한 식민지배정책에 맞서 최후의 1인까지, 최후의 피 한 방울이 남을 때까지 투쟁하여 최후의 승리를 쟁취할 것을 역설하는 내용이다.

그러나 재건 한국독립당 역시 이러한 무장독립론을 직접 실행에 옮길 외곽단체나 무장대오를 조직하거나 운용할 만한 여건이 되지 못하였다. 상해 한국독립당과 재건 한국독립당에서 주장한 무장독립론의 실천은 한국국민당에 의하여 준비되고 시도되었다.

한국국민당에서 주장한 무장독립론의 실체에 대해서 살펴보자. 한국국민당의 독립운동노선을 알 수 있는 당강 역시 상해나 재건 한국독립당과 크게 다를 것이 없었다. 다만 앞서 살펴보았듯이 한국국민당의 결

59) 「韓國獨立節18週紀念宣言」, 『素昻先生文集』 상, 254~255쪽.

성 과정에서 발생한 민족혁명당의 임시정부 존폐문제와 민족유일당결
성운동, 즉 연합전선운동으로 인하여 "독립운동에 대한 似而非·不純
的 理論 및 행동은 모름지기 排除한다."와 "臨時政府를 擁護, 進展한
다."라는 두 가지 조항이 追加되어 있다는 점이 차이가 있을 뿐이었다.

한국국민당의 무장독립론은 1935년 11월의 선언에서도 강조되고 있
다. "탈취된 주권을 되찾고 국민이 영예를 광복하여 생활의 확고한 번
영을 도모함에는 정대무사한 정신범주에서 군책군력으로써 일도에 집
합 결사적 勢力으로써 적극적으로 매진"[60]하여야 한다고 언급하여 일
정한 조직체의 구성과 이를 통한 일사분란한 전개를 강조한 것이다. 한
국국민당의 이러한 무장독립론은 동당의 산하조직인 韓國國民黨靑年
團이 1936년 8월 29일에 발표한 「國恥紀念宣言」에서도 분명하게 강조
되고 있다.

> 청년용사들아 나아가자. 우리가 같이 피눈물을 흘리면서 헤매고 있
> 을 선열들의 혼을 하나라도 뵈이려고 하려거든 윤의사와 같이 이열사
> 와 같이 한손에는 폭탄을 또 한손에는 횃불을 들고 하얗게 덮힌 진정
> 한 의의는 이와 같이 비장한 결심과 용감한 행동을 취하는 데서만 발
> 견할 수 있는 것이니 청년용사여 조국을 위하여 무장하자 적진을 향
> 하여 돌진하자.[61]

한국국민당청년단은 윤봉길·이봉창 양의사의 의열투쟁 정신을 본
받아 자신들도 조국의 광복을 위하여 무장하고 또 적진을 향해 돌진할
것을 역설하며 무장독립론을 적극 옹호한 것이다.

한국국민당이 주장하는 독립운동노선은 주로 『韓民』, 『韓靑』 등의
기관지와 각종의 선전유인물을 통해 기회 있을 때마다 제시되었고 그
주된 내용은 당강에서 강조한 무장독립론이었다.

60) 「1935年の上海を中心とする朝鮮人の不穩策動狀況」, 『朝鮮獨立運動』 Ⅱ, 546쪽.
61) 「國恥紀念宣言」, 『韓國獨立運動史』 資料 3, 455쪽.

한국국민당의 기관지 『한민』 창간호(1936년 3월 15일)

한국국민당의 기관지로 1936년 3월 15일자로 창간된 『韓民』은 창간
사에서 무장독립론의 필요성과 당위성을 다음과 같이 강조하고 있다.

적을 박멸함에는 두말할 것 없이 혁명적 수단이 있을 뿐이다. 우리
는 적에게 哀乞하야 조국을 광복할 수도 없고 적에게 청원하야 생존
권을 획득할 수도 없다. 그럼으로 우리는 혁명적 수단으로 적을 박멸
하고 정치·경제·교육의 균등을 기초로 한 민주공화의 완전한 독립
국가를 건설치 아니하면 행복스러운 생활을 할 수 없다.[62]

당의와 당강에서 천명한 혁명적 수단을 통하여 일제를 박멸하고 정
치·경제·교육의 균등을 실현할 수 있는 민주공화국을 건설하기 위해
서는 국내에서 진행되고 있는 청원을 통한 독립이나 외교적 방법을 통
한 독립은 불가하며 오로지 일제와의 직접적인 투쟁이 있을 뿐이라는
것이다.

『韓民』 제3호에 실린 「武裝을 準備하자」라는 글에서도 이런 입장은
다시 한 번 강조되고 있다.

> 우리 민족이 사멸에 림한 이때에 우리 민족의 생존과 자유를 위하
> 야 전선에 나서서 싸홀 임무를 가진 자는 오직 우리이다.…우리 조국
> 의 독립을 위하야 도라 간 션렬들의 뒤를 따라 나아가 원수 일본으로
> 더부러 사생을 결단할 것이다.…우리의 목적을 달할 날이 갓가윗으니
> 우리는 잇는 힘을 다하야 싸홀때이다. 우리는 우리의 개인과 당파의
> 싸홈을 불살으고…우리는 림시정부를 절대 옹호하고 한국국민당의
> 령도하에서 굳게 단결하야 무장하고 나아가 우리의 독립을 위하야 끝
> 까지 싸호자.[63]

항일독립운동전선에서 활동하고 있는 모든 혁명동지들은 個人的·
黨派 간의 알력과 분쟁, 갈등의 파벌싸움을 청산하고 원수 일본과의 사
생결단을 위하여 전민족의 혁명역량을 임시정부와 한국국민당에 집중
하여 최후까지 결사적으로 투쟁할 것을 호소한 것이다.

한국국민당에서 주장하는 무장독립론이 상해 한국독립당이나 재건
한국독립당과 차이가 있는 점이 바로 이 점이다. 상해 한국독립당과 재
건 한국독립당은 무장독립론의 주체에 대해서는 구체적인 언급이 없
다. 상해 한국독립당은 임시정부와 표리일체의 기관이라고 임시정부선
언에서도 밝히고 있듯이 임시정부가 곧 상해 한국독립당이었기 때문에

---

62) 「創刊辭」, 『韓民』 제1호(1936년 3월 15일).
63) 리모세, 「武裝을 準備하자」, 『韓民』 제3호(1936년 5월 25일).

군이 무장독립론을 지도할 기관을 언급할 필요가 없었을 것이다. 그러나 한국국민당은 상해 한국독립당이나 재건 한국독립당과는 입장이 달랐다. 상해 한국독립당은 민족혁명당 참여를 전후하여 한국국민당과 재건 한국독립당으로 세력이 양분되었다. 한국국민당은 민족혁명당이나 재건 한국독립당의 입장과는 달리 임시정부를 옹호·지지하는 기초정당으로서의 역할을 수행할 목적으로 결성되었다. 이 때문에 한국국민당은 상해 한국독립당이나 재건 한국독립당과 같은 동일한 내용의 무장독립론을 주창하고는 있지만, 무장독립론을 실행할 주도세력을 임시정부로 지정하고 모든 항일독립운동진영이 임시정부로 집중되어야 함을 주장한 것이다.

재건 한국독립당에서도 역시 혁명적 수단을 통한 일제와의 무장독립론에 기초한 독립운동을 주장하였고, 이를 민중적 반항과 무력적 파괴로 실천하고자 하였다. 한국국민당은 여기에서 한 걸음 더 나아가 민중적 반항과 무력적 파괴로 대표되는 혁명적 수단을 총지휘할 기관으로 임시정부와 한국국민당을 내세우고 있는 점이다. 한국국민당은 1936년 8월 29일의 國恥를 맞이하여 발표한 선언서에서 이 점을 더욱 강조하고 있다.

> 광복동지여…삼일운동의 정맥은 본당에 이어졌으며 그 운동의 정신을 받아서 전국민에게 주입(注入)하며 전국적으로 확대시키는 최고기관은 곧 임시정부이다. 동포여 동지여 앉아서 눈물만 흘리지 말고 본당에 참여하여 빨리 역량을 집중하라. 엄밀한 조직하에서 임시정부를 옹호 진전하면서 민족적 반항과 무력적 파괴를 적극 전개하자.[64]

임시정부는 3·1운동의 正脈을 계승한 항일독립운동의 최고기관이므로 항일독립운동 역량을 임시정부로 총집중하고 임시정부의 지도하

---

64) 「國恥日에 臨하여」, 『韓國獨立運動史』 資料 3, 453~454쪽.

에서 무력적 파괴와 민중적 반항을 전개하여 조국의 광복을 쟁취할 것을 역설한 것이다.

한국국민당의 이러한 임시정부 옹호론은 앞서 살펴본 리모세의 「무장을 준비하자」에서도 "임시정부를 절대 옹호하고 한국국민당의 지도하에서 단결하고 무장하여 우리의 독립을 쟁취하자"고 주장한 것과 궤를 같이하는 것이다. 『韓民』 제13호의 사설인 「臨時政府의 成立을 紀念하자」에서도 임시정부로의 혁명역량의 집중과 통일을 강조하고 있다.

> 림시정부가 성립된 지는 비록 오래지 안었으나 그 공력은 자못 컸으니 이것은 우리가 목도한 력력한 사실이어니와 그중에도 홍큐의 벽력과 동경의 뢰정은 가장 최근의 대사업이다. 현재에도 우리 정부는 조국광복을 위하야 쉬지 않고 분투 노력하나니 목하에 제일 현지한 사업은 가장 혼란하고 무력한 우리의 진선을 정돈하며 강유력하게 만들기 위하야 빈말보다도 굳은 믿뿜으로써 거짓없는 통일을 고취한 결과 이믜 상당한 효과를 거두게 된 것이다.…우리 동포로서는 광복대업을 조속히 완성하기 위하야 우리 정부를 더욱 옹호진전할 것은 물론이려니와 우리를 위하야 우리의 손으로 건설한 우리 정부의 탄생을 맛당히 귀념할 것이니 이것은 우리의 의무요 우리의 영광이다.[65]

비록 역사가 얼마 되지 않은 임시정부이지만, 그동안의 홍구공원 의거나 동경의거 등 조국광복사업을 위하여 쉬지 않고 노력한 결과 우리의 광복진선을 결성하려는 상당한 성과를 거두고 있으니 임시정부를 더욱 옹호하고 발전시키며 나아가 조국광복과 정부 수립이라는 대업을 달성하는 것이 한국국민당의 의무라는 것이다.

한국국민당의 이와 같은 무장독립론은 『韓靑』에도 반영되어 나타나고 있다. 『韓靑』은 한국국민당의 산하기관인 한국국민당청년단의 기관지로 1936년 8월 창간되었다. 『韓靑』 제3호의 「革命家와 革命道德」이

---

65) 「臨時政府의 成立을 紀念하자」, 『한민』 제13호(1937년 4월 30일).

란 글에서도 무장독립론의 실천을 강조하고 있다.

> 한국의 혁명을 완성함에는 먼저 왜적의 시설을 파괴하고 왜노의
> 군비를 도멸시키지 않으면 안되며, 이렇게 함에는 무수한 한국동포의
> 피를 흘리지 않으면 안되며 兎角如何한 방법수단을 쓰더라도 왜적을
> 박멸하는 것이 아등의 행동이며 아등의 유일한 혁명도덕이다.[66]

민중적 반항과 무력적 파괴를 통한 왜적의 모든 시설과 군비를 철저
히 궤멸시키는 것이 우리 독립운동가의 유일한 혁명적 도덕이자 행동
이라고 언급하여 일제와의 철저한 무장투쟁과 희생을 역설하고 있다.

상해 한국독립당과 재건 한국독립당, 한국국민당의 이와 같은 무장
독립론은 중경 한국독립당의 당강과 당책에서 더욱 구체화되어 표현되
었다. 중경 한국독립당의 결성 초기의 당책은 다음과 같다.

黨策(1940년 5월 현재)
一. 黨義 黨綱을 대중의게 적극 선전하야 民族的 革命意識을 환기
　　할 것
二. 海內外 우리 민족의 革命力量을 集中하야 光復運動의 總動員을
　　실시할 것
三. 將校及 武裝隊伍를 統一訓練하야 상당한 兵額의 光復軍을 편성
　　할 것
四. 敵日本의 모든 侵奪勢力을 박멸함에 一切手段을 다하되 大衆的
　　反抗・武力的 戰鬪・國際的 宣傳 등의 독립운동을 擴大强化하
　　야 전면적 血戰을 적극 전개할 것
五. 大韓民國臨時政府를 적극 지지할 것
六. 韓國獨立을 동정 혹 원조하는 民族及 國家와 연락하야 光復運
　　動의 역량을 확대할 것
七. 敵日本에 향하야 抗戰 중에 있는 中國과 절실히 연락하야 抗日
　　同盟軍의 具體的 행동을 취할 것[67]

---

66) 「1936年の在支不逞朝鮮人の不穩策動狀況」, 『朝鮮獨立運動』 II, 566쪽.

이상과 같은 7개항의 당책은 조국광복을 위한 일제와의 투쟁 방략, 즉 어떤 방법으로 일제와 독립투쟁을 전개할 것인가 하는 독립운동노선의 구체적 실천방안으로서 제시된 것이다. '民族的 革命意識의 喚起'·'將校及 武裝隊伍를 統一訓練'·'大衆的 反抗'·'武力的 戰鬪'·'國際的 宣傳' 등 무장투쟁과 선전활동 등을 구체적인 독립운동노선으로 제시하고 있는 것이다.

민중적(민족적) 반항과 무력적 파괴라는 기존의 2대 독립운동노선이 '장교 및 무장대오의 통일 훈련'과 '상당한 병액의 광복군 편성'으로 구체화된 것이다. 아울러 국내외에 대한 활발한 선전활동도 전개할 필요성을 제시하고 이를 적극 추진할 것과 함께 중국과의 연합전선 결성을 통한 대일전선의 강화도 강조하고 있다. 분명 상해 한국독립당이나 한국국민당에서 추진하고자 한 독립운동노선보다는 한 단계 진전된 내용이었다. 이것은 중일전쟁이 계속되고 세계대전이 충분히 예견되는 상황에서 일제와의 본격적인 독립전쟁을 수행하기 위한 현실적인 선택이었을 것이다. 중경 한국독립당의 광복군 창설을 위한 노력은 1940년 9월 임시정부가 중경에서 한국광복군을 창설하는 기반이 되었다.[68]

이상에서 살펴본 바와 같이 상해 한국독립당과 재건 한국독립당, 한국국민당, 중경 한국독립당은 대일투쟁방법론으로 하나같이 무장독립론을 채택하고 이의 실현을 위한 다양한 방안을 제시하였다. 이들 3당의 공통된 무장독립론의 실현 방안은 민족적 반항과 무력적 파괴를 통한 조국광복의 쟁취이었다. 한국국민당은 이와는 약간 달리하여 임시정부로 한국의 독립운동 역량을 총집중할 것을 역설하였고 중경 한국독립당은 '장교 및 무장대오의 통일 훈련을 통한 광복군의 편성'과 같

---

67) 韓國獨立黨光復軍特別黨部, 「韓國獨立黨黨憲黨規合編」(1942.6), 독립기념관 소장자료(자료번호 1-003590) ; 「韓國獨立黨 創立宣言」(1940.5.9), 『한국독립운동사료』(양우조편), 393쪽.

68) 韓詩俊, 『韓國光復軍研究』, 76~83쪽.

은 좀 더 구체적인 당책을 채택하였다.[69] 이것이 결국 임시정부의 한
국광복군 창설의 기반을 제공할 수 있었던 것이다.

---

69) 한국국민당이나 중경 한국독립당의 당강과 당책은 이들 정당이 결성될 때의
주변 상황도 영향을 주었을 것이다. 즉 당시의 주변 상황에 따라 당책의 결
정방향에 영향을 주었을 것이다. 한국국민당은 민족혁명당에 불참한 인사들
이 중심이 되어 결성하면서 민족혁명의 임시정부 폐지론을 강력히 반대하
였고 이것이 당강에 반영되어 '사이비 독립운동이론과 노선의 배격', '임시정
부에 대한 옹호' 등의 내용이 추가된 것이다. 중경 한국독립당 역시 결성 당
시의 주변의 여건, 즉 일제의 중국 침략 이후 중국정부와의 연합이나 세계대
전 발발 시 연합국의 일원으로 참전하여 일본과의 전면전을 예견하고 광복
군의 편성과 같은 당책을 채택한 것이라고 생각한다.

Ⅳ. 韓國獨立黨의 活動

1. 臨時政府의 基礎勢力

상해 한국독립당은 1930년 1월 25일 임시정부를 중심으로 하는 민족주의자 28명을 중심으로 결성되었다. 1920년대 후반 좌익진영과의 연합전선을 통한 民族唯一黨運動이 결렬된 뒤 민족주의자들만으로 새로운 정당을 조직하여 임시정부를 중심으로 독립운동을 전개하기 위한 목적에서 결성된 것이었다.

상해 한국독립당을 결성한 이들 28명 가운데 20여 명이 임시정부 수립 과정에 참여하였고, 이후에도 임시정부의 주요 구성원으로 활동한 인물이었다.[1] 이들 28명은 대부분 임시정부와 직간접적인 관계를 가지고 있는 인물이었다. 李東寧과 金九는 임시정부 대통령 대리와 국무령을 지낸 인물이었고, 안창호·조소앙·金甲·尹琦燮·李始榮·趙琬九·李裕弼 등은 國務委員과 임시의정원 의원을 역임한 인물이었다. 그리고 金枓奉·金朋濬·金澈·金弘敍·朴昌世·백기준·선우혁·엄항섭·장덕로·조상섭·차리석·최석순·한진교 등은 임시의정원 의원을

---

1) 金喜坤, 『中國 關內 韓國獨立運動團體研究』, 知識産業社, 1995, 314~317쪽.

지냈거나 임시정부 차장 등을 역임한 인물들이었다.[2] 따라서 창당 당시의 인물들로만 보면 상해 한국독립당이 곧 임시정부였다고 하여도 지나친 언급이 아닐 것이다.

1931년 4월에 발표한 「大韓民國臨時政府宣言」에서 임시정부는 상해 한국독립당에 근간을 두고 있음을 다음과 같이 밝히고 있다.

> 본 정부는 독립당의 표현기관이며 독립당은 全民族의 代理機關이다. 본 정부의 정책은 독립당의 주의로서 세웠다.…본 정부는 독립당을 근간으로 하고 독립당은 민국 전체를 기초로 하며 均等主義를 고집한다. 균등주의는 일찍이 민족전체의 공동요구로 말미암아 발생되었은즉, 본 정부의 주의와 정책은 이에서 뿌리를 두고 비로소 결정되었다.[3]

임시정부가 표방하는 주의와 각종 정책은 상해 한국독립당의 三均主義와 政策에 기초하고 있으며, 임시정부는 이를 실행한다고 언급한 것이다. 임시정부 스스로 상해 한국독립당과의 관계를 表裏一體의 관계이며 불가분의 관계임을 밝히고 이를 대내외에 선포한 것이다.

한국국민당은 민족혁명당의 결성 과정에서 제기된 임시정부 해체 주장에 반대하여 이에 참여하지 않은 상해 한국독립당의 김구·이동녕 등이 중심이 되어 조직한 정당이었다. 1935년 임시정부는 국무위원 7명 중 5명이 각기 소속정당의 대표로 민족대당결성에 참여하기 위하여 사직서를 제출하여 무정부상태나 다름없는 상황이었다. 임시정부 해체 주장에 반대한 김구 등은 먼저 임시정부를 재정비하고 임시정부를 강력하게 지지, 옹호하기 위해 한국국민당을 결성한 것이다. 따라서 한국국민당의 간부진이 곧 임시정부의 국무위원이거나 임시정부와 직접 관

---

2) 국사편찬위원회 편, 『대한민국임시정부자료집』 2(임시의정원 Ⅰ), 2005, 1~273쪽 ; 『대한민국임시정부자료집』 1(헌법·공보), 2005, 35~171쪽.

3) 「大韓民國臨時政府 宣言」(1931.4), 『韓國獨立運動史』 資料 3, 209~211쪽.

계가 있는 인물이었다. 한국국민당의 1935년 말 현재의 간부 명단과 1935년 11월의 임시정부 국무위원 및 임시의정원 常務委員의 명단을 비교해 보면 그 관계가 더욱 분명히 드러난다.

한국국민당의 간부 명단과 임시정부의 각료 명단은 〈표 20〉과 같다.

〈표 20〉 한국국민당 간부 명단과 임시정부 국무위원 명단

한국국민당 간부 명단(1935년 말 현재)
    이사장 : 김구
    이사 : 이동녕·송병조·조완구·차리석·김붕준·안공근·엄항섭
    감사 : 이시영·조성환·양명진(양묵, 양우조)
    선전부장 : 엄항섭
    조직부장 : 차리석
    비서 : 조완구
    검사 : 김붕준[4]

임시정부 국무위원 명단(1935년 11월)
    주석 : 이동녕
    내무장 : 조완구
    외무장 : 김 구
    군무장 : 조성환
    법무장 : 이시영
    재무장 : 송병조
    비서장 : 차리석
    임시의정원 상임위원 : 조소앙·김붕준·양묵
    임시정부 駐粤代表 : 김붕준[5]

임시정부 국무위원 명단과 한국국민당 간부 명단을 비교해 보면, 임시의정원 常任委員 중의 한 명인 조소앙을 제외하고는 모두가 한국국

---

4) 趙凡來, 「韓國國民黨硏究」, 『한국독립운동사연구』 4, 1990, 378쪽.
5) 「대한민국임시정부공보」 제60호(1935년 11월 25일), 『대한민국임시정부 자료집』 1(헌법·공보), 190~191쪽.

민당 소속의 인사들로 임시정부 국무위원이 구성되어 있음을 알 수 있다. 그러나 조소앙 역시 민족혁명당에 참여하였다가 민족혁명당과의 이념과 노선의 차이 등을 이유로 탈당하고 재건 한국독립당을 결성하여 민족혁명당과는 반대의 입장에 있었다. 임시정부의 국무위원이 곧 한국국민당의 간부라는 이러한 상황은 1932년 10월 韓國對日戰線統一同盟에서 추진한 민족단일당의 결성이 구체화되면서 국무위원의 사직서 제출로 무정부상태나 다름없이 된 임시정부를 김구 · 이동녕 등 민족혁명당 불참세력을 중심으로 임시정부의 송병조 · 차리석과 함께 조직을 재정비하였기 때문이다. 그 후 민족혁명당에 반대하고 임시정부를 강력하게 지지 · 옹호할 수 있는 기초정당의 필요성으로 한국국민당을 결성하였기 때문이었다.

임시정부와 한국독립당의 관계는 중경 한국독립당이 결성된 이후 더욱 밀접해진다. 중경 한국독립당은 1940년 5월 결성된 이후 1942년 10월 제34차 임시의정원 의회에 민족혁명당 등 좌익진영이 참여할 때까지 임시정부를 구성하고 유지하는 유일한 정당이었고, 민족혁명당 등 좌익진영이 임시의정원에 참여한 이후에는 임시정부를 지지하는 여당으로서의 역할을 수행하였다.

중경 한국독립당과 임시정부의 국무위원 명단을 비교해 보면 임시정부와 중경 한국독립당의 관계가 분명해진다. 중경 한국독립당 결성 시의 간부 명단과 1942년 11월 18일 제34차 임시의정원 의회에서 국무위원이 새롭게 추가되기 이전까지의 국무위원 명단을 보면 〈표 21〉과 같다.

한국국민당 만으로 유지되던 임시정부는 1939년 10월 23일 임시의정원 의회에 재건 한국독립당과 조선혁명당이 참여할 수 있는 기반을 마련하였고, 그 결과 홍진, 조소앙(이상 재건 한국독립당), 유동열, 지청천(이상 조선혁명당) 등이 임시정부 국무위원으로 선출되었다. 이로써 1935년 9월 재정비되어 한국국민당 만으로 유지되던 임시정부는 광복진선 3당 연합으로 유지될 수 있었으며, 중경 한국독립당 결성 이후에는 〈표 21〉에서 보는 바와 같이 임시정부의 국무위원 전원이 중경 한국독립당 소속 당원이었던 것이다.

〈표 21〉 중경 한국독립당과 임시정부 국무위원 명단비교표

구분	중경 한국독립당	임시정부 국무위원	임시정부 국무위원
기간	1940.5 현재	1939.10.25~1940.10.8	1940.10.9~1942.11.19
간부 명단 및 국무 위원 명단	- 중앙집행위원장: 김구 - 중앙상무집행위원: 조완구(비서부장), 조소앙(조직부장), 엄항섭(선전부장), 지청천(훈련부장), 김붕준(재무부장) - 중앙집행위원: 김구, 조완구, 조소앙, 엄항섭, 지청천, 김붕준, 김학규, 안훈(조경한), 홍진, 차리석, 박찬익, 최동오, 양우조, 유동열, 조시원 - 중앙감찰위원: 이시영, 송병조, 민병길, 김의한, 공진원6)	- 주석: 이동녕 - 국무위원: 이시영, 김구, 홍진, 유동열, 조완구, 송병조, 조성환, 차리석, 조소앙, 지청천7)	- 주석: 김구 - 국무위원: 이시영(재무부장), 조완구(내무부장), 조성환(군무부장), 조소앙(외무부장), 박찬익(법무부장), 차리석(비서장)8)

임시정부 국무위원이 중경 한국독립당의 주요 간부로 구성된 이와 같은 상황은 1942년 11월에 들어 변화가 있게 되었다. 임시정부를 부정하거나 不關主義로 일관하던 민족혁명당 등 좌익진영이나 무정부주의

6) 「光復陣線遠東三黨統一代表會議經過大略」, 『韓國獨立運動資料集』(趙素昻篇 4), 18~19쪽.
7) 「大韓民國臨時政府公報」 제65호(1940년 2월 1일자), 『대한민국임시정부 자료집』 1(헌법·공보), 210쪽.
　임시정부는 주석을 지낸 이동녕이 1940년 3월 13일 서거한 이후 국무위원을 별도로 추가 선출하지 않고 10명으로 유지되었다.
8) 「大韓民國臨時政府公報」 제67호(1940년 10월 15일자), 『대한민국임시정부 자료집』 1(헌법·공보), 230쪽.

단체가 1942년에 10월을 전후하여 임시의정원에 참여한 것이다. 이후 임시정부는 각종 정책의 입안이나 시행 등 각종 활동을 전개하는 과정에서 이들 좌익진영 혹은 야당 세력과[9] 임시의정원에서 격론을 벌이기도 하였다. 중경 한국독립당은 임시의정원 내에서 민족혁명당 등 좌익진영이라는 대립구도 속에서, 또한 이들의 임시정부 개조운동·대한민국건국강령 수개요구 등에 맞서 임시정부를 옹호하여야 하는 새로운 그러나 한편으로는 오래된 과제를 떠안게 된 것이다. 임시의정원 내에서 임시정부의 여당으로서의 역할을 수행하게 된 것이다.

그러면 이제까지 임시정부를 부정하거나 혹은 불관주의로 일관하던 민족혁명당이나 朝鮮民族解放同盟 등의 단체가 임시정부에 참여한 이유와 배경은 무엇이었는지 살펴보자. 임시정부에 대한 인식의 변화 배경이 무엇이며 임시정부에 참여하는 과정은 어떠하였는지 살펴보고, 그리고 이들 야당 세력에 대한 중경 한국독립당의 임시정부 옹호 활동 등 여당으로서의 역할에 대하여 살펴보고자 한다.[10]

민족혁명당은 1941년 5월의 第5屆 제7차 중앙회의 개최까지 일관되게 임시정부에 대한 不關主義를 견지하고 있었다. 민족혁명당이 밝힌

---

9) 민족혁명당을 비롯한 조선민족해방동맹 등 임시정부에 반대하거나 불관주의로 일관하던 세력이 임시의정원에 참여하기 이전까지는 일반적으로 불리는 '좌익진영' 내지는 '좌익세력'으로 통칭하였지만, 임시의정원에 참여하여 임시정부의 각종 법안이나 정책, 임시헌법 개정 등으로 한국독립당 소속 의원 등과 대립하는 관계라는 점에서 비록 민족혁명당과 기타 군소정당단체가 지향하는 이념이나 노선에는 차이가 있을지라도 통칭하여 한국독립당을 임시정부의 여당으로 부르는 것에 대응하여 이들 세력을 야당으로 통칭하고자 한다.

10) 민족혁명당 등 중국 관내의 임시정부 반대세력이 임시정부 참여하는 과정과 이유 등에 대한 연구로는 강만길, 『조선민족혁명당과 통일전선』, 화평사, 1991 ; 한시준, 「1940년대 전반기의 민족통일전선운동」, 『대한민국임시정부의 좌우합작운동』, 한울, 1995 ; 배경식, 「중경시기 '반한독당세력'의 임시정부 개조운동」, 『대한민국임시정부수립80주년기념논문집』, 국가보훈처, 1999 ; 염인호, 「1940년대 재중국 한인 좌파의 임시정부 참여」, 같은 책 등이 있다.

불관주의의 이유는 첫째, 광복되기 이전에는 인민이 없는 해외에서 정권을 행사할 수 없으며, 둘째는 각국이 임시정부를 승인 또는 원조하지 않고 있는 것이며, 셋째는 현재의 임시정부가 각 혁명단체나 혹은 국내 인민의 民主的 合法選擧에 의해서 조직되지 않았기 때문이라는 것이었다.11) 이와 같은 이유로 임시정부를 부인 또는 불관하던 민족혁명당이 태도를 바꾸어 임시정부 참여를 선언한 진짜 이유는 무엇이었을까?

1941년 12월의 민족혁명당 제6차 대표대회 선언문에서 밝힌 임시정부 참여배경은 다음과 같다.

> 그 이유는 금일의 국제정세에 기인함이니, 목하 여러 民主國과 반파시스트(反法西斯)집단이 이미 파시스트집단과 대혈전을 전개하고 구주에 있는 폴란드·네덜란드·프랑스 등 반파시스트 망명정부가 각 민주국의 승인을 받거나 원조받은 실례가 있고 또한 동방의 파시스트 일본에 반항하는 조선정부 역시 여러 민주국가의 승인을 받을 희망이 있으며, 더욱이 항일의 중국정부가 정식으로 적극 원조를 준비하고 있으니 이런 외부의 원조가 장차 조선혁명에 공헌함이 반드시 클 것이기 때문에 본당은 임시정부 참가를 결정하고 지지할 것이다.12)

유럽 각국의 民主聯合國이 피점령국가의 亡命政府를 승인하거나 원조하고 있고, 임시정부도 민주연합국, 그중에서도 특히 중국정부로부터 승인받을 가능성이 높아짐에 따라 임시정부에 참여하여 활동하는 것이 '朝鮮革命', 즉 독립운동 전개에 유리할 것이라는 판단에서 임시정부에 참여하고 또 지지하겠다는 입장을 밝힌 것이다.

민족혁명당의 대표적 이론가인 尹澄宇 역시 1944년 8월 15일자『독립신문』(중경판)에서 민족혁명당이 임시정부에 참여한 이유에 대하여 다음과 같이 소상하게 밝히고 있다.

---

11)「朝鮮民族革命黨第6屆全黨代表大會宣言」,『資料 韓國獨立運動』Ⅱ, 211쪽.
12) 위와 같음.

　　蘇獨戰爭과 太平洋戰爭이 터진 후에 전세계는 민주전선과 침략전
선으로 아주 뚜렷하게 갈라졌다. 각 식민지와 반식민지에서 반파시스
트운동이 고조됨에 따라서 한국혁명운동은 이미 새로운 시대에 접어
들었다. 특히 대서양헌장 발표 후 유럽의 각 피점령 국가의 독립문제
가 이미 동맹국의 정식보장을 얻고, 또 각 피점령국가의 망명정부도
또한 동맹국들로부터 공통의 지지와 원조를 얻었다.
　　이러한 세계정세하에 한국혁명의 이익은 통일된 정권기구가 영도
하여 안으로는 전민족역량의 단결을 도모하고 밖으로는 국제원조의
쟁취를 구해야만 한다. 이에 한국의 각 혁명당파는 잇달아 임시정부
를 옹호할 의사를 표시하였다.13)

　독·소전쟁(1941.6)의 발발과 大西洋憲章의 발표(1941.8), 태평양전쟁
의 발발(1941.12)이라는 국제정세의 급격한 변화로 한국의 독립운동은
새로운 시대로 접어들게 되었고, 주변 여건의 변화에 새롭게 적응하기
위하여 임시정부에 참여하였다는 것이다. 즉 국제정세의 변화, 특히 대
서양헌장의 발표로 유럽의 각 식민국가와 연합국으로부터 독립을 정식
으로 보장받게 되었고, 피점령국가의 망명정부 역시 연합국으로부터
지지와 원조, 곧 정식승인을 받을 수 있게 되었다는 점을 강조하고 있
다. 민족혁명당에서는 대서양헌장의 선언으로 임시정부도 곧 국제승인
을 받을 수 있는 가능성이 높아졌기 때문에 민족혁명당 등 이제까지
임시정부를 인정하지 않거나 불관주의로 일관해 온 혁명세력들이 임시
정부에 참여하고 또 옹호하는 의사를 표명하였다는 것이다.
　민족혁명당이 밝히고 있는 임시정부 참여와 지지 이유는 급변하는
국제정세 속에서 민주연합국, 특히 중국정부의 임시정부 승인 가능성
이 높아지게 되면서 전민족역량, 즉 독립운동진영의 통일 가능성이 높
아졌기 때문으로 정리할 수 있을 것이다. 임시정부가 한반도의 유일한

---

13) 尹澄宇, 「韓國臨時政府와 韓國各革命黨派」, 『독립신문』 1944년 8월 15일자 ;
　　『대한민국임시정부자료집』 별책 1, 2005, 53쪽.

합법정권으로 연합국의 국제적인 승인을 받아 항일운동의 정통성을 확
보한다면, 이는 항일투쟁의 핵심세력으로서의 중추적인 역할과 역량
강화는 물론 전후 광복된 조국으로 환국한 이후 정권 수립과 장악에도
직접적인 영향을 줄 수 있는 것이었다. 민족혁명당 등 좌파세력은 이에
대해 심각하게 고민하지 않을 수 없었을 것이다. 임시정부의 국제적 위
상이 이제까지와는 전혀 다르게 전개될 수 있기 때문에 기존의 입장을
바꾸어 임시정부 참여를 선언한 것이다.

또한 이와 같은 국제정세의 변화, 독립운동진영의 통일 필요성 등 이
외에도 민족혁명당이 임시정부 참여를 결정한 근본적인 배경은 1941년
1월의 晥南事件으로 대표되는 중국국민당과 공산당 간의 대결 구도에
따른 영향도 있었다는 지적이 있다.[14] 환남사변으로 중국국민당 내의
보수파들이 득세를 하면서 국공합작체제의 기조가 변동·위축되었고,
그 영향이 국민당 지역 내의 외국인 좌익세력에게까지 가해져 민족혁
명당의 위치가 불안정해지자 이러한 위기를 탈출하기 위한 방편의 하
나로 임시정부 참여를 결정하였다는 것이다.

이밖에도 민족혁명당의 임시정부 참여 이유는 김원봉 휘하의 朝鮮義
勇隊 주력이 중국공산당의 주요 거점지역인 華北으로 이동하게 됨으로
서 세력이 약화된 김원봉 등 민족혁명당과 조선의용대의 남은 세력의
독자적인 활동이 곤란하게 된 점과[15] 1939년 8월 이후에 기강에서 개
최된 7당통일회의의 결렬 이후 좌익진영 내부의 세력분열 등을 지적할
수 있다.[16]

민족혁명당이 임시정부 참여를 결정하였지만, 그 과정이 그리 순탄

14) 염인호, 「1940년대 재중국 한인 좌파의 임시정부 참여」, 『대한민국임시정부
   수립80주년기념논문집』, 541~552쪽.
15) 盧景彩, 「金元鳳의 獨立運動과 그 思想」, 『白山學報』 30·31, 1985, 309쪽.
16) 韓詩俊, 「1940년대 전반기의 민족통일전선운동」, 김희곤·한시준 외, 『대한
   민국임시정부의 좌우합작운동』, 한울, 1995, 144~147쪽.

하게 진행된 것은 아니었다. 민족혁명당은 1941년 5월의 제5계 제7차 중앙회의에서 임시정부 참여를 결정하고 참여방법으로 '한국독립당과의 통합을 통한 임시정부의 확충과 공동운영'을 주장하였다. 그러나 중경 한국독립당에서는 華北으로 진출한 민족혁명당원의 입당을 허락할 수 없다는 이유를 들어 민족혁명당의 제의를 거절하였다.[17] 이로써 민족혁명당의 임시정부 참여는 답보상태에 놓이게 되었다. 중경 한국독립당으로서는 화북으로 진출한 조선의용대원 중 민족혁명당 당적을 가진 당원들의 입당을 인정할 경우, 자파세력이 가지고 있는 임시정부 내에서의 주도권 상실 우려를 염려하지 않을 수 없었을 것이고, 반대로 민족혁명당에서는 중경에 남아있는 당원들만으로는 중경 한국독립당과 합당하였을 경우 수적인 열세를 면할 수 없었기 때문에 화북지역으로 진출한 민족혁명당원의 합류를 주장한 것이다.

임시정부 참여를 놓고 한국독립당과 민족혁명당이 대립을 하고 있을 때 새로운 변수가 등장하였다. 조선의용대의 화북진출에 큰 충격을 받은 中國 軍事委員會가 조선의용대와 한국광복군의 통합을 일방적으로 지시한 것이다. 1941년 10월 30일 蔣介石이 중국군사위원회 참모총장인 何應欽에게 '한국광복군과 조선의용대를 중국군사위원회에 예속하고 참모총장이 직접 통일 장악하여 운영'할 것과 한국광복군에 대해서는 '韓國光復軍行動9個準繩'을 제시하며 한국광복군을 중국군사위원회의 판공청 소속으로 예속시킬 것을 일방적으로 지시한 것이다.[18]

중국 군사위원회의 이러한 일방적인 조치와 명령에 대하여, 임시정부 내에서는 이를 인정하지 않으려는 움직임이 있었다. 중국 군사위원회의 '9개 준승'을 어쩔 수 없이 수락하였지만, 임시정부는 1941년 12월 포고문을 발표하여 한국광복군에 대한 지휘체계를 분명히 하였다.

---

17) 「韓國各黨派現況」(1944년 4월 22일), 『資料 韓國獨立運動』 II, 75쪽.
18) 韓詩俊, 『韓國光復軍硏究』, 일조각, 1993, 99~112쪽.

본래 한 나라 국경 안에서 량개국적(兩個國籍)의 군대가 련합작전
하는 것은 비상사태에 한하여만 있는 것으로써 이것이 우호적(友好
的)으로 표현되는 경우에는 객군(客軍)은 주재국(駐在國)의 주권(主
權)을 침해치 못함은 물론이어니와 량국 간의 호감을 유지하며 련합
작전의 효과를 고도로 발휘하기 위하야 한 군령에 복종하지 아니하면
아니된다.…우리 광복군도 중화민국 경내에서 대일 련합작전을 계속
하는 긔간에 한하야 중화민국 군사 최고통수의 결재를 받게 되었다.
광복군과 본 정부와의 고유한 종속관계는 의연히 존재하야 대한민국
의 국군된 지위는 추호도 동요됨이 없는 것이다.[19]

한국광복군이 중국 최고통수권자의 명령인 '9개 준승'을 부득이하게
받아 들였지만, 광복군의 위상은 대일연합작전을 수행하는 연합군이라
는 점과 임시정부의 관할인 대한민국의 국군이라는 점에는 추호의 의
심도 없다는 것을 강조한 것이다.

민족혁명당 역시 중국 군사위원회의 이러한 군사통일에 반대의 입장
을 표명하였다. 민족혁명당에서는 1942년 7월 발표한 「朝鮮義勇隊 改
編宣言」에서, "이 명령이 발표되기 전에 우리들은 軍事統一보다도 먼
저 政治統一을 주장하였으며, 또 정치통일이 못 되는 한에 있어서 군사
통일에 대한 구체적 의견으로 조선의용대와 한국광복군을 합병하여 朝
鮮民族革命軍으로 편성하자는 방안"을[20] 제출하였음을 강조하며 중국
군사위원회의 군사통일 지시에 앞서 정치통일의 원칙을 주장한 것이
다. 민족혁명당은 '先政治統一 後軍事統一'의 원칙을 역설하며 중국 군
사위원회가 명령한 조선의용대의 한국광복군으로의 흡수 통일에 반대
한다는 입장을 분명히 밝히고 있었다.

이와는 달리 임시정부와 중경 한국독립당에서는 중국 군사위원회의

---

19) 「임시정부 포고문」, 『대한민국임시정부공보』 제72호(1941년 12월 8일), 『대
한민국임시정부자료집』 1(헌법·공보), 249쪽.
20) 朝鮮義勇隊, 「朝鮮義勇隊改編宣言」(1942.7), 『독립운동사』 6(독립군전투사
하), 1975, 285쪽 ; 『韓國獨立運動史』 資料 3(臨政篇 Ⅲ), 523쪽.

권유를 받아들여 조선의용대와의 군사통일을 추진하였다. 1942년 4월 20일의 국무회의에서 '조선의용대를 한국광복군으로 合編할 것을 결의'하였고, 그 후속작업으로 5월 13일에는 '한국광복군에 副司令職制를 증설'하고 5월 18일에는 '김원봉을 한국광복군 부사령으로 선임'하는[21] 등의 일련의 군사통일 작업을 진행한 것이다. 임시정부의 이런 작업은 민족혁명당이나 조선의용대와 협의없이 진행된 것으로 조선의용대의 한국광복군 편입을 위한 整地作業의 일환으로 진행된 것이었다.[22]

그러나 민족혁명당에서는 '각 혁명단체가 임시정부에 참여하여 임시정부를 한국독립운동의 최고통일기구로 만들 것'을[23] 주장하였고, 김원봉은 1941년 중국외교부장 郭泰祺를 만나 임시정부 승인문제를 논의하면서 임시헌법의 修改와 의원 선출방식의 변경, 의원의 임기규정, 결원된 의원 11명의 보선 등을 요구하여[24] 군사통일에 앞서 임시정부 참여를 통한 정치통일을 줄기차게 주장하였다. 중경 한국독립당과는 전혀 다른 입장이었다.

임시정부와 중경 한국독립당에서 민족혁명당의 '先政治統一 後軍事統一'의 요구에 반대 입장을 분명히 하여 양측의 대립이 계속되는 와중에 중국 군사위원회가 1942년 5월 15일자로 '韓國光復軍總司令部에 副司令 직제를 증설함과 함께 金若山을 한국광복군의 副司令으로 파견할 것과 원래의 조선의용대는 한국광복군의 第1支隊로 개편할 것'[25]을 주요 내용으로 하는 「朝鮮義勇隊의 光復軍編入 및 光復軍의 改編」을 지

---

21) 「대한민국임시정부공보」제75호(1942년 8월 20일), 『대한민국임시정부자료집』1(헌법 · 공보), 260~261쪽.

22) 한시준, 『한국광복군연구』, 164~165쪽.

23) 朝鮮義勇隊, 「第23週年 3 · 1節紀念式에 부치는 中國同胞에게 告하는 글」, 『資料 韓國獨立運動』Ⅲ, 연세대 출판부, 1973, 111쪽.

24) 양영석, 「1940년대 조선민족혁명당의 활동」, 『한국독립운동사연구』3, 1989, 570쪽.

25) 독립운동사편찬위원회 편, 『독립운동사』6(독립군전투사 하), 1975, 285쪽.

시하였다. 조선의용대나 한국광복군이나 모두 중국 군사위원회의 관할
하에 있었기 때문에 중국 정부의 이러한 일반적인 명령을 따를 수밖에
없었다. 이로써 조선의용대가 한국광복군 제1지대로 편입되는 형식,
즉 군사통일의 형식으로 민족혁명당의 임시정부 참여가 진행된 것이다.

조선의용대의 한국광복군 편입이라는 군사통일 성사 이후 임시정부
에서는 그 후속작업이 진행되었다. 임시정부에서는 1942년 8월 4일 국무
회의를 개최하여 「임시의정원의원선거규정」을[26] 새롭게 제정하였다. 민
족혁명당 등 임시정부 반대세력들이 임시의정원에 참여할 수 있는 기
반을 마련한 것이다. 마침내 1942년 10월 25일부터 重慶 吳師爺巷 1호
에서 제34차 임시의정원 의회가 개최되었고 회의 둘째 날에 이들 새로
선출된 23명의 의원에 대한 자격심사가 거행되어 전원 통과되었다. 새
로 선출된 23명의 의원 명단과 소속정당은 〈표 22〉와 같다.

〈표 22〉 신규 당선의원 명단과 소속 정당·단체[27]

이름	나이	당선일	출신 구역	소속정당·단체
강홍주	45	'42.10.22	함경도	한국독립당
왕 통	30	〃	〃	민족혁명당
김관오	38	'42.10.24	강원도	한국독립당
송욱동	43	〃	전라도	민족혁명당
박건웅	38	'42.10.24	중령구	조선민족해방동맹
김재호	29	'42.10.22	전라도	조선민족해방동맹
이인홍	49	'42.10.24	〃	민족혁명당

---

26) 「大韓民國臨時政府公報」 제75호(1942년 8월 20일), 『대한민국임시정부자료
집』 1(헌법·공보), 261쪽.
새롭게 제정 공포된 「임시의정원의원선거규정」은 총 16조로 구성되었으며,
이 중 제6조에서 "光復運動者 中 臨時約憲 제6조에 규정된 이외에 임시정부
의 법령을 遵守하는 자는 선거권이 有하고 선거권이 有한 자로서 광복운동
에 상당한 역사가 有한 자나 광복운동 기관 혹 단체에 가입한 자는 피선거
권이 유함"이라고 규정하여 민족혁명당 등 좌익진영의 임시의정원 참여 기
반을 마련한 것이다.

김상덕	49	"	경상도	"
이연호	51	"	"	전 국내의용단원
이정호	31	"	"	민족혁명당
김약산	45	"	"	"
한지성	29	"	"	"
유림	50	"	"	광복운동종사자
최석순	51	"	평안도	민족혁명당
신영삼	47	"	"	
김철남	48	"	황해도	통일동지회
김현구	56	"	"	한국독립당
이해명	47	"	강원도	민족혁명당
손두환	48	"	황해도	통일동지회
심광식	31	"	충청도	한국독립당
유자명	49	"	"	조선혁명자연맹
조성환	68	미상	미령구	한국독립당
민필호	45	미상	미령구	"

〈표 22〉를 보면, 당선일이 제34차 임시의정원 의회가 개최되기 1~3일 전임을 알 수 있다. 임시의정원 의회가 개회되기 전에 이미 임시의정원 의원에 대한 선출을 완료하고 임시의정원 회기 시작과 함께 의원 자격심사를 진행한 것이다.

새롭게 선출된 23명의 의원 소속을 보면, 중경 한국독립당 소속 의원이 6명, 민족혁명당 소속의원 10명을 비롯하여 조선민족해방동맹·조선혁명자연맹 등 좌익진영 13명, 무소속 4명이었다. 기존의 의원 23명을 포함 총 46명의 의원으로 구성된 임시의정원은 기존 한국독립당 소속 의원 일색이었던 것이 이제 좌우익의 각 정당과 단체가 참여한 통합의회가 된 것이다.

---

27) 독립운동사편찬위원회 편, 『독립운동사』4(임시정부사), 961~964쪽 ; 양영석, 「1940년대 조선민족혁명당의 활동」, 559~560쪽 ; 「議員當選證書」, 국사편찬위원회 편, 『대한민국임시정부자료집』5(임시의정원Ⅳ), 2005, 128~132쪽.

민족혁명당 등 좌익진영이 참여하여 통합의회로 개회된
제34차 임시의정원의회(1942년 10월)

제34차 임시의정원 의회에서 23명의 의원이 새로 선출된 이후 임시
의정원 재적 의원 수에는 약간의 변동이 있었다. 1943년 10월 2일부터
5일까지 의원 보궐선거가 진행되어 문덕홍(중경 한국독립당)·안봉순
(중경 한국독립당)·신정완(조선민족해방동맹)·안원생(중경 한국독립
당)·민필호(중경 한국독립당)·지경희(무소속) 등 6명이[28] 새롭게 당
선되었다. 그리고 제36회 임시의정원 의회가 개원되기 직전인 1944년 4
월 15일 현재의 임시의정원 의원 수는 정원 57명 중 50명이 선출되었
다. 이들의 소속정당과 명단은 〈표 23〉과 같다.

---

28) 「大韓民國臨時政府公報」 제79호(1943년 10월 8일), 『대한민국임시정부자료
집』 1(헌법·공보), 297쪽.

〈표 23〉 임시의정원 의원 명단과 소속정당·단체표

(1944년 4월 15일 현재)[29]

소속 정당	의원명단	인원
중경 한국독립당	김구, 이시영, 조완구, 양우조, 유진동, 조성환, 박찬익, 지청천, 조소앙, 민필호, 조시원, 김관오, 방순희, 마초군, 문덕홍, 안원생, 안봉순, 심광식, 안훈, 엄항섭, 신환, 이상만, 차리석, 김학규, 이복원	25명
민족혁명당	문일민, 최석순, 이해명, 왕통, 이정호, 장건상, 김약산, 김상덕, 김철남, 손두환, 이인홍, 송욱동	12명
조선민족해방동맹	박건웅, 신정완, 김재호	3명
조선무정부주의자총연맹	유자명, 유림	2명
조선민족혁명자통일동맹	유동열	1명
무소속	홍진, 최동오, 신영삼, 지경희, 이광제, 강홍주, 이연호	7명

　〈표 23〉에서 보는 것처럼 1944년 4월 제36차 임시의정원 의회가 개최될 당시의 의원 소속 정당별 분포는 임시의정원 의원 50명 중에서 중경 한국독립당 25석, 민족혁명당 12석, 조선민족해방동맹 등 군소정당 6석, 무소속 7석 등으로 변화되었다.

　상해 한국독립당 결성 이전의 임시의정원 의원은 국내외 각 지역을 대표하는 자격을 가지고 있었다. 그러나 상해 한국독립당이 결성된 이후에는 임시의정원 의원이 각 지역의 대표 자격뿐만 아니라 소속정당이 생긴 것이다. 상해 한국독립당 결성 이후 민족혁명당의 결성 이전까지 임시의정원의 소속 의원은 상해 한국독립당 소속이었고, 1935년 11월 한국국민당이 결성된 이후에는 임시의정원 의원이 한국국민당 소속이었다. 광복진선의 결성으로 우익진영 3당의 재건 한국독립당과 조선혁

29) 독립운동사편찬위원회 편, 『독립운동사』 4(임시정부사), 967~968쪽 ; 민석린, 「임시정부임시의정원 각당파명단」(1944년 3월 15일), 『자료 한국독립운동』 Ⅰ, 314~316쪽 ; 「대한민국임시정부공보」 제80호(1944년 4월 15일), 『대한민국임시정부자료집』 1(헌법·공보), 300쪽.

명당이 임시의정원에 참여한 이후에는 임시의정원의 의원이 이들 3당의 소속 의원들로 구성되었다.

중경 한국독립당이 결성된 이후 민족혁명당 등 임시정부에 반대하는 좌익진영이 임시의정원에 참여하기 이전까지 임시정부와 임시의정원은 중경 한국독립당 일당체제로 유지되었으며, 1942년 10월 민족혁명당 등이 참여하게 되면서 임시의정원은 비로소 다당체제로 변화된 것이다. 민족혁명당 등 좌익진영의 참여로 임시의정원은 중경 한국독립당이라는 여당과 이와 대치하는 세력인 민족혁명당 등의 야당세력으로 변화를 가져오게 된 것이다. 이러한 변화, 즉 일당체제에서 다당체제로의 변화는 한국근현대사, 그중에서도 의회정치사에서 매우 의미 있는 변화의 시작이었으며, 그 변화의 시작이 바로 중경 한국독립당의 결성에서 비롯된 것이었다.

2. 政黨政治의 確立發展

1) 臨時約憲의 修改 問題

1942년 10월의 제34차 임시의정원 의회는 統一議會로 구성되었다. 이제까지 임시정부에 반대하거나 不關主義로 일관하던 민족혁명당 등 좌익진영이 제34차 임시의정원 의회에 참여하면서 '1919년 임시정부 설립 이래 最初로 盛旺을 이룬'[30] 통일의회로 개최된 것이다. 좌익진영이 임시의정원에 참여하게 되면서 임시의정원에는 많은 변화가 있게 되었다. 가장 커다란 변화는 기존의 중경 한국독립당 일당체제에서 민족혁명당 등이 참여한 다당체제로 변화되었다는 것이다. 즉 제33차 임시의정원 의회까지는 중경 한국독립당 일당체제로 구성되었던 임시의정원이

---

30) 「임시의정원회의 제34회 의회속기록」, 『대한민국임시정부자료집』3(임시의
정원 Ⅱ), 24쪽.

민족혁명당과 朝鮮民族解放同盟 등이 참여하여 통일의회를 구성하면
서 다당체제로 변화된 것이다. 이로써 임시의정원은 임시정부를 옹호·
유지하려는 중경 한국독립당이라는 여당이 임시정부와 표리일체의 관
계를 이루고 있었고, 민족혁명당 등이 야당으로서 역할하게 된 것이다.
  먼저 임시정부의 헌법에 규정되어 있는 임시의정원 의원 선거 관련
규정을 간단하게 살펴보자. 임시의정원에 대한 언급은 1919년 4월 11일
자로 반포된 「대한민국임시헌장」 제2조에서 처음으로 규정되었다. "大
韓民國은 臨時政府가 臨時議政院의 決議에 依하야 此를 統治함"이라
는[31] 규정이 그것이다. 임시의정원의 존재에 대해서는 언급하였지만
임시의정원의 역할이나 관련 내용, 임시의정원 의원 선거 규정 등에 대
한 언급이 없는 매우 막연한 규정이다. 임시의정원에 대한 각종 규정은
3개처의 임시정부가 통합되면서 1919년 9월 개정된 제1차 헌법 「대한
민국임시헌법」에서 비교적 구체적으로 규정되었다.

> 第19條 臨時議政院 議員의 자격은 大韓民國 인민으로 중등교육을
> 受한 만23세 이상된 자로 함.
> 第20條 臨時議政院 議員은 京畿·忠淸·慶尙·全羅·咸鏡·平安
> 各道及 中領僑民·俄領僑民에서 각 6인, 江原·黃海 各道及 美洲僑民
> 에서 각 3인을 선거함
> 전항에 관한 臨時 選擧方法은 內務部領으로 차를 정함[32]

  1919년 4월 11일자 대한민국임시헌장의 막연한 규정보다는 임시의정
원 의원의 피선거권 규정과 각 지역에서의 선거 인원 수 등을 구체적

---

31) 「大韓民國臨時憲章」(1919년 4월 11일), 『대한민국임시정부자료집』 1(헌법·
   공보), 3쪽.
32) 「大韓民國臨時憲法」(1919년 9월 11일), 『대한민국임시정부자료집』 1(헌법·
   공보), 8쪽.
   임시의정원의 역할이나 구체적인 업무 등의 직권과 임시의정원 개원시기,
   회기, 의결 종족 관련, 의원의 권한 등에 대해서는 제21조부터 제34조까지에
   서 규정하고 있다.

으로 규정하고 있다. 임시의정원 의원에 대하여 대한민국 국적을 가지고 중등교육 이상을 받은 만 23세 이상의 성인남녀로 규정하여 의원의 피선거권을 23세 이상으로 제한한 것이다. 또한 국내외 각 지역에서 선거로 선출되는 의원의 수를 최대 57명으로 규정하고 있다. 그러나 임시의정원 의원의 선거와 관련된 규정은 내무부령으로 별도의 규정을 둔다고 규정하였다.

임시의정원에 관한 규정은 헌법이 개정될 때마다 약간씩 수개되었다. 1925년 4월 7일 반포된 제2차 개헌인 「대한민국임시헌법」, 제3차 개헌인 「대한민국임시약헌」(1927년 4월 11일), 제4차 개헌인 「대한민국임시약헌」(1940년 10월 9일)의 임시의정원 관련 조항에 약간씩의 수정이 가해진 것이다. 제2차 개헌의 임시의정원 관련 조항에서는 "임시의정원 의원은 법률이 정한 바에 의하여 지방의회에서 선거함. 지방의회가 성립되지 아니한 지방에는 지방의회가 성립되기까지 그 지방에 본부를 有한 광복운동단체로 지방의회를 代케 함을 득함"이라고[33] 언급하여 임시의정원 의원을 지방의회에서 직접 선거한다고 규정하고 있다. 임시의정원 의원의 각 지역 대표성을 강화하기 위한 목적이었던 것으로 판단되나, 일제의 식민통치가 더욱 강화되는 상황에서 이런 규정은 현실성이 없는 것이었다. 제3차 개헌에서는 처음으로 "완전한 公權이 있는 대한민국의 18세 이상의 남녀에게 선거권이 있다"고[34] 규정하여 선거권의 연령을 18세로 규정하였고, 임시의정원 의원은 "대한민국 인민이 직접 선거한 의원으로 조직하며, 이것이 여의치 못할 경우 국내의 각 해당 선거구에 原籍을 두고 임시정부 소재지에 거주하는 광복운동자가 선거권을 대행할 수 있다."고 규정하여[35] 제2차 개헌에서 규정한 의원 선

---

33) 「大韓民國臨時憲法」(1925년 4월 7일), 『대한민국임시정부자료집』1(헌법·공보), 13쪽.

34) 「大韓民國臨時約憲」(1927년 4월 11일), 『대한민국임시정부자료집』1(헌법·공보), 15쪽.

거구에 대하여 현실성 있게 수개한 것이다. 제4차 개헌 내용의 임시의
정원 의원의 수나 선거권 등 역시 제3차 개헌과 별반 다른 규정이 없다.

　이상에서 살펴본 임시정부의 헌법 중 임시의정원과 관련된 내용 그
어디에도 임시의정원 의원의 임기에 대한 규정은 없다. 또한 임시의정
원 의원의 선거구를 국내의 각 해당 선거구에 원적을 두고 임시정부
소재지에 거주하는 광복운동자로 규정함으로써 임시정부에 반대하는
세력들의 임시의정원 진출을 원천적으로 봉쇄하고 있었다. 이것이 제
34차 임시의정원 의회에서 문제가 되었고, 제4차 개헌인 임시약헌에 대
한 수개문제가 본격적으로 대두되기에 이르렀다.

　임시약헌은 좌익진영이 임시의정원에 참여하기 이전인 1940년 10월
9일자로 반포되었다. 중경 한국독립당 일당체제 하에서 개정 반포된
헌법이었다. 따라서 좌익진영의 정당과 단체들이 임시의정원에 참여하
게 되면서 이에 맞게 개정할 필요성이 대두된 것이고, 이에 대해서는
여야 모두 공감하고 있었다.

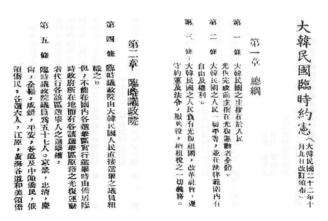

1942년 제34차 임시의정원 의회에서 개정 필요성이 제기된
「대한민국임시약헌」(1940년 10월 9일 반포)

35) 위와 같음.

민족혁명당 등 야당에서 임시약헌 수개를 주장하기 이전에 여당인 중경 한국독립당에서 먼저 임시약헌의 개정 필요성을 언급하였다. 이복원 등 의원 26명의 명의로 1942년 10월 28일에 제출된 임시약헌의 개정 제의안의 내용은 다음과 같다.

> 시간의 演進과 환경의 變遷됨에 많아 現行約憲의 使用上 種種의 곤난을 절감한 바 但 改正에 대하야 事體의 謹嚴과 手續의 繁重으로 보아서 倉卒下手하야 완전을 圖하기는 末由한지라. 是故로 議員 중 적당한 인재를 선임하여 장구한 시일을 앞두고 週到히 硏究起草케 하는 것이 적당하다고 인함.[36]

개정안의 골자는 1940년 10월 9일자로 제정·반포된 임시약헌이 시간의 흐름과 주변 환경의 변화로 개정할 필요성이 대두되었다는 것이다. 그러나 약헌의 수개가 갖는 사안의 중대성 등으로 인하여 갑작스럽게 개헌을 할 경우 완전성을 도모할 수 없으니 임시헌법 수개위원 약간인을 선임하여 헌법의 수개안을 철저히 조사, 연구하여 차기 의회인 제35차 임시의정원 의회에서 집중적으로 논의하자는 내용이다.

임시약헌 수개제의안에 대한 논의는 회의 제11일째인 11월 4일에 본격적으로 진행되었다. 임시약헌 수개제안자 중 한명인 중경 한국독립당 소속의 안훈(안일청, 조경한) 의원은 "현행 약헌이 현실에 상부치 못함이 많씁니다. 이 중대한 약헌을 일시에 개정하기는 곤란함을 안이 만치 우선 기초위원을 내여 차기의회에서 결정케 함이 가하다는 것입니다."라고[37] 보충 설명을 하였다. 대서양헌장의 선언, 태평양전쟁의 발발, 조선의용대의 한국광복군 편입, 민족혁명당의 임시의정원 참여 등으로 현재의 임시약헌을 개정할 필요성이 있음을 인정하는 것이었다.

---

36) 「現行約憲 改正에 關한 件」, 『대한민국임시정부자료집』 5(임시의정원 Ⅳ), 5쪽.
37) 「임시의정원회의 제34회 의회속기록」, 『대한민국임시정부자료집』 3(임시의 정원 Ⅱ), 61쪽.

그러나 짧은 시일 내에 개정하기 곤란하니 헌법개정기초위원을 선출하여 개정 헌법의 초안을 만드는 등 충분한 시일을 두고 논의, 연구하여 차기의회에서 결정하자는 발언이었다. 이에 대하여 임시정부의 외교부장이자 중경 한국독립당 소속의 조소앙 의원 역시 임시약헌 개정 제의안의 상정을 요구하면서, 충분한 시일을 두고 연구 검토한 후에 개정할 것을 주장하였다.

> 우리의 約憲行事上 體制上 문제가 잇씀니다. 其形體는 七次나 變改하엿는데 현재 지금 적당한 헌법이 생겨야 할 터이니 연구가 만히 되어야 하겟소. 또 선거법에 대하야서도 개정되어 적당한 선거와 의원 임기 또 會計檢査問題 또 건국강령과 헌법과의 관계 이런 것을 一人으로써는 다 말할 슈 업다고 생각됨니다. 헌법의 要領未得 文句도 多有합니다. 여하간 개정할 필요는 잇는대 明年으로 미는 것은 시간상 여유를 두어서 좀더 잘하자는 것임니다. 이 시간을 사용하야 구체적으로 출현식히자는 것임니다. 금일 신문을 보니 중국 宋外部長이 말하기를 일본이 戰敗한 후 한국의 독립을 완전히 승인한다고 말하였으니 우리 運動提高됨을 따라서 헌법도 여기에 配合식히게 하면 完全無缺할 것임니다.[38]

조소앙 역시 임시의정원 의원에 대한 선거와 임기 문제, 회계검사문제, 대한민국건국강령과 임시헌법과의 관계 등 현행 임시약헌의 문제점을 인식하고 이에 대한 개정의 필요성을 인정한 것이다. 그러나 우리의 독립이 국제적 승인을 받게 될 수 있으니 충분한 시일을 두고 이에 대비한 더욱 완벽하고 완전무결한 헌법을 준비하자고 강조한 것이다.

이에 대하여 야당인 민족혁명당의 김원봉·한지성, 무소속의 김철남 의원 등은 하나같이 제34차 임시의정원 의회에서 임시약헌의 개정을 마무리할 것을 주장하고 있다. 김원봉 의원은 헌법 수개안에 대한 동의

---

38) 「임시의정원회의 제34회 의회속기록」, 『대한민국임시정부자료집』 3(임시의정원 Ⅱ), 61~62쪽.

를 표명하면서 헌법의 즉시 개정을 주장하였다.

> 헌법수개안은 완전히 일치합니다. 헌법은 정부를 운전하는대 지고
> 의 권리가 있느니만큼 지금 시간을 연장식혀서 개정할 필요는 업다고
> 봅니다. 헌법을 개정함을 따라서 대내 대외하야서 일년을 더 둘 필요
> 가 무하다면 즉각으로 곳첫쓰면 죠켓다고 봅니다. 확실히 헌법은 일
> 국의 생명으로 봅니다. 이것이 確實正當해야 대내민중 대외국제상 운
> 동을 전개키 용이하다고 생각됩니다. 第一代議士의 無期任期라던지
> 代行選擧를 하는 등 불합리가 만흔 줄 봅니다. 우리는 운동을 群衆土
> 臺우에서 실행케하며 개정해야 하겟소. 재석한 여러분 중에도 연구를
> 가진 사람이 만흘 겟이니 그리 곤란할 것도 업겟소. 필요를 늣기면서
> 시간연장식히는 것은 불합리하다고 봅니다.[39)]

김원봉은 임시의정원 의원의 임기 제한이 없는 점이나 대행선거 등
문제가 있는 임시약헌의 개정 필요성에는 중경 한국독립당 소속 의원
들과 입장을 같이 하였다. 그러나 한 국가를 운영하는 최고의 기준인
헌법을 개정하는 데에 이미 의원 중에 연구를 한 의원들도 많을 것이
니 굳이 일 년이라는 시간을 더 기다릴 필요 없이 금번 제34차 임시의
정원 의회 회기 중에 처리하자고 주장한 것이다. 임시정부나 중경 한국
독립당의 주장과는 입장을 달리하고 있는 것이다.

韓志成 의원도 마찬가지로 1942년 제34차 임시의정원 의회 기간 중
에 임시약헌의 개정 처리를 주장하였다.

> 약헌 수정을 금번 의회에서 하자 금년에 하자 명년에 하자 其外 風
> 說도 만허서 誤解中傷이 不無햇다고 봅니다. 本員도 금차 의회에서
> 수개하는 것이 良方이라고 생각됩니다. 하필 금년에 해야 할 일을 명
> 년에 하겟느냐. 이것은 현실 문제임니다. 즉 일국가의 헌법은 기 국가

---

39) 「임시의정원회의 제34회 의회속기록」, 『대한민국임시정부자료집』 3(임시의
정원 Ⅱ), 62쪽.

의 기본정신인대 建國方略도 헌법의 수정이 업씨는 政府公布로 만은 곤란할 것임니다. 선거 不美한 점은 만씀니다. 이런 걸을 對外해서 발전상 더욱 곤란이 불무하다고 봄니다. 금차의 안건은 금차로 해결함이 죠겟소.[40]

한지성 의원 역시 김원봉 의원과 마찬가지로 임시약헌의 개정을 제34차 임시의정원 의회 회기 내에 처리하는 것이 '良方'이라고 주장한 것이다. 특히 대한민국건국강령을 임시정부 국무위원회 명의로 제정·반포한 것은 헌법의 기본정신에 위배되는 것이라고 주장하며 임시약헌의 즉각적인 개정을 주장한 것이다. 무소속의 金鐵男 의원도 "죠곰 말하고 십흔 걸은 즉각으로 햇쓰면 죠켓는데 하필 명년으로 하게 되느냐? 필요가 잇따면 곳 하는 것임니다."라고[41] 발언하여 한지성 의원의 요구에 동조한 것이다.

제34차 임시의정원 회의록이 11월 4일 이후에는 산실되어 이 임시약헌의 개정문제에 대한 더 이상의 자세한 논란 과정과 내용을 파악하기가 현재로서는 불가능하지만, 민족혁명당 등 야당세력의 임시약헌 개정에 대한 입장은 『우리 通訊』을 통해 자세하게 알 수 있다.[42]

---

40) 위와 같음.

41) 위와 같음.

42) 『우리 通訊』은 1942년 10월에 민족혁명당이 의회의 진행경과와 주요 의원의 발언 내용을 발표하기 위하여 발간한 '의회경과록'이다. 제34차 임시의정원 의회 속기록이 11월 4일까지 기록되어 있고 그 이후의 것이 산실되어 자세한 내용을 알 수 없으나, 『우리 通訊』에 민족혁명당 소속 의원의 발언내용의 대강이 기록되어 있어 참고가 된다. 『우리 通訊』은 중경에서 민족혁명당이 간행하고 재미조선민족혁명당이 재간행하였으며, 10월 26일 제1호를 발간한 이후 11월 13일 제13호까지 간행하였다. 다만, 이 『우리 通訊』은 민족혁명당의 입장에서 발언 내용의 중간에 소제목을 달기도 하고, 민족혁명당의 노선을 강조하는 등 민족혁명당의 입장과 노선을 정리, 요약한 것이기 때문에 한국독립당이나 기타 정당 소속 의원들의 발언을 확인하기는 불가능하다는 한계가 있다는 점을 염두에 두고 검토, 분석하여야 한다.

『우리 通訊』 제4호(1942년 10월 28일)에 수록된 「헌법수개에 관한 우리의 입장」에서 민족혁명당의 임시약헌 개정 이유와 이에 대한 입장이 분명하게 제시되어 있다.

　　　한 革命國家의 헌법은 그 국가의 實際的 革命情勢의 요구에 의하여 규정되며 또 變化發展되는 것이요. 결코 固定不變하는 것이 안이다. 우리의 현행 약헌은 과거에 규정된 것이무로 日前 實際情況에 있어서 만은 결점이 포함되어 있고 또 이와 같은 결점이 유함으로 인하여 臨時政府의 發展前途를 阻礙하고 있다. 그럼으로 우리는 臨時政府가 자신의 조직이 건전하게 되는 동시에 우리의 혁명역량을 능히 總集中하며, 또 국제적 승인을 획득하기 위하여…[43]

　민족혁명당에서 간행한 『우리 通訊』 제4호에 실린 글을 통해 민족혁명당은 임시약헌의 수개 필요성과 당위성을 주장하고 있는 것이다. 즉 임시정부의 건전한 발전과 독립운동진영의 단합과 통일을 위하여 임시약헌의 수개가 반드시 필요하다는 것이다. 아울러 구체적으로 임시약헌의 수개 부분과 내용에 대해서도 언급하였다. 첫 번째는 제2장 제4조 2항의 내용, 즉 선거권과 피선거권에 제한규정의 수개이며, 두 번째는 임시의정원 의원에 대한 임기 제한 규정 마련, 세 번째는 각부 부장제를 위원제로 변경할 것[44] 등이 그것이다.

　또한 『우리 通訊』 제5호의 社說 「단결을 위한 우리의 주장」에서도 계속하여 임시약헌 개정 필요성을 주장하고 있다.

　　　우리 정부는 절대로 某黨 某派의 정부가 되여서도 않이 되고 또 될 수도 없다. 오직 各 黨派나, 各 個人의 優秀한 인물을 網羅식인, 各 黨派 聯合의 정부가 되여야 한다.…지난 시간과 조건에서 제정되엿든

---

43) 「憲法修改에 關한 우리의 意見」, 『우리 通訊』 제4호(1942년 10월 28일), 『대한민국임시정부자료집』 3(임시의정원 Ⅱ), 71쪽.

44) 위와 같음.

> 現行 約憲과 建國綱領을 금일의 현실에 부합하도록 즉시 수개하여야
> 할 것이다. 各黨 各派 合作의 政治的 基礎 우에서 反日民主를 원칙으
> 로 한 國家制度·政治·經濟·文化에 관한 명확한 규정이 있어야 한
> 다. 이런 것이 있어야 비로소 事實上으로 강한 단결이 있을 수 있고,
> 또 政治的 堡障이 생기게 된다.[45]

앞서 본 바와 같은 주장이다. 각당 각파의 구별 없이 임시정부가 독
립운동진영의 총단결을 주도하고 그 중심기관으로서의 역할을 수행하
기 위해서는 과거에 제정 반포된 임시약헌을 반드시 현실에 맞게 수개
하여야 한다는 것이다.

이런 이유로 민족혁명당에서는 구체적으로 임시약헌 중 개정해야 할
부분을 제시하였다. 첫째는 임시약헌 제2장 제4조의 단서조항[46]인 임
시의정원 의원 선거권에 대한 항목이었다. 둘째는 임시의정원 의원의
임기 규정이 없다는 내용이며, 셋째는 임시정부 직제의 부장제의 개편,
넷째는 금번 회기 중에 헌법 개정의 처리를 요구한 것이다.

민족혁명당의 요구 내용은 임시의정원과 임시정부의 전면 개편요구
와 맞물려 있는 것이다. 임시의정원 의원 선거권 내용인 임시약헌 제2
장 제4조는 민족혁명당의 임시의정원 진출을 원천적으로 막고 있는 것
이었다. 즉 임시정부 소재지인 중경에 거주하고 있는 광복운동자가 국
내의 각 선거구 원적을 가지고 선거권을 대행할 수 있기 때문에 상당
수의 당원이 화북지역이나 기타 지역에서 활동하고 있는 민족혁명당으
로서는 임시의정원 진출에 제한 조건으로 작용하는 조항이었다. 이 때

---

45) 「團結을 爲한 우리의 主張」, 『우리 通訊』 제5호(1942년 11월 1일), 『대한민국
　　임시정부자료집』 3(임시의정원 Ⅱ), 80~81쪽.

46) 1940년 10월 9일 제정, 반포된 임시약헌 제2장(임시의정원) 제4조의 내용은
　　다음과 같다. "臨時議政院은 大韓民國 人民이 직접 選擧한 議員으로써 組織
　　함. 단 국내 선거구에서 선거할 수 없을 때에는 임시정부 소재지에 僑居하고
　　各該 선거구에 原籍을 둔 광복운동자가 各該區 선거인의 선거권을 代行함"
　　(국사편찬위원회 편, 『대한민국임시정부자료집』 1(헌법·공보), 23쪽).

문에 민족혁명당에서는 제4조의 개정을 줄기차게 요구하였던 것이다. 둘째 요구항목인 임시의정원 의원의 임기제한 역시 앞서의 요구사항과 맞물려 있는 것이다. 임시약헌은 1940년 10월 중경 한국독립당 소속의 의원들만으로 구성된 임시의정원에서 제정되었고 또 임시의정원 의원의 임기를 제한하지 않았기 때문에 기존의 중경 한국독립당 소속 의원 23명과 제34차 임시의정원 의회에서 신규 선출된 6명 등 총 29명이 종신으로 의원직을 유지하는 한 민족혁명당 소속 의원의 임시의정원 진출이 그만큼 제한을 받을 수밖에 없는 상황이었다. 이에 따라 민족혁명당에서는 국제정세의 급박한 변화와 이에 따른 대일전선의 강화 필요성, 민족혁명역량의 총집중이라는 다양한 이유를 제시하면서 임시약헌의 제2장 제4조의 개정을 요구한 것이다. 셋째 항목은 민족혁명당 소속 의원의 임시정부 국무위원으로의 진출을 요구한 것이다. 현재 김구를 주석으로 하는 임시정부 직제는 중경 한국독립당 소속 당원일색의 부장제이니 이를 각부 위원회제도로 변경하자는 것이다. 각부 위원제로 하여 부장제의 단점인 일인 책임제를 폐지하고 민족혁명당 등 기타 정당과 단체의 소속 당원들도 포함되는 위원제로 변경하자고 요구한 것이다. 이 역시 속사정은 중경 한국독립당 소속인 부장이 각부서의 업무를 총괄하고 처리함으로서 민족혁명당 등 야당세력이 임시정부에 진출할 수 있는 길을 차단하고 있기 때문에 이에 대한 변경을 요구한 것이다.

　제34차 임시의정원 의회에서는 계속하여 임시약헌의 개정 문제가 논란의 대상이었다. 의정원 회의 11일째인 11월 4일 임시약헌 수개제의 안이 상정되어 이번 회기 내에 처리할 것인지 아니면 다음 제35차 임시의정원 회의로 넘길 것인지에 대하여 그 이유와 타당성 등에 관한 회의가 5번 더 진행되었고, 임시약헌 수정안에 대한 讀會가 두 번이나 계속되었다. 그러나 한국독립당 소속의원들은 계속하여 임시약헌 개정을 명년도 회기로 넘길 것을 주장하였다. 야당은 이번 제34차 임시의정원 회의에서 처리할 것을 주장함으로써 결론을 내지 못하고 臨時約憲改定

委員 9명을[47] 선출하여 이들에게 헌법의 개정문안과 관련 권한을 일임하는 것으로 결론을 보게 되었다.

한국독립당 소속인 지청천·조소앙·조완구·안훈 의원은 '임시약헌의 개정에는 동의하지만, 이 경우 회기연장과 그에 따른 경비문제, 임시정부의 각종 사업진행 차질',[48] 또는 '임시약헌개정을 둘러싼 분규발생 우려' 등의 이유로 제34차 의회에서의 개정을 반대하고 충분한 시간을 갖고 연구와 검토를 하여 제35차 임시의정원 의회로 이관할 것을 주장한 것이다.[49]

이에 대하여 신영삼·이해명·김상덕·왕통·이인홍·손두환 등 야당인 민족혁명당 의원은 "급성병에 걸린 현재의 임시약헌을 빨리 치료하여야 할 것"(신영삼 의원), 또는 "국내외 각 혁명단체가 집합하여 임시정부의 조직을 강화하고 혁명운동을 발전시키기 위하여"(이해명 의원), "혁명시기인 이때에 임시정부의 기치하에 집합한 혁명역량을 총집중하기 위해"(김상덕 의원)라는[50] 이유 등으로 임시약헌의 즉각적인 개정을 주장한 것이다. 1942년 11월 9일 임시약헌수정안 제2독회에서 있었던 김원봉의 발언은 야당의 주장을 함축한 내용이라 할 수 있다.

---

47) 임시약헌개정위원 9명은 조소앙(위원장)·최석순·조완구·신영삼·김상덕·유자명·차리석·안훈·박건웅 등이었다. 한국독립당 소속 4명, 민족혁명당 소속 3명, 조선민족해방동맹과 조선혁명자연맹 소속 각 1명이었다(『우리 통신』 제14호(1942년 11월 29일), 『대한민국임시정부자료집』 3(임시의정원 Ⅱ), 110쪽).

48) 『우리 通訊』 제9호(1942년 11월 6일), 『대한민국임시정부자료집』 3(임시의정원 Ⅱ), 90~91쪽.

49) 한국독립당 소속 의원들이 임시약헌의 개정을 1943년으로 넘겨 처리하고자 한 이유가 민족혁명당이 『우리 通訊』에서 주장하는 것 이외에 또 다른 이유가 있는지 현재로서는 '임시의정원 회의록의 산실'로 밝히기가 어렵다.

50) 『우리 通訊』 제9호(1942년 11월 6일), 『대한민국임시정부자료집』 3(임시의정원 Ⅱ), 90쪽.

우리의 約憲은 일본 제국주의를 타도하고 독립자유의 국가를 건설
하려는 總綱이며 즉 精神的 武器이다. …과거는 정부를 직히는데서 의
의가 있엇지만 금일은 우리 정부가 역량을 發動해서 그 權能을 실천
할 때이다. …또 헌법 수개안은 금차 회의에 제출하고 수개는 明年 議
會時에 하자는 것은 그 의의를 알 수 없다. …헌법 수개는 거대한 일임
으로 단시일에 수개할 가능이 없으니 一年間을 硏究 修改한다는 것은
一理由를 승인할 수 없다. 數十年間 혁명의 경험을 가진 혁명의 지도
자와 정치운동자들이 결코 이만한 능력이 없다는 것은 이유가 안된
다. 약헌의 字字句句로 수개하는 것도 중요한 것이지만 더 중요한 것
은 精神과 力量의 統一에 장애되는 조문은 응당 수개하여야 한다.[51]

김원봉 의원의 발언은 야당인 민족혁명당의 입장을 대변한다고 할
수 있을 것이다. 국제정세의 변화에 능동적으로 대처하기 위하여 모든
혁명역량이 임시정부의 기치하에 통일되었으니 임시정부를 강화하고
모든 혁명역량의 총집중을 위해서는 임시약헌의 개정이 불가피하며 그
것도 제34차 임시의정원 의회에서 개정할 것이지 군이 1년이라는 시간
을 소비할 필요가 없다는 것이 야당이 주장하는 약헌의 수개 이유인
것이다.

임시약헌 개정안은 결국 임시약헌 개정위원 9명을 선출하여 이들에
게 헌법의 개정문안과 관련 권한을 일임하는 것으로 결론이 나게 되었
다. 이들 임시약헌 개정위원 9명은 1942년 11월 27일 제34차 임시의정
원 의회가 종료된 이후 1943년 6월까지 20여 차례 이상의 約憲修改委員
會를 개최하여 개정헌법의 명칭, 임시의정원 의원 임기, 선거구와 선거
권 등 각종 조항을 검토하고 문안을 수정하였다.[52] 수정된 헌법은 제36
차 임시의정원 의회(1944.4.20~24)에서 통과되었다.

---

51) 『우리 通訊』 제11호(1942년 11월 10일), 『대한민국임시정부자료집』 3(임시의
   정원 Ⅱ), 98쪽.
52) 임시약헌수개위원회 회의록은 국사편찬위원회 편, 『대한민국임시정부자료
   집』 3(임시의정원 Ⅱ), 117~143쪽에 수록되어 있다.

2) 臨時政府 改造 問題

임시약헌의 수개문제는 임시정부의 조직체제 개편 요구와도 맞물려 있는 문제였다. 민족혁명당은 1942년 제34차 임시의정원 의회에 참가하였다. 이로써 임시의정원은 중경 한국독립당 일당체제에서 탈피하여 민족혁명당·조선민족해방동맹 등 각 정당, 단체가 참여한 통일의회를 구성하게 되었다.

민족혁명당은 1941년 5월의 제5기 7차 중앙회의에서 임시정부에 참가하기로 결정하였다. 민족혁명당이 임시정부 참여를 결정하고 먼저 임시의정원에 참여하여 모두 10명의 의원이 당선되었다. 그리고 제34차 임시의정원 의회의 결의에 따라 임시정부의 4개 부서를 증설하고 국무위원의 수도 기존의 7명에서 모두 11명으로 증원되었다.[53] 증설된 정부 부서는 學務部·交通部·宣傳部·生計部이었으며, 1942년 12월 16일 국무회의에서 증설된 4개부서의 부장을 호선한 결과 생계부장에 황학수가 선임되었다. 이어서 1943년 1월 20일 국무회의 결과 선전부장에 김규식, 교통부장에 유동열이 선임되었고,[54] 1943년 4월 20일의 국무회의에서 장건상이 학무부장으로 선출되었다.[55] 이로써 민족혁명당 소속의 김규식과 장건상이 국무위원 겸 선전부장, 학무부장으로 선임됨으로서 민족혁명당은 임시정부에도 참여하게 된 것이다.

민족혁명당의 임시정부 개조시도는 임시약헌의 수개문제와 더불어 1943년 10월의 제35차 임시의정원 의회를 공전시킨 주된 원인이었다. 임시정부 국무위원의 임기가 제35차 임시의정원 의회 개원 후 만료됨

---

53) 『대한민국임시정부공보』 제76호(1942년 11월 30일), 『대한민국임시정부자료집』 1(헌법·공보), 273~274쪽.

54) 『대한민국임시정부공보』 제77호(1943년 4월 15일), 『대한민국임시정부자료집』 1(헌법·공보), 275쪽.

55) 『대한민국임시정부공보』 제78호(1943년 8월 4일), 『대한민국임시정부자료집』 1(헌법·공보), 292쪽.

에 따라서 임시의정원에서는 국무위원을 개선하고자 하였다. 민족혁명
당은 국무위원의 임기가 만료되는 제35차 임시의정원 회기 중에 국무
위원의 수를 정당별로 분배하는 국무위원수 조정과 국무위원 투표방식
의 개선을 주장하였다. 김원봉의 담화에 따르면, 제35차 임시의정원 의
회에서 민족혁명당은 국무위원 중 주석을 제외하고 중경 한국독립당과
민족혁명당에서 각 4석, 군소정당에서 2석으로 조정할 것을 요구하였
으나 중경 한국독립당에서 이를 거부하였다는 것이다. 이에 다시 민족
혁명당은 조정안으로 중경 한국독립당 5석, 민족혁명당 3석, 기타 군소
정당 2석으로 조정하되 중경 한국독립당의 박찬익과 조완구는 국무위
원직에서 제외할 것을 요구하였다. 그러나 이 조정제의안 역시 중경 한
국독립당이 거부하였고 오히려 한국독립당에서 탈당한 유동열을 국무
위원에서 제외할 것을 요구하였다. 민족혁명당에서는 박찬익과 조완구
의 국무위원 선임을 수용하는 수정안을 재차 제의하였으나 한국독립당
소속의원들이 의정원 회의에 불참함으로써 제35차 임시의정원 의회가
장기 공전되고 결국 국무위원 선출은 제36차 임시의정원 의회로 넘기
게 된 것이다.[56]

　민족혁명당에서 제시한 또 하나의 국무위원회 개선 방식은 국무위원
투표방식이었다. 국무위원은 有記名 투표방식으로 진행되었다. 이에 대
한 개선안으로 민족혁명당에서 無記名 투표방식을 제안하였다. 이 안
에 대해서 임시정부 내의 군소정당과 중경 한국독립당 내 소장파들이
적극적으로 지지하여[57] 투표가 진행되었다. 그러나 투표 결과 모두 과
반수 획득에 실패하자 임시의정원 의장 홍진이 의장 직권으로 민족혁
명당의 무기명 투표안에 동의하여 국무위원 투표방식이 무기명식을 채
용하는 것으로 결정되었다. 중경 한국독립당에서는 의장의 선포가 非

56)「黨立場에 관한 金若山의 談話內容」,『資料 韓國獨立運動』Ⅱ, 231쪽.
57) 裵慶植,「중경시기 '반한독당세력'세력의 임시정부 개조운동」,『대한민국임
　　시정부수립80주년기념논문집』, 648쪽.

法인 점을 이유로 퇴장하였고, 끝내 선거 참여를 거부하였다.[58]

　민족혁명당에서 국무위원회의 투표방식과 국무위원의 수를 정당별로 조정하려는 이유는 임시정부의 권한이 국무위원회에 집중되어 있었고, 중경 한국독립당이 전체 의정원 의석(50석) 중 절반인 25석을 차지하고 있는 데 비하여 국무위원 11명 중 9명이 중경 한국독립당 소속으로 국무위원회를 중경 한국독립당이 실질적으로 장악하고 있었기 때문이었다. 민족혁명당은 국무위원의 수를 적어도 4석으로 늘려 임시정부 내에서 중경 한국독립당의 독주를 방지하는 등 민족혁명당의 권한 확보와 아울러 독립운동노선 등을 확산하려는 의도도 깔려 있었다.

　중경 한국독립당과 민족혁명당의 국무위원회 개선안을 둘러싼 대립은 제35차 임시의정원 의회를 80여 일간이나 휴회하면서까지 지속되었다. 대립이 계속되자 민족혁명당과 중경 한국독립당은 해결책을 모색하였고 협상을 재개한 끝에 1944년 4월 11일 임시정부 개편문제에 대하여 세 가지 타협안을 이끌어낼 수 있었다. 첫째, 제35차 임시의정원 의회는 폐회하고 다시 제36차 임시의정원 의회를 소집할 것, 둘째 약헌수정안 중 정부조직에 관해서는 국무위원을 14인으로 늘리고 별도로 주석과 부주석 각 1인을 둔다. 각부 부장은 주석이 국무회의에 천거하여 찬성 통과 후 임명한다. 셋째 국무위원 인원수의 비례는 중경 한국독립당 8석, 민족혁명당 4석, 조선민족해방동맹과 조선무정부주의연맹자 각 1석, 주석은 중경 한국독립당에서 부주석은 민족혁명당에서 내도록 한다는 것이었다.[59]

　마침내 제36차 임시의정원 의회 개회 중인 1944년 4월 24일 개정된 임시헌장에 따라 국무위원을 14인으로 확대하자는 김약산 등 14명 의원의 제안이 통과되었다. 이어서 주석과 부주석에 대한 기명식 투표가 진행되어 주석에 김구, 부주석에 김규식이 선출되었고, 이시영·조성

58) 조선민족혁명당, 「제25주년 3·1절기념선언」, 『資料 韓國獨立運動』 Ⅱ, 235쪽.
59) 「각당파의 주장과 정부개조」, 『資料 韓國獨立運動』 Ⅱ, 62쪽.

환·황학수·조완구·차리석·박찬익·조소앙·안훈(이상 중경 한국독립당), 장건상·김원봉·성주식·김붕준(이상 민족혁명당), 유림(조선혁명자연맹), 김성숙(조선민족해방동맹)이 국무위원으로 선출되었다.[60]

　중경 한국독립당은 민족혁명당의 임시약헌 수개와 임시정부 개조 또는 조직변경 시도에 대하여 분명한 입장 차이를 보이고 있었다. 임시약헌의 수개에 있어서는 약헌 수개의 필요성을 인정하면서도 충분한 시간을 갖고 연구와 검토를 거칠 필요가 있다는 입장이었다. 임시정부 개조 요구안에 대해서도 반대하여 임시의정원의 파행을 낳으면서까지 한국독립당의 국무위원 수 우위를 관철한 것이다. 결국 중경 한국독립당은 1944년 제5차 개헌에 따른 민족혁명당과 기타 군소정당과의 연립내각 구성에서도 국무위원 14석 중 8석, 제5차 개헌으로 7개부서로 변경된 부서의 5개 부서를 장악하여 여전히 임시정부의 주도권을 장악하고 정국을 주도할 수 있었다.

　중경 한국독립당은 민족혁명당의 임시정부 개조 요구와 임시약헌의 수개 요구에 대하여 향후 정국을 주도하려는 정치적 의도를 가진 채 타협안을 받아들였다. 중경 한국독립당은 민족혁명당 등 야당세력의 임시정부 불참에 따른 불만을 없애기 위하여 부주석제와 국무위원수의 증가라는 위인설관의 방안을 도입하였다. 즉 국무위원수를 늘려서 민족혁명당 등 야당의 임시정부 참여를 허용하되 중경 한국독립당이 다수를 차지하였던 것이며, 제5차 개헌(임시헌장)으로 국무위원회의 위상을 더욱 강화한 것이다.[61]

---

60) 『대한민국임시정부공보』 제81호(1944년 6월 6일), 『대한민국임시정부자료집』 1(헌법·공보), 312쪽.

61) 제5차 개헌으로 국무위원회의 권한이 더욱 강화되었는데, 첫째 군무에 관한 결의권, 둘째 대사·특사 및 복권에 대한 결의권이며, 셋째는 종래 국무위원 중에서 호선하게 되어 있던 각부의 부장을 주석의 추천을 통하여 국무위원회에서 임면할 수 있는 권한을 부여한 것이다(「대한민국임시헌장」, 『대한민국임시정부자료집』 1(헌법·공보), 31쪽).

이와 같은 중경 한국독립당의 민족혁명당 등 야당의 임시정부 참여에 대한 인식의 한계점에도 불구하고 제36차 임시의정원 의회를 통하여 마침내 임시정부는 민족혁명당 등 좌익진영이 참여한 '統一戰線政府'를 구성할 수 있었다. 이후 임시정부는 여당인 한국독립당을 기반으로 독립운동을 통일적으로 지휘 통할할 수 있는 항일독립운동의 최고기관이자 민족의 대표기구로서의 위상과 권위를 회복할 수 있게 되었다.

3) 大韓民國建國綱領 守護 問題

대한민국건국강령(이하 '건국강령'이라 약함)은 임시정부가 일제의 패망이 예견되는 상황에서 민족의 독립운동역량을 총집결하여 공동한 독립운동의 목표와 지도이념을 설정하기 위하여 제정·공포한 건국 방략이었다.[62] 건국강령의 기초자는 임시정부의 대표적 이론가이자 삼균주의를 창안한 조소앙이었고, 1941년 11월 28일 국무회의에서 약간의 수정을 거쳐 원안대로 통과, 국무위원회의 명의로 공포되었다.[63] 임시정부는 건국강령을 제정·공포한 이후 이를 임시정부의 지도이념으로 확립하고자 하였다. 宣傳委員會를 통하여 널리 선전하였음은 물론 車利錫이 기초한 韓國光復軍公約과 韓國光復軍誓約文에도 건국강령의 이념준수를 규정하고 있었다.[64]

---

62) 대한민국건국강령의 제정 배경과 내용, 건국강령이 내포한 민족국가건설론 등에 대해서는 韓詩俊, 「大韓民國臨時政府의 光復 후 民族國家建設論」, 『한국독립운동사연구』 3, 521~543쪽. 참조
63) 『대한민국임시정부공보』 제72호(1941년 12월 8일), 『대한민국임시정부자료집』 1(헌법·공보), 247쪽.
64) 韓詩俊, 「大韓民國臨時政府의 光復 후 民族國家建設論」, 528쪽.

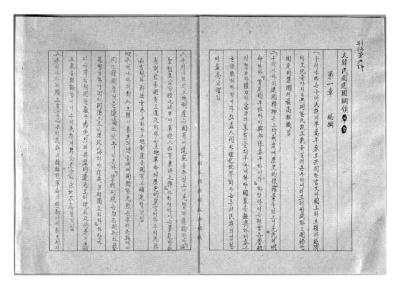

광복 후 수립할 민족국가의 청사진이라 할
대한민국건국강령(1941년 11월 28일)

　이와 같은 건국강령에 대한 논란이 제34차 임시의정원 의회에서 야
기되었다. 건국강령의 수개문제와 제정・반포의 적법성 여부가 민족혁명
당 등 야당의원들에 의해서 제기된 것이다. 회의 제7일째인 10월 31일
오후에 속개된 회의에서 민족혁명당 소속의 신영삼 의원이 건국강령의
임시의정원 통과여부를 질의하면서 논란이 시작되었다. 신영삼 의원이
"건국강령이 의회를 통과한 것인지"를 질의하였고 이에 대해 조소앙 외
무부장(중경 한국독립당 소속)이 "의회통과가 없었다"고 답변하였다.[65]
이번에는 중경 한국독립당 소속의 이광제 의원이 "건국강령을 정부가 선
포할 수 있는지"에 대하여 질의하였고, 한지성(민족혁명당 소속)의원은
건국강령을 임시정부가 발표하는 것이 "헌법에 저촉되는지의 여부"를

─────────
65) 「임시의정원회의 제34회 의회속기록」, 『대한민국임시정부자료집』 3(임시의
　　정원 Ⅱ), 41쪽.

질의하였다.[66] 역시 조소앙 외무부장은 "임시약헌 제26조에[67] 의거하여 국무위원회에서 반포한 것이며, 결코 임시의정원의 권력을 방해하거나 부인한 것이 아님"을 분명히 밝혔다. 또한 조소앙은 정부에서 건국강령을 운용할 수 있으며, 이는 헌법이 아니라고 언급하고 정부에서 발표한 것을 임시의정원에서 추인할 수 있는 것이라고 부연 설명하였다.[68]

11월 1일과 11월 2일에도 건국강령의 임시의정원 통과 여부와 건국강령의 합법성 여부가 대두되어 논란이 계속되었다. 이 과정에서 민족혁명당 소속의 손두환 의원이 "조약·예산안과 같이 법률안은 국회를 통과해야 하는 것이니 정부에서 결의는 할 수 있으나 공포는 할 수 없다."고 지적하자, 조소앙 외무부장은 "(건국강령의 발표는)정부 단독으로 할 수 있고 의회는 동의·추인할 수 있다"고 답변하였다. 손두환 의원은 다시 "건국강령의 土地國有制는 큰문제이니 반드시 의회를 통과하여야 한다."고 거듭 역설하자, 조소앙 외무부장은 "임시약헌에 토지국유한다는 것이 없고, 토지국유제 실행시는 대내외의 정세여하에 의하여 실행할 것이며, 건국방략은 광복 후에 실행할 것이고, 약법은 외지운동당시에 적용되는 것"임을 강조하였다. 손두환 의원은 이러한 답변에 다시 건국강령의 임시의정원 통과 여부를 지적하였다. 손두환 의원과 조소앙 외무부장 사이에 논란이 계속되는 와중에 왕통·김철남·이연호 의원 등이 건국강령의 법령 여부에 대한 답변을 요구하였다. 그리고 국무위원회에서 건국강령이 법령인지의 여부를 재논의하여 그 결과를 답해 달라고 제의하면서 11월 1일 회의에서의 건국강령 관련 논

---

66) 「임시의정원회의 제34회 의회속기록」, 『대한민국임시정부자료집』 3(임시의정원 Ⅱ), 42쪽.
67) 임시약헌 제26조는 임시정부 국무위원회의 직권을 10개항으로 나누어 규정한 조항으로 그중 1항에 "광복운동방략과 건국방안을 의결함"이라고 규정되어 있다(「임시약헌」, 『대한민국임시정부자료집』 1(헌법·공보), 25쪽).
68) 「임시의정원회의 제34회 의회속기록」, 『대한민국임시정부자료집』 3(임시의정원 Ⅱ), 42쪽.

의는 일단락되었다.[69]

건국강령에 대한 논의는 11월 2일의 회의에서 또다시 거론되었다. 무소속의 이연호 의원이 건국강령의 법령 여부를 질의한 것인데, 조소앙 외무부장은 "건국강령은 법령도 아니고 비법령도 아니다. 단지 임시약헌 제26조에 의거하여 국무위원회에서 발표한 것이며 때로는 국무위원회의 결정이 법령과 동일한 효력을 발생하기도 한다. 여하간 건국강령은 완전한 법률은 아니다."라고 답변하였다. 이에 대하여 손두환 의원은 "건국강령의 법률여부는 인민의 복종여부와 관계되는 문제이며, 건국강령을 근본적으로 부인하는 것은 아니나 건국강령을 각당파의 의견을 종합하여 개정한 후 다시 의정원의 법적 수속을 밟기를" 요구하였다.[70]

3일간 계속된 건국강령에 대한 논란의 요지는 결국 국무위원회의 제정·공포의 적법성 여부, 임시의정원 통과 여부, 건국강령의 법령 여부 등으로 요약할 수 있다. 법령이라면 당연히 임시의정원을 통과하여야 하며, 법령이면 인민이 복종해야 하는 문제로 귀결된다는 것이 야당 질의자들의 주된 요점이라고 할 수 있다. 이에 대해서 조소앙 외무부장은 건국강령은 임시약헌 제26조에 근거하여 국무위원회에서 제정·공포하였으며 의회에서 이를 동의·추인할 수 있는 합법적인 것이라고 역설한 것이다. 그러나 한편으로는 완전한 법령이라고는 할 수 없다고 답변하여 건국강령의 합법성은 인정하되, 법령은 아니라고 한 것이다.

민족혁명당 등 야당에서 제기한 건국강령에 대한 문제의 핵심은 건국강령 내용이나 건국강령 자체에 대한 부정이 아니었다. 논란의 요점은 건국강령과 같은 광복 이후의 민족국가 건설의 방침이라는 대단히 중요한 내용을 임시의정원의 동의 없이 임시정부가 국무위원회의 의결

---

69) 「임시의정원회의 제34회 의회속기록」, 『대한민국임시정부자료집』 3(임시의정원 Ⅱ), 43~46쪽.

70) 「임시의정원회의 제34회 의회속기록」, 『대한민국임시정부자료집』 3(임시의정원 Ⅱ), 47쪽.

만으로 처리한 것에 대한 반발이었다고 볼 수 있다. 그러나 이에 대한 반발도 역시 민족혁명당 등 야당 의원들이 주류를 이루고 있었다. 10월 31일자의 민족혁명당 소속 손두환 의원의 다음과 같은 발언이 이를 잘 입증하고 있다.

> 또 遺憾이 잇소이다. 이 의회는 在野黨議員이 政府黨議員과 논쟁하
> 는 것 같으니 獨立黨의 의원도 좀 더 의견을 提起하야 주십시오.[71]

손두환 의원의 발언은 건국강령에 대한 논란 속에서 한지성, 신영삼, 손두환, 왕통, 이연호 등 민족혁명당이나 무소속 등 야당 의원들이 주로 발언하고 중경 한국독립당 소속 의원은 이광제 의원을 제외하고는 한명도 발언을 하지 않고, 임시정부에서는 조소앙 외무부장이 이에 대하여 반박, 또는 추가 보충 설명하는 방식으로 진행된 것에 대한 불만을 제기한 것이다.

이런 현상은 임시의정원에 처음 참여하게 된 민족혁명당 등 각 당파의 이해관계가 노출되면서 드러난 것이었다. 제34차 임시의정원 의회에서는 새로이 임시의정원 의원을 선출하였는데, 이때 새롭게 보선된 23명의 의원 중 중경 한국독립당 소속 6명을 제외한 의원이 민족혁명당·조선민족해방동맹·조선혁명자연맹 등 조선민족전선연맹의 소속 단체 인물들이었다. 이들이 임시의정원에 합류하면서 중경 한국독립당 일색이었던 임시의정원에 새로운 변화가 생긴 것이다. 이들 야당 의원들은 자신들이 참여하지 않았던 상태에서 중경 한국독립당 소속 국무위원 만으로 구성된 국무위원회에서 제정·공포한 건국강령의 법률 적용 여부와 합법성 여부 문제를 제기한 것이었다. 이에 대해 임시정부를 대표하여 외무부장 조소앙은 임시약헌 제26조의 조항에 근거하여 국무

---

71) 「임시의정원회의 제34회 의회속기록」, 『대한민국임시정부자료집』 3(임시의
　　정원 Ⅱ), 43쪽.

위원회에서 발표하였기 때문에 아무런 법적 하자가 없으며, 임시의정원에서 동의, 추인할 수 있다고 주장한 것이다.

건국강령에 대한 논란은 제34차 임시의정원 의회에서 마무리되지 않았다. 언제 구체적으로 건국강령 수개문제가 논의되었는지, 건국강령 수개위원에 대한 논의와 선출이 진행되었는지 이에 대한 자료가 남아 있지 않기 때문에 섣불리 단정할 수 없다. 하지만 1944년 10월 26일에 조소앙·최동오·유림·강홍주·손두환 등 5명이 건국강령수개위원으로 임명되어 제1차 회의를 개최한 이후 12월 10일까지 모두 4차례의 회의가 개최되었다. 건국강령의 수개는 아마도 야당의 요구에 의한 것으로 추정된다. 건국강령 수개위원회의 제2차 회의록을 보면, 조소앙·최동오 의원 등 중경 한국독립당 소속 위원은 건국강령의 부분적 자구수정을 요구하고 있다.

> 修改는 創作이 않인 이상 원본 本體에 대하야 과도한 수개에 入手치 않고 考證에 대한 불확실한 점을 삭제 또는 기타 顚倒된 문구를 바로히 하는 데 한하야 수개에 착수하는 것이 타당하다구 생각하오.[72]

건국강령의 기초자인 조소앙 의원은 건국강령의 수개는 새로이 건국강령을 만드는 것이 아니므로 고증이 불확실하거나 잘못된 문구 등의 수정으로 한정하여 수개할 것을 주장한 것이다. 같은 당 소속의 최동오 의원 역시 같은 입장이었다.

> 건국강령에 引古的 根據에 치중할 필요가 업다구 생각하오. 또 復國章에 제일 제이 제삼시기를 놓아 말한 바 제2시기와 제삼시기 내용이 별로 다른 것이 없는 동시 시기를 놓으는 것은 근래 外人이 우리 독립문제에 대하야 相當時期니 무엇이니 하는 亦 橫堅說에 영합되는 嫌이 있음으로 시기를 놓은 것은 불가한 줄로 생각하오.[73]

---

72) 「建國綱領修改委員會 會錄」, 『대한민국임시정부자료집』 4(임시의정원 Ⅲ), 8쪽.

최동오 의원 역시 건국강령의 역사적 고증 부분 이외에 復國章의 시기구분에 대한 수정 등 부분적인 내용의 수개로 한정할 것을 요구하고 있는 것이다.

이에 대하여 제36차 임시의정원 의회에서 무소속으로 선출된 姜弘周 의원은 건국강령의 전체적인 수정을 요구하였다.

> 건국강령 수개임무는 本體의 枝葉이니 하는 制約性 수개에 한한 것이 않이고 絶對完美한 수개를 요하는 것이니 야이 病疵處가 있다면 있는 대로 수개할 것뿐이라구 생각하오 그 원본에 대하야 대강만 들어 말하더래도 첫재 章布置붙어 불완전하고 둘재로 조사내용에 있서 黨政軍云云句는 우리 현실에 부적합한 용어이며 또 역사적 인고의 不着題에 근거한 균등설은 말할 것도 없이…公有를 말하는 것은 한갓 공허한 이상뿐이며 셋재로 우리 혁명을 3·1대혁명으로써 發軔이라 한 것은 자체의 혁명역사적 계통을 昧沒하는 것이라구 생각하오. 이와 같이 종합하여 보면 이 건국강령 수개는 기본적으로 큰 노력을 들여 수개하지 않으면 안된다구 생각하오.[74]

강홍주 의원은 네 가지 이유를 들어 건국강령의 전면수정을 요구한 것이다. 첫째는 건국강령의 총강, 복국, 건국기로 나눈 장의 구분이 불완전하며, 둘째는 건국강령의 내용 중에 黨政軍 운운한 것이 현실에 부적합하며, 셋째는 토지국유설 등의 균등설 및 공유에 대한 허황된 이상향 제시에 대한 부적합, 넷째는 3·1운동을 우리 혁명운동의 시발점으로 보는 역사적 인식의 차이점 또는 한계성 등의 이유를 제시하며 건국강령의 전면수정을 요구한 것이다.

이와 아울러 야당의원인 유림과 강홍주는 수개위원회 제3차 회의에서는 혁명방략과 건국방략을 별개로 하여 제정할 것을 주장하기도 하

73) 위와 같음.
74) 「建國綱領修改委員會 會錄」, 『대한민국임시정부자료집』 4(임시의정원 Ⅲ), 9쪽.

였다.[75]

야당의원들의 건국강령의 전면적 수정과 혁명방략과의 분리 요구에 대하여 조소앙은 건국강령이 '과도기에 적합한 산물'이라고 대응하였다.

> 건국강령은 한 過渡期의 산물밖에 되지 않는다고 생각하오. 장차 정치세력이 雄爲한 派를 따라 그 주장과 추향이 달라질 것이니 例하면 美의 배경을 가진 파가 몬저 세력을 잡으면 반듯이 美式데모크라시政綱을 세울 것이고 蘇의 배경을 가진 세력이 선다면 역시 그렇할 것이니 영구성적 강령이 아직 필요없는 동시 제출될 수 없다고 생각하오 그렇닛가 임시정부를 중심하고 제출한 이 강령이 과도기에 適宜하다.[76]

더 이상의 소모적인 건국강령 수개에 대한 논의나 언급을 그만 둘 것을 언급한 것이다. 조소앙 등 중경 한국독립당 소속 의원들은 건국강령이 갖고 있는 한계성, 즉 임시정부를 중심으로 한 독립운동과정에서 생겨난 '과도기의 산물'이라는 한계성을 분명히 인식하고 있었고, 때문에 더 이상의 논란이 확대되기를 거부한 것이라고 생각한다.

결국 더 이상의 건국강령수개위원회는 개최되지 못하였다. 그러나 1945년 4월 제38차 임시의정원 의회에서 이 건국강령 수개문제가 또다시 거론되었다. 제38차 임시의정원 의회 제12일째인 4월 28일에 조선민

---

75) 유림은 건국강령과 혁명방략의 분리에 대하여, "건국강령에 혁명역량을 혼입할 수 없는 것이니 혁명방략을 따로 하고 건국방략을 따로 하는 것이 옳다고 생각하오. 혁명방략은 혁명자가 공동히 노력할 정책이 수립되어야 하며 건국강령은 일반사회기금을 기초로 하야 사회적 추향 요구에 적응한 강령을 내세워야 할 것이라구 주장하오."라고 언급하였으며, 강홍주 의원은 "혁명시기의 반일민주공동강령이 될 혁명방략을 세우고 건국시기의 일반사회 기층조직을 본위로 금사상추향에 치중하야 대중의 요구에 시의적절한 강령을 수립하면 영구성적 강령이 될 수 있다구 생각하오."라고 주장하였다(「建國綱領修改委員會 會錄」,『대한민국임시정부자료집』 4(임시의정원 Ⅲ), 9~10쪽).

76) 위와 같음.

족해방동맹의 박건웅 의원이 '건국강령 수개안의 보고'를[77] 요청한 것
이다. 하지만 수개위원 중 한명인 중경 한국독립당의 최동오 의원이
'각 의원의 의견불일치로 수개안을 제출하지 못하였다.'고 보고하였다.
이에 대하여 박건웅·김약산 등 야당 의원은 수개위원의 태만을 책망
하고 건국강령의 수개문제를 독립당대표자대회에서 재검토할 것을 요
구하였다. 그러나 중경 한국독립당의 조완구 의원은 수개위원 개개인
의 잘못을 탓할 수 없으며 빠른 시일 내에 수개안을 작성하여 제출하
도록 권유할 것을 주장하는 등 또다시 논란이 계속되었다. 이 과정에서
수개위원 중 한명인 신한민주당 소속의 손두환 의원이 기존의 수개위
원 5명에 대한 해임안을 제의하였다.[78] 토론 끝에 수개의원 5명에 대한
해임안이 가결되어 제13일째인 5월 1일 5명의 수개위원을 새로 선출하
였다. 새로 선출된 수개위원은 박건웅(조선민족해방동맹)·김상덕(민
족혁명당)·안훈(중경 한국독립당)·조완구(중경 한국독립당)·최석순(
민족혁명당) 등[79] 5명이었다.

그러나 제38차 임시의정원 의회가 종료될 때까지 건국강령 수개안은
처리되지 못하였고, 광복의 와중에서 이 문제는 더 이상 진전되지 못하
였다.

---

77) 「建國綱領修改委員會 會錄」, 『대한민국임시정부자료집』 4(임시의정원 Ⅲ),
103쪽.
78) 「建國綱領修改委員會 會錄」, 『대한민국임시정부자료집』 4(임시의정원 Ⅲ),
104쪽.
79) 「建國綱領修改委員會 會錄」, 『대한민국임시정부자료집』 4(임시의정원 Ⅲ),
105~107쪽.

3. 特務活動[80]

상해 한국독립당은 "혁명적 수단으로써 冤讐日本의 모든 侵奪勢力을 撲滅하야 국토와 주권을 완전광복"[81]할 것을 당의에서 주장하였고, 이를 실천하기 위하여 당강에서 "대중에 대하여(國民의) 革命意識을 환기하고 민족적 革命力量(總力量)을 총집중할 것"과 "엄밀한 조직하에 民族的 反抗과 武力的 破壞를 적극적으로 진행할 것"[82]이라는 구체적인 방안을 채택하였다. 무력적 파괴와 민족적 반항이라는 것은 일제의 요인이나 친일주구배에 대한 처단, 또는 적기관의 파괴와 같은 대일투쟁 방식이었다. 그러나 이것을 구체적으로 실행에 옮기기 위한 무장대오의 조직이나 양성의 단계까지는 이르지 못하고 아직은 개인적이고 상대적으로 덜 조직적인 의열투쟁 단계였다.

또한 조소앙이 저술한 「韓國獨立黨之近像」에서도 상해 한국독립당이 채택할 대일투쟁방식은 '인도의 비폭력적 반항이나 아일랜드의 실전, 각종 문화운동, 평화적 시위'가 아닌 '민족적 반항과 무력적 파괴'라고 강조하였다.[83] 이는 조직적인 무장대오를 갖출만한 인적·재정적 기

---

80) 특무활동이라는 용어는 독립운동의 방략 중의 하나인 의열투쟁의 개념에 포함할 수 있을 것이다. 대한민국임시정부에서도 의열투쟁을 통한 독립운동을 '특무공작' 또는 '작탄활동'이라고 지칭하였다(독립운동사편찬위원회, 『독립운동사』 7(의열투쟁사), 730쪽). 그러나 한국국민당의 경우 1920년대의 의열투쟁보다 조직적이고 체계적인 형태를 갖추었고 1920년대 내지 1930년대 초 의열투쟁의 단독적·분산적인 투쟁형태를 극복하였다는 점에서 발전적인 모습을 띄고 있었다. 이러한 의미에서 의열투쟁이 더욱 발전된 개념으로 특무활동이라는 용어를 사용하였다.

81) 「韓國獨立黨黨憲黨規合編」(1942.6), 독립기념관 소장자료(자료번호 1-003590).

82) 「上海及南京方面に於ける朝鮮人の思想狀況」, 高等法院檢事局思想部, 『朝鮮重大思想事件經過票』(1936.6), 24쪽 ; 「韓國獨立黨的創立經過」, 『韓國獨立運動史』資料 3, 396쪽.

83) 趙素昻, 「韓國獨立黨之近像」, 『素昻先生文集』 上, 108쪽.

반 등의 여건이 갖추어져 있지 않은 상황에서 채택한 대일투쟁방식이
었다.

상해 한국독립당의 이러한 특무활동은 산하단체인 上海韓人靑年黨
을 통하여 추진, 전개되었다. 상해한인청년당은 金晳·李德柱·徐載賢
등이 上海韓人獨立運動者靑年同盟을 발전적으로 해체하고 재조직한
청년운동단체이었다. 상해한인독립운동자청년동맹은 한국의 국권회복
을 목적으로 독립운동의 전위적 임무를 실천하고자 1931년 7월에 상해
에서 조직된 단체였다. 그러나 결성 이후 별다른 활동을 진행하지 못하
게 되자 김석 등은 동청년동맹을 해체하고 좀 더 강력하게 독립운동을
추진할 수 있는 단체를 조직하기 위한 방안을 모색하였다. 김석은 서재
현·徐利均·玉仁燮 등과 논의 결과 상해한인여자청년동맹과 협의하
여 양 단체의 통합을 추진하였다. 그러나 이 교섭이 결렬되자 상해한인
독립운동자청년동맹의 동의를 얻어 1932년 1월에 상해한인청년당을 새
롭게 결성한 것이다.[84]

상해한인청년당은 한국의 독립과 국권회복을 위하여 청년당원을 양
성하고 혁명역량을 집중하여 그 전위적 임무를 수행함으로써 삼균주의
에 기초한 신민주국가의 건설에 이바지할 것을 목적으로 결성된 단체
이었다.[85]

그러나 상해 한국독립당의 상해한인청년당을 통한 대일투쟁방식은
계획한 의도대로 진행되지 못하였다. 1933년 1월 15일 상해에서 개최된
「在滬韓國獨立黨大會」의 결의내용을 통해서 파악할 수 있다. 재호한국
독립당대회에서는 대민중운동방법, 군사, 외교, 경제 등 4개 분야가 집
중 논의되었고, 그 해결책으로서 종래의 민중운동방법을 근본적으로
개혁할 것과 독립운동의 적극적인 실천을 위한 재정문제의 해결을 위

84)「韓人獨立運動者 金晳의 檢擧에 關해 1934年 1月 14日字로 在上海總領事가
外務大臣에 報告한 要旨」, 『韓國民族運動史料』(中國篇), 792~793쪽.
85)「上海及南京方面に於ける朝鮮人の思想狀況」(1936.6), 『思想彙報』 제7호, 25쪽.

하여 경제위원회를 조직할 것 등이 결의되었다.[86]

　재호한국독립당대회에서 대민중운동의 방법을 개혁하기로 결정한
이후 상해 한국독립당에서 결행한 대표적인 특무활동이 1934년 3월 3일
의 「上海神社擲彈義擧」이었다. 상해신사의거는 일제가 홍구공원 안에
설치한 상해신사에서 상해사변 시에 전사한 일본 군인에 대한 초혼제
를 거행할 때 상해 한국독립당원인 康秉學(康秉鶴)의사가 식장의 연단
을 향하여 圓筒形態의 懷中電燈 폭탄을 투척한 의거이었다.[87] 상해신
사의거는 불행히 폭탄이 작렬하지 않아서 초혼제에 참석한 주중일본공
사 有吉明, 제3함대사령장관 今村, 육군무관 鈴本, 일본거류민회 행정
위원장 安井 등을 처단하지는 못하였다. 상해신사의거는 상해 한국독
립당의 특무대장 박창세의 주도로 송병조, 조소앙, 김철, 양기탁 등이
협의하여 결행한 상해 한국독립당의 대표적인 특무활동이었다.[88]

　상해 한국독립당에서는 상해신사의거에 대해서 1934년 3월 10일자로
「康義士虹口擲彈에 對한 宣言」을 발표하여 의거를 결행한 목적과 그에
대한 입장을 발표하였다.[89] 조소앙이 기초한 이 선언서에서 상해 한국
독립당은 먼저 일제의 침략성과 잔학상을 강력하게 규탄하였다. 이어
서 강의사의 의거는 일제 식민통치의 원흉을 처단한 이봉창·윤봉길
양의사의 의거에 버금가는 의열투쟁이며, 민족의기와 상해 한국독립당

86)「在上海韓國獨立黨大會와 金九의 行動에 관해 1933年 2月 2日字로 在上海總
　　領事가 外務大臣에 報告한 要旨」,『韓國民族運動史料』(中國篇), 768~769쪽 ;
　　「1933年の在上海朝鮮人の不穩狀況」,『朝鮮獨立運動』Ⅱ, 502쪽.
87)「招魂祭式場에 爆彈投擲事件에 關해 1934年 3月 8日字로 朝鮮總督府警務局
　　長이 外務次官에 通報한 要旨」,『韓國民族運動史料』(中國篇), 808~809쪽 ;
　　「1934年の上海を中心とする朝鮮人の不穩策動狀況」,『朝鮮獨立運動』Ⅱ, 518~
　　519쪽.
88)「招魂祭式場에 爆彈投擲事件에 關해 1934年 3月 8日字로 朝鮮總督府警務局
　　長이 外務次官에 通報한 要旨」,『韓國民族運動史料』(中國篇), 808~809쪽.
89)「1934年の上海を中心とする朝鮮人の不穩策動狀況」,『朝鮮獨立運動』Ⅱ, 519~
　　520쪽.

의 혁명의지를 만천하에 알린 쾌거이었음을 역설하는 내용이었다. 끝
으로 한중항일공동전선을 결성할 필요성이 있음을 강조하였다.

상해 한국독립당은 1932년 4월에 柳相根·崔興植의 일본관동군사령
관 本庄繁 大將과 滿鐵總裁 內田康哉 폭살의거 계획, 1932년 3월의 李
德柱·俞鎭萬(俞鎭軾)의 국내침투 및 조선총독 처단의거 계획[90] 등에
도 관여하고 있었다. 이들의 특무활동 계획과 진행은 모두 한인애국단
의 활동에 포함되어야 하지만,[91] 이들 4명이 모두 상해 한국독립당의
산하단체인 상해한인청년당의 당원이었으며, 또한 이덕주와 유진만의
의거계획에 조소앙이 직접 관여되어 있었고, 특히 이덕주는 국내에 침
투하는 목적 중의 하나가 국내에 상해 한국독립당의 지부를 조직하는
것이었다는 일제의 정보 보고가[92] 있는 점으로 미루어 보아 이들 柳相
根·崔興植·李德柱·俞鎭萬(俞鎭軾) 등 4명의 특무활동 준비와 진행
이 상해 한국독립당에서 추진하려는 특무활동과 전혀 무관하지는 않았
을 것이다.

한국국민당의 특무활동 전개는 당의와 당강에서 분명하게 나타나 있
다. 한국국민당은 당의에서 '본당은 革命的 手段으로써 仇敵 日本의 總
侵奪勢力을 撲滅하여 국토와 주권을 완전히 광복하고'[93]라고 하였으
며, 당강에서도 '國家主權光復의 혁명적 의식을 국민에게 鼓吹喚起하
여 民族的 革命力量을 總集中할 것'과 '嚴密한 組織下에 民衆的 反抗과
武力的 破壞를 積極的으로 진행할 것'[94]을 채택하여 상해 한국독립당

90) 「上海及南京方面に於ける朝鮮人の思想狀況」(1936.6), 『思想彙報』 제7호, 20쪽.
91) 조범래, 『의열투쟁Ⅱ-한인애국단』(한국독립운동의 역사 27), 독립기념관,
    2009, 253~274.
92) 「韓人獨立運動者 金哲의 檢擧에 關해 1934年 1月 14日字로 在上海總領事가
    外務大臣에 報告한 要旨」, 『韓國民族運動史料』(中國篇), 788~800쪽.
93) 독립운동사편찬위원회 편, 『독립운동사』 4(임시정부사), 755쪽 ; 「1939年の在
    支不逞朝鮮人の不穩策動狀況」, 『朝鮮獨立運動』 Ⅱ, 644~645쪽.
94) 위와 같음.

과 별 차이 없는 대일투쟁방식인 특무활동을 제시하였다. 이러한 한국
국민당의 특무활동은 당의 외곽단체인 韓國國民黨靑年團과 韓國靑年
前衛團에 의해 주로 수행되었다.

　한국국민당청년단은 김구의 항일특무조직인 韓國特務隊獨立軍과 學
生訓練所를 전신으로 하는 한국국민당의 대표적인 외곽단체이었다. 한
국특무대독립군은 김구가 1934년 12월 하순 자신의 휘하에 있던 중국
중앙육군군관학교 입교생을 중심으로 조직한 특무공작 단체이었다.[95]
학생훈련소는 중앙육군군관학교에 입교시킬 한인청년들을 모집하여
입교에 필요한 예비교육을 실시하는 것을 주목적으로 하여 설립된 것
이다. 안공근의 건의에 따라 설치된 학생훈련소는 '特務隊豫備訓練所'
또는 '蒙藏訓練所'로도 불리웠다.[96] 한국특무대독립군의 실체가 일제
관헌에게 발각되고[97] 더욱이 1936년 특무대독립군의 핵심인물인 金東
宇, 吳冕植, 韓道源 등이 김구와의 노선차이를 이유로 이탈하여 '韓國
猛血團'을 결성하는 일이 발생하였다.[98] 이에 따라 김구는 한국특무대
독립군을 해체하고 이에 대신할 청년단체를 결성하기 위한 모임을 南
京 藍旗街 8호 엄항섭의 방에서 열고,[99] 1936년 7월 11일에 '한국국민당
청년단'을 결성한 것이다.[100] 한국국민당청년단의 구성원들은 남경의
중앙육군군관학교 10기생, 학생훈련소 출신, 관내·만주·국내에서 초

---

95) 韓相禱, 「김구의 항일특무조직과 활동(1934~1935)－중국중앙육군군관학교
　　입교생 모집활동을 중심으로」, 『한국민족운동사연구』 4, 53~74쪽.
96) 韓相禱, 「김구의 항일특무조직과 활동(1934~1935)－중국중앙육군군관학교
　　입교생 모집활동을 중심으로」, 63~68쪽.
97) 「昭和11年夏以降に於ける中華民國在留不逞鮮人團體の情況」(1936年 7月 5日),
　　『思想情勢視察報告集』 3, 253쪽.
98) 「韓國猛血團員의 檢擧에 關해 1936年 5月 15日字로 在上海 內務書記官이
　　警保局長에 報告한 摘錄」, 『韓國民族運動史料』(中國篇), 874~875쪽.
99) 「朝鮮思想事件豫審終結決定竝判定」, 『思想彙報』 제20호(1939.9), 267~268쪽.
100) 「韓國國民黨靑年團創立」, 『韓民』 제5호(1936년 7월 30일).

모한 청년들로 주로 이루어져 있었으며, 전체 인원은 약 40명 내외이었
다.[101] 한국국민당청년단은 창립선언서와 강령에서도 밝혔듯이, 국내
외에 흩어져 있는 한국청년들의 혁명역량을 제고·강화하여 한국국민
당의 외곽단체로서의 충실한 역할수행과 함께 광복운동에 헌신할 것을
목적으로 결성되었다. 때문에 한국국민당의 특무활동을 충실하게 수행
하였던 것이다.[102]

한국청년전위단은 1937년 2월에 한국국민당 및 한국국민당청년단을
지원하고 광동지방에서의 한국국민당의 세력을 만회하기 위하여 결성
된 단체이었다. 광동지방에는 상해 한국독립당의 지부가 설치되어 있
었다. 그러나 민족혁명당 결성 이후 상해 한국독립당 광동지부원의 일
부 세력을 제외하고는 대개가 민족혁명당에 참여하게 됨으로써 광동지
방에서 우익진영의 세력기반이 흔들리게 되었다. 김구와 안공근은 金
仁·安禹生을 파견하여 광동지방에서의 기반 강화와 세력만회를 위해
노력하였고,[103] 이 과정에서 中山大學 학생인 金昌滿과 金德穆, 金鏞, 馬
超軍 등과 함께 민족혁명당 광동지부원인 安炳武, 韓泰寅 등의 협조를
얻어[104] 한국청년전위단을 결성한 것이다.[105]

한국청년전위단은 창립선언서에서 한국국민당의 청년전위단체로서
결성되었음을 분명히 밝히고 있다.

> 우리는 민족적 총단결을 원한다.…그러나 통일이라는 가면구(假面
> 具) 앞에서 사리사욕(私利私慾)에 사로잡혀 혁명도덕에 벗어나는 행
> 동을 하는 마위의 집단은 단연 배격한다. 신의에 배반되는 수단만능

101) 「1936年の在支不逞朝鮮人の不穩策動狀況」, 『朝鮮獨立運動』 Ⅱ, 561쪽.
102) 趙凡來, 「韓國國民黨 研究」, 『한국독립운동사연구』 4, 1990, 392~393쪽.
103) 「1939年の在支不逞朝鮮人の不穩策動狀況」, 『朝鮮獨立運動』 Ⅱ, 644쪽.
104) 「中華民國南京及上海地方に於ける中華民國在留不逞鮮人團體の情況」(1937.
    7.26), 『思想情勢視察報告集』 5, 32쪽.
105) 「韓國靑年前衛團創立」, 『韓民』 제12호(1937년 3월 1일), 개인 소장.

주의는 우리 혁명력량을 파괴하기 때문이다.…혁명은 진정한 령수를 수요하며 유일한 령수의 령도 밑에서만 우리 진선은 정화(淨化)될 수 있기 때문이다. 청년은 힘이다. 일본제국주의의 심장을 뚤어넘어트리고야 말 것도 우리 한국 청년의 힘이오 국권을 회복하야 우리의 자유 천지를 건설할 것도 우리 청년의 힘이다.…만난을 무릅쓰고 한국청년된 의무를 다하라는 것이 우리 청년견위단의 출발점이오 우리 생명을 민족해방운동에 바치랴는 것이 우리들의 욕구(欲求)다.[106)]

한국청년전위단은 한국민족을 대표하는 한국국민당의 기치하에서 민족적 총단결을 지향하며 '백절불굴의 정신으로 우리 진선을 령도'하는 김구의 지도하에 일제의 식민통치를 무너뜨리고 우리 민족을 해방하기 위해 결성되었다는 것이다.

한국국민당청년단이나 한국청년전위단은 한국국민당의 외곽단체로서의 역할을 충실하게 전개하고 한국국민당의 지도하에서 광복운동에 매진할 것을 목적으로 결성되었음을 밝힌 것이다. 즉 한국국민당의 독립운동노선을 구체적으로 또한 충실하게 실천하고자 하는 것이 결성목적이었다.

중국 관내에서 전개된 특무활동은 한인애국단의 이봉창·윤봉길 의사의 의거 이후 그 성격과 내용면에서 변화가 있게 된다. 이제까지의 개인적·단편적인 방식에서 탈피하여 좀 더 지속적이고 조직적인 특무활동의 형태로 발전한 것이다. 한국국민당의 조직 기반인 한국특무대독립군이나 학생훈련소의 설치와 운영도 이러한 특무활동의 내용상의 발전 과정의 하나로 보아야 할 것이다.

그러나 한국국민당의 특무활동은 당의와 당강에서 밝힌 것과 같은 민중적 반항과 무력적 파괴로까지 발전하지는 못하였다. 김구가 중국 정부를 상대로 꾸준하게 시도하였던 학생훈련소 대원들의 중국 육군군관학교 입학이 좌절되었기 때문이다.[107)] 김구는 윤봉길 의사의 상해

---

106) 위와 같음.

홍구공원의거 이후 장개석과의 회담을 통해 중국 중앙육군군관학교 낙양분교에 한인특별반을 운영한 바가 있다. 그리고 그 졸업생 중 김구계열 청년들의 지속적인 교육과 관리를 위해 중국 중앙육군군관학교 입학을 추진하였던 것이다. 한국국민당의 특무활동은 중일전쟁의 전세 악화에 따라 주로 대일군사정보수집과 수집한 정보의 분석과 중국정부 전달 등의 활동으로 변화를 보이게 되었다. 중일전쟁의 전세 악화로 중국정부는 한인독립운동단체의 대일항전 참여를 희망하였고 한인 독립 운동진영에서도 이 기회에 중국정부의 재정적·물질적인 지원을 받아 한·중 연합으로 대일항전을 수행하고 광복을 쟁취하고자 하였기 때문이다.

한국국민당의 기관지 『韓民』에 게재된 「한국국민당의 신발전」이라는 기사를 통해 이러한 특무활동의 변화 내지는 발전을 엿볼 수 있다.

> 한국국민당에서는 적극적 정책을 수립하고 사람을 각지에 파견하얏든 바 그들의 열렬한 활동의 결과 성적이 매우 량호하야 당세가 날로 늘어감을 따라 우리운동의 새발전을 닐으킬뿐 않이라 지난 번 본당대회에서 결정한 모종계획에 대하여도 이를 적극 진행한 결과 예기하였든 바 이상의 아름답은 성적이 있다는대 얼마 전에는 리사회를 열고 금후 진행할 각종방안에 대하야 더욱 절실히 토의하였다 한다.[108]

한국국민당은 특무활동을 실행하기 위하여 각지에 청년대원을 파견하였으며, 제2차 전당대회와 이사회 등을 개최하여 수시로 대일투쟁방안에 대하여 논의하였음을 알 수 있다. 특히 '某種計劃'이라는 것에 대한 구체적인 설명이 없어 단정하기는 어렵지만, 아마도 당원 확보와 당의 기반 확장을 위한 청년대원의 초모와 선전활동, 대일군사정보 수집

---

107) 韓相禱, 「김구의 항일특무조직과 활동(1934~1935) - 중국중앙육군군관학교 입교생 모집활동을 중심으로」, 67쪽.
108) 「韓國國民黨의 新發展」, 『韓民』 제13호(1937년 4월 30일), 개인소장.

등이었을 것으로 추정된다.

한국국민당의 이러한 특무활동은 중일전쟁 발발 이후 활발하게 진행되었다. 『한민』에 실린 「한국국민당 활동 개시」라는 제목의 기사내용을 살펴보자.

> 한국국민당에서는 지금 화북에서 닐어난 중일간 충돌이 쟝차 정개적 전쟁으로 전개될 것을 보고 아모조록 이 기회를 잃지 않기 위하야 기정계획에 의지하야 각종활동을 개시하여 각방면으로 불면불휴히 황략한다 하는 바 그타 다른 각 단체에서들도 역시 각종준비에 급급하다 한다.[109]

한국국민당은 1937년 7월 7일의 노구교사건이 중일전쟁으로 확대될 것으로 판단하고 이를 적절히 이용하여 한국국민당에서 계획하고 있는 각종의 특무활동을 지속적으로 전개할 필요성이 있으며, 이미 그러한 활동에 착수하였음을 보도한 기사인 것이다.

한국국민당에서는 1937년 7월 중에 김영호 등 6명을 화북지방에 파견하여 북평시장 秦德純의 지원을 받아 일제의 군사정보 및 일반정보 수집에 노력하였고 또한 이들의 노력으로 청년대원 중의 일부가 국내에 침투하여 주요도시에서 무장봉기, 일제의 요인이나 친일주구배의 처단 등을 수행하여 후방교란을 도모하는 등의 활동을 전개하였다고 일제는 파악하고 있다.[110] 1937년 8월 중순경에는 중국 국민정부로부터 10만 원의 군사활동비를 원조 받아 金有哲, 金某 등 낙양군관학교 졸업생 8명이 친일주구배 및 자산가 처단, 일제의 병참기지조사, 후방교란 등의 임무를 띠고 상해로 파견되었다.[111] 또한 10월 중순경 상해

---

109) 「韓國國民黨 活動 開始」, 『韓民』 제15호(1937년 7월 30일), 개인소장.

110) 「1937年の在支不逞朝鮮人の不穩策動狀況」, 『朝鮮獨立運動』 Ⅱ, 596쪽.

111) 朝鮮總督府 警務局 編, 『最近に於ける朝鮮治安狀況』(昭和13年), 嚴南堂書店, 1966, 288~289쪽.

지부에서는 중국국민당의 군사위원회 특무대(남의사)의 상해지사와 협
조하여 상해지부의 조사부원을 楊樹浦·吳淞·江灣·羅店·劉行·楊行
등지로 파견하였는데,112) 이들의 임무는 일제의 포병 진지, 병기탄약,
식량창고, 비행기와 대포의 배치상황 등에 대한 정보를 수집하는 것이
었다. 이들 한국국민당 상해지부원이 수집한 군사정보는 중국 군사위
원회에 제공되었고 중국정부에서는 야간폭격으로도 일본군에 많은 피
해를 줄 수 있었다. 12월 중순에는 담당지역 내의 중요 관공서 시설파
괴, 일제요인 처단 등의 임무를 수행할 목적으로 하는 결사대를 편성하
여 제1분대는 만주로, 제2분대는 국내로, 제3분대는 일본으로 파견하기
로 결의하였으나113) 실제 행동으로 옮겨졌는지는 확실하지 않다.

또한『한민』에 수록된 다음과 같은 기사를 보면, 한국국민당에서 각
지에 특무활동의 임무를 부여한 대원을 파견하였고, 한국국민당의 청
년대원들이 중국군과 협력하여 각지에서 대일정보 수집 등의 활발한
활동을 전개하고 있음을 알 수 있다.

　　한국국민당에서는 얼마전 모지에서 제삼차당원대회를 소집하고 그
　　대회에서 우리 광복진선을 더욱 공고히하야 우리운동을 적극 진행할
　　것과 림시정부의 긔정방침을 협조하야 군사·특무·훈련 등 실제사업
　　을 적극 실행케 할 것 등 중요안건을 결의한 이래 리사장 김구씨 이하
　　여러 간부와 일반 당원은 그 결의한 각항 안건 실행에 적극 로력하는
　　중이오 특종의 임무를 맡겨 각지에 파견한 당원들은 열열한 활동으로
　　써 그 맡은 임무를 충실히 리행하는 중인대 련락사무와 특무공작에
　　있어서 상당한 성적이 있다고 한다.114)

<hr>

112)「支那事變勃發以後南京陷落直後迄の中南支在住不逞鮮人の動靜」(1938.1),
　　『思想情勢視察報告集』5, 74~75쪽.
113)「1937年の在支不逞朝鮮人の不穩策動狀況」,『朝鮮獨立運動』Ⅱ, 598쪽.
114)「韓國國民黨活躍」,『韓民』제16호(1938년 3월 1일), 개인소장.

한국국민당은 제3차 전체당원대회를 개최하여 독립운동 진행방침에 대한 논의를 진행하여 우익진영 3당의 광복진선을 더욱 공고히 할 것과 임시정부의 시정방침인 군사·특무·훈련부문을 적극 실행할 것 등을 결의하는 한편, 특무활동의 임무를 부여하여 중국 각지로 파견하였고 청년대원들 일부는 성과가 있었다는 것이다.

또한 「我派遣部隊의 活動」이라는 기사에서는 구체적으로 각종의 특무활동 성과를 선전하고 있다.

> 작년 칠월 화북에서 로구교사건을 비롯하야 중일전쟁이 전면적으로 일어나기 시작할 때에 우리 ○○긔관에서도 ○○부대를 각지에 파견하야 맹열한 활동을 시작하게 한바 그 파견된 인원들이 위험을 무릅쓰고 비밀리에 각지에서 중국부대와 련락하여 열열하게 활동한 결과 성적이 자못 량호하야 적에게 막대한 손해를 끼치었는대 아직도 계속하야 활동하는 중임으로 그들의 활동하는 지졈과 사건의 진상은 밝히 발표할 수 없으나 이 앞으로 그들의 활동은 더욱 확대되고 맹열하여지리라 한다.[115]

중일전쟁이 발발한 이후 한국국민당에서 특무활동을 위해 중국 각지로 파견한 청년대원들이 중국군의 협조와 지원을 받아 활동을 한 결과 많은 성과가 있었으며, 또한 일본군에게 막대한 피해를 주었다는 것이다. 한국국민당에서는 이들 특무활동을 전개하는 지역과 구체적인 지점을 밝힐 수는 없지만, 향후에도 한중연합으로 더욱 활발한 활동할 계획을 준비하고 있었음을 알 수 있다.

한국국민당에서는 이에 앞서 1935년 10월과 11월에는 상해에서 金山嶺·鄭成彥 등 2명이, 평안남도 价川에서 한국국민당의 특무대원인 羅士行(23세) 등을 비롯하여 鄭斌·李逕雨·金尙熙·李成春 모두 7명이 일경에 피체되었는데, 이 중 김산령·정성언·나사행 등 3명만이 구속

115) 「我派遣部隊의 活動」, 『韓民』 제16호(1938년 3월 1일), 개인소장.

되어 1936년 8월 26일자로 평양경찰서에서 평양검사국으로 이관되었다. 이들은 한국국민당에서 청년 등을 중심으로 결성한 특무대의 대원이었다. 한국국민당에서는 이들 특무대원을 국내와 만주 등지에 파견하여 각종 특무활동을 수행하도록 하였는데, 김산령 등 3명이 특무활동 중 일경에 붙잡힌 것이다.[116]

이상에서 살펴본 바와 같이 상해 한국독립당과 한국국민당에서는 당의와 당강에서 채택한 '민족적(민중적) 반항과 무력적 파괴'라는 대일투쟁방식을 구체적으로 실행에 옮기기 위하여 특무활동을 전개하였던 것이다. 상해 한국독립당에서는 강병학 의사의 상해신사척탄의거로 대표되는 특무활동을 전개하였고, 한국국민당에서는 이런 단점을 보완하여 좀 더 체계적이고 조직적이며, 지속적인 특무활동을 전개하였다. 일제의 주구나 요인, 친일파를 처단하기 위한 의열투쟁, 또는 일제 기관을 폭파하는 형태의 대일투쟁방식이 아닌 대일군사정보수집과 수집정보의 중국군으로의 이관을 통한 일본군 타격, 전선에서 향후 당의 기반확보를 위한 초모공작활동 등의 방식으로 변화, 발전된 양상을 보이게되었다. 특히 한국국민당의 이러한 특무활동은 중일전쟁 이후 더욱 활발하게 전개되었음을 확인할 수 있었다.

4. 宣傳活動

상해 한국독립당은 1930년 1월 결성된 이후 중국 관내와 미주 등지에 지부를 두고 다양한 활동을 전개하였는데, 그중에서도 선전활동은 대표적인 것이었다. 한국독립당은 『上海韓聞』・『震光』・『韓聲』・『韓國獨立黨黨報』・『독립평론』・『通告』 등의 기관지를 간행하였으며, 한

---

116) 「特務隊事件」, 『韓民』 제7호(1936년 9월 30일), 개인소장.

국국민당은 『韓民』·『韓靑』·『戰線』 등의 기관지를 발간하여 선전활
동을 전개하였다.

　상해 한국독립당에서 간행한 기관지에 대하여 살펴보자. 한국독립당
이 선전활동에 주력하게 된 것은 1932년 4월에 개최한 「한국독립당 제5
차 대회」의 결의에 따른 것이었다. 상해 한국독립당은 1932년 4월 10일
자로 발표한 「제5차 대회선언」에서 다음과 같은 내용을 발표하였다.

　　1) 組織方面에 노력하여 大集團을 短期日內에 성립할 것
　　2) 국제정세에 착안하여 倒日同盟의 범위를 국제적으로 확대할 것
　　3) 民族의 革命意識을 鼓吹하기 위하여 言論文學 및 實際行動으로
　　　서 宣傳工作에 힘쓸 것[117]

　이상의 3가지 내용은 상해 한국독립당의 당의와 당강을 실현하기 위
한 구체적인 행동방침이자 방향의 제시이었다. 상해 한국독립당은 당
강 제1항에서 '대중에 대하여(國民의) 革命意識을 환기하고 民族的 革
命力量(總力量)을 총집중할 것'[118]을 제시하였다. 이를 실행하기 위한
구체적인 방안으로 언론문학 및 실제행동으로서 선전활동을 강조한 것
이라고 판단된다. 상해 한국독립당은 한민족의 혁명의식의 환기와 고
취에 선전활동의 역점을 두었고 그럼으로써 항일민족의식 및 혁명역량
을 높이고자 하였던 것이다.

　『上海韓聞』은 상해 한국독립당에서 발간한 최초의 기관지였던 것으
로 판단된다. 주간신문 형태로 간행되었다.[119] 『上海韓聞』의 창간호는

117) 「朝鮮民族運動年鑑」, 『朝鮮獨立運動』 Ⅱ, 363쪽.
118) 「上海及南京方面に於ける朝鮮人の思想狀況」, 高等法院檢事局思想部, 『朝
　　鮮重大思想事件經過票』(1936.6), 24쪽 ; 「韓國獨立黨的創立經過」, 『韓國獨
　　立運動史』 資料 3, 396쪽.
119) 한시준, 「중국 관내 독립운동과 신문 잡지」, 『한국독립운동사연구』 12, 1998,
　　12쪽.

1932년 1월 4일 발간되었다. 『上海韓聞』은 상해에 거주하는 한인들에게 정확한 국내·외 소식 등을 알리기 위해 발간되었다.

> 現在의 上海僑胞로는 外國報紙를 통하야 각국 그별을 드를 수 잇고 國內新聞을보아 本國事情을 알 수 잇으나 상해에서 발생되는 우리 동포간에 公私消息만은 得聞할 方便이 殆無하다. 혹시로는 도로혀 외국신문을 통하야 우리의 일을 비로소 알게 되는 일이 잇으니 이 엇지 革命線上에서 투쟁하는 자의 임무이며 국제시장에서 활약하는 자에 本意라 할가. 이는 무엇보다 遺憾 中 遺憾이다.
> 이에 本報는 이러한 모든 遺憾的 現狀에 感한 바 잇어 在留同胞에게 報道的 사명을 자인하고 초연한 입장에서 一週 一次式 諸氏의게 소식을 보도코져 하며 결코 어느 一派一級의 권익을 옹호하거나 黑赤何係의 주의를 선전키 위함이 아니다.[120]

상해에 거주하는 한인교포들이 국내외 소식을 외국의 신문보도나 국내에서 들리는 소문 등을 통하여 접하는 경우가 있으니, 이는 독립운동자의 잘못이며 상해에 거류하는 한인동포에게 독립운동에 관련한 각종 소식을 정확하게 전달하기 위하여 공평무사한 입장에서 어느 한편의 이념이나 주의에 현혹되지 않고 주간으로 발행한다는 것이다. 즉, 상해에 거주하는 한인교포들에게 독립운동 소식 등을 정확하게 전달하기 위하여 당파나 주의에 초연하여 있는 그대로의 소식을 전달하기 위한 목적에서 주간으로 발간한다는 것이다.

『上海韓聞』의 발간 목적은 그 내용을 보면 더욱 확실해 진다. 창간호에 실린 기사의 제목을 보면, 창간사 이외에「李博士의 開業」·「紅疫流行」·「獨孤律에 退去處分」·「可驚할만치 貧窮한 民團收入」·「公平社大會流會」·「仁校開學」·「民團制改正」·「金博士別世說」·「民團議事會」·「新

120)「上海韓聞」創刊號(1932년 1월 4일),『韓國獨立運動史』資料 20(臨政篇 Ⅴ), 1991, 303쪽.

年祝賀會」·「興士團例會」·「崔飛行士來滬」·「民團新幹部 人選에 人氣
集中」·「少年同盟流會」·「公平社總會」·「愛國婦人會」·「金履大氏外艱」
·「大夜坊에 密會」·「軍人會成立」 등 총 19건의 기사가 수록되어 있다.
이 중 「이박사의 개업」·「홍역유행」·「독고률에 퇴거처분」·「崔飛行
士來滬」 등의 4건을 제외하면 모두가 임시정부나 상해 한국독립당과
관계가 있는 기사들이다.[121]

　『上海韓聞』이 창간사에서 한인교포의 활동상황 등을 특정 이념이나
주의에 치우치지 않고 공평무사하게 있는 그대로 보도할 것을 천명하
였다. 하지만 실상은 임시정부나 상해 한국독립당을 중심으로 이념이
나 독립운동노선을 같이하는 상해지역의 각종 독립운동 기관과 단체의
소식을 널리 알리고 있었음을 확인할 수 있다. 1932년 1월 11일에 간행
된 제2호 역시 「李奉昌 義士의 快擧」·「難産聲中民團新幹部」·「美洲僑
胞의 活動」·「韓國革命黨, 産婆役은 申翼熙, 白赤黑의 混血兒」 등 모두
18건의 기사가[122] 수록되어 있는데, 창간호와 마찬가지로 대한교민단,
상해여자청년동맹, 공평사 등 우익진영 단체의 소식을 주로 전하고 있
다. 이봉창 의사의 동경의거에 대하여 상해 한국독립당에서 1932년 1월
10일에 발표한 「韓國獨立黨 宣言－對李奉昌狙擊日皇事件」 이외에는
상해지역의 한인 관련 기관지나 잡지 등으로서는 처음으로 이봉창 의

---

121) 조소앙은 「韓國獨立黨之近像」에서 "국외 독립당의 대본영은 상해에 있으며
　　능히 재외각지의 운동단체를 지휘통제하고 있다. 주의가 서로 같지 않은
　　단체를 제외하고는 대개 공동의 보조를 취하여 다시는 알력의 폐단이 없을
　　것이다."라고 언급하고 이어서 한국독립당과 관계가 있는 각종 기관과 단체
　　를 열거하였는데, 임시정부·임시의정원·대한교민단(상해)·한국○○○본
　　부·상해애국부인회·상해여자청년동맹·상해청년당(상해한인청년당－필
　　자 주)·소년동맹·화랑사·인상학교·척후대·병인의용대·노병회·흥사
　　단·상업회의소·직업동맹회 등이었다(趙素昻, 「韓國獨立黨之近像」, 『소앙
　　선생문집』 상, 106~107쪽).
122) 「上海韓聞」第2號(1932년 1월 11일), 『韓國獨立運動史』 資料 20(臨政篇 Ⅴ),
　　307~310쪽.

사의 의거를 대대적으로 알리고 있는 잡지라고 생각된다.

『상해한문』이 이처럼 비교적 자세하게 상해 한인교포들이나 상해의 한인독립운동단체 소식을 자세하게 알릴 수 있었던 이유는『상해한문』 발간 관련자들을 살펴보면 알 수 있다.『상해한문』의 간부 명단은 다음 과 같다.

> 『上海韓聞』의 직원 명단(1932년 12월 현재)
> 사장 : 이유필
> 편집 겸 인쇄 : 차리석
> 기자 : 이수봉, 박창세
> 배달 : 이기함[123]

대한교민단은 윤봉길 의사의 홍구공원 의거 이후에 간부진에 대한 개편이 있었는데, 이때 이유필은 정무위원장에, 박창세는 義警隊長에, 이수봉은 간사 겸 의경대원으로 선출되었다.[124] 박창세와 이수봉은 대 한교민단의 의경대 소속으로 상해 거주 한인들의 안전을 도모하고 일 제 관헌이나 밀정의 동향을 파악하고자 노력하였을 것이다. 이러한 입 장에서『상해한문』의 기자직을 수행하였을 것으로 추정된다.[125]

『상해한문』은 현재까지 창간호와 제2호가 확인되고 있으며,[126] 일제 의 정보자료에 1932년 4월 25일자로 제17호의 발행 사실과 그 내용의

123)「在上海 民族派 韓人의 近況에 關해 1932년 12월 8日字로 在上海總領事가 外務大臣에 報告한 要旨」,『韓國民族運動史料』(中國篇), 760쪽.
124)「1932年の在上海朝鮮人의 不穩狀況」,『朝鮮獨立運動』Ⅱ, 494쪽 ;「爆彈事件 後에 있어서의 金九一派 其他의 動靜에 관해 1932년 11월 10日字로 在上海 總領事가 外務大臣에 報告한 要旨」,『韓國民族運動史料』(中國篇), 744~745쪽.
125) 대한교민단에서는『新上海』라는 기관지를 발행하였으며, 창간호가 1930년 7월 7일자로 발행되었다.
126) 국사편찬위원회,『韓國獨立運動史』資料 20(臨政篇 Ⅴ), 1991, 303~310쪽에 「上海韓聞」창간호와 제2호가 영인, 수록되어 있다.

일부가 확인된다.[127] 또한 1932년 10월 17일자에 제26호가 발행되었다는 사실과 내용 중의 일부인 '이봉창 의사의 추도식'과 관련된 기사가[128] 수록되어 있다. 『상해한문』이 이후 언제까지 또 몇 호까지 간행되었는지 확인할 길이 없다. 다만 이유필과 이수봉 등의 피체와 홍구공원 의거 이후 상해 한국독립당의 간부들이 각지로 피신하는 등의 이유로 1934년경에 이르러 그 발행이 곤란해졌거나 혹은 중단되었을 것이다.

상해 한국독립당은 『상해한문』에 뒤이어 1934년 1월부터 새로운 기관지로 『震光』誌를 발행하고 있다. 『震光』誌는 상해 한국독립당의 간부들이 윤봉길 의사의 홍구공원 의거로 인하여 중국 각지로 피신하고 항주로 재집결하여 '항주본부'와 '항주특구회'를 조직하고 새로운 활동을 재개하면서 발간한 기관지였다.[129] 『震光』誌는 국한문 혼용의 우리말본과 백화문으로 된 중국어본 등 두 종으로 발간되었다.[130] 우리말본의 원고는 상해 한국독립당의 선전부장인 李相一(李德生, 李一普)이, 중국어본은 내무장 겸 총무장인 조소앙이 작성하였다. 李中煥(李判守)은 식자조립을, 朴敬淳과 金思集은 영문번역을 각각 담당하였다.[131] 『震光』誌의 우리말본은 震光社의 명의로, 중국어본은 한국독립당 선전부의 명의로 각각 발행되었다. 그러나 진광사라는 이름의 인쇄소가 있었던 것은 아닐 것으로 생각된다. 일제의 감시를 피하기 위한 하나의

---

127) 「朝鮮民族運動年鑑」, 『朝鮮獨立運動』Ⅱ, 364쪽.

128) 韓詩俊, 「중국 관내 독립운동과 신문 잡지」, 『한국독립운동사연구』 12, 1998, 12쪽.

129) 趙凡來, 「上海 韓國獨立黨의 組織變遷과 活動에 대하여」, 『한국독립운동사연구』 3, 392쪽.

130) 현존하는 『진광』지는 모두 6권인데, 이 중 제1권만이 두 종류로 전해지고 있으며, 제2호 이후 6호는 모두 우리말본이다. 이 중 제5호는 확인이 되지 않고 있다. 이들 진광지는 독립기념관 한국독립운동사연구소에서 발행한 『한국독립운동사자료총서』 2, 1988에 모두 수록되어 있다.

131) 「大韓臨時政府 韓國獨立黨 所在에 관해 1934년 5월 28日字로 在上海總領事가 外務大臣에 報告한 要旨」, 『韓國民族運動史料』(中國篇), 819~820쪽.

방편이었을 뿐이고 모든 『震光』誌는 杭州 開元路 靑年路口에 위치한 民國日報社에서 인쇄·간행되었다. 『震光』誌는 중국국민당 절강성당부로부터 매달 40원씩의 보조를 받아 발행되었으며, 광동지부로부터도 약간의 금전적인 지원을 받았다.[132)

『震光』誌 창간호(1934년 1월 25일)의 「緒言에 代하야」에서 발간 취지를 밝히고 있다.

　一. 韓國運動은 民族對民族 階級對階級의 충돌 및 그 연결관계를 절실히 인식파악하야 민족적 계급적의 정치적 경제적 사회적 평등과 자유를 실현함에 그 途經과 目的이 있는 것이다.
　一. 한국운동의 가장 큰 혁명적 대상은 일본제국주의의 세력이다. 그럼으로 한국의 모든 혁명세력은 그 투쟁의 鋒芒이 反日的 戰線에로 집중되지 않을 수 없는 것이며 동시에 가장 유력한 투쟁을 진행하기 위하야 各各自主義에 의한 혁명세력의 획득과 통일 및 내외의 반일적 혁명세력의 연결을 촉성하여야 할 것이오 또 그리하기 위한 중요한 방법의 일종으로써 반일적 전체투쟁에 연결된 當面的 部門運動을 맹렬히 진행하여야 할 것이다.
　一. 우리는 이상에 말한 見地에서 거기 필요한 주장이론 및 此에 관한 실제소식을 소개하야 한국운동의 유력한 進展을 促하고져 하는 바이다.[133)

이를 요약하면, 첫째 반일혁명세력과의 통일 혹은 연결의 필요성을 인식하고 이를 실현하기 위한 각종 이론이나 관련 소식을 게재함으로서 독립운동을 추진하기 위한 것, 둘째 약소민족의 피압박상황과 실태를 전세계에 알리고 독립운동의 진리를 천명하기 위한 것, 셋째 한국독립운동의 최후목적인 조국의 광복을 성취하여 민족과 민족, 계급과 계급 사이의 정치·경제·사회적 평등과 자유를 실현하기 위한 목적으로

132) 위와 같음.
133) 「緖言에 代하야」, 『震光』 제1호(우리말본), 『한국독립운동사자료총서』 2, 독립기념관, 1988, 3쪽.

『震光』誌를 발간한다는 것이다.

『震光』誌는 또한 발간 목적의 구체적인 실현을 위하여 마땅히 실천해야 할 직능과 임무를 8가지로 밝히고 있다.

一. 『震光』은 한국독립운동의 眞相을 선전함으로써 우방과의 연락을 促進하며 나아가 협력을 도모하여 함께 仇敵을 剷除함을 본래의 임무로 한다.

一. 『震光』은 列國의 혁명과정에 관한 일체를 수집하여 원인과 결과를 비교·판단하여 皮殼은 버리고 眞髓는 흡수하여 한국의 민족운동에 도움이 되게 함을 직책으로 한다.

一. 『震光』은 仇敵의 對韓虐政 및 대중국 영토침략·기만정찰·이간·분화 등 실제와 내막을 폭로함으로써 피침략민족의 반성을 촉구하고 奸策에 빠지지 않게 함을 중요 임무로 한다.

一. 『震光』은 자체의 과거와 오류를 반드시 청산함으로써 거듭 旗鼓를 정비하고 역량을 집중하여 최단기간 내에 하나의 잘 갖추어진 통제기관을 만들어 민족적 혁명공작의 진로를 계시함을 목표로 한다.

一. 『震光』은 민족의식을 고취하고 자체의 陣線을 정리하며 아울러 黨人과 민중을 힘써 훈련시킴으로써 기술상·정신상에 있어 건전한 활동분자로 만듦을 구호로 한다.

一. 『震光』은 黨人을 조직·무장시켜 독립군을 편성함으로써 모종의 시기에 이들로 하여금 적진에 뛰어들 핵심이 되게 한다.

一. 『震光』은 大公無私의 革命立場으로 宿怒와 舊怨을 버리고 참신한 지름길을 열어 최단 기간 내에 사람들을 이론의 範疇에 끌어 들여 대중적 집단을 창조하고 群割自豪의 남겨진 허물을 타파함을 수단으로 한다.

一. 『震光』은 원칙상 한국사상의 士族專制와 土地兼竝의 제도를 부인하고 현대의 제국주의와 자본주의에 이르러 全民的 정치·경제·교육의 민주균등제도를 제창하며 나아가 천하를 化成케 하는 것이 『震光』의 究竟이다.[134]

---

134) 「震光創刊所感」, 『震光』제1집(중국어본), 『한국독립운동사자료총서』 2, 23~

이상과 같은 『震光』誌의 발간 취지는 상해 한국독립당의 당강을 구체적으로 실천하기 위한 방법이었으며, 이는 다음과 같은 〈표 24〉의 『震光』誌의 내용 구성을 살펴보면 더욱 분명해진다.

〈표 24〉『진광』지의 내용 구성표[135]

내용	민족의식·독립운동	혁명운동(외국)	대당조직	임시정부	국제정세	기타
제1호(한글본)	2	1	1			2
제1호(중국어본)	4	1		1	1	2
제2·3호 합본	5	3				1
제4호	2	2	1			2
제6호	2	1	1			
총계	15	8	3	1	1	7

〈표 24〉에서 확인할 수 있듯이 『震光』誌가 가장 중요하게 다루고 있는 것은 민족의식과 독립운동, 외국의 혁명운동 사례 등이었다. 상해 한국독립당은 일본제국주의를 구축하여 독립을 쟁취하기 위해서는 전세계피압박민족의 혁명운동의 역사를 알아야 하며 이들과의 연계도 추구하여, 무엇보다도 우리의 혁명역량을 총집중하기 위한 혁명의식의 제고를 강조한 것이다. 이를 위하여 우리 역사 속에서 동학 등 혁명운동, 이순신 등 역사 속의 위인, 남자현 여사 등 독립운동가 등의 활동상을 소개한 것이다. 특히 「민족문제」라는 제목으로 창간호부터 현존하는 제6호까지 매호 게재하여 민족의 개념을 규정하고 각 민족의 역사

24쪽.

135) 『震光』誌의 내용 구성표 작성에서 「한국역사의 위인소개」는 민족문제에 포함시켰으며, 「터어키·아일랜드의 독립운동 및 그 정당에 대한 소개」는 혁명운동에, 제6호 실린 「해외운동의 특수임무」는 대당조직문제에 포함하였다. 기타에는 「서언에 대하야」·「중요소식」·「항주잡록」·「절강성도서관문화전람회중본국도서」 등 마땅히 분류하기 어려운 항목을 포함하였다.

속에서 민족의 발생과 발전과정, 민족과 계급, 민족과 국가와의 관계 등에 대하여 설명하였다. 이는 우리 민족이 처한 현재의 상황을 혁명, 즉 독립운동으로 해결하기 위한 실천과 투쟁의 이론적인 근거를 제시하기 위한 것이었다.

또한 창간호(우리말본)와 제2·3호 합본에서 한민족의 혁명운동의 역량과 본질을 '동학혁명'과 '갑신혁명' 등 한국근대사에서 찾아 이것을 세계피압박민족의 역사와 비교·분석함으로써 한민족의 혁명의 특징과 독립운동의 이론적인 기틀을 마련하고 있다.

특히 상해 한국독립당은 '대당조직문제', 즉 각 혁명단체와의 통일에 관한 내용을 3차례에 걸쳐 게재하여 이 문제에 대한 많은 관심을 나타내고 있다. 이는 1920년대 중반 이후 중국 관내에서 전개된 민족유일당운동이 구체적인 결과를 보지 못하였고, 또한 1932년 10월 한국대일전선통일동맹이 결성되어 민족대당인 민족혁명당을 결성하기 위한 움직임이 전개되는 과정에서 상해 한국독립당은 『震光』誌를 통하여 대당조직에 관한 이론과 방법을 제시한 것이다. 「혁명단체연합문제」(제1호, 우리말본)·「대당조직문제」(제4호)·「해외운동의 특수임무」(제6호)와 같은 글들이 이를 잘 대변하고 있다.

이상과 같은 『震光』誌의 내용구성상에 나타나는 특징은 첫째 민족의 개념에 대한 인식을 통해서 한국민족운동의 본질과 특징에 접근하고 아울러 각국의 민족운동세력과 연합을 추구하였다는 점이다. 둘째 한민족의 혁명운동의 역량과 본질을 우리의 역사에서 찾아내 이것을 민족혁명운동, 즉 독립운동의 이론으로 정립하여 제시하고자 하였다는 점이다.

상해 한국독립당의 『震光』誌 제6호가 1934년 9월 25일자로 발행된 이후 더 이상의 추가 발행이 있었는지 여부는 확정할 수가 없다. 다만 1934년 11월 말에 새로운 기관지를 주간물로 제작하여 항주의 한자신문의 부록으로 발행하기 위하여 조소앙이 중국국민당의 절강성 당부의

王守偉에게 협조를 요청하였다는 일제의 정보문서가 있으나, 상해 한 국독립당이 해체될 때까지 아마도 더 이상의『震光』誌는 발행된 것 같지는 않다.

　『震光』誌가 1935년 10월 22 · 23일경 제4 · 5호 합권으로 재차 발간되었음을 확인할 수 있다.[136) 이때 발간된『震光』誌의 목차와 그 내용의 일부가 일제의 정보자료에 포함되어 있는데, 아마도 이 4 · 5호 합권은 우리말본이 아닌 중국어본으로 제작된 것 같다.[137) 상해 한국독립당의 기관지였던『震光』誌를 재건 한국독립당에서 다시 발행하게 된 것은 동 기관지의 발행에 관여하였던 주요인물들이 상해 한국독립당의 해체와 민족혁명당에서의 탈당 이후 거의 다시 재건 한국독립당의 결성에 참여하고 그 당원이 되었기 때문이며, 또한 재건 한국독립당이 상해 한국독립당의 후신임을 강조하기 위한 것이었다고 생각한다. 상해 한국독립당 당시『震光』誌의 발간에 관여하던 인물 중 식자 조립을 담당하던 이중환을 제외한 모든 인물이 재건 한국독립당의 결성에 참여하면서, 상해 한국독립당 당시의 경험을 살려 재건 한국독립당의 선전활동을 위하여 재발행하였을 것으로 판단한다. 그러나 이 역시 발간의 지속 여부를 현재로서는 확인할 수가 없다. 일제의 정보자료에『震光』誌의 「선민의 유적과 민족전도」의 내용이 일본어로 번역되어 전해지고 있으며,[138) 발간의 목적이나 취지는 아마도 상해 한국독립당 당시의『震光』

---

136)「昭和10年夏以降に於ける中華民國在留不逞鮮人團體の情況」(1935年 12月 5日),『思想情勢視察報告集』2, 45쪽. 재건 한국독립당의『震光』誌가 1935년 11월 하순에 발행되었다는 일제 측의 또 다른 정보도 있다(「在支不逞朝鮮 人の近況」,『思想情勢視察報告集』2, 276쪽).

137)『震光』誌 제4 · 5호 합권의 목차는 1. 先民遺蹟與民族前途, 1. 第13世紀韓國 火藥製造與國防, 1. 三國時代之中使(未了), 1) 中國傳之高句麗百濟新羅, 2) 中國傳之高麗, 3) 中國傳之朝鮮, 4) 高麗傳之中國, 5) 朝鮮傳之中國, 6) 百濟 高句麗新羅傳之日本, 1. 紺嶽山頌, 1 獨立宣言 순이다(「在支不逞朝鮮人の近 況」,『思想情勢視察報告集』2, 369~372쪽).

138)「昭和11年2月以降の在華不逞鮮人團の狀況」(1936年 7月 10일),『思想情勢視

誌와 다를 바가 없다고 생각한다.

상해 한국독립당의 廣東支部에서는 『韓聲』이라는 기관지를 발간하였다. 광동지부는 1932년 11월에 在廣東韓國國民革命黨前衛總部를 개조한 것으로 廣州市 東山區 瓦窯後街 41번지에 위치하고 책임대표 金朋濬, 간사 李景山, 위원 楊明鎭(양우조, 양묵) 등이 주도하고 있었다.[139] 광동지부의 기관지 『韓聲』은 제3호까지 발행되었는데,[140] 이 역시 계속 발간 여부는 확인할 길이 없다.

상해 한국독립당은 『上海韓聞』·『震光』·『韓聲』 등의 기관지 이외에도 국치기념일이나 3·1절, 개천절 등을 맞이하여 각종의 선전문 내지 유인물을 배포하며 선전활동을 전개하였다. 상해 한국독립당은 1932년 10월 31일자로 「建國紀元節宣言」을[141] 발표하였고, 1934년 8월 29일 국치기념일에는 「제29회 국치기념선언」이라는 선언서를 중국 거주 한인교포들에게 배포하고, 같은 해 9월 1일에는 「討崔麟書」를 발표하는 등의 활동을 계속하였다.[142] 특히 「討崔麟書」에서는 최린의 변절을 아주 신랄하게 비난하였다.

　　獨立宣言의 署名者의 一人이엇든 최린, 天道敎의 領袖級의 一人이엇든 최린, 虛聲과 幻華이엇을망정 광복운동의 일원으로 囑望되엿든 최린은 돌연히 敵陣에 투항하야 적의 走狗가 되며 囉叭手가 되엿다 한다.…우리의 正經大原인 민족주의를 청산하고 적의 소위 동방주의를 合唱한 麟은 한국민족과 絶緣한 國賊이 되야 李完用 李容九의 後塵을 밟은 者가 되고 말엇다. 麟의 개인은 본래 無似한 자라 厚誅할

　　察報告集』 3, 15쪽.

139) 趙凡來,「上海 韓國獨立黨의 組織變遷과 活動에 대하여」,『한국독립운동사연구』 3, 390쪽.
140)「獨立運動團體一覽表」(1934년 6월 19일),『韓國獨立運動史』 資料 3, 572쪽.
141)「朝鮮民族運動年鑑」,『朝鮮獨立運動』 Ⅱ, 370쪽.
142)「上海及南京方面に於ける朝鮮人の思想狀況」,『思想彙報』 제7호(1936년 6월), 24~25쪽.

가치도 없거니와…경술년간에 合邦問題로 李容九 宋秉畯을 파문한
그때부터 天道敎가 비로소 일반민중의 신임을 회복하얏고 己未年 運
動을 경과하야 더욱 국민적 본령을 기초로 한 獨立黨의 大義와 主張
을 追隨할 만한 忠實한 使命을 수행할 潛勢力을 가진 집단의 하나로
서 어찌하야 麟의 투항한 證跡이 發露한지 벌서 數月에 第二 李容九
인 麟을 파문한 第二 孫秉熙가 아직까지 擡頭하지 않느냐?[143]

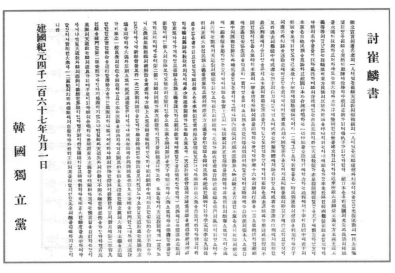

민족 대표의 한명이었던 최린의 변절을 강도 높게 비난한
「討崔麟書」(1934년 9월 1일)

최린이 일제의 정책자문기구인 중추원 참의에 취임하여 일제의 나팔
수이자 주구로 전락하였음을 비난하는 내용이다. 민족대표 33인 중의
한 명이자 천도교 간부인 최린이 중추원 참의에 취임한 것은 일제에게
항복한 것일 뿐만 아니라 추후에는 적의 주구가 되어 1910년 경술년의
이용구, 송병준과 같은 무리가 되었으니 상해 한국독립당의 대의와 본

143) 「討崔麟書」(1934년 9월 1일), 개인소장.

령을 같이 하는 천도교에서 최린을 파문할 결단을 내리지 못하고 있는 것을 함께 비난한 것이다. 이런 일련의 선전활동은 일제의 식민통치의 실상을 알리고 항일민족의식의 고취를 위한 것이었다.

재건 한국독립당 역시 『震光』誌 이외에 「建國紀念宣言」(1935년 10월 29일),[144] 「第17週 3·1節紀念宣言」(1936년 3월 1일),[145] 「韓亡26週年痛言」(1936년 8월 29일),[146] 「朴將軍殉國30年紀念宣言」(1936년 8월 1일), 「韓國獨立節18週紀念宣言」(1937년 3월 1일)[147] 등의 선언서를 발행하여, 무장독립투쟁의 지속적인 전개와 민족의식 고취, 한중항일연합전선의 결성 필요성 등을 역설하고 있다.

상해 한국독립당과 재건 한국독립당의 이상과 같은 기관지나 선전유인물 등을 통한 선전활동은 일제의 철저한 언론통제 때문에 국내 민중들의 눈과 귀가 막혀있고 또 한편으로 임시정부와 한국독립당 등 많은 독립운동단체의 선전활동 역량이 부족하여 모든 실상이 제대로 알려지지 못하는 폐단을[148] 없애려는 목적에서 시작한 것이었다.

한국국민당의 선전활동 역시 상해 한국독립당과 재건 한국독립당과 마찬가지로 주로 기관지와 각종의 선전유인물을 통하여 전개되었다. 한국국민당의 선전활동은 동당에서 발행한 기관지 『韓民』과 동당의 산하단체인 한국국민당청년단의 『韓靑』, 韓國靑年前衛團의 『前線』 등을 통하여 주로 진행되었다.

한국국민당에서 발행한 『韓民』은 국내·외에 산재한 각종 자료를 확

---

144) 「昭和10年夏以降に於ける中華民國在留不逞鮮人團體の情況」(1935年 12月 5日), 『思想情勢視察報告集』 2, 186~187쪽.

145) 「昭和11年2月以降の在華不逞鮮人團の狀況」(1936년 7월 10일), 『思想情勢視察報告集』 3, 245~246쪽.

146) 「昭和11年夏以降に於ける中華民國在留不逞鮮人團體の情況」(1936年 7月 5日), 『思想情勢視察報告集』 3, 402~410쪽 ; 『소앙선생문집』 상, 249~253쪽.

147) 『소앙선생문집』 상, 246~248·254~255쪽.

148) 「한국독립당지근상」, 『소앙선생문집』 상, 105쪽.

인, 검토한 결과 두 가지로 발행되었음이 확인된다. 하나는 1936년 3월 15일자로 창간호가 발행되어 1938년 10월 20일자로 제18호까지 발행된 신문 형태의 것이다. 제1호부터 15호까지는 상해의 「한민사」 명의로 발행되었으며, 제16호와 17호는 漢口에서,[149] 제18호는 長沙에서[150] 발행되었다. 이 신문형태의 『韓民』의 판형은 타블로이드판이며, 한번 발행 시 4면으로 간행되었다. 창간호 이후 제18호까지 발행된 간격을 살펴보면 평균 한 달에 한번 발행된 것임을 알 수 있다.[151] 『韓民』은 이와 같이 정기적인 발행 이외에도 한국광복운동단체연합회의 결성과 도산 안창호의 서거 소식을 알리기 위하여 현재까지 1937년 8월 7일과 1938년 3월 19일 두 차례에 걸쳐 호외를 발행하였음이 확인된다.[152]

또 한 종류의 『韓民』은 잡지형태의 것으로 '한국국민당선전부'의 명의로 1940년 3월 1일부터 백화문의 한문체로 발행되었다. 현재까지 창간호인 제1기 제1호, 제1기 제2호, 제1기 제3·4호, 제1기 제5호 등 모두 4번 발행된 것으로 확인되고 있다.[153]

『韓民』은 창간호(1936년 3월 15일)의 「創刊辭」에서 발간 목적을 다음과 같이 밝히고 있다.[154]

---

149) 『한민』 제16호(1938년 3월 1일자) ; 제17호(1938년 4월 3일자)
150) 『한민』 제18호(1398년 10월 20일) ; 도산안창호선생기념사업회·도산학회, 『미주국민회 자료집』 21권(대한민국임시정부 및 기타 단체·중국 발간 자료), 경인문화사, 2005, 578~581쪽.
151) 창간호의 발행일자는 1936년 3월 15일이며, 2호(4.29), 3호(5.25), 4호(6.25), 5호(7.30), 6호(8.29), 7호(9.30), 8호(10.15), 9호(11.30), 10호(1937.1.1), 11호(2.1), 12호(3.1), 13호(4.30), 14호(6.30), 15호(7.30), 16호(3.1), 17호(4.3), 18호(10.20) 등이다.
152) 『한민』 호외, 독립기념관 소장자료(자료번호 1-A00712, 5-001723).
153) 이 중 창간호인 제1기 제1호는 독립기념관에 소장되어 있으며(자료번호 5-002015), 제1기 제2호와 제3·4호 합권은 국가보훈처 편, 『해외의 한국독립운동사료』 Ⅶ(중국편 3), 1993, 191~327쪽에 수록되어 있으며, 제5호는 건국대학교 한상도 교수가 소장하고 있다.
154) 『한민』과 관련한 내용은 독립기념관 소장자료를 인용하였으며, 특별한 경

　현재 우리 陣中에는 數種의 魍魎이 출몰하고 있다.···제일 위험한
것은 우리 陣中에 潛伏하야 역사적으로 계통적으로 조직적으로 우리
진중을 가장 혼란하게 하며 막대한 毒素를 不絶히 放射하면서 잇는
저 민족운동의 假面을 쓰고 贋造한 조국광복의 屛風 속에서 통일의
喇叭을 불면서 其實은 전민족을 끌어서 赤俄의 괴뢰를 만들고저 하는
魍魎輩이니 우리는 이것을 크게 경계하지 아니 할 수 없다.···본보는
이에 느낀바 있서 의연히 출세하였다.···우리는 상술한 모든 邪說을
排擊하고 우리 혁명의 진정한 이론을 파악하며 提唱하야써 우리 광복
운동의 이목이 될 책임을 자부하고 꾸준히 노력분투하기를 만천하 동
지 앞에 힘있게 盟誓한다.

　일제의 식민통치방식에 동화되어 참정권 등의 邪說을 주장하는 국내
일부의 독립운동자들과 독립운동의 가면을 쓰고 통일의 나팔을 불면서
사실은 우리 민족을 소련의 괴뢰로 만들고자 날뛰는 망량배, 즉 도깨비
무리들이 주장하는 독립운동의 邪說을 철저히 배격하고 진정한 우리
독립운동의 이론을 주장하기 위하여 발간하는 것임을 밝히고 있다.

　또한 창간호의 「社告」에서도 ‘우리 민족의 순정한 기본정신의 발휘’,
‘광복사업의 충실한 지도자로서의 임무수행’을 전개로 하는 한민족의
대변자가 될 것을 목적으로 한다고 밝히고 있다.

　이상과 같이 『韓民』은 첫째, 한민족에게 올바른 독립운동이론을 제
시하여 혁명의식을 고취·환기하며, 둘째 한국독립운동의 ‘순정한 지도
자’가 되어 주어진 임무를 충실히 수행할 것을 목적으로 하여 발간된
것임을 알 수 있다. 올바른 독립운동 이론이란 1920년대 후반 관내의 민
족유일당결성운동과 1932년 이후 민족혁명당 결성과정에서 노정된 좌
익진영과의 유일당 결성운동 방법에 따른 노선의 차이 등을 인식한 한국
국민당의 인사들이 좌익진영이 제시하는 독립운동 이론이나 노선을 배
격한 우익진영의 ‘순정한 민족주의 독립운동 이론’을 의미하는 것이다.

　우 이외에는 별도의 주를 달지 않는다.

『韓靑』은 한국국민당의 산하단체인 한국국민당청년단에서 발행한 기관지이다. 한국국민당청년단은 김구의 항일특무조직인 한국특무대 독립군과 학생훈련소를 전신으로 하는 한국국민당의 대표적인 외곽단체로 1936년 7월에 남경에서 결성되었다.[155] 『한청』은 동 청년단 결성 직후인 1936년 8월에 창간호가 발행되었다.[156] 현재까지 제2권 제4기까지 총 8권이 발행되었음을 확인할 수 있다.[157]

『한청』은 창간사에서 발간 목적을 밝히고 있다.

> 우리 청년들 중에는 아직까지 우리의 지정된 혁명의 코쓰를 찾지 못하고 茫茫한 荒野에서 갈 바를 모르는 可憐한 자가 있으며 우리 革命陣營 속에는 반동사상에 誘惑되어 戰線頭先에서 독까스의 부작용을 니르키는 無恥한 무리도 있다. 이 얼마나 우리 혁명운동에 故障이며 危險이냐!
> 이에 늦긴 바 있어 우리는 몬저 우리 혁명전선의 討敵前哨隊로 자처하면서 나아가서 腐化分子와 반동세력을 숙청하는 동시에 국내외에 산재한 청년투사들을 규합하야 굳세게 단결하고 힘있게 훈련하야써 迫頭해오는 最后血戰의 先鋒이 되기를 약속한다. 이것이 本紙의 출세하는 소이이다.[158]

155) 趙凡來, 「韓國國民黨研究」, 『한국독립운동사연구』 4, 1990, 391쪽.
156) 『한청』 창간호는 도산안창호선생기념사업회·도산학회, 『미주국민회 자료집』 21권(대한민국임시정부 및 기타 단체·중국 발간 자료), 582~610쪽에 수록되어 있다.
157) 『한청』은 현재 제1권 제1기(창간호)·제1권 제4기·제2권 제1기·제2권 제3기·제2권 제4기 등의 발행 사실을 확인하였으며, 이 중 제1권 제4기·제2권 제3기는 독립기념관에 소장되어 있으며, 제1권 제1기(창간호)·제2권 제1기는 『미주국민회 자료집』 21권(대한민국임시정부 및 기타 단체·중국 발간 자료)에 수록되어 있다. 제2권 제4기의 발행 사실은 「中華民國南京及上海地方に於ける不逞鮮人團體の文書活動」(1937年 7月 26日), 『思想情勢視察報告集』 5, 34쪽에 기록되어 있다.
158) 「창간사」, 『한청』 제1권 제1기(1938년 8월 27일) ; 『미주국민회 자료집』 21권(대한민국임시정부 및 기타 단체·중국 발간 자료), 583~584쪽.

우리 독립운동진영에서 반동사상을 유포하고 선전하는 좌익진영 무리를 숙청하고 또 한편으로는 혁명운동전선의 청년들을 규합, 훈련하여 항일전선의 선봉으로 만드는 것이 발간 목적이라는 것이다.

한국국민당청년단에서는 『한청』이외에도 1939년 4월 1일자로 중경에서 새롭게『靑年呼聲』이라는 기관지를 발행하였다는 일제의 정보자료가 있으며,[159] 동 청년단 상해지부에는 『戰鼓』라는 기관지를 1937년 9월 11일자로 발간하였다.[160] 또한 한국국민당의 또 다른 산하단체인 한국청년전위단에서는 『前線』이라는 기관지를 발행하였다.[161] 한국청년전위단은 1937년 2월에 광동지방에서 한국국민당의 조직 기반을 확보하고 세력을 확장하기 위하여 조직된 단체이었다.[162]

한국국민당은 『한민』, 『한청』등의 기관지를 통하여 무장독립론의 준비와 전개, 독립운동전선에서의 철저한 민족주의의 실현, 좌익진영과의 연합전선론(통일전선론)에 대한 우익진영의 이론과 입장 제시, 한·중항일연합전선의 결성 등을 주장하거나 제안하였다.

이상과 같은 기관지 이외에도 한국국민당과 한국국민당청년단에서는 「三一紀念日을 맞이하여 同胞에게 告함」(1936년 3월 1일), 「韓國國民黨三一節宣言」(1936년 3월 1일), 「6·10運動을 紀念하자」(1936년 6월 10일),[163] 「國恥日을 맞이하여」(1936년 8월 29일), 「國恥紀念宣言」(한국국민당청년단, 1936년 8월 29일),[164] 「建國紀元節을 맞이하여」(1936년

---

159) 「1939年の在支不逞朝鮮人の不穩策動狀況」, 『朝鮮獨立運動』Ⅱ, 644쪽.

160) 「1939年の在支不逞朝鮮人の不穩策動狀況」, 『朝鮮獨立運動』Ⅱ, 597쪽.

161) 「中華民國南京及上海地方に於ける不逞鮮人團體の文書活動」(1937年 7月 26日), 『思想情勢視察報告集』5, 34쪽.

162) 趙凡來, 「韓國國民黨研究」, 『한국독립운동사연구』4, 393쪽.

163) 「昭和11年2月以降の在華不逞鮮人團の狀況」(1936년 7월 10일), 『思想情勢視察報告集』3, 189, 192~200·313~314쪽.

164) 「昭和11年2月以降の在華不逞鮮人團の狀況」(1936년 7월 10일), 『思想情勢視察報告集』3, 397~402쪽.

음력 10월 3일), 「건국기원절기념」(한국국민당청년단, 1936년 구 10월 3
일)165) 등의 선언서 등을 발표하여 일제와의 혈전을 치를 날이 목전에
있으니 한국국민당의 기치하에 단결하여 혁명역량을 총집중할 것과 임
시정부의 옹호를 역설하였다.

특히 한국국민당은 1937년 중일전쟁이 발발한 이후에는 기관지 『한
민』과 그 밖의 각종 선언서를 통하여 한·중 간의 연합전선 결성을 통
한 대일항전의 전개를 강력히 요구하였다. 1938년 8월 29일 제28주년
국치일을 맞이하여 한국국민당에서 발표한 「중국 동지들에게 고함」이
라는 글에서 이런 변화를 살필 수 있다.

> 蘆溝橋의 전투가 발생한 이후로 우리들은 역량이 孤單하고 薄弱함
> 으로 하여 사람을 놀라게 할 만한 戰績을 올리지 못하였다. 그러나 자
> 기의 생존을 위하여 우군의 희생을 감소하기 위하여 또는 전세계 인
> 류의 행복을 위하여 抗日作戰을 하루도 쉴 때가 없다. 또 어느 정도의
> 수확이 있었다.…만일 군사상 필수품이 끊이지 않게 이들 용사에게
> 보내진다면 이것은 범에게 날개를 더해 주는 것이다.166)

1937년 7월 7일의 노구교사건이 중일전쟁으로 확대된 이후 한국국민
당은 뚜렷한 전과를 올리지 못하였으나 꾸준하게 항일전선에서 활동하
고 있으니 중국 정부의 물질적·군사적 도움이 있다면 더욱 활발한 전
과를 올릴 수 있다면서 중국정부의 지원 요구와 아울러 한중연합을 통
한 항일전선의 확대를 주장하고 있는 것이다.

또한 한국국민당은 중경에서 발행되는 『新蜀報』에도 글을 실어서 한
중연합의 필요성을 강조하였다. 1938년 11월 25일에 「敬告中國民衆書」
라는 글을 통해서 다음과 같이 역설하였다.

---

165) 「昭和11年2月以降の在華不逞鮮人團の狀況」(1936년 7월 10일), 『思想情勢視
察報告集』 3, 516~522쪽.
166) 「中國同志에게 告함」, 『資料 韓國獨立運動』 Ⅱ, 103~104쪽.

한국은 비록 불행히도 망하였지만, 침략에 저항하는 정신에는 처음
부터 한가지였다. 나는 중국의 항전이 승리할 때 약소민족도 마땅히
그에 힘입어 철저한 해방을 얻을 수 있으며, 자유·평등한 입장이 되
리라 확신한다.167)

『新蜀報』는 이 투고문을 '한국국민당 영수 中·韓 동지의 단결을 더
욱 긴밀히 할 것을 희망'이라는 제목으로 하여 게재하였는데, 이 글에
서도 한국국민당은 한중연합의 필요성을 강조하였던 것이다.

한중연합의 필요성과 당위성은 『한민』을 통하여 더욱 분명해진다. 『한
민』 제15호(1937년 7월 30일)에 게재된 「中日戰爭과 우리의 態度」에서

중일전쟁이 전면적으로 터지랴 하니 우리의 조국광복의 시기는 닐
으렀고…우리는 전민족적 동원으로써 중국 항일군과 련합하여야 할
것이다.…그것은 중국의 항일전쟁이 성질상 우리 민족의 독립전쟁과
동일한 의의를 갖이고 있으며 중국의 최후 승리가 곳 동방피압박 민
족해방의 전제조건이 되기 때문이다. 그러므로 우리는 더욱 재중혁명
분자는 밖으로 무장동원으로써 중국 항일전선과 일치하여 최후 일인
까지 분전하며168)

라고 언급하고 있다. 중국의 항일전쟁은 한민족의 독립전쟁과 동일한
의의가 있으며 중국의 최후 승리는 동방피압박민족 해방의 전제조건이
되는 것임을 강조하였는데, 이것은 곧 한중연합전선의 당위성과 필요
성을 역설한 것이다.169)

---

167) 「敬告中國民衆書」, 『資料 韓國獨立運動』 Ⅱ, 106쪽.
168) 「중일전쟁과 우리의 태도」, 『한민』 제15호.
169) 한국국민당의 안공근은 1937년 8월 25일에 상해의 모음식점에서 중국의 각
신문기자들을 초청하여 기자간담회 형식의 모임을 개최하였는데, 이 자리
에서 안공근은 이제까지의 한국국민당의 활동상황을 홍보하고 특히 중일전
쟁의 발발에 따라 한중 양민족은 모든 능력을 동원하여 합작함으로써 최후
까지 일제에 맞서 투쟁하여 해방과 자결을 쟁취하여야 한다고 역설하였다

한국국민당에서는 또한 기관지나 선전유인물 등을 통한 선전활동 이
외에도 라디오방송을 통한 선전활동도 추진하였다. 한국국민당 선전부
에서는 중국 광동의 라디오방송국과 협의하여 매주 화요일과 금요일에
8시 30분부터 9시까지 하루 30분씩 우리말로 독립운동의 진행상황 등
을 방송하고 여유가 있으면 영어와 일어로도 전쟁 상황 등을 방송할
것을 추진하고 있음을 밝혔다.[170]

1940년 5월 우익진영 3당의 통합 결정체로 결성된 중경 한국독립당
은 기관지로『獨立評論』,『韓國獨立黨黨報』,『通告』를 발간하였다.『獨
立評論』은 한국독립당 선전부에서 1944년 3월 1일을 기하여 창간호를
발간한 이후 현재까지 창간호인 제1기 1호,[171] 제1기 2·3호(1944년 5
월 1일), 제4기(1944년 8월 12일)[172] 등 3편이 확인되고 있다.

『獨立評論』의 창간 목적을 살펴보자.

> 本報는 원칙상 민족적 정치의식을 제고하고 집중하야 一種 신앙을
> 건립케하며 眞知力行으로써 革命公理를 고집하야 岐路에 방황치 안
> 케할 것이며 一貫不變한 正經原則 우에서 정치노선을 指示할 것이며
> 역사와 문화를 주체로 하는 반면에 과학방법을 충실히 採用하야 繼往
> 開來의 특수임무를 집행할 것이며 국내실정을 權衡하고 各國制度를
> 비판하야 전민족 최대다수의 공동요구에 적합하게 할 것이며, 강도를
> 懲治하며 침략자의 무장을 해제하며 제국주의자의 毒菌을 소멸할만
> 한 국제적 신세력의 대조직체를 제창할 것이며 우리 政府의 最高任務
> 를 달성하야 三均制度로 하야금 최후 각방면에 실시하게까지를 최고

고 한다(「1937年の在支不逞朝鮮人の不穩策動狀況」,『朝鮮獨立運動』Ⅱ, 596~
597쪽).

170)『韓民』제18호(1938년 10월 12일) ;『미주국민회 자료집』21권, 579쪽.

171)『獨立評論』창간호는 한국정신문화연구원 편,『韓國獨立運動史資料集』(中
國篇), 1993, 139~142쪽과 국가보훈처 편,『韓國獨立運動史料』(楊宇朝편),
1999, 588~595쪽에 수록되어 있다.

172)『독립평론』제1기 2·3호(1944년 5월 1일), 제4기(1944년 8월 12일)는 국가
보훈처 편,『한국독립운동사료』(양우조편), 596~619쪽에 수록되어 있다.

목표로 하고 勇往할 것이니 이는 본보의 유일한 직분이다.173)

　전민족 최대다수의 공동요구에 적합한 독립운동노선의 제시와 일제를 구축할 수 있는 대조직체를 주창하고 임시정부의 최고 목표인 삼균제도의 실시가 발간 목적이라는 것이다. 올바른 독립운동 이론을 제시하여 우익진영의 정치노선으로 삼고 중경 한국독립당과 임시정부의 최고 목적인 삼균제도를 실시하는 것이 최후 목적이라는 것이다.

　이를 위하여 중경 한국독립당은 『獨立評論』을 통하여 제25주년 3·1절을 맞이하는 임시정부와 중경 한국독립당이 전개할 임무 등을 강조하였으며, 중경 한국독립당의 이념인 삼균주의 이론에 대한 설명, 윤봉길 의사의 의거에 대한 의의, 임시정부의 각종 활동, 국제정세 등을 제시하였던 것이다.

　『韓國獨立黨黨報』는 중경 한국독립당 중앙상무위원회에서 당무 및 당의 활동상황을 당원들에게 널리 알리기 위하여 발행한 것으로 판단된다. 현재 창간호의 부재로 언제 창간되었는지는 확실하지 않다. 1941년 12월에 제2호가 발행되었으며, 발행일자가 분명하지 않은 제4호가 현재 전하고 있다.174) 『韓國獨立黨黨報』에 실린 내용을 보면, 모두가 한국독립당의 활동과 관련된 내용들이다. 제2호의 내용은 「黨務機要」, 「公布事項」의 두 항목으로 나뉘어져 있으며, 당무기요에서는 당의 중앙집행위원회 출석 및 결석 위원의 명단과 주요 보고사항, 처리된 사항 등이 기록되어 있으며, 공포사항에는 독립운동계획대강이 모두 7단계

173) 『한국독립운동사자료집』 중국편, 139~140쪽 ; 『한국독립운동사료』(양우조 편), 588~589쪽.
174) 『한국독립당당보』 제2호와 4호는 한국정신문화연구원 편, 『韓國獨立運動史資料集』 趙素昂篇(4), 1997, 92~105쪽에 수록되어 있다. 제4호는 아마도 1942년 초에 발행된 것으로 판단된다. 4호에 실린 기사 중 「제14차중앙집행위원회에서 결의된 중요사항」 중에 "去年 12月 21日붙어 27일까지 개의했는데"라는 문구로 보아 1942년 초에 발행되었을 것으로 추정된다.

로 나뉘어 설명되어 있다. 등사판 형태로 발행되었는데 많은 부분이 판독하기가 불가능하다.

『通告』는 중경 한국독립당 중앙조직부에서 발행한 것으로 역시 창간호의 부재로 언제 발행되었는지는 정확히 알 수 없으나 1943년 3월 15일자로 제2호가 등사판의 형태로 발행되었다.[175] 제2호에 "重慶과 市外에 있는 各區黨員 이동이 頻煩하야 移籍手續上 除煩과 各區所屬黨員 정리할 필요로 자에 左와 여히 정리하야 各區所屬黨員名單과 週會日時 등을 발표하오니 同志諸位는 照亮하시며 遵行하심을 顯望하나이다."라는 내용이[176] 있는 것으로 보아 중경시내와 시외에 거주하는 각구의 소속당원들의 활동과 상황을 알리기 위하여, 또한 파악하기 위하여 발행한 것으로 추정된다.

『通告』를 통하여 중경 한국독립당의 하부조직인 각 구당부가 중경시에 모두 5구로 나뉘어져 있었으며, 당원의 수가 제1구에 18명, 제2구에 21명, 제3구에 24명, 제4구에 15명, 제5구에 15명으로 분포되어 총 79명이 있었으며,[177] 각 구당부별로 일주일에 한번씩 모임을 개최하였음을 파악할 수 있다.

이상과 같은 기관지나 선전유인물 등을 통한 선전활동은 재정적인 곤란과 인물난 등으로 조직적이고 체계적인 항일무장세력을 양성하거나 무장독립운동을 전개할 수 없는 상황에서 항일독립운동의 성과와 활동, 세계 각국의 정세 등을 국내외 동포들에게 정확하게 알리기 위한 목적에서 추진되고 전개되었던 것이다.

---

175) 『통고』제2호는 『한국독립운동사자료집』 조소앙편(4), 106~107쪽에 수록되어 있다.

176) 위와 같음.

177) 한국독립당의 당원은 이들 이외에도 한국광복군 내에 한국독립당특별당부를 두고 있었기 때문에 이들 79명이 모두라고는 할 수 없다.

결론

한국의 많은 민족지도자들은 일제의 한국 강제병탄을 전후해 장기적인 독립운동의 준비와 진행을 위하여 국내를 떠나 서북간도를 비롯, 연해주·중국 관내지역 등으로 이동하였다. 이들은 독립운동 근거지를 마련하는 한편 독립운동단체를 조직하여 다양한 형태의 대일투쟁을 전개하였다. 1919년 3·1운동의 결과로 중국 상해에서 수립된 大韓民國臨時政府는 民主共和制를 채택하였는데, 이는 한민족의 역사가 專制君主制에서 민주공화제로 전환되는 일대 변화이었다. 이와 아울러 대한민국임시정부 주변에서 전개된 역사적 변화가 있었다. 이것이 바로 韓國獨立黨 등 근대적 의미의 정당의 결성과 발전이었고, 또 이들 정당을 통한 한국근현대사에서의 정당정치의 시작과 정착이었다. 한국근현대사에서 정당정치의 시초로 언급할 수 있는 것이 바로 한국독립당인 것이다.

한국독립당은 1920년대 중반 이후 중국 관내지역에서 시작된 民族唯一黨運動이 결렬된 이후 임시정부를 중심으로 하는 민족주의자 28명이 1930년 1월 25일 상해에서 결성한 정당이었다. 좌익진영이 일방적으로 上海促成會를 해체하자 좌익세력에 대응하고 임시정부를 중심으로 하는 우익진영의 단결과 쇄신, 해외독립운동의 戰線統一을 위한 목적에서 결성한 것이다. 이것이 上海 韓國獨立黨이다. 상해 한국독립당은 1930년대 초 중국 관내지역에서 전개된 민족유일당운동의 결과로 1935 년 7월 결성된 民族革命黨에 참여하면서 해체되었다. 그러나 민족혁명 당에 참여한 상해 한국독립당의 趙素昻, 朴昌世 등은 민족혁명당과의 이념과 노선 등의 차이로 탈당하여 1935년 9월 한국독립당을 재건하였 다. 이것이 再建 韓國獨立黨이다. 상해 한국독립당의 일부 세력은 민족 혁명당에 참여하지 않았다. 金九 · 李東寧 등 일부 세력은 민족혁명당 이 결성되는 과정에서 야기된 임시정부 해체론 등에 반대하며 민족혁 명당 결성에 불참한 것이다. 이들 민족혁명당 불참 세력은 임시정부의 宋秉祚 · 車利錫과 연합하여 1935년 11월 韓國國民黨을 결성하였다. 재 건 한국독립당과 한국국민당, 그리고 민족혁명당에 참여하였다가 1937 년 4월 탈당한 朝鮮革命黨 등 우익진영 3당은 1937년 8월 '韓國光復運 動團體聯合會'를 조직하여 먼저 우익진영의 연합을 이루었다. 이를 기 반으로 좌익진영의 연합체인 '朝鮮民族戰線聯盟'과 유일당 결성을 위한 7당통일회의와 뒤이은 5당통일회의를 개최하였다. 이 과정에서 좌익진 영의 탈퇴로 민족유일당을 결성하지는 못하였으나 1940년 5월 9일 마 침내 우익진영의 결집체인 한국독립당을 결성할 수 있었다. 이것이 重慶 韓國獨立黨이다.

1930년 1월 상해에서 한국독립당이 결성된 이후 한국독립당은 재건 한국독립당과 한국국민당을 거쳐 1940년 5월 중경 한국독립당으로 변 천된 것이다.

상해 한국독립당은 결성 직후 그 사실을 일정 기간 외부에 알리지 않고 비밀결사로 활동하였다. 때문에 결성 초기의 조직체제에 대해서 는 정확하게 알 수 없는 부분이 있다. 조직체제는 중국국민당과 공산당 의 장점을 절충한 民主的 中央集權制인 理事長制를 채택하고 있었다. 상해 한국독립당의 조직체제는 1935년 7월 해체되기 이전까지 3차례에 걸쳐 개편되었다. 상부 조직으로는 당원 전체가 모여서 당의 진로 등을 논의하고 결정하는 黨代表大會, 당의 실무를 결정하는 理事會, 당의 실무를 집행하는 집행부서(총무부·재무부·선전부·내무부·비서부)가 있었고, 하부조직으로는 區黨部와 支黨部가 설치되어 있었다. 하부조직인 구당부(구회)는 매달 15일과 30일 두 차례에 걸쳐 정기적인 모임을 개최하였으며, 당의 활동과 국내에서의 일제의 전쟁준비상황 등을 토론하고 협의하였으며 관할지역 내 한인들의 분쟁해결에도 적극 노력하고 있었다. 상해시기(1930.1~1933.12)에는 당본부를 임시정부 청사가 위치한 馬當路 普慶里 306弄 4號에 두고 있었으며 杭州時期(1934.1~1935.7)에는 學士路 思鑫坊 41號에 본부를 두었다.

상해 한국독립당은 윤봉길 의사의 홍구공원 의거 직후 당 본부를 상해에서 항주로 이전하였다. 일제의 한인독립운동자들에 대한 검거와 수색을 피하여 활동을 계속하기 위한 목적이었다. 이는 임시정부가 항주로 이전한 것과도 깊은 관계가 있다.

상해 한국독립당은 항주를 중심으로 활동하면서 선전활동과 특무활동을 전개하였다. 기관지『震光』을 비롯한 각종의 선전 유인물과 康秉學 義士의 上海神社擲彈義擧가 대표적인 선전활동과 특무활동이었다.

또한 상해 한국독립당은 상해한인청년당, 상해한인애국부인회, 상해한인여자청년동맹, 상해한인소년동맹 등의 외곽단체를 두고 있었다. 이들 단체는 당원의 모집과 당의 역량확보 차원에서 운용된 것이며, 나아가 임시정부와 한국독립당을 적극적으로 지지, 옹호할 수 있는 세력기반의 확보라는 목적도 있었다.

상해 한국독립당은 1935년 7월 민족혁명당의 결성에 참여하면서 자진 해체되었다. 민족단일당으로의 결성을 목표로 조직된 민족혁명당은 임시정부의 송병조와 차리석, 상해 한국독립당의 김구 등이 불참함으로써 민족단일당으로서는 일정 부분 한계를 갖고 있었다. 더구나 민족혁명당 결성 직후 일부 세력의 탈당이 있었다. 즉 김구 등 일부 세력은 민족혁명당의 임시정부 해체 주장에 반대하여 이에 불참하였고 불참

세력들은 김구를 중심으로 한국국민당을 결성하게 되었다. 민족혁명당에 참여한 상해 한국독립당의 조소앙 등은 민족혁명당과의 이념과 노선, 임시정부에 대한 태도의 차이 등을 이유로 곧바로 탈당하여 한국독립당을 재건한 것이다. 조소앙 등은 한국독립당의 재건을 준비하는 과정에서 민족혁명당에 불참한 세력들과의 연합을 도모하였다. 임시정부의 송병조, 상해 한국독립당 廣東支部의 金朋濬·楊宇朝, 新韓獨立黨의 洪震·曺成煥 등과 제휴를 도모한 것이다. 민족혁명당 불참세력 등과 연합하여 향후 결성할 한국독립당의 인적 기반확보 및 조직강화와 아울러 임시정부의 주도권을 확보하려는 목적이었다.

그러나 조소앙의 연합 노력은 무위로 끝나게 되었고, 재건 한국독립당은 20여 명 안팎의 당원으로 뚜렷한 조직체제를 갖추지 못하고 활동한 것으로 추정된다. 더구나 재정적인 곤란은 재건 한국독립당의 활동을 더욱 위축시켰고, 이에 따라 기관지『진광』등 선전 유인물 등을 통한 선전활동 이외에는 별다른 활동을 전개하지 못하였다. 상해 한국독립당과 마찬가지로 정치이념은 三均主義를 채택하여 新民主國家의 건설을 추구하였다. 1937년 8월 한국광복운동단체연합회를 결성하여 우익진영의 통합을 이루었고 1940년 5월 중경 한국독립당의 결성에 참여하며 해체되었다.

한국국민당은 민족혁명당에 불참한 세력 등이 김구를 중심으로 1935년 11월 항주에서 결성한 정당이었다. 김구는 먼저 무정부상태나 다름없는 임시정부를 재정비하고 민족혁명당의 임시정부 해체론에 대응하면서 임시정부를 옹호하고 강력히 지지하는 정당의 필요성 때문에 자신의 주요한 세력 기반인 한인애국단·한인특무대독립군·학생훈련소 대원과 함께 민족혁명당 불참세력인 이동녕·이시영·조완구·김붕준·양우조 등과 한국국민당을 결성한 것이다. 한국국민당은 이사장제를 채택하고 있었다. 이사장제는 1940년 5월 해체될 때까지 유지되었으며, 당 본부는 1937년 중일전쟁 발발 직후에 남경으로 이전하고 조직

기구를 확대·개편하고 상해·북평·광동 등지에는 지부를 두고 운영
하였다. 당 본부는 南京 藍旗街 8호에 위치하였으며 실무집행부서로
조사부·행동부·특무부·교통부·연락부 등 5개 부서가 있었다.

　한국국민당은 정치이념으로 상해나 재건 한국독립당과 마찬가지로
三均主義를 채택하여 政治·經濟·敎育의 균등에 기초한 신민주공화
국과 균등사회의 건설을 추구하였다. 이를 위하여 혁명적 방법을 채택
하였는데, 그것은 민족적 혁명역량의 총집중, 민중적 반항, 무력적 파
괴와 같은 특무활동이었다. 특히 한국국민당은 중일전쟁 발발 이후 우
익진영의 연합과 이를 기반으로 좌익진영과의 연합전선 결성을 주도하
는 활동상의 특징을 갖고 있었다. 한국국민당은 산하에 한국국민당청
년단과 한국청년전위단이라는 외곽단체를 두었다. 이들 외곽단체는 일
제에 대한 각종 정보자료의 수집과 분석, 일제의 관공서 파괴 및 요인
처단, 선전물 배포 등의 활동을 주요 임무로 하였다. 한편 한국국민당
은 중국의 勵志社로부터 매달 2,500원, 미주지역으로부터 매달 USD 150
등의 재정적인 지원을 받고 있었으며, 여기에 중국국민당으로부터 지
원되는 특무공작비의 일부를 보조받고 있어, 재정면에서는 재건 한국
독립당이나 조선혁명당보다 상대적으로 풍부한 처지였다.

　한국국민당, 재건 한국독립당, 조선혁명당 등 우익진영 3당은 1937년
7월 중일전쟁 발발 직후 연합을 모색하였다. 중일전쟁의 발발에 따른
효과적인 대일항전을 위하여 독립운동전선에서 연합요구가 대두되었
기 때문이다. 한국국민당으로서는 임시정부를 중심으로 민족혁명당에
대항하기 위한 우호세력이 절대적으로 필요하였으며, 우익진영 3당이
모두 순수민족주의를 표방하는 정치이념이나 노선을 추구하고 있어 이
들 3당의 연합은 자연스럽게 추진될 수 있었다. 마침내 1937년 8월 우
익진영 3당의 연합체로 '韓國光復運動團體聯合會'(광복진선)를 결성하
게 되었고 이는 민족혁명당 등 좌익진영에 대응하는 임시정부 중심의
우익진영 세력결집이었다.

광복진선의 결성 직후 좌익진영에서도 '朝鮮民族戰線聯盟'(민선)을 조직하였다. 1930년대 후반 중국 관내지역에서의 항일 독립운동진영은 결국 광복진선과 민선이라는 양대 세력으로 양분되기에 이르렀다. 이들 양대 세력은 또다시 통합을 시도하였다. 중일전쟁 이후 한중연합을 위하여 먼저 한인독립운동진영의 통합이 전제되었기 때문이다. 광복진선과 민선은 독립운동진영의 통일을 위한 7당 통일회의를 개최하였다. 그러나 민선 소속의 朝鮮民族解放同盟과 朝鮮靑年前衛同盟이 단일신당의 조직방식에 대한 차이를 이유로 7당 통일회의를 탈퇴하였고, 나머지 5당 만으로 통일회의를 계속 진행하였으나 이 역시 최고 권력기관을 임시정부로 할 것인지에 대한 문제와 당원자격문제를 놓고 의견이 대립되었다. 결국 5당 통일회의도 원만한 결론을 보지 못하고 민선이 탈퇴함으로써 통일신당의 결성은 좌절되었고, 우익진영 3당 만으로 통합하여 1940년 5월 9일 마침내 중경 한국독립당을 결성하게 된 것이다.

중경 한국독립당의 조직체제는 상해 한국독립당이나 한국국민당과 달리 中央執行委員長制이었다. 초대 중앙집행위원장에는 김구가 선출되었고, 제2대 중앙집행위원장에는 조소앙이, 제3대 중앙집행위원장에는 김구가 부위원장에는 조소앙이 선출되었다. 실무집행부서로 초기에는 비서부·조직부·선전부·훈련부·재무부 등 5개 부서와 하와이 등에 지부를 설치하였다. 실무집행부서의 책임자로 구성된 중앙상무집행위원회를 두어 중앙집행위원회의 업무를 대행하도록 하였다. 이밖에도 당의 회계를 심사하며 당무의 진행과 당원의 활동을 감찰하는 중앙감찰위원회, 필요에 따라 설치하는 특별위원회 등을 두었으며, 최하위 조직으로 5인 이상의 당원으로 구성된 구당부가 있었다.

중경 한국독립당의 정치이념과 독립운동노선이 가장 잘 표현된 것이 바로 당의와 당강이다. 한국독립당이 추구하는 정치이념의 기본을 담은 것이 바로 당의이며, 당강과 당책은 당의 기본 이념을 실현하고 실천하기 위한 구체적인 정책이었다. 중경 한국독립당이 추구하는 정치이념의 기본은 바로 三均主義이었다. 삼균주의는 상해 한국독립당의 창당 일원이자 임시정부의 대표적 이론가인 趙素昻에 의하여 1927~1928년경에 정립되었다. 삼균주의의 골자는 정치·경제·교육의 균등을 통하여 개인(사람)과 개인(사람)의 균등을 실현하며, 이를 기반으로 민족과 민족, 국가와 국가 간의 균등을 이루고 나아가 사해일가, 세계일가를 추구한 철저한 균등주의 이론이다. 상해와 중경 한국독립당은 먼저 일제에게 강탈된 우리의 국토와 주권을 회복하기 위하여 혁명적 방법을 동원할 것을 주장하였다. 혁명적 방법이란 일반 국민의 혁명의식 고취, 혁명역량의 총집중, 민족적 반항과 무력적 파괴 등을 통칭하는 개념이었다. 그리고 광복 이후 삼균주의의 실현을 통하여 신민주국가를 건설하고자 한 것이다. 중경 한국독립당은 新民主國을 보통선거제의 실시, 토지와 대생산기관의 국유화, 의무교육제의 실시 등을 통하여 실현하고자 한 것이다.

상해와 중경 한국독립당이 광복 후 수립하고자 한 신민주국은 한마디로 삼균주의에 기초한 철저한 均等社會이었다. 서구 민주주의와 공산당의 사회주의가 내포하고 있는 여러 가지 단점을 철저한 균등주의로 극복한 "전민적 데모크라시로서 한민족 최대 다수의 행복을 실현하는 것"이었고 '한민족을 기반으로 하는 민족국가의 수립'이었던 것이다.

한국독립당의 기본이념인 삼균주의는 임시정부의 정책에 그대로 반영되었다. 「大韓民國臨時政府宣言」(1931)과 「大韓民國建國綱領」(1941)에 삼균주의가 채택됨으로써 한국독립당의 이념과 독립운동노선이 임시정부의 지도이념과 일치된 것이다. 특히 한국독립당이 독립운동노선으로 채택한 무장독립론은 상해 한국독립당과 한국국민당을 거치면서 중경 한국독립당에 이르러 '장교 및 무장대오의 통일훈련을 통한 광복군의 편성'으로 귀결되었고, 임시정부는 이를 기반으로 마침내 1940년 9월 17일 韓國光復軍을 창설할 수 있었던 것이다.

한국독립당은 결성 이후 각종의 선전활동과 특무활동 등을 전개하였는데, 필자는 그중에서도 임시의정원 내에서의 활동에 주목하였다. 임시정부는 1931년도의 임시정부 선언을 통하여 상해 한국독립당과의 관계를 임시정부와 표리일체의 기관이라고 언급하였다. 상해 한국독립당의 구성 인물이 곧 임시정부와 임시의정원의 구성원이었다. 1942년 민족혁명당 등 좌익진영이 임시의정원에 참여하기 이전까지 임시의정원은 중경 한국독립당 一黨體制로 유지되었다. 민족혁명당 등 좌익진영의 참여로 비로소 임시의정원은 일당체제에서 多黨體制로 발전되었다. 임시의정원은 중경 한국독립당이라는 여당과 민족혁명당 등의 야당으로 새로운 변화를 초래하게 된 것이다. 중경 한국독립당은 1942년 10월의 통일의회 결성 이후 민족혁명당 등 야당과 임시정부의 각종 정책이나 활동을 놓고 때로는 격렬하게 논쟁도 불사하였다. 임시약헌의 수개나 임시정부 개조문제, 대한민국건국강령의 수개문제 등에 대해서는 야당의원들과 일전도 불사하였으나 한국광복군행동9개준승의 폐지문제 대해서는 여야를 불문하고 한 목소리로 대처하였다.

이러한 일당체제에서 다당체제로의 변화와 이에 기초한 정당정치의 확립 및 발전은 한국근현대사에서 분명 의미 있는 변화의 시작이었으며, 그 변화의 시초가 바로 한국독립당이었던 것이다. 따라서 한국근현대사에서 정당의 기원은 광복 이후에 조직된 한국민주당에서 찾을 것이 아니라 1930년 1월 25일 중국 상해에서 임시정부를 중심으로 민족주의 세력이 결성한 한국독립당에서 찾아야 할 것이다.

참고문헌

1. 신문 · 자료집

〈국내〉

『독립신문』(상해판, 중경판), 국사편찬위원회 편, 2005.

『臨時政府公報』, 국사편찬위원회 편, 2005.

『東亞日報』, 1927~1935, 축쇄판 및 마이크로필름.

『朝鮮日報』, 1927~1935, 마이크로필름.

『韓民』, 『韓靑』, 『震光』, 독립기념관 소장 자료.

國家報勳處 編, 『海外의 韓國獨立運動史料』 5-8, 11, 1992~1994.

_____, 『海外의 韓國獨立運動史料』 18(대한민국임시정부와 한국광복군), 1996.

_____, 『韓國獨立運動史料』 楊宇朝篇, 1999.

國史編纂委員會 編, 『韓國獨立運動史 資料』 1-4(臨政篇 1-4), 1968~1974.

_____, 『韓國獨立運動史 資料』 20-31(임정편 5-16), 1991~1995.

_____, 『韓國獨立運動史 資料』 37(해외언론운동편), 2001.

_____, 『韓民族獨立運動史資料集』 43-46(중국지역독립운동 재판기록 1-4), 2000~2001.

_____, 『대한민국임시정부 자료집』 1-7, 2005.

國會圖書館 編, 『大韓民國臨時政府議政院文書』, 1974.

_____, 『韓國民族運動史料』(中國篇), 1976.

_____, 『韓國民族運動史料』(3 · 1운동편) 1-3, 1977~1979.

_____, 『抗日獨立運動關係 島山安昌浩資料集』 1 · 2(조선총독부 경무국 소장 비

밀문서), 1997·1998.

金秉祚, 『韓國獨立運動史略』, 亞細亞文化社, 영인본, 1977.

金承學, 『韓國獨立史』, 獨立文化社, 1970(통일문제연구소, 1972, 재간행).

大韓民國臨時政府宣傳委員會 編, 趙一文 譯, 『韓國獨立運動文類』, 건국대출판부, 1976.

도산기념사업회 편, 『安島山全集』 상·중, 범양사, 1990.

도산안창호선생전집편찬위원회 편, 『島山安昌浩全集』 1-14, 도산안창호선생기념사업회, 2000.

독립기념관 한국독립운동사연구소 편, 『光復』, 1987.

_____, 『震光·朝鮮民族戰線·朝鮮義勇隊(通訊)』, 1988.

_____, 『島山安昌浩資料集』(1-3), 1990~1992.

_____, 『유자명 수기-한 혁명자의 회억록』, 1999.

독립운동사편찬위원회 편, 『독립운동사 자료집』 7-10, 1973~1976.

_____, 『독립운동사 자료집 별집』 2·10·11, 1971·1976.

백범김구선생전집편찬위원회 편, 『白凡金九全集』 1-12, 대한매일신보사, 1999.

三均學會 編, 『素昻先生文集』 上·下, 횃불사, 1979.

尹炳奭 編, 『誠齋李東輝全書』 上·下, 독립기념관, 1998.

李炫熙, 『韓國獨立運動證言資料集』, 韓國精神文化研究院, 1986.

臨時政府宣傳部, 『大韓民國臨時政府에 관한 參考文獻』 1, 1945.

주요한 편저, 『증보판 安島山全書』, 흥사단 출판부, 1999.

駐巴黎委員部 宣傳局, 『歐洲의 우리 事業』, 1922.

秋憲樹 編, 『資料 韓國獨立運動』 1-5, 연세대 출판부, 1971~1975.

崔鍾健 譯編, 『大韓民國臨時政府文書輯覽』, 知人社, 1976.

韓國精神文化研究院 編, 『韓國獨立運動史證言資料集』, 博英社, 1983.

_____, 『中國人士證言 韓國獨立運動史資料集』, 박영사, 1986.

_____, 『韓國獨立運動史資料集』(中國篇), 1993.

_____, 『韓國獨立運動史資料集』(趙素昻篇 1-4), 1995~1997.

韓詩俊 編, 『大韓民國臨時政府法令集』, 국가보훈처, 1999.

〈국외〉

姜德相 編, 『現代史資料』 25-30, 東京, みすず書房, 1967~1970.

金正明 編, 『朝鮮獨立運動』 1-5, 東京, 原書房, 1967.

金正柱 編, 『朝鮮統治史料』 1-10, 東京, 韓國史料研究所, 1970~1976.

朴慶植 編,『朝鮮問題資料叢書』7, 東京, 아세아문제연구소, 1982.

社會問題硏究會 編,『思想情勢視察報告集』2 · 3 · 5 · 9, 京都, 東洋文化社, 1976.

在上海日本總領事館警察部第2課,『朝鮮民族運動年鑑』, 동문사서점, 1946.

朝鮮總督府 警務局,『高等警察關係年表』, 1930.

朝鮮總督府 慶北警察部,『高等警察要史』, 1934.

朝鮮總督府 高等法院 檢事局 思想部,『思想彙報』, 고려서림, 영인본, 1988.

朝鮮總督府 警務局 保安課,『高等警察報』1-6, 연도미상.

_____,『高等外事月報』1-2, 고려서림, 영인본, 1988.

朝鮮總督府 警務局 編,『朝鮮の治安狀況』(昭和5年版).

_____,『最近に於ける朝鮮治安狀況』(昭和11年5月), 고려서림, 영인본, 1986.

『朝鮮民族運動史(未定稿)』4-6(外務省警察史 支那之部), 高麗書林, 영인본, 1989.

趙中孚 · 張存武 · 胡春惠,『近代中韓關係史資料彙編』1-7, 臺北, 國史館, 1986 ·
    1987.

中央硏究院近代史硏究所編印,『國民政府與韓國獨立運動史料』, 臺北, 1988.

2. 전기 및 회고록

具益均,「島山先生의 大公主義思想」,『기러기』, 1980.6.

_____,「상해에서의 도산」,『기러기』, 1980.11.

_____,『회고록 : 새 역사의 여명에 서서』, 일월서각, 1994.

權俊豪,『미리 써두는 碑銘』, 바다, 1992.

金光州,「上海時節 回想記 上」,『세대』, 1965.2.

金國柱,「나의 광복군시절 체험기」,『水邨朴永錫敎授 華甲紀念 韓民族獨立運動
    史論叢』, 1992.

김문택,『새벽으로 가는 길』, 인하대 출판부, 1995.

김산 · 님 웨일즈, 조우화 옮김,『아리랑』, 동녘, 1984.

김산 · 님 웨일즈, 편집실 옮김,『아리랑』2, 학민사, 1986.

金俊燁,『長征－나의 광복군시절』1 · 2, 나남, 1990.

金俊燁 編,『石麟 閔弼鎬傳』, 나남출판, 1995.

金學奎,「白波 自敍傳」,『한국독립운동사연구』2, 독립기념관, 1988.

金弘壹,「30年間의 獨立鬪爭記①: 悲運의 祖國을 등지고－抗日靑年士官이 되기
    까지」,『思想界』, 1965.1.

_____, 「30年間의 獨立鬪爭記②:'自由市事變'前後-'샹하이'와 露領 '이만' 사이에서 겪은 일들」, 『思想界』, 1965.2.

_____, 「30年間의 獨立鬪爭記③:쏘·滿의 韓國義勇軍-죽어서도 총쏘는 韓國 靑年의 信用」, 『思想界』, 1965.4.

_____, 「30年間의 獨立鬪爭記④:中·日戰爭과 臨政」, 『思想界』, 1965.5.

_____, 『大陸의 憤怒』, 文潮社, 1972.

南坡 朴贊翊傳記刊行委員會 編, 『南坡 朴贊翊 傳記』, 을유문화사, 1989.

旦洲柳林先生紀念事業會, 『旦洲 柳林 資料集』 1, 1991.

夢陽呂運亨先生全集發刊委員會 編, 『夢陽呂運亨全集』 1-3, 한울, 1991·1993· 1997.

夢陽呂運亨先生追慕事業會 編, 『여운형노트』, 학민사, 1994.

朴基成, 『나와 祖國』, 시온, 1984.

朴英晩, 『주춧돌 : 朴贊翊 一代記』, 신태양사, 1963.

朴昌和, 『省齋李始榮小傳』, 乙酉文化社, 1984.

朴泰遠, 『若山과 義烈團』, 白楊堂, 1947.

白凡金九先生紀念事業會 編, 『白凡 金九-생애와 사상』, 교문사, 1982.

백선기 지음, 『미완의 해방노래-비운의 혁명가 김산의 생애와 '아리랑'』, 정우 사, 1993.

鮮于鎭, 『白凡 金九』, 太極出版社, 1970.

蕭錚, 「蔣介石, 金九 그리고 나」, 『월간조선』, 1985년 1월호.

宵海張建相先生語錄碑建立會, 『宵海張建相先生資料集』, 牛堂, 1990.

申肅, 『나의 一生』, 日新社, 1963.

심산김창숙선생추모사업회, 『민족정기 : 애국지사 심산 김창숙 선생의 생애』, 도 림시스템, 1990.

安炳武, 「상해전쟁에 참전한 한국청년」, 『사상계』, 1965.1

_____, 『七佛寺의 따오기』, 汎友社, 1988.

李康勳, 『民族解放運動과 나』, 제3기획, 1994.

李圭昌, 『運命의 여진』, 보련각, 1992.

李淑, 『竹樣回顧錄』, 新興印刷社, 1993.

李恩淑, 『民族運動家 아내의 受記』, 정음사, 1975.

李庭植 면담·金學俊 편집·해설, 『혁명가들의 항일회상』, 民音社, 1988.

李海東, 『滿洲生活77年--松선생 맏며느리 이해동여사 手記 '亂中錄'』, 명지출 판사, 1994.

張俊河, 『돌베개』, 思想社, 1971.

정정화, 『녹두꽃』, 未完, 1987(『長江日記』(개정증보판), 1998).

鄭華岩, 『이 조국 어디로 갈 것인가』, 도서출판 자유문고, 1982.

_____, 『어느 아나키스트의 몸으로 쓴 근세사』, 도서출판 자유문고, 1992.

정병준, 『몽양 여운형 평전』, 한울, 1995.

허은 구술, 변창애 기록, 『아직도 내 귀엔 서간도 바람소리가』, 정우사, 1995.

韓洪九, 「태항산에 묻힌 혁명가 윤세주(석정) : 의열단, 민족혁명당, 조선의용대
의 한 주역의 일생」, 『역사비평』 창간호, 1988.

3. 연구저서 · 연구논문

姜大敏, 「宵海 張建相의 生涯와 民族獨立運動」, 『문화전통논집』 창간호, 경성대
학교 향토문화연구소, 1993.

姜萬吉, 「朝鮮民族革命黨 成立의 背景」, 『韓國史研究』 61 · 62합호, 1988.

_____, 「朝鮮民族革命黨의 成立과 그 歷史性」, 『한국독립운동사연구』 4, 독립
기념관 한국독립운동사연구소, 1990.

_____, 『조선민족혁명당과 통일전선』, 화평사, 1991.

_____, 「1930년대 中國關內 民族解放運動의 統一戰線論」, 『韓國史研究』 90,
1995.

姜英心, 「新韓革命黨의 결성과 활동」, 『한국독립운동사연구』 2, 독립기념관 한국
독립운동사연구소, 1988.

高珽烋, 「대한민국임시정부의 성립과정에 대한 검토」, 『한국근현대사연구』 12,
한국근현대사학회, 2000.

_____, 「대한민국임시정부의 통합정부 수립운동에 대한 재검토」, 『한국근현대
사연구』 13, 한국근현대사학회, 2000.

_____, 「태평양전쟁기 미국의 대한민국임시정부에 대한 인식과 불승인정책」, 『한
국근현대사연구』 25, 한국근현대사학회, 2003.

김기승, 『조소앙이 꿈꾼 세계』, 지영사, 2003.

金邦, 「李東輝 研究」, 『國史館論叢』 18, 1990.

_____, 『李東輝 研究』, 國學資料院, 1999.

金祥起, 「島山 安昌浩의 獨立運動方略論」, 『竹堂李炫熙教授華甲紀念韓國史學論
叢』, 同刊行委員會, 1997.

金榮範, 「韓國光復軍 刊行『光復』의 獨立運動論」, 『한국독립운동사연구』 1, 독립
　　기념관 한국독립운동사연구소, 1987.

──── , 「1920년대 전반기 의열단의 민족운동과 노선 추이」, 『한국의 민족문제
　　와 일본제국주의』, 문학과지성사, 1992.

──── , 「국공대결기(1928~1935) 중국에서의 한인 민족전선 통일운동연구」, 『한
　　말 일제하의 사회사상과 사회운동』, 문학과지성사, 1994.

──── , 「민족혁명당의 결성과 그 혁명운동노선」, 『爭點 한국近現代史』 4, 한국
　　근대사연구소, 1994.

──── , 「1920년대 후반기의 민족유일당운동에 대한 재검토」, 『한국근현대사연
　　구』 제1집, 한국근현대사연구회, 1994.

──── , 「1920년대 중반 민족혁명운동의 韓·中 連帶와 義烈團」, 『韓國學報』 78,
　　1995.

──── , 「申采浩의 '조선혁명'의 길」, 『한국근현대사연구』 18, 한국근현대사학회,
　　2001.

──── , 「尹世胄의 국내 항일독립투쟁과 義烈團運動」, 『한국민족운동사연구』
　　29, 한국민족운동사학회, 2001.

──── , 「독립운동전선의 혁명이념과 신국가건설 비전 : 민족혁명론을 중심으로」,
　　『韓國民族運動史研究』(禾陽愼鏞廈敎授停年紀念論叢　Ⅲ), 　나남출판,
　　2003.

──── , 「중경 임시정부와 군사통일 실현」, 『백범과 민족운동연구』 1, 백범학술
　　원, 2003.

金容達, 「靑山里大捷에 대한 임시정부의 대응」, 『한국근현대사연구』 15, 한국근
　　현대사학회, 2000.

──── , 「海公 申翼熙의 家學과 민족교육운동」, 『한국근현대사연구』 22, 한국근
　　현대사학회, 2002.

金仁植, 「左右合作運動에 참여한 우익 주체의 합작 동기」, 『한국민족운동사연구』
　　29, 한국민족운동사학회, 2001.

金在明, 「金星淑先生의 墓碑銘」, 『政經文化』, 1985.10.

──── , 「張建相先生 파란의 歷程」, 『政經文化』, 1985.11.

──── , 「義烈團과 金元鳳」, 『월간경향』, 1987.11.

──── , 「김원봉의 고투와 좌절」, 『월간경향』, 1987.12.

김정인, 「임정 주화대표단의 조직과 활동」, 『역사와 현실』 24, 한국역사연구회,
　　1997.6.

김찬정, 「'아리랑'이 들려온다 : 혁명가 김산, 그 의문의 죽음을 찾아서」, 『역사비평』 1990년 봄호.

金炯培, 「申采浩의 無政府主義에 관한 一考察」, 『申采浩의 思想과 民族獨立運動』, 형설출판사, 1986.

金鎬逸, 「大韓民國臨時政府의 教育思想」, 『韓國史論』 10(대한민국임시정부), 국사편찬위원회, 1983.

_____, 「대한민국임시정부의 교육활동」, 『대한민국임시정부수립80주년기념논문집』, 국가보훈처, 1999.

金喜坤, 「韓國唯一獨立黨促成會에 對한 一考察」, 『韓國學報』 33, 一志社, 1983.

_____, 『中國關內 韓國獨立運動團體研究』, 지식산업사, 1995.

_____, 「獨立運動 政黨의 形成過程」, 『西巖趙恒來教授華甲紀念韓國史學論叢』, 아세아문화사, 1992.

_____, 「旦洲 柳林의 독립운동」, 『한국근현대사연구』 18, 한국근현대사학회, 2001.

_____, 「대한민국임시정부의 독립운동방략」, 『韓國民族運動史研究』(禾陽愼鏞廈教授停年紀念論叢 Ⅲ), 나남출판, 2003.

_____, 「백범 김구와 상해 임시정부」, 『백범과 민족운동연구』 1, 백범학술원, 2003.

_____, 『大韓民國臨時政府 研究』, 지식산업사, 2004.

盧景彩, 「日帝下 獨立運動政黨의 性格」, 『韓國史研究』 47, 韓國史研究會, 1984.

_____, 『한국독립당연구』, 신서원, 1996.

_____, 「한국독립당의 결성과 그 변천(1930~1945)」, 『역사와 현실』 창간호, 한울, 1989.

朴萬圭, 「三均主義 定立의 民族運動史的 背景 考察」, 『邊太燮教授華甲紀念史學論叢』, 지식산업사, 1985.

_____, 「島山 安昌浩의 大公主義에 대한 一考察」, 『한국사론』 26, 1991.

박태균, 「해방 직후 한국민주당 구성원의 성격과 조직개편」, 『國史館論叢』 58, 國史編纂委員會, 1994.

潘炳律, 「大韓國民議會와 大韓民國臨時政府의 統合政府 수립운동」, 『한국민족운동사연구』 2, 1988.

裴慶漢, 「黃埔軍官學校에 있어서의 국공간의 합작과 대립」, 『中國國民革命의 分析的 研究』, 지식산업사, 1985.

_____, 「南京國民政府의 성립과 그 성격」, 『講座 中國史』 7, 지식산업사, 1989.

———, 『蔣介石 硏究』, 일조각, 1997.

宋建鎬, 「抗日獨立運動期의 人物硏究 : 金奎植의 一生」, 『國史館論叢』 18, 1990.

愼鏞廈, 「新韓靑年黨의 獨立運動」, 『한국학보』 44, 1986.

———, 「백범 김구와 한인애국단의 의열투쟁」, 『백범과 민족운동연구』 1, 백범
학술원, 2003.

———, 『한국 항일독립운동사연구』, 경인문화사, 2006.

申一澈, 「申采浩의 無政府主義思想」, 『韓國思想』 15, 1977.

———, 『申采浩의 歷史思想 硏究』, 고려대학교 출판부, 1981.

沈之淵, 「右翼政黨의 政治體制 構想과 實現過程」, 『아시아문화』 3, 翰林大學校
아시아文化硏究所, 1987.

———, 『잊혀진 혁명가의 초상 : 金枓奉硏究』, 인간사랑, 1993.

———, 『韓國民主黨硏究』 Ⅰ, 도서출판 풀빛, 1982.

楊茂木, 『韓國政黨政治論－정강정책결정과정을 중심으로』, 法文社, 1983.

양영석, 「1940년대 조선민족혁명당의 활동」, 『한국독립운동사연구』 3, 독립기념
관, 1989.

———, 「조선민족해방동맹의 노선과 활동」, 『한국독립운동사연구』 4, 독립기념
관, 1990.

廉仁鎬, 「上海時期 義烈團(1922~1925)의 活動과 路線」, 『擇窩許善道先生 停年紀
念韓國史學論叢』, 일조각, 1992.

———, 『김원봉연구 : 의열단, 민족혁명당 40년사』, 창작과비평사, 1993.

尹大遠, 『大韓民國臨時政府의 組織·運營과 獨立方略의 분화, 1919~1930』, 서울
대 국사학과 박사학위논문, 1999.

———, 『상해시기 대한민국임시정부 연구』, 서울대출판부, 2006.

尹炳奭, 「1932年 『上海義擧』前後의 國際情勢와 韓國獨立運動의 動向」, 『西巖趙
恒來敎授華甲紀念韓國史學論叢』, 아세아문화사, 1992.

李康勳, 『大韓民國臨時政府史』, 서문당, 1975.

李明花, 「興士團遠東臨時委員部와 島山 安昌浩의 民族運動」, 『한국독립운동사
연구』 8, 1994.

———, 「흥사단원동임시위원부의 인적 구성과 그 성격」, 『한국근현대사연구』
22, 한국근현대사학회, 2002.

———, 『島山 安昌浩의 獨立運動과 統一路線』, 경인문화사, 2002.

李成雨, 「籌備團의 조직과 활동」, 『한국근현대사연구』 25, 한국근현대사학회,
2003.

李延馥, 「大韓民國臨時政府의 成長過程」, 『慶熙史學』 1, 1967.
_____, 「大韓民國臨時政府의 交通局과 聯通制」, 『韓國史論』 10, 국사편찬위원회, 1981.
李延馥, 「大韓民國臨時政府 樹立과 그 變遷」(上), 『慶熙史學』 9·10, 1982.
_____, 「大韓民國臨時政府 樹立과 그 變遷」(하), 『慶熙史學』 11, 1983.
_____, 「大韓民國臨時政府와 社會文化活動」, 『史學研究』 37, 1983.
_____, 「大韓民國臨時政府와 丹齋」, 『申采浩의 思想과 民族獨立運動』, 형설출판사, 1982.
_____, 「大韓民國臨時政府 駐華代表團에 대하여」, 『경희사학』 17, 1987.
_____, 「大韓民國臨時政府의 軍事活動」, 『한국독립운동사연구』 3, 1989.
_____, 「大韓民國臨時政府의 對蘇外交」, 『水邨朴永錫教授華甲紀念 韓民族 獨立運動史論叢』, 1992.
_____, 『大韓民國臨時政府30年史』, 국학자료원, 1999.
_____, 『韓民族獨立運動史』, 국학자료원, 2004.
_____, 「南波 朴贊翊研究」, 『국사관논총』 18, 1990.
_____, 「大韓民國臨時政府의 歷史的 位相」, 『한국민족운동사연구』 23, 한국민족운동사학회, 1999.
_____, 「대한민국임시정부의 수립」, 『한민족독립운동사』 7(대한민국임시정부), 국사편찬위원회, 1990.
李延馥, 「대한민국임시정부의 군사정책」, 『대한민국임시정부80주년기념논문집』, 국가보훈처, 1999.
李殷羽, 「1920年代 韓中 兩國에서 展開된 統一戰線運動의 歷史的 性格 比較」, 『한국민족운동사연구』 22, 1999.
李炫熙, 『大韓民國臨時政府史』, 집문당, 1982.
_____, 「大韓民國臨時政府와 李裕弼 研究」, 『국사관논총』 47, 1993.
_____, 『臨政과 李東寧研究』, 일조각, 1989.
_____, 『趙東祜 抗日鬪爭史』, 청아출판사, 1992.
_____, 「一齋 金秉祚와 大韓民國臨時政府」, 『한국민족운동사연구』 26, 한국민족운동사학회, 2000.
林京錫, 『高麗共産黨研究』, 成均館大學校 博士學位論文, 1993.
鄭用大, 『大韓民國臨時政府外交史』, 한국정신문화연구원, 1992.
曺圭泰, 「天道教團과 大韓民國臨時政府」, 『한국민족운동사연구』 23, 한국민족운동사학회, 1999.

趙東杰,「中國關內에서 전개된 한국독립운동」,『한국독립운동사연구』7집, 1993.

_____,『韓國民族主義의 成立과 獨立運動史研究』, 지식산업사, 1989.

_____,『韓國近代史의 試鍊과 反省』, 지식산업사, 1989.

_____,「민족운동가로서의 도산」, 도산사상연구회 편,『변혁기의 개혁운동과 도상사상』, 연구사, 1993.

_____,「海公 申翼熙의 臨時政府 活動」,『韓國近現代史의 理解와 論理』, 지식산업사, 1998.

_____,『韓國近現代史의 理解와 論理』, 지식산업사, 1998.

趙凡來,「韓國獨立黨研究(1929~1945)」,『한국민족운동사연구』2, 1988.

_____,「上海 韓國獨立黨의 組織變遷과 活動에 대하여」,『한국독립운동사연구』3, 1989.

_____,「韓國國民黨研究」,『한국독립운동사연구』4, 1990.

_____,「再建 韓國獨立黨研究」,『한국독립운동사연구』5, 1991.

_____,「丙寅義勇隊研究」,『한국독립운동사연구』7, 1993.

_____,「한국독립당의 변천과 활동」,『한국민족운동사연구』16, 1997.

조철행,「국민대표회(1921~1923)연구」,『사총』44, 1995.

중앙선거관리위원회 편,『대한민국정당사』1(1945~1972), 보진재, 1973.

崔鳳春,「중산대학과 1920년대 조선인의 혁명운동」,『史學研究』48호, 1994.

秋憲樹,「日帝下 國內外 政黨活動」,『韓國現代史의 諸問題』2, 을유문화사, 1987.

_____,『한민족의 독립운동과 임시정부의 위상』, 연세대학교 출판부, 1995.

_____,「조선혁명당과 한국독립당의 활동」,『한민족독립운동사』4, 1988.

_____,「중국국민당정부와 한국독립운동」,『한민족독립운동사』6, 1989.

韓相禱,「金元鳳의 生涯와 抗日歷程」,『국사관논총』18, 1990.

_____,「韓國對日戰線統一同盟과 民族協同戰線運動」,『尹炳奭教授華甲紀念韓國近代史論叢』, 지식산업사, 1990.

_____,「1920년대 義烈團의 路線 재정비과정 : 김원봉을 중심으로」, 윤병석 외,『독립운동사의 제문제』, 범우사, 1992.

_____,『韓國獨立運動과 中國軍官學校』, 문학과 지성사, 1994.

_____,『한국독립운동과 국제환경』, 한울아카데미, 2000.

_____,「김구의 중국육군군관학교 한인특별반 운영과 청년투사 양성」,『백범과 민족운동연구』1, 백범학술원, 2003.

韓詩俊,「上海 韓國獨立黨 研究」,『龍巖車文燮博士華甲紀念 史學論叢』, 신서원, 1989.

──────, 「大韓民國臨時政府의 光復 후 民族國家 建設論」, 『한국독립운동사연구』
3, 독립기념관, 1989.

──────, 「重慶 韓國獨立黨'의 성립 배경 및 과정」, 『尹炳奭敎授華甲紀念韓國近
代史論叢』, 지식산업사, 1990.

──────, 「3·1運動과 大韓民國臨時政府」, 『水邨朴永錫敎授華甲紀念韓民族獨立
運動史論叢』, 탐구당, 1992.

──────, 「韓國獨立黨의 變遷과 性格」, 『中齋張忠植博士華甲紀念論叢』, 1992.

──────, 「朝鮮民族革命黨의 성립과 변천과정」, 『白山朴成壽敎授 華甲紀念論叢
韓國獨立運動史의 認識』, 1992.

──────, 『한국광복군연구』, 일조각, 1993.

──────, 「중경시대 임시정부와 통일전선운동」, 『쟁점 한국근현대사』 4, 1994.

──────, 「獨立運動 政黨과 海公 申翼熙」, 『于松趙東杰先生停年紀念論叢』 Ⅱ, 나
남출판, 1997.

──────, 「대한민국임시정부의 국내 정보활동」, 『한국근현대사연구』 15, 한국근
현대사학회, 2000.

──────, 「대한민국임시정부의 국내진입 구상─해방 직전 해외 무장세력과의 연
계를 중심으로」, 『한국근현대사연구』 21, 한국근현대사학회, 2002.

──────, 「대한민국임시정부의 환국」, 『한국근현대사연구』 25, 한국근현대사학
회, 2003.

──────, 「대한민국임시정부의 통일전선운동」, 『韓國民族運動史硏究』(禾陽愼鏞
廈敎授停年紀念論叢 Ⅲ), 나남출판, 2003.

──────, 「백범 김구와 중경 임시정부」, 『백범과 민족운동연구』 1, 백범학술원,
2003.

──────, 『의회정치의 기틀을 마련한 홍진』, 탐구당, 2006.

韓哲昊, 「1930년대 전반기 한중연대와 항일운동」, 『한국근현대사연구』 22, 한국
근현대사학회, 2002.

佐伯有一·野村浩一 外, 吳相勳 譯, 『中國現代史』, 한길사, 1980.

펠릭스 그로스 저·신석호 역, 『黨組織論』, 도서출판 녹두, 1984.

G. 사르토리 저·어수영 옮김, 『현대정당론』, 동녘, 1986.

찾아보기

[ㄱ]

「康義士虹口擲彈에 對한 宣言」 293

「建國紀念宣言」 239, 315

「건국기원절기념」 320

「建國紀元節宣言」 313

「敬告中國同胞書」 194

「敬告中國民衆書」 176, 321

「敬愛하는 中國本部韓人靑年同盟員 諸君」 72

「告黨員同志」 129, 220

「告同志同胞書」 177

「國內外 各團體及 民衆全體에 告함」 119

各團體聯合籌備委員會 113

各革命團體代表大會 124

갑신혁명 312

康景善 55

강병학(康秉學, 康秉鶴) 103, 105, 110, 150, 293, 327

姜扶弱(姜九禹) 50

강창제(姜昌濟) 93, 98, 105, 106, 122, 147, 164

강홍주(姜弘周) 261, 287, 288

개조파 27, 28, 35

건국강령수개위원회 289

경술국치 23, 25, 63

경제위원회(經濟委員會) 99, 293

고려공산당 37, 56

高麗革命黨 27

공약삼장 240

공평사 306

郭泰祺 194, 260

郭憲 55, 84

광동정부 149

광동지부(廣東支部) 104, 105, 125, 127, 145, 157, 158

광복진선(光復陳線) 168, 169, 171, 172, 173, 174, 176, 177, 179, 181, 182, 183, 185, 186, 187, 245, 264, 301, 329, 330

광복진선 3당 182, 212, 213, 224, 252

光復陣線遠東三黨統一代表會議 184

괴뢰만주국   117

交通局   35

交通部   279

具然欽   84

具益均   106, 122

국공합작   68

국무위원 集團指導體制   146

국민대표회의(國民代表會議)   27, 28,
    31, 34, 35, 36, 90

국제주의(國際主義)   81, 82, 83

國恥紀念宣言   241

權敬止   50

권총도난 사건   195

歸一黨   27, 32

균등사회(均等社會)   20, 161, 206, 222,
    203, 222, 225, 227, 228, 234, 235

균등주의(均等主義)   22, 207, 222

균등주의 이론   333

극동인민대표대회   40

극좌소아병   77, 79, 80, 81

금촌(今村)   294

冀東自治政府   162

冀察政務委員會   162

김갑(金甲)   55, 92, 94, 249

김계도(金啓道)   32

김굉선(金宏善)   50

김구(金九)   16, 36, 55, 61, 92, 93, 96,
    97, 98, 100, 101, 110, 111, 122, 127,
    131, 141, 142, 143, 144, 145, 146,
    151, 152, 153, 155, 156, 157, 159,
    162, 175, 177, 178, 179, 182, 183,
    189, 194, 195, 196, 197, 198, 249,
    250, 251, 252, 264, 275, 280, 295,

    327, 328, 329, 330

김규식(金奎植)   111, 112, 113, 116,
    117, 140, 141 154, 278, 280

김기진(金基鎭)   70, 72

김덕목(金德穆)   296

김동삼(金東三)   32

김동우(金東宇)   145, 150, 296

김두봉(金枓奉)   55, 62, 65, 83, 85,
    86, 92, 97, 98, 99, 102, 103, 105,
    106, 112, 113, 117, 122, 124, 147,
    153, 203, 249

김문희(金文熙)   55

김보연(金甫淵)   42

김붕준(金朋濬)   55, 93, 104, 105, 106,
    122, 127, 143, 144, 145, 146, 157,
    158, 159, 187, 189, 249, 251, 313,
    328

김사집(金思潗)   106, 122, 144, 150

김산(金山, 張志樂)   32, 57

김산령(金山嶺)   301

김상덕   264, 276, 290

김상덕(金尙德)   30

김상희(金尙熙)   301

김석(金晳)   292

김성숙(金星淑)   56, 57, 281

김수산(金水山, 金益星)   105

김신성(金晨星)   50

김영호(金永浩)   62, 299

김용(金鏞)   296

김운파(金雲坡)   50

김웅(金雄)   105

김원봉(金若山, 金元鳳)   57, 74, 131,
    132, 133, 134, 140, 148, 153, 163,

164, 175, 177, 178, 194, 211, 257,
260, 270, 271, 276, 279
김원식(金元植, 金炯善) 84
김유성(金有成) 50
김유철(金有哲) 300
김응섭(金應燮) 27
김의한 196
김이대(金履大) 32
김익성(金益星) 105
김인(金仁) 174, 296
김인제(金人濟) 50
김일성(金一星, 金一成) 50
김일주(金一柱) 60, 62, 65
김자동 196
김재호 264
김종상(金鍾商) 42
김종화(金從華) 105
김좌진(金佐鎭) 32
김주산(金柱山) 32
김진원(金鎭源) 150
김진호(金鎭浩) 32
김찬(金贊) 50
김창국(金昌國) 104, 106, 150
김창근(金昌根) 145
김창만(金昌滿) 297
김철(金澈) 55, 92, 93, 94, 96, 97,
103, 104, 106, 107, 152, 249, 293
김철남(金鐵男) 264, 270, 272
김하석(金河錫) 32
김학규(金學奎) 131, 164, 187, 264
김해산(金海山) 50
김홍서(金弘敍) 92, 105, 106, 123, 249

[ㄴ]

羅愚 159
洛陽軍官學校 144
낙양군관학교 졸업생 299
洛陽軍官學校 韓人特別班 101
南京支部 104, 105
남경촉성회 60
南滿靑年總同盟 69
楠木廳 176, 183
楠木廳事件(이운한 사건) 175, 176,
183
南北靑年團代表協議會 69
남자현 311
南亨祐 36
내무부령 267
內田康哉 폭살의거 295
노구교사건(蘆溝橋事件) 173, 299, 320
勞動黨 26, 32
勞動社會開進黨 27
노이만(Sigmund Neumann) 33
盧泰然 160

[ㄷ]

「大同統一趣旨書」 36
「同志同胞들에게 보내는 公開信」 178
다물靑年黨 32
『大公報』 176
大獨立黨組織廣東促成會(광동촉성회)
56, 57, 59, 62
大獨立黨組織北京促成會(북경촉성회)
48, 49, 50, 51, 57, 61, 62, 75

大同團結體造成方針案　118, 122
戴笠　159
대서양헌장(大西洋憲章)　256, 269
대일투쟁방법론　247
대한교민단(大韓僑民團, 교민단)　53,
　　99, 100, 152, 305
대한독립당　163
대한민국건국강령(大韓民國建國綱領,
　　건국강령)　207, 218, 227, 228, 230,
　　234, 235, 254, 270, 272, 282, 285,
　　287, 288, 331, 332
大韓民國陸軍臨時軍區制　237
大韓民國陸軍臨時軍制　237
대한민국임시약헌　267
대한민국임시정부 선언(大韓民國臨時
　　政府 宣言)　109, 206, 218, 228, 235,
　　237, 250, 331
大韓民國臨時政府公報　228
대한민국임시헌장　219, 266
大韓婦人救濟會　171
大韓人國民會　171
대한인국민회총회　116
大韓人團合會　171
독・소전쟁　256
독립당대표회의　30, 31
獨立黨代表會議召集簡章　30
獨立黨代表會議召集案　30
『독립신문(중경판)』　39, 44, 52, 255
獨立運動代表大會召集案　197
獨立戰爭論　237
독립평론(獨立評論)　198, 302, 322,
　　323
동경의거(東京義擧)　140, 245, 305

동양척식주식회사　234
同濟社　94
同志會　171
東學少年黨　32
동학청년당　32
동학혁명　312
同鄉會　85

[ㄹ]

레닌혁명　234
鈴本　293
리모세　245

[ㅁ]

馬晋(延斗翼)　32
마초군(馬超軍)　159, 264, 296
만주 한국독립당　64
만주사변　111, 162
만주침략　111, 117
滿鐵總裁　295
賣母換祖 사건　81, 83
면비보습교육　233
면비수학권　229
모스크바극동인민대회　235
蒙古自治委員會　162
蒙藏訓練所　295
無産階級獨裁論　130
무장독립론(武裝獨立論, 特務活動)　21,
　　235, 236, 237, 238, 239, 240, 241,
　　242, 243, 244, 245, 246, 247

문덕홍 263, 264

문일민(文逸民, 文凞錫) 98, 106, 123, 127, 144, 150, 264

民國日報社 308

閔丙吉 143

민족단일당 252

民族單一戰線(협동진선, 대동통일) 169

민족대표 33인 314

민족연합전선(民族聯合戰線) 48, 53, 117, 139, 151

민족유일당결성운동(민족연합전선결성운동, 民族唯一黨結成運動) 19, 27, 40, 241

민족유일당운동(民族唯一黨運動) 17, 19, 34, 41, 42, 89, 138, 201, 249, 311, 325

민족혁명당 광동지부 296

민족혁명당 제6차 대표대회 255

민족혁명당(民族革命黨) 14, 16, 19, 105, 107, 110, 110, 126, 127, 128, 129, 130, 131, 132, 133, 134, 135, 136, 137, 139, 140, 142, 143, 144, 145, 147, 148, 149, 151, 152, 153, 154, 155, 156, 158, 162, 163, 164, 165, 173, 175, 177, 181, 194, 195, 200, 207, 211, 213, 241, 244, 250, 252, 253, 255, 258, 259, 260, 262, 264, 265, 269, 272, 273, 274, 276, 277, 278, 279, 280, 281, 285, 286, 296, 311, 326, 327, 328, 329, 332

민족협동전선론(民族協同戰線論) 40, 41

민필호(閔弼鎬) 197, 263

[ㅂ]

「朴將軍殉國30年紀念宣言」 315

朴建(健)秉 50, 65

박건웅(朴建雄) 59, 62, 72, 113, 264, 290

朴敬淳 106, 122, 144, 150

朴觀海 50

朴世昌 160

朴愛 24

朴龍泰 32

朴殷植 23, 38

박찬익(朴贊翊, 박남파) 32, 92, 93, 94, 97, 98, 105, 196, 264, 279, 281

박창세(朴昌世) 93, 98, 99, 101, 103, 106, 110, 122, 124, 127, 128, 129, 133, 134, 140, 144, 145, 150, 157, 163, 249, 293, 306, 326

朴鐵丸 55

朴泰烈 105

朴華山 150

朴孝敬 105, 150

방순희 264

裴雲英 50

배천택(裴天澤) 50, 65

백기준(白基俊) 93, 249

白德林 62

백범일지(白凡逸志) 131, 154, 155

버어크(Edmund Burke) 33

베르사유체제 35

丙寅義勇隊 94

本庄繁 295

不關主義 182, 253, 254, 265

復辟主義   219
북만 유일독립당   32
北平政務委員會   162

[ㅅ]
「三一紀念日을   맞이하여   同胞에게
　告함」   319
「三一運動10週年紀念宣言」   80
사회주의 데모크라시   219, 221
삼균제도   218, 323
삼균주의(三均主義)   13, 20, 21, 22,
　90, 95, 120, 137, 161, 198, 203, 206,
　207, 208, 209, 212, 213, 217, 218,
　219, 221, 222, 228, 235, 250, 282,
　292, 3223, 328, 329, 331
삼부통합운동   64
상해 한국독립당 광동지부(상해 한국
　독립당 廣東支部)   151, 296, 328
상해사변   111, 293
상해신사척탄의거(上海神社擲彈義
　擧)   98, 103, 104, 110, 152, 293,
　302, 327
상해여자청년동맹   305
上海靑年同盟會   36, 37
상해파   36, 37, 56, 65, 66
『상해한문(上海韓聞)』   302, 303, 304,
　306, 313
상해한인소년동맹(上海韓人少年同
　盟)   108, 329
상해한인애국부인회(上海韓人愛國婦
　人會)   108, 327
상해한인여자청년동맹(上海韓人女子

　靑年同盟)   108, 293, 327
상해한인청년당(上海韓人靑年黨)
　108, 292, 294, 327
徐利均   292
西安事變   162
徐載賢   292
徐太宇   42
石鉉九(李珍龍)   101
선우혁(鮮于爀)   92, 94, 249
宣傳委員會   282
소비에트 프롤레타리아   221
손두환(孫斗煥)   57, 264, 276, 284,
　286, 287, 290
孫逸民   105
송면수   196
송병조(宋秉祚, 宋永錫)   16, 42, 55,
　93, 94, 97, 98, 101, 103, 104, 106,
　107, 112, 122, 124, 127, 141, 143,
　144, 145, 146, 148, 151, 152, 153,
　154, 156, 157, 159, 171, 183, 251,
　252, 293, 327, 328
송병준   314
송욱동   264
宋虎   50
『時事新報』   152
신간회   73
辛廣濟(李光濟)   106
申圭植   23
新民會   93, 94
申松植   150
申肅   27
신영삼   264, 276, 286
신익희(申翼熙)   50, 113, 140

신정완 263

『新蜀報』 176, 321

신펜당 49

新韓農民黨 32, 34

신한독립당(新韓獨立黨) 117, 123, 140, 143, 145, 148, 163, 165, 200, 328

신한민주당 290

新韓靑年黨 23, 24, 94

新韓革命黨 23, 33

신환 264

심광식 264

沈寧國 32

[ㅇ]

「臨時議政院 諸公에게 告함」 141, 153

아더 핸더슨(Authur Henderson, 1863~1935) 234

安敬根 122, 174

안공근(安恭根) 92, 97, 98, 122, 159, 161, 173, 174, 203, 251, 295, 296

안광천(安光泉) 73, 74

安炳武 296

안봉순 263, 264

安禹生 174, 296

안원생 263

安井 293

安定根 174

안창호(安昌浩) 26, 42, 43, 44, 48, 89, 92, 93, 100, 152, 203, 249, 316

안훈(안일청, 조경한) 187, 196, 197, 264, 269, 281

約憲修改委員會 277

양기탁(梁起鐸) 44, 106, 122, 124, 139, 140, 141, 164, 293

양우조(楊宇朝, 楊墨, 楊明鎭) 104, 106, 122, 127, 143, 144, 145, 146, 154, 157, 158, 159, 196, 197, 251, 264, 313, 328

楊虎 174

엄항섭(嚴恒燮) 66, 92, 93, 97, 98, 99, 122, 152, 159, 174, 189, 197, 249, 251, 264, 295

呂甲 32

여운형(呂運亨) 23, 25, 27, 36, 39

勵志社 161, 329

延東學 150

聯通制 35

연합전선론(통일전선론) 319

염온동(廉溫東) 66, 160

영국 노동당 234, 235

吳冕植(楊汝舟) 145, 295

吳成崙 57

吳義樴 98

옥관빈(玉觀彬) 101, 109

玉成彬 92, 93

玉仁爕 292

王守偉 312

王仲良 197

왕통 264, 276, 286

王通事件 195

우경병 79

元突吾 170

元世勳 27, 48, 50

위임통치 청원문제 35

有吉明 294

유동열(柳東說) 24, 141, 164, 183, 196, 197, 198, 264, 278

유림 264, 281, 287, 288

柳相根 294

留鄂韓國革命靑年會 59

유일당 촉성운동 71

劉一平 105

유자명 264

유지파 35

유진동(劉振東) 106, 122, 264

俞鎭萬(俞鎭軾) 294

유호한국독립운동자동맹(留滬韓國獨立運動者同盟, 留滬同盟) 85, 86, 87, 89, 109

留粵韓國革命同志會 56

윤기섭(尹琦燮) 30, 61, 92, 113, 117, 140, 249

尹奉吉 義擧 95

윤봉길(尹奉吉) 95, 97, 100, 109, 111, 140, 151, 152, 241, 293, 297, 306, 323, 327

윤세주 117

尹世复 32

尹澄宇 255

尹海 27

尹顯振 25

尹幗樵 50

의경대(義警隊) 99, 306

의열단(義烈團) 36, 57, 58, 59, 73, 74, 75, 78, 79, 80, 112, 113, 117, 123, 125, 131, 134, 137, 138, 140, 153, 163, 164, 165, 200

李景山 104, 313

李逕雨 301

李寬洙(崔煥) 70, 72

李光 50, 174

李光洙 25

李光宇 105

李光濟(辛光濟) 98, 104, 122, 164

李國植 105

李圭洪 55

이기함 306

이당치국(以黨治國) 44, 49, 63, 191

李德生 150

李德柱 292, 294

이동녕(李東寧) 16, 55, 62, 83, 85, 86, 89, 92, 93, 97, 98, 110, 122, 127, 141, 144, 151, 152, 153, 154, 157, 158, 159, 183, 203, 249, 250, 251, 252, 328

李東林 32

李東初 105

李東輝 23

李斗山 104

이르크츠크파 56, 65

이명식(李明植) 32

李溟玉 106

李敏達 55, 84

이복원(李復源) 164, 196, 264, 269

李奉昌 義擧 95

이봉창(李奉昌) 111, 140, 241, 293, 297, 307

李相龍 32

이상만(李象萬) 196, 197, 264

李相卨 23

李相益   105

李相一(李德生, 李一普)   103, 104, 307

李成春   302

李世昌   122

이수봉(李秀峰)   98, 99, 101, 104, 306, 307

이승만 탄핵(李承晩 彈劾)   35, 38, 90

이승만(李承晩)   29, 197, 198

이시영(李始榮)   89, 92, 97, 98, 122, 144, 154, 156, 158, 159, 183, 249, 251, 264, 280, 328

이연호   264, 286

李英俊   57

이용구   314

李雲漢   176

李雲煥   150

이유필(李裕弼)   55, 93, 94, 96, 97, 98, 99, 100, 101, 104, 111, 112, 152, 203, 249, 306, 307

李殷豪   150

이인홍   264, 276

李一峰   105

李一心   32

李逸泰   105

李錚   103

이정호   264

이준식   196

이중환   313

李贊   50

李昌世(李昌基)   106, 144, 150

李青雨   32

이청천   197

李致燮   105

李鐸   93

이해명   264, 276

이황   222

李檜龍   32

李會榮   26

일본거류민회 행정위원장   293

一世黨   26

林得山   105

임시약헌(臨時約憲)   61, 119, 268, 269, 270, 271, 272, 273, 274, 275, 277, 332

臨時陸軍武官學校條例   237

임시의정원(臨時議政院)   14, 21, 45, 50, 109, 120, 146, 147, 195, 198, 252, 254, 262, 264, 266, 267, 275, 332

임시의정원의원선거규정   261

임시정부 판공처 피습사건   152

임시정부의 3대 시정방침   47

[ㅈ]

「중국 동지들에게 고함」   321

「中國人 同志에게 告함」   176

「中日戰爭과 우리의 態度」   321

자본주의 데모크라시   221

장개석(蔣介石)   67, 94, 177

장건상(張建相)   50, 65, 264, 278

장덕로(張德櫓)   93, 97, 98, 249

張德秀   23

張道政   26

張聖山   65

張學良   94

在廣東韓國國民革命黨前衛總部　104,
　313
재뉴욕 대한인교민단　116
在中國韓人靑年同盟(재중한청)　69,
　70, 71, 72, 73, 80, 81, 82, 83
재중한청 상해지부　72, 73, 74, 75,
　76, 81, 82
在滬韓國獨立黨大會　97, 100, 101,
　152, 238, 292
『戰鼓』　319
全國聯合陣線協會　175
『前線』　315, 319
정백(鄭柏)　54, 55
鄭斌　301
鄭成彦　301
鄭遠　64, 69, 70
鄭有麟　72
鄭一雨　32
鄭一豊　32
鄭泰熙　55, 72, 84
鄭學彬(鄭有麟)　56, 62, 65, 70
第17週 3·1節紀念宣言　315
第1屆 中央執行委員會　189, 191
제1차 국공합작　41, 42
제29회 국치기념선언　313
제2차 國共合作　176
趙擎韓　164, 174, 195
趙東祜　23
曺奉岩　84
조상섭(趙尙燮)　55, 92, 97, 159, 249
조선공산당　73
조선공산당 재건세력　83
조선국민 재건혁명당　32

조선국민당(朝鮮國民黨)　32, 34
조선무정부주의자총연맹　264
조선민족전선연맹(朝鮮民族戰線聯
　盟, 민족전선)　176, 177, 179, 181,
　182, 200, 330
조선민족해방동맹(朝鮮民族解放同盟)
　175, 180, 195, 200, 254, 262, 263,
　278, 280, 286, 290, 330
朝鮮民族革命軍　259
朝鮮民族革命黨　164
조선민족혁명자통일동맹　264
朝鮮社會黨　23
조선의용대(朝鮮義勇隊)　177, 182,
　194, 257, 259, 260
朝鮮義勇隊의 光復軍編入　261
조선의용대의 화북진출　194, 258
조선청년전위동맹(朝鮮靑年前衛同
　盟)　175, 180, 200, 330
조선혁명당(朝鮮革命黨)　112, 117,
　131, 132, 148, 151, 161, 164, 165,
　170, 171, 174, 175, 176, 179, 183,
　200, 212, 213, 215, 252, 326, 329
조선혁명자동맹(朝鮮革命者同盟)
　175, 181, 200
조선혁명자연맹　262, 286
조성환(曺成煥)　50, 62, 104, 145, 159,
　183, 251, 264, 281 328
조소앙(趙素昂, 趙素卬)　19, 20, 36,
　55, 62, 65, 90, 92, 94, 96, 97, 98,
　103, 104, 105, 106, 110, 121, 122,
　124, 127, 128, 129, 133, 134, 135,
　139, 140, 141, 143, 144, 145, 146,
　147, 148, 150, 152, 154, 155, 157,

163, 174, 183, 187, 189, 195, 196,
197, 198, 201, 202, 203, 221, 228,
234, 235, 249, 251, 252, 264, 270,
271, 281, 282, 283, 284, 287, 289,
291, 293, 311, 328, 330
조시원(趙時元) 150, 187, 196, 264
趙時濟 150
조완구(趙琬九) 16, 55, 83, 85, 86,
92, 97, 105, 106, 107, 110, 122, 141,
144, 151, 152, 153, 154, 156, 158,
159, 174, 183, 187, 189, 196, 203,
249, 251, 264, 279, 281, 290, 328
周(朱)堯春 160
중국 군사위원회(中國 軍事委員會)
258, 259, 260
중국 중앙육군군관학교 298
中國居住韓人問題 94
중국공산당 109
중국국민당 41, 60, 91, 92, 101, 109,
191
중국군사위원회의 판공청 258
中國本部韓人靑年同盟(중본한청) 65,
66, 67, 68, 69, 70, 71, 73, 79, 80,
81, 82, 83
中東鐵道事件 81
중본한청 상해지부 72, 77
중산대학(中山大學) 57, 143, 296
중앙육군군관학교 295
중일전쟁 151, 159, 161, 163, 165,
167, 173, 174, 176, 178, 188, 194,
247, 298, 299, 301, 302, 320, 328,
329, 330
중추원 참의 314

중한연합회 112
지경희 264
地方自治制 230
지청천 148, 163, 164, 165, 171, 183,
187, 189, 196, 264
진강(鎭江) 45, 47, 95
鎭江政府 148
陳果夫 103, 105
『진광(震光)』 103, 104, 109, 121, 150,
302, 307, 310, 311, 312, 313, 327
陳德三(洪南杓) 55, 65
秦德純 299
陳濟棠 149

[ㅊ]

차리석(車利錫) 16, 93, 97, 98, 106,
122, 125, 127, 141, 143, 144, 145,
151, 152, 153, 154, 156, 159, 183,
196, 249, 251, 252, 264, 281, 282,
306, 326, 327
참정권 223, 229, 317
창조파 27, 28, 29, 35
채원개(蔡元凱) 105, 196
천도교 314
『靑年呼聲』 319
『促成報』 62
崔謹愚 25
최동오(崔東旿) 112, 113, 117, 118,
140, 141, 148, 163, 164, 165, 196,
264, 287, 290
최린 313, 314
崔晩秋 32

崔鳳官　84

최석순(崔錫淳)　55, 93, 97, 98, 101,
　　106, 122, 124, 249, 264, 290

최용덕(崔用德)　196, 197

崔龍圖　159

崔圓　65

崔昌植　55, 84, 85

崔秋海　65

崔興植　294

[ㅋ]

코민테른　40, 41, 82, 83

[ㅌ]

「討崔麟書」　313

태평양전쟁　256, 269

土地國有制　284

『通告』　302, 322, 324

『痛忿과 切望』　46

統一黨　26

특무활동　21, 110, 238, 292, 293, 294,
　　297

[ㅍ]

평양경찰서　302

프랑스조계　89

프롤레타리아 헤게모니 戰取論　72

[ㅎ]

「韓國國民黨三一節宣言」　319

「韓國獨立黨　宣言－對李奉昌狙擊日
　　皇事件」　305

「韓國獨立節18週紀念宣言」　240, 315

「헌법수개에 관한 우리의 입장」　273

하와이 대한인국민회　116, 171

하와이의 대한인동지회　116

何應欽　258

학생훈련소(學生訓練所)　152, 158,
　　296, 297, 318, 328

韓僑聯合會　112

韓僑會　112

한국광복군 제1지대　261

한국광복군(韓國光復軍)　198, 218,
　　248, 258, 259, 261, 332

한국광복군행동9개준승　332

한국광복동지회(韓國光復同志會)　113,
　　116, 200

한국광복운동단체연합회　200, 316, 328

韓國光復軍公約　282

韓國光復軍誓約文　282

韓國光復軍總司令部　260

韓國光復軍行動9個準繩　258

韓國光復運動團體聯合會　151, 162,
　　171, 326, 329

한국국민당청년단(韓國國民黨靑年
　　團)　160, 166, 241, 245, 295, 297,
　　315, 318, 319, 329

한국노병회(韓國勞兵會)　36, 37, 94

한국대일전선통일동맹(韓國對日戰線
　　統一同盟, 통일동맹)　19, 102, 105,

106, 110, 111, 113, 115, 117, 118,
119, 120, 121, 123, 124, 125, 126,
127, 132, 141, 152, 153, 154, 200,
252, 311
韓國對日戰線統一同盟成立代表大會
113
『한국독립당 당의해석(韓國獨立黨 黨
義解釋)』 219, 221, 222, 223, 225
韓國獨立黨 臨時黨務委員會 129
한국독립당 제5차 대회 303
韓國獨立黨關內促成會聯合會 61, 62,
89
『韓國獨立黨黨報』 302, 322, 323
韓國獨立黨組織案 27, 29
『韓國獨立黨之近像』 90, 201, 236, 291
한국독립청년단 32
한국맹혈단(韓國猛血團) 145, 146, 295
韓國民族革命黨 164
한국민주당 332
韓國民主獨立黨 184
韓國唯一獨立黨南京促成會(남경촉성
회) 59, 62
韓國唯一獨立黨武漢促成會(무한촉성
회) 59, 62
韓國唯一獨立黨上海促成會(상해촉성
회) 54, 55, 56, 57, 62, 79, 81, 83,
84, 85, 86, 87, 89, 325
한국청년전위단(韓國靑年前衛團)
160, 295, 297, 315, 320, 329
한국특무대독립군(韓國特務隊獨立軍)
152, 295, 297, 318
韓國革命黨 113
韓國革命運動統一的7團體會議 179

韓道源(李國華) 145, 295
『한민(韓民)』 161, 167, 168, 169, 170,
210, 241, 242, 243, 245, 298, 315,
316, 321
韓錫官 150
『韓聲』 104, 302, 313
韓偉健 73
韓人社會黨 24, 26
한인애국단(韓人愛國團) 101, 111,
127, 151, 158, 171, 297, 328
韓一來 112, 113
韓族勞動黨 27
한중항일공동전선 294
한중항일연합전선 315
한지성(韓志成) 270, 271, 283, 286
한진교(韓鎭敎) 42, 92, 249
韓哲 69
『한청(韓靑)』 166, 170, 241, 245, 246,
315, 319
韓泰寅 296
韓豊林 106
咸聲(吳成崙) 65, 66
杭州反黨分子 139
항주사건(杭州事件) 96, 101, 152
항주특구회 307
許悅秋 65
헌법개정기초위원 270
玄楯 25
현익철(玄益哲) 164, 165, 174
玄鼎健 55, 65
玄正卿 32
玄默興 32
홍구공원 의거(虹口公園 義擧) 95,

100, 109, 140, 149, 151, 245, 306, 307

洪南杓　54, 62, 84, 85

홍진(洪震)　32, 42, 44, 45, 46, 47, 52, 54, 55, 61, 62, 64, 65, 145, 171, 174, 183

華僑聯合會　112

화요파　54, 56, 65, 66, 68, 71, 72, 73, 84

皖南事件　257

黃郁(黃一山)　50

黃俊(韓偉健)　85

黃埔軍官學校　57, 74

황학수(黃學秀)　164, 197, 278, 281

黃塤　55

黃勳　84

興士團　26, 93

흥사단 원동지부원　36

[기타]

12월 테제　82

2·26군부쿠데타　162

3·1독립선언서　240

3·1운동　35, 39, 173, 288

「3黨解體宣言」　186

3두정치론(3頭政治論)　163, 164

3차 조선공산당　73

4차 조선공산당　73

5당 통일회의　132, 182, 200, 330

「6·10運動을 紀念하자」　319

7당 통일회의(7黨 統一會議)　175, 179, 180, 183, 200, 258, 326, 330

ML파　54, 70, 71, 72, 73, 84

「三一運動十週年紀念宣言」　77

조범래趙凡來

부산 출생
세종대 역사학과 및 경희대 대학원 졸업(문학석사)
중앙대 대학원 졸업(문학박사)
세종대, 중앙대, 순천향대 강사 역임
독립기념관 한국독립운동사연구소 책임연구위원 역임
현재 백범기념관 연구위원, 충북대학교에서 강의 중
현재 독립기념관 학예실장으로 재직

■ 주요 저서 및 논문

『백범 김구의 생애와 독립운동』
『노백린의 생애와 독립운동』(공저)
『의열투쟁Ⅱ－한인애국단』(한국독립운동의 역사 27)
「상해 한국독립당의 조직변천과 활동에 대하여」, 「한국국민당연구」, 「재건 한국독립당연구」, 「한국독립당의 변천과 활동」, 「병인의용대연구」, 「국민부의 결성과 활동」, 「한국독립당과 백범 김구」, 「한인애국단과 윤봉길의사」, 「중경' 한국독립당의 결성과 활동에 대하여」 등 다수.